DIREITO INTERNACIONAL NO TEMPO DE C. VAN BYNKERSHOEK E CHRISTIAN WOLFF

Tomo 10

Coleção
Tratado de Direito Internacional

DIREITO INTERNACIONAL NO TEMPO DE C. VAN BYNKERSHOEK E CHRISTIAN WOLFF

Tomo 10

2ª Edição • Revista, Ampliada e Atualizada

Paulo Borba Casella

ALMEDINA
BRASIL

Direito Internacional no Tempo de C. van Bynkershoek e Christian Wolff

ALMEDINA é uma empresa do Grupo Editorial Alta Books (Starlin Alta Editora e Consultoria LTDA).

ISBN: 978-85-8493-845-2

Impresso no Brasil — 1ª Edição, 2025 — Edição revisada conforme o Acordo Ortográfico da Língua Portuguesa de 2009.

Dados Internacionais de Catalogação na Publicação (CIP)

C337d
2.ed.- Casella, Paulo Borba.
Direito internacional no tempo de C. van Bynkershoek e Christian Wolff / Paulo Borba Casella. - 2. ed. rev., ampl. e atual. - Rio de Janeiro: Almedina Brasil, 2025.
368 p.; 15,7 x 23 cm.

ISBN 978-85-8493-845-2

1. Direito internacional público - História. 2. Filosofia do direito. 3. Cornelius van Bynkershoek (1673-1743). 4. Christian Wolff (1679-1754). I. Título.

Índice para catálogo sistemático:
1. Direito internacional público : História 341.09

Grupo Editorial Alta Books

Produção Editorial: Grupo Editorial Alta Books
Diretor Editorial: Anderson Vieira
Editora-Chefe: Manuella Santos de Castro
Vendas Governamentais: Cristiane Mutüs

Produtor Editorial: Thiê Alves
Diagramação: Fernando Ribeiro
Revisão: Michelle Morikawa

ALTA BOOKS
GRUPO EDITORIAL

Rua Viúva Cláudio, 291 — Bairro Industrial do Jacaré
CEP: 20.970-031 — Rio de Janeiro (RJ)
Tels.: (21) 3278-8069 / 3278-8419
www.altabooks.com.br — altabooks@altabooks.com.br
Ouvidoria: ouvidoria@altabooks.com.br

Editora **afiliada à:**

ASSOCIADO

A paz universal não deve a sua origem a qualquer convenção. O estado de natureza, mesmo em relação àqueles que vivem fora de qualquer sociedade humana, não é a guerra, mas a paz. [...] Pertence igualmente à natureza humana a preferência pela verdade e pela boa-fé.

PUFENDORF, **Direito natural e das gentes** (1672)[1]

Existem máximas fundamentais que embasam o próprio direito e às quais se contrapõem as exceções, as queixas e as réplicas. Máximas que, quando ensinadas através da razão, e não provenientes do poder voluntário do estado, constroem o direito natural.

LEIBNIZ, **Novos ensaios sobre o entendimento humano** (1704, ed. 1971)[2]

Em temas tão distantes das formas comuns de pensar, e que por sua novidade são sempre um tanto suspeitas de visionismo e paralogismo,

1. Samuel PUFENDORF (1632–1694), **De jure naturae et gentium** (1672, II.II, § 11 e tb. II.II, § 9); ___, ___ (cum integris Commentariis Virorum Classirimorum Jo. Nicolai HERTII atque Joannis BARBEYRACI, recensuit & animadversionibus illustravit Gottfridus MASCOVIUS, Francofurti & Lipsiae: ex officina Knochiana, MDCCXLIV); ___, ___ (in **Gesammelte Werke**, Band 4.1 – liber primus – liber quartus, Band 4.2 – liber quintus – liber octavus, hrsg. Frank BÖHLING, Berlin: Akademie Verlag, 1998); ___, **Of the Law of nature and nations** eight books ("translated into English from the best edition", "with a short introduction", Oxford: Lichfield, MDCCIII); ___, **De jure naturae et gentium libri octo** (Latin text – edição de 1688 – and English translation by C. H. and W. A. OLDFATHER, Oxford: The Classics of International Law, 2 tomos, 1934, e reimpr. Buffalo, N.Y.: W. S. Hein, 1995). A respeito da vida e da obra deste, **Tratado** (tomo 9 – **Direito internacional no tempo de Samuel Pufendorf**, cap. 20).
2. Gottfried Wilhelm LEIBNIZ (1646-1716), **Nouveaux essais sur l'entendement humain** (escritos em 1704, orig. publ. em francês, 1765, **Neue Abhandlungen** über **den menschlichen Verstand**, übersetzt, eingeleitet und erläutert von Ernst CASSIRER, © 1915, Hamburg: Felix Meiner, reimpressão, 1971, p. 507). Adiante, neste tomo, ver o item 22.1, '*direito segundo LEIBNIZ*'.

é difícil ao espírito acostumar-se rapidamente, mesmo após diversas leituras, às novas ideias encontradas.

Abade de SAINT-PIERRE, **Projeto para tornar perpétua a paz na Europa** (1713-17, ed. 2003)[3]

Em qualquer controvérsia que surja sobre o direito das gentes, devemos ter o cuidado de seguir os costumes das nações, e não considerar as nossas mentes como a única fonte da sabedoria.

BYNKERSHOEK, **De foro legatorum** (1721)[4]

Cumpre esclarecer a história pelas leis e as leis pela história.

MONTESQUIEU, **O espírito das leis** (1748, ed. 1994)[5]

---

3. Charles 'Irénée' CHASTEL, Abbé de SAINT-PIERRE (1658-1743), **Projeto para tornar perpétua a paz na Europa** (originalmente publicado em Utrecht, por Antoine Schouten, em três tomos: os dois primeiros, em 1713, e o terceiro, em 1717; trad. Sérgio DUARTE, pref. R. SEITENFUS, Brasília: Ed. UnB/IPRI, São Paulo: IOE, 1ª ed. bras., 2003, *'prefácio – ideia geral do projeto'*, p. 3-13, cit. p. 10, e a seguir, p. 13): "Confesso que o título induz à desconfiança a respeito desta obra. Estou, porém, convencido de que não é impossível encontrar meios suficientes e praticáveis de tornar a paz perpétua entre os cristãos, e creio mesmo que os meios com que me deparei são adequados".
4. Cornelius van BYNKERSHOEK, **De foro legatorum tam in causa civili, quam criminali liber singularis** (originalmente publicada em Leiden, 1721; "a monograph on the jurisdiction over Ambassadors in both civil and criminal cases", photographic reproduction of the text of 1744, English translation by Gordon J. LAING, introduction (1922) by Jan de LOUTER, The Classics of International Law, vol. XXI, ed. by James B. SCOTT, Oxford: at the Clarendon Press/London: Geoffrey Cumberlege, 1946; *"ad lectorem"*) prosseguia: *"Quid ipse sentiam, leges, si commodum est, in hoc exiguae molis libello, si non est, heic loci non audies"* – e qual seja a minha opinião, lerá neste pequeno livro, se for de sua conveniência fazê-lo; e se não for, não será aqui que eu a direi.
5. Charles-Louis de Secondat, Barão de La Brède et de MONTESQUIEU (1689-1755), **De l'esprit des lois** (texte présenté et annoté par Roger CAILLOIS, Paris: Gallimard-Pléiade, © 1951, impr. 1994); ___, **O espírito das leis** (intr. e notas de Gonzague TRUC, trad. Fernando Henrique CARDOSO e Leôncio Martins RODRIGUES, São Paulo: Abril – Os pensadores, vol. XXI, 1973, cit. livro XXXI, cap. II).

ABREVIATURAS

a.C. — antes de Cristo

A.D. — *Anno Domini*, para designar a cronologia a partir do nascimento (presumido) de Jesus Cristo, também designado como "d.C."

AE - Affaires **étrangères** (Arquivos do Ministério das relações exteriores), Paris

AFDI — *Annuaire Français de Droit International* (publicação do C.N.R.S., Paris)

AIEA — Agência Internacional de Energia Atômica (IAEA, em inglês)

AJIL — *American Journal of International Law*

AN - *Archives Nationales* (Arquivos Nacionais da França), Paris

ARSI — *Archivum Romanum Societatis Jesu - Arquivo romano da Companhia de Jesus*

BN e BnF - *Bibliothèque Nationale de France*, Paris

Bol. SBDI ou Boletim — *Boletim da Sociedade Brasileira de Direito Internacional*

BV - Biblioteca Vaticana, Roma

BYBL — *British Yearbook of International Law*

© — *copyright* = indica a data de publicação original da obra citada

ca. — *circa*, por volta de

CBN — Comunidade Britânica de Nações (*British Commonwealth of Nations*)

CDI ou ILC — Comissão de Direito Internacional da Nações Unidas - International Law Commission of the United Nations

CEDIN — Centro de estudos de direito internacional, seguido de indicação da universidade (Paris e outras)

cf. — conforme

cfr. — confira-se

CIJ — Corte Internacional de Justiça, Haia (1946-)

CPJI — Corte Permanente de Justiça Internacional

C.T.S. — **Consolidated Treaty Series** (1648-1918) (ed. by Clive Parry, 1969–, New York: Oceana) com indicação de volume e página

d.C. — depois de Cristo, para designar o calendário da era cristã, (tb. "A.D.")

DI — Direito internacional (público)

Difel — Editora Difusão Europeia do Livro, São Paulo

DIPr — Direito internacional privado

DTV — Deutscher Taschenbuch Verlag, Munique

Edusp — Editora da Universidade de São Paulo, São Paulo

EJIL — *European Journal of International Law*

Enciclopédia - Enciclopédia Luso-Brasileira de Direito Internacional, coord. D. M. VICENTE, F. L. BASTOS, M. A. RIBEIRO, A. T. SALIBA, M. T. FRANCA Fº. e P. B. CASELLA, Alfragide: Dom Quixote - Leya, 2023

Encyclopedia of International Law - The Max Planck Encyclopedia of Public International Law, published under the auspices of the Max Planck Institute for Comparative Public Law and International Law, edited under the direction of R. WOLFRUM, Oxford: Univ. Press, 2012, 11 vols.), com indicação do tomo e das páginas - edição anterior da **Encyclopedia** coordenada por R. BERNHARDT (Dordrecht, 1981-1990, 12 vols.)

FAO — *Food and Agriculture Organization* (Organização para a Agricultura e Alimentação das Nações Unidas), Roma

FCE — *Fondo de cultura economica*, Cidade do México e outras cidades

FUNAG — Fundação Alexandre de Gusmão, Brasília

Fundamentos — P. B. CASELLA, **Fundamentos do direito internacional pós-moderno** (prólogo Hugo CAMINOS, São Paulo: Quartier Latin, 2008)

GYIL — *German Yearbook of International Law*

i.a. — *inter alia* - dentre outros

HHStA - *Haus-, Hof- und Staatsarchiv* - Reichsarchive, Viena

ICLQ — *International and Comparative Law Quarterly*

IDI — Instituto de Direito internacional - *Institut de droit international*

IHLADI — Instituto Hispano-Luso-Americano e Filipino de Direito Internacional

ILA - International Law Association / Association de droit international

ISIAO — Istituto Italiano per l'Africa e l'Oriente, Roma

LCL — Loeb Classical Library (Greek and Latin series), Cambridge, Ma./ London, England: Harvard Univ. Press

Manual — H. ACCIOLY — G. E. do NASCIMENTO E SILVA - P. B. CASELLA, **Manual de direito internacional público** (com a colaboração de Arthur R. CAPELLA GIANNATTASIO, São Paulo: Saraiva, 26ª ed., 2023)

OESP — jornal *O Estado de São Paulo*

ONU — Organização das Nações Unidas

op. cit. — opus cit. - obra citada

orig. publ. — originalmente publicado em

PU — *Presses Universitaires* (com indicação da universidade/cidade)

PUF — *Presses Universitaires de France*, Paris

RCADI — *Recueil des Cours de l'Académie de Droit International de La Haye - Collected courses of the Hague Academy of International Law* (Haia) - publicados desde 1923, com indicação de ano, volume e páginas

RDILC — *Revue de droit international et de législation comparée*

Restatement — American Law Institute, *Restatement of the law – The foreign relations law of the United States*, St. Paul, Minn., 1987, 2 v.)

RGDIP — *Révue Générale de Droit International Public*, Paris

SBDI – Sociedade brasileira para o direito internacional

SdN — Sociedade das Nações (Société des Nations/League of Nations)

SFDI — Sociedade francesa para o direito internacional

s.l. — sem indicação de local de publicação

s.n.e. — sem nome do(a) editor(a)

tb. — também

Tratado / P. B. CASELLA, **Tratado de direito internacional** (São Paulo: Almedina, 2022-) com indicação do tomo, capítulo ou item ao qual se remete

Tratado ACCIOLY — H. ACCIOLY, **Tratado de direito internacional** (terceira edição, histórica, com pref. P. B. CASELLA, Brasília: FUNAG/ São Paulo: Quartier Latin, 2009, 3 vols.)

UNTS — *United Nations Treaty Series* – com indicação de volume e página

Univ. — Universidade, University ou Université

UP — ou Univ. Press – University Press (seguido da indicação do nome e/ ou local da universidade)

VRBEI — *Vorträge, Reden und Berichte aus dem Europa-Institut – Sektion Rechtswissenschaft – Universität des Saarlandes, Saarbrücken*

v. — vide – ver

v. tb. — ver também

YILC — *Yearbook of the International Law Commission*

ZEE — Zona Econômica Exclusiva

SUMÁRIO

ABREVIATURAS VII

INTRODUÇÃO 1

CAPÍTULO 21.
CORNELIUS VAN BYNKERSHOEK (1673-1743) 13

CAPÍTULO 22.
CHRISTIAN WOLFF (1679-1754) 93

CAPÍTULO 23.
JEAN-JACQUES BURLAMAQUI (1694-1748) 253

TRATADO DE MADRI (1750) E O UTI POSSIDETIS 287

CONCLUSÕES 305

REFERÊNCIAS 317

INTRODUÇÃO

Tenham como certo que, embora a vida do homem seja breve, contudo a quem sabe dele fazer capital, e não o consumir de maneira vã, bastante avança o tempo: porque a natureza do homem é capaz, e a quem é solícito e resoluto muito avança o fazer.

Francesco GUICCIARDINI (1530, ed. 1990)[1]

Nada é mais precioso do que o tempo, dada a pouca duração da vida humana, e a necessidade de nada adiar, que se deva mais tarde lamentar, por se ter deixado para depois.

LEIBNIZ, Memorial ao czar PEDRO da Rússia (1711)[2]

1. Francesco GUICCIARDINI, **Ricordi** (1512-1530, ed. a cura di Vincenzo De CAPRIO, Roma: Salerno Editrice, 1990, n. 145, p. 104): "Abbiate per certo che, benchè la vita degli uomini sia breve, pure a chi sa fare capitale del tempo e non lo consumare vanamente, avanza tempo assai: perchè la natura dell'uomo è capace, e chi è sollecito e risoluto gli comparisce mirabilmente el fare".
2. LEIBNIZ, *Entretien avec le Tzar à Torgau* (1711) (texto reproduzido em **Le droit de la raison**, textes réunis et présentés par René SÈVE, Paris: Vrin, 1994, p. 247-251).

Hoje em dia, as pessoas no mundo pensam a respeito de todos os aspectos da vida em espaço epistemológico e discursivo basicamente configurado pelos intelectuais dos Estados Unidos e da Europa ocidental. Grande número de ideias e de instituições, que se originaram na Europa, é compartilhado ou usado por povos em todo o mundo: o calendário cristão, o meridiano, o sistema métrico, a língua inglesa, o sistema de estados soberanos, a economia capitalista e outros. Isso, contudo, não significa que estes sejam universais de maneira inerente. Antes, eles se tornaram globalmente compartilhados, como resultado do jugo colonial mundial e da hegemonia das potências europeias, até a metade do século XX, e da hegemonia econômica, cultural, militar e da informação dos Estados Unidos, durante o pós-guerra.

Yasuaki ONUMA (2010)[3]

A necessidade de chegar a uma figuração global é baseada na pressuposição fundamental na antropologia moderna de interação social e cultural. [...] Mesmo se a heterogeneidade de uma sociedade for tão pronunciada que ela possa ser designada como uma sociedade 'múltipla', haverá ainda unidade em algum nível. Cada sociedade é um todo mais ou menos organizado, a não ser que haja uma revolução ativa que ameaça destruí-la. A maneira de viver de cada sociedade tende

3. ONUMA Yasuaki, **A Transcivilizational Perspective on International Law** (RCADI, 2009, vol. 342; tb. publ. Haia: Pocketbooks of the Hague Academy of International Law, 2010, chap. V – *Human rights in a multi-polar and multi-civilizational world*, p. 370-462, cit. p. 384).

mais ou menos a ser coerente, contínua e distinta, quando contrastada com a de uma outra.

Francis L. K. HSU (1974)[4]

LEIBNIZ AFIRMAVA, E TAMBÉM ACREDITO, QUE A COMUNICAÇÃO é mecanismo para o progresso do conhecimento. Constata-se o quanto permanece verdadeira essa convicção a respeito da possibilidade de compartilhar e contribuir para fazer avançar o conhecimento, como força capaz de mudar o mundo. A comunicação entre aqueles que buscam o conhecimento permanece vitalmente necessária, nestes nossos tempos pós-modernos, como sempre o foi.

Entre o barroco e o iluminismo, como dado característico desse tempo 'clássico', que conclui uma época e prepara outra, se pode colocar o conjunto deste tomo, dedicado ao exame da evolução do direito internacional no tempo de BYNKERSHOEK, WOLFF e BURLAMAQUI, sob a égide das reflexões de GUICCIARDINI e de LEIBNIZ, referidas em epígrafe, quanto a ser breve a vida dos homens e nada ser mais precioso do que o tempo, mas que este se pode 'capitalizar' – *fare capitale* –, e desde que não se o gaste vãmente, pode produzir resultados.[5] Todos precisamos ter consciência da

4. Francis L. K. HSU (1909-1999), **O estudo das civilizações letradas** (orig. publ. **The study of literate civilizations**, trad. Sonia M. Bibe LUYTEN, São Paulo: E.P.U.-Edusp, 1974, *'delineando o padrão cultural'*, p. 59). Nascido em 1909, bacharelou-se em sociologia pela Universidade de Shangai, em 1933, e doutorou-se em antropologia pela Universidade de Londres, em 1941. Lecionou antropologia na Universidade nacional de Yunan, de 1941 a 1944; na universidade Columbia, de 1944 a 1945; na universidade Cornell, de 1945 a 1947; a seguir na universidade Northwestern, onde lecionou até se aposentar. Ao longo de sua trajetória acadêmica, realizou diversas e extensas pesquisas de campo na China, na Índia e no Japão.
5. Francesco GUICCIARDINI, **Ricordi** (1512-1530, ed. a cura di Vincenzo De CAPRIO, Roma: Salerno Editrice, 1990, n. 145, p. 104), já referido em epígrafe.

passagem, da pouca duração da vida humana, e da necessidade de nada adiar, que se deva mais tarde lamentar, por se ter deixado para depois.[6] E como completava GUICCIARDINI:

> Extraí dos afazeres esta máxima: que não basta dar às coisas o princípio, o endereçamento, o mote, mas é preciso dar-lhes seguimento e delas não se destacar, até o final; e quem as acompanha assim pouco falta para conduzi-las à perfeição. Mas quem atua de outro modo, os pressupostos, por vezes, apenas começados, são dificultados: tanta é a negligência, a incapacidade – *dapocaggine* –, a tristeza dos homens, tantos são os impedimentos e as dificuldades que por sua natureza tem as coisas. Usai desta reflexão – *ricordo*: fez-me por vezes grande honra, como faz vergonha grande a quem age contrariamente.[7]

Prossegue o exame do direito internacional no tempo, em sua contextualização histórica, como em relação à história das ideias, e de sua evolução conceitual e institucional. Ora, no tempo de BYNKERSHOEK, WOLFF e BURLAMAQUI.

6. LEIBNIZ, *Entretien avec le Tzar à Torgau* (1711) (in **Le droit de la raison**, textes réunis et présentés par René SÈVE, Paris: Vrin, 1994, p. 247-251), já referido em epígrafe.
7. GUICCIARDINI (op. cit., 1530, ed. 1990, n. 192, p. 124): "Pigliate nelle faccende questa massima: che non basti dare loro el principio, lo indirizzo, el moto, ma bisogna seguitarle e non le staccare ma insino al fine; e chi le accompagna così non fa anche poco a conducerle a perfezione. Ma chi negocia altrimenti, le presupposte talvolta finite che a pena sono comminciate o difficultate: tanta à la negligenza, la dapocaggine, la tristizia degli uomini, tanti gli impedimenti e le difficoltà che di sua natura hanno le cose. Usate questo ricordo: m'ha fatto talvolta grande onore, come fa vergogna grande a chi usa el contrario".

São incontornáveis, após as devidas menções a VITÓRIA e SUAREZ,[8] à figura de GRÓCIO,[9] sem esquecer os encadeamentos entre autores, tais como GENTILI, ZOUCH,[10] RACHEL e PUFENDORF,[11] WOLFF,[12] BYNKERSHOEK[13] e BURLAMAQUI –[14] como ora aqui se cuida –, mas também VATTEL,[15] e von MARTENS,[16] cujas concep-

8. A respeito de Francisco de VITÓRIA, ver **Tratado** (tomo 5 – **Direito internacional no tempo de Francisco de Vitória**, cap. 14); sobre Francisco SUAREZ, ver **Tratado** (tomo 6 – **Direito internacional no tempo de Suarez, Gentili e Zouch**, cap. 15).
9. Ver **Tratado** (tomo 7 – **Direito internacional no tempo de Hugo Grócio**, cap. 18); por sua vez, Peter HAGGENMACHER, em estudo sobre o direito da guerra e da paz de GRÓCIO – *Le droit de la guerre et de la paix de* **Grotius** (in **Le droit international**, Paris: Sirey – Archives de philosophie du droit, vol. 32, 1987, p. 47-58), opina no sentido de em lugar de se atribuir a GRÓCIO a concepção do direito internacional como todo, seria este o autor da síntese última, dentre as correntes de pensamento que compunham a doutrina da guerra justa, que se vê por este transformada em teoria geral da solução pelas armas do conjunto das controvérsias que fogem das vias judiciais instituídas entre cidadãos, pelos poderes públicos. Ver, ainda: P. HAGGENMACHER, *Grotius and Gentili – a Reassessment of Thomas E. HOLLAND's inaugural lecture* (in Hedley BULL, Benedict KINGSBURY and Adam ROBERTS (eds.), **Hugo Grotius and international relations**, Oxford: Clarendon Press, 1990, p. 133-176); ___, **Grotius et la doctrine de la guerre juste** (Paris: PUF/Genève: Publications de l'Institut de hautes études internationales, 1983); ___, *Hugo Grotius* (in B. FASSBENDER e Anne PETERS (edited by), **The Oxford Handbook of the History of International Law** (Oxford: Univ. Press, 2012, cap. 48, p. 1098-1101).
10. Ver **Tratado** (tomo 6 – **Direito internacional no tempo de Suarez, Gentili e Zouch**, caps. 16 – *Alberico GENTILI (1552-1608)* e 17 – *Richard Zouch (1590-1660)*).
11. Ver **Tratado** (tomo 9 – **Direito internacional no tempo de Samuel Pufendorf**, caps. 19 – *Samuel Rachel (1628-1691)* e 20 – *Samuel Pufendorf (1632-1694)*).
12. Sobre Christian WOLFF, ver cap. 22, neste tomo.
13. Sobre Cornelius van BYNKERSHOEK, ver cap. 21, neste tomo.
14. A respeito de J. J. BURLAMAQUI, ver cap. 23, neste tomo.
15. Ver **Tratado** (tomo 12 – **Direito internacional no tempo de Vattel e von Martens**, cap. 24 – *Emer de Vattel (1714-1767)*); v. E. TOURME-JOUANNET, **Emer de Vattel et l'émergence doctrinale du droit international classique** (Paris: Pedone, 1998); Horatia MUIR-WATT, em estudo sobre direito natural e soberania do estado na doutrina de Vattel – *Droit naturel et souveraineté de l'état dans la doctrine de Vattel* (in **Le droit international**, Paris: Sirey – Archives de philosophie du droit, vol. 32, 1987, p. 71-83) ressalta não ser adequado imputar a Vattel o declínio da aceitação do direito natural como fundamento do direito das gentes, mas este somente teria trazido precisões ulteriores à doutrina já em gestação junto a seus predecessores da escola do direito da natureza e das gentes.
16. Sobre G. F. von MARTENS (1756-1821), ver **Tratado** (tomo 12 – **Direito internacional no tempo de Vattel e von Martens**, cap. 24); P. B. CASELLA, *Georg-Friedrich von MARTENS (1756-1821) e a consolidação histórica do direito internacional clássico* (Revista da Fac. de direito da USP, 2021, vol. 116, p. 137-171).

ções permanecem basilares,[17] para o estudo e a compreensão do direito internacional, como fenômeno histórico e civilizacional,[18] na qualidade de fundadores – *founding fathers* – deste. Isso, ao menos, enquanto sistema de direito natural e das gentes, tornando-se mais e mais interestatal, desde a era moderna europeia até o tempo clássico. São estes autores 'modernos' e 'clássicos', muito presentes e atuais, quer diretamente, pelo padrão que fixaram para a matéria, como também pelas influências destes autores, sobre os subsequentes.[19]

Se pode ser cabível desenhar linha divisória entre três grupos de autores, poder-se-iam apontar:

- primeiro, 'positivista' – não no sentido que o termo assume, a partir do século XIX, com A. COMTE – mas abrangendo linhas de doutrina do direito internacional, visto como expressão predominante do direito positivo, mais que do direito natural,

---

17. Ver **Tratado** (tomo 8 – **Direito internacional além do paradigma vestfaliano**, item – *direito internacional e o padrão clássico na cultura*). Para a fixação do cânone clássico do direito internacional, temos de nos reportar ao menos a uma dúzia de autores e, no mínimo, duas ou três dezenas de obras, enquanto em disciplina como o direito penal, o padrão 'clássico' foi fixado por um autor, em sua única obra sobre a matéria: Cesare BECCARIA, com a breve exposição **Dos delitos e das penas** (1764). V. tb. P. B. CASELLA, *Cesare Beccaria e o padrão clássico* (in **Estudos em homenagem a Ivette Senise Ferreira**, org. R. M. J. SILVEIRA e M. M. GOMES, São Paulo: Liber Ars, 2015, p. 393-414).
18. Mas cujas raízes vão muito mais fundo e são muito mais amplas do que o contexto específico da Europa na era moderna, como se considerou no **Tratado** (tomos 3A – **Direito internacional no tempo antigo**, 3B – **Gregos, romanos, chineses, indianos**, 4 – **Direito internacional no tempo medieval** e 5 – **Direito internacional no tempo de Francisco de Vitória**).
19. Além dos capítulos específicos, nos quais alguns são correntemente mencionados, como 'fundadores' ou 'clássicos' do direito internacional, ver também por referências em outros autores, e em relação aos respectivos contextos históricos, **Tratado** (tomo 6 – **Direito internacional no tempo de Suarez, Gentili e Zouch**, esp. item – *existência e conteúdo do direito internacional moderno*, tomo 8 – **Direito internacional além do paradigma vestfaliano**, item – *ensaio de balanço do direito internacional no século XVII* e tomo 12 – **Direito internacional no tempo de Vattel e von Martens**, item – *ensaio de balanço do direito internacional no século XVIII*, em relação a algumas questões específicas, e o item – *mutações do direito internacional no século XVIII, ilustradas pelo tema da guerra*).

por autores como ZOUCH,[20] BYNKERSHOEK e MOSER –[21] e essas concepções, levadas ao excesso, descambam para o excessivo 'positivismo', do século XIX –[22] que tantos nefastos riscos comporta, para a compreensão e a aplicação do direito em geral, e do direito internacional, em particular; ao lado destes,

- segunda corrente, 'naturalista', expressa na doutrina do direito internacional, como direito natural, com destaque para PUFENDORF;[23] e em
- terceira corrente, 'grociana', em que se coloca a síntese entre direito natural e positivo, na linha de GRÓCIO, continuada por RACHEL e por WOLFF, e ainda por VATTEL e von MARTENS.[24]

O enquadramento de Cornelius van BYNKERSHOEK como 'positivista', contudo, pode ser questionável. É verdade que ele cita sobretudo precedentes e exemplos da prática dos estados, para comprovar a existência de normas e julgar a legalidade de determinados casos: "essa característica distingue a sua metodologia e pode dar

---

20. A contribuição de ZOUCH para o direito internacional foi examinada no **Tratado** (tomo 6 – **Direito internacional no tempo de Suarez, Gentili e Zouch**, cap. 17).
21. A respeito de J. J. MOSER e seu 'direito público externo', ver **Tratado** (tomo 12 – **Direito internacional no tempo de Vattel e von Martens**, item 25.1).
22. Cf. **Tratado** (tomo 13 – **Direito internacional no tempo do concerto europeu**); a respeito dos internacionalistas 'clássicos', de viés dito positivista, observava A. TRUYOL Y SERRA, **Histoire du droit international public** (Paris: Economica, 1995, p. 82): "Le qualificatif doit être appliqué dans un sens large, étant donné qu'en général ses représentants n'écartent pas complètement le 'droit naturel', comme feront les positivistes du XIXe siècle, mais se limitent à minimiser sa portée".
23. Como se examinou no **Tratado** (tomo 9 – **Direito internacional no tempo de Samuel Pufendorf**, cap. 20), não é tão simples a atribuição de total identidade entre o direito internacional e o direito natural em PUFENDORF.
24. As contribuições de Samuel RACHEL e de Christian WOLFF são examinadas no **Tratado** (tomos 9 – **Direito internacional no tempo de Samuel Pufendorf**, cap. 19 e, neste tomo, cap. 22), e **Tratado** (tomo 12 – **Direito internacional no tempo de Vattel e von Martens**, as de VATTEL e von MARTENS, caps. 24 e 25).

respaldo à sua tradicional reputação como positivista", mas "logo se torna óbvio que tais precedentes e exemplos são somente fontes secundárias para a sua argumentação, quando lemos seus escritos em detalhe".[25] Para reavaliar sua metodologia, basta considerar seu conceito de direito internacional – *jus gentium* – e a importância da razão – *ratio* – na sua teoria.[26]

Ao se falar sobre Christian WOLFF, não se pode esquecer ter sido este, ao lado de Christian THOMASIUS, o mais influente filósofo alemão do início do iluminismo, uma 'celebridade' de seu tempo e autor em torno de quem se criam grupos de defensores – os 'wolfianos', estes, por vezes, em oposição aos 'tomasianos' – bem como seus respectivos grupos de opositores ou, francamente, detratores, que o acusavam de, com suas ideias, corromper a juventude e induzir ao ateísmo. O próprio WOLFF insistia em confiar na força da razão fundamentada – *gründlicher Vernunft* – em mundo sabiamente criado por Deus. Décadas de conflitos de WOLFF com os teólogos contribuíram para a sua legendária reputação. Tais controvérsias e repercussões, intelectuais e políticas, se projetaram muito além do estrito campo de incidência e de estudo do direito internacional.[27]

A ordenação da universidade, em faculdades mais e menos elevadas, passa, no curso do iluminismo, por tripla transformação.

25. Kinji AKASHI, *Cornelius van Bynkershoek (1673-1743)* (in **The Oxford Handbook of the History of International Law**, edited by B. FASSBENDER e A. PETERS, Oxford: Univ. Press, 2012, cap. 51, p. 1110-1113, cit. p. 1112).
26. Como se considera, a seguir, no cap. 21.
27. Cf. se examina, neste tomo, cap. 22, e itens 22.1 – *direito segundo LEIBNIZ* e 22.2 – *reputação e legado de WOLFF*; v. tb. Steffen MARTUS, **Aufklärung** – das deutsche 18. Jahrhundert – ein Epochenbild (Berlin: Rowohlt, 2015, Teil I – 1680-1726: Die Anfänge der Aufklärung, cap. 1 – *Im Fürstenstaat: die höfische Gesellschaft und ihre Projekte*, p. 23-91, cit. p. 70): "Es war für viele Aufklärer üblich, den einen Landesherrn zu düpieren, um dadurch bei einem anderem Punkte zu sammeln. Gottfried Wilhelm LEIBNIZ, Samuel PUFENDORF, Christian THOMASIUS oder Christian WOLFF wechselten an charakteristischen Stellen ihrer Karriere den Dienstherrn."

Primeiro, concorreram os juristas com os teólogos, pela primeira colocação – em Halle, nominalmente era a teologia a primeira, mas a remuneração mais elevada dos juristas mostra que estes, na avaliação do príncipe, tinham passado à frente. Em segundo lugar, despediu-se a filosofia de sua anterior função propedêutica e preparatória, e reclamou seu status de ciência fundamental – *beanspruchte den Status einer Grundlagenwissenschaft* – e essa transformação e valorização ocorre, em Halle, com a geração seguinte, sobretudo impulsionada por Christian WOLFF. Em terceiro lugar, beneficiou-se a medicina com a ascensão das ciências naturais – *profitierte die Medizin vom Aufschwung der Naturforschung* – e, por sua vez, abalou a hierarquia tradicional – na [Academia] Fridericiana avançou para o centro daquela antropologia da 'pessoa inteira' – *des ganzen Menschen* – que dominou o apogeu e a fase tardia do iluminismo.[28]

O direito internacional não pode ser visto somente como material técnico, de caráter profissionalizante, pois compõe conjunto com objeto e método próprios, em meio às 'ciências humanas', o que se exprime com características específicas, no ensino e na pesquisa. Esse legado humanista tem de ser aplicado tanto em relação ao direito internacional como às relações internacionais, à história e às disciplinas afins, bem como à ciência política. Esse legado cultural importante não pode ser negligenciado, a fim de

28. S. MARTUS, **Aufklärung** – das deutsche 18. Jahrhundert – ein Epochenbild (Berlin: Rowohlt, 2015, Teil I – 1680-1726: Die Anfänge der Aufklärung, cap. 2 – *In der Gelehrtenrepublik: die Universität als Staatsprogramm*, p. 92-154, cit. p. 114-115) aduzia: "In diesen Streit der Fakultäten, der bis hin zu KANT und noch in der Romantik weitergeführt wurde, ging im 17. und frühen 18. Jahrhundert zunächst die juristische Abteilung als Siegerin von Platz, bis im Laufe der Aufklärung die Philosophie von ganz unten und das medizinische Wissen von Platz drei aufholten. Das Ziel freilich bestand in einer Struktur, in der die Fächer nicht mehr übereinander, sondern – wie die Fächer im Verbund der modernen wissenschaftlichen Disziplinen – generell nebeneinander lagen und damit im Wissenschaftssystem jenes Ausdifferenzierungen wiederholten, die die moderne Gesellschaft instgesamt prägte."

compreender o direito internacional como fenômeno não somente jurídico e político, mas também histórico e cultural.[29]

É uma particularidade da Europa o fato de que lá, da grande crise do século XVII, que se denomina a guerra dos Trinta anos, surgiu uma forma nova de integração: um 'sistema' de estados, que conservaram sua independência, fixou suas próprias regras. Não houve um príncipe guerreiro, que forçasse a paz; esta foi estabelecida por consenso. Contudo, não se deve passar por cima o pouco que esta 'ordem de Vestfália', elaborada com astúcia, em 1648, pacificou, de fato, o continente europeu. Em lugares onde funcionava a monarquia universal imperial – como na China –, esta era melhor garante da paz interna.

A ordem da paz de Vestfália nunca foi concebida como outra coisa além de uma estabilização do centro da Europa. Não pretendia ser uma ordem da paz mundial, e nem sequer se referia às possessões ultramarinas dos países europeus. Por volta de 1650, essas possessões já tinham reconfigurado consideravelmente o entrelaçamento planetário, e era previsível que, no longo prazo, os conflitos que os europeus dirimiam entre eles na 'periferia' repercutissem na Europa.[30]

---

29. Ver **Tratado** (tomo 20 – **Direito internacional, história e cultura**); P. B. CASELLA, **International law, history and culture** (Leiden /Boston: Brill/Nijhoff – Académie de droit international de la Haye/The Hague Academy of International Law, 2024); ___, **Introdução ao estudo do direito** – ensaios didáticos (apresentação J. G. RODAS, São Paulo: Ed. dos editores, 3ª ed., 2019, esp. – *direito como dado da vida em sociedade*, p. 51-58, cit. p. 52-53): "A cultura e a história são dados necessários para o estudo e compreensão das humanidades, especialmente do direito. [...] É preciso tratar o direito e especificamente o direito internacional como partes de fenômenos mais amplos e que têm relação direta e necessária com o tempo e contexto no qual se inscrevem e do qual derivam. [...] O direito como dado da vida em sociedade tem de ser compreendido como parte do conjunto das criações humanas: no contexto das relações humanas se insere e tem de ser situado."
30. Jürgen OSTERHAMMEL e Niels P. PETERSON, **Breve historia de la globalización** – del 1500 a nuestros días (orig. publ. **Geschichte der Globalisierung – Dimensionen,**

Neste tomo, dedicado ao direito internacional no tempo de BYNKERSHOEK, WOLFF e BURLAMAQUI, o percurso que se faz centralmente entre os marcos do início até meados do século XVIII, obviamente, com encadeamentos em relação a predecessores e sucessores. Mas essa configuração – com destaque aos três autores, ora examinados, e à presença notável de LEIBNIZ – se justifica no conjunto do texto, pelas enormes transformações ocorridas no direito internacional, no curso desse período. Isso pode ser facilmente avaliado pelos avanços que ocorrem entre a publicação das obras do holandês Cornelius van BYNKERSHOEK (1673-1743), do alemão Christian WOLFF (1679-1754), até a obra póstuma do suíço J. J. BURLAMAQUI (1694-1748), sobre os **Princípios do direito político** (1751), pouco antes do início da guerra dita dos 'Sete anos', de 1756-1763.[31], com relação direta e impacto sobre os desenvolvimentos ocorridos no tempo do iluminismo.[32] Mesmo se este sempre fez parte da história da humanidade, "o iluminismo moveu-se no turbilhão da guerra":[33]

Dessa forma, o iluminismo ao menos abriu o caminho à concepção discursiva e nacionalista de comunidades, que encontraram na fantasia a identidade de uma vida comum, buscando história

Prozesse, Epochen, 2012, trad. Martina Fernández Polcuch, Buenos Aires: Siglo Veintiuno, 2019, cap. 3 – *hasta 1750: construcción y consolidación de conexiones a escala mundial*, p. 33-53, cit. p. 42).

31. Sobre BURLAMAQUI, ver o cap. 23, neste tomo. Sobre a guerra dos Sete anos, v. **Tratado** (tomo 11 – **Direito internacional no tempo do iluminismo**, esp. item – *três décadas de relativa tranquilidade (1756-63 a 1792)*.

32. Cujo exame prossegue no **Tratado** (tomo 11 – **Direito internacional no tempo do iluminismo**).

33. S. MARTUS, **Aufklärung** – das deutsche 18. Jahrhundert – ein Epochenbild (Berlin: Rowohlt, 2015, Teil III – 1740-1763: Aufklärung im Widerstreit, cap. 13 – *Das Spiel des Zufalls:der Siebenjährigen Krieg*, p. 632-680, cit. p. 653-654) aduzia: "Dabei positionierte sich Preussen in einer Notwehrsituation und gab sich als Vertreter der nationalen, 'deutschen' Sache, weil Österreichs Koalition mit Frankreich es erlaubte, die negativen Stereotypen gegen den traditionellen 'Reichsfeinde' zu aktivieren."

e cultura coletivas. Os conflitos ideológicos se intensificaram. Os opositores foram declarados pragas, que deveriam ser destruídas, ou flagelo, do qual precisava ser limpa a região.[34]

Enquanto alguns nacionalizavam a perspectiva da guerra, outros enfatizavam uma perspectiva internacional: os bons valores do antigo iluminismo passaram a ser considerados ultrapassados e empoeirados, enquanto outros conferiram-no impulso, sacrificando a busca pela paz e em detrimento da tranquilidade. As sementes de vários males já estavam plantadas.

A partir do contexto iluminista, apesar da ênfase na universalidade da razão e na perfectibilidade dos indivíduos e das sociedades, começam a crescer concepções que teriam enorme impacto sobre a história dos séculos seguintes, tais como apresentar a guerra como luta pela sobrevivência de um 'povo', frente ao 'inimigo' comum, e seus corolários, tais como o nacionalismo, ou a convicção de superioridade, de determinadas sociedades em relação a outras, que levaria à ampla aceitação e extenso engajamento de várias sociedades em favor do colonialismo imperialista.[35]

34. Sinal do tempo 'iluminista', o engajamento de escritores, poetas e periodistas, cf. S. MARTUS (op. cit., 2015, p. 654): "Nirgendwo sonst engagierten sich Dichter so sehr für 'ihre' Armee und 'ihre' Regenten wie in Preussen. Wie abstrus, überraschend und dann eben auch faszinierend diese literarische Strategie auf viele Zeitgenossen gewirkt haben mag".

35. A respeito, ver **Tratado** (tomo 11 – **Direito internacional no tempo do iluminismo**, esp. item – *mutação de fase histórica e reformulação das bases do sistema internacional*, tomo 12 – **Direito internacional no tempo de Vattel e von Martens**, item – *mutações do direito internacional no século XVIII, ilustradas pelo tema da guerra*, tomo 13 – **Direito internacional no tempo do concerto europeu**, item – *do direito internacional do tempo do 'iluminismo' ao tempo do concerto europeu* e tomos 14 a 17 – **Direito internacional no tempo do colonialismo**).

CAPÍTULO 21.
CORNELIUS VAN BYNKERSHOEK (1673-1743)

Se a minha discussão do assunto for apta a receber aprovação, terá sido de uma vez por todas, algo que se pode seguir; se não o for, sigamos algo que seja diferente e melhor. Mas em qualquer controvérsia, que surja sobre o direito das gentes, devemos ter o cuidado de seguir os costumes das nações, e não considerar as nossas mentes como a única fonte da sabedoria. Eu sei que, com base somente na razão, ora uma ora outra decisão diversa pode ser dada com relação à questão da jurisdição sobre os embaixadores, mas também sei que prevalece a razão que o costume das nações aprovou, e esta é a posição principalmente defendida neste tratado.

C. van BYNKERSHOEK, **Do foro dos legados** (1721)[1]

---

1. Cornelius van BYNKERSHOEK, **De foro legatorum tam in causa civili quam criminali liber singularis** (Leiden, 1721) a monograph on the jurisdiction over Ambassadors in both civil and criminal cases ("a photographic reproduction of the text of 1744", with an English translation by Gordon J. LAING, and an introduction by Jan de LOUTER, datada de 1922, com menção "imprimatur" 1929, The Classics of International Law, vol. XXI, ed. by James B. SCOTT, Oxford: at the Clarendon Press / London: Geoffrey Cumberlege, 1946; cit. *Ad lectorem*).

Esse animal feroz ... que se chama razão de estado.

C. van BYNKERSHOEK,

Questões de direito público (1737)[2]

Contribuição durável de BYNKERSHOEK à doutrina do direito internacional é a sua teoria do mar territorial.

A. TRUYOL Y SERRA (1995)[3]

Tanto seu conceito de direito internacional quanto seu uso da razão como argumento jurídico põem dúvidas em sua reputação como positivista. Contudo, não devemos impedir a avaliação geralmente aceita. Antes, se deve assinalar que, mesmo van BYNKERSHOEK, um juiz e advogado de grande experiência, não mostrou hesitação em invocar a 'razão'. O que sugere a persistente existência de fator, não compatível com método verdadeiramente positivista em direito internacional.

K. AKASHI (2012)[4]

---

2. Cornelius van BYNKERSHOEK, **Quaestionum iuris publici libri duo, quorum primus est De rebus bellicis, secundus De rebus varii argumenti** (orig. publ. Leiden, 1737, segunda edição, 1752); ___, **Quaestionum iuris publici libri duo** (volume one: "the photographic reproduction of the edition of 1737", volume two: the English translation by Tenney FRANK, and an introduction (1922) by Jan de LOUTER, The Classics of International Law, vol. 14, ed. by James B. SCOTT, Oxford: at the Clarendon Press/London: Humphrey Milford, 1930, 2 tomos, XLVI+304 p.; XXXVIII +384+34 p., cit. **Quaestionum juris publici**, II.XXV.X).
3. Antonio TRUYOL Y SERRA, **Histoire du droit international public** (Paris: Economica, 1995, p. 84-85).
4. Kinji AKASHI, *Cornelius van Bynkershoek (1673-1743)* (in **The Oxford Handbook of the History of International Law**, ed. by B. FASSBENDER e A. PETERS, Oxford: Univ. Press, 2012, cap. 51, p. 1110-1113, cit. p. 1113).

Com Cornelius van BYNKERSHOEK chega-se a uma visão, que pode ser designada como marcadamente pragmática do direito internacional, visto e trabalhado, sobretudo, como direito praticado entre estados. Este era visto por BYNKERSHOEK como voltado para as formas do exercício e da regulação das relações entre estados, regidas pelo que, mais e mais, se passa a ver e ordenar como 'direito internacional'. Não por acaso, apontava – no trecho em epígrafe: "em qualquer controvérsia que surja sobre o direito das gentes, devemos ter o cuidado de seguir os costumes das nações, e não considerar as nossas mentes como a única fonte da sabedoria". E prossegue: "*quid ipse sentiam, leges, si commodum est, in hoc exiguae molis libello, si non est, heic loci non audies*" – e, qual seja a minha opinião, lê-la-á neste pequeno livro, se for de sua conveniência fazê-lo; e se não for, não será aqui que eu a direi.[5]

O direito internacional é concebido, por BYNKERSHOEK, como conjunto que agrega, à prática dos estados, a experiência histórica do direito romano. Observa-se, em sua obra, ulterior afastamento em relação ao direito natural como premissa central do sistema, na construção do que, crescentemente, passa a se configurar como o direito internacional 'clássico'.[6]

Na obra de BYNKERSHOEK se constrói o direito internacional como direito interestatal, fundamentado no costume das nações, no seu tempo, e no direito romano, mais que no direito natural.[7] Nessa

5. C. van BYNKERSHOEK, **De foro legatorum** (Leiden, 1721, *Ad lectorem*).
6. P. B. CASELLA, *Desenvolvimento do direito internacional na concepção de Cornelius van BYNKERSHOEK* (Rev. FDUSP, vol. 103, 2008, p. 563-592). Esse desenvolvimento será acentuado por Emer de VATTEL, cf. se examina no **Tratado** (tomo 12 – **Direito internacional no tempo de Vattel e von Martens**, cap. 24 e ver ainda tomo 8 – **Direito internacional além do paradigma vestfaliano**, item – *o que é e como é o clássico?*).
7. J. DELPECH, *Bynkershoek (1673-1743)* (in **Les fondateurs du droit international public**: leurs œuvres, leurs doctrines, introduction de A. PILLET, Paris: V. Giard & E. Brière, 1904, p. 385-446).

mesma linha de interpretação da obra de BYNKERSHOEK também se manifestava TRUYOL Y SERRA.[8]

Por sua vez, AKASHI menciona a reputação de BYNKERSHOEK como 'positivista', mas a põe em dúvida: "logo se torna óbvio que tais precedentes e exemplos são somente fontes secundárias para a sua argumentação, quando lemos seus escritos em detalhe".[9] Para reavaliar a sua metodologia, basta considerar seu conceito de direito internacional – *jus gentium* – e a importância da razão – *ratio* – na sua teoria:

> Diversamente de GRÓCIO, PUFENDORF, WOLFF e VATTEL, que merecem ser chamados de construtores de sistemas – *system-builders* – BYNKERSHOEK não dedica qualquer capítulo ou item específico à exposição de sua própria definição ou conceito de direito internacional: na **Dissertação sobre o domínio dos mares**[10] somente menção limitada é feita; tanto no livro **Sobre o foro dos legados** quanto nas **Questões de direito público**, ele faz somente referências em passagens e frases esparsas.
>
> É possível, contudo, extrapolar o seu entendimento a partir dessas referências e observar a 'mutação' entre as três obras, que pode ser

8. A. TRUYOL Y SERRA, **Histoire du droit international public** (Paris: Economica, 1995, p. 84-85): "Il se réfère également aux dispositions internes des États-généraux des Provinces-Unies, et les précédents sont pris de préférence dans le passé récent. L'arrière-fond judiciaire se révèle dans la logique du raisonnement, la lucidité de l'approche et la vigueur de l'expression, non exempte de brusquerie".
9. Kinji AKASHI, *Cornelius van Bynkershoek (1673-1743)* (in **The Oxford Handbook of the History of International Law**, edited by B. FASSBENDER e A. PETERS, Oxford: Univ. Press, 2012, cap. 51, p. 1110-1113, cit. p. 1112).
10. Cornelius van BYNKERSHOEK, **De dominio maris dissertatio** (orig. publ. 1702, "a photographic reproduction of the second edition (1744)", with an English translation by Ralph van Deman MAGOFFIN, and an introduction by James Brown SCOTT, in Classics of International Law, vol. 11, ed. by J. B. SCOTT, New York: Oxford Univ. Press – publications of the Carnegie Endowment for International Peace, 1923 – online books.google.com.br).

avaliada como o 'desenvolvimento' de sua concepção, entre a primeira e a última obra. A **Dissertação sobre o domínio dos mares** é rudimentar em relação à concepção do direito internacional; enquanto no livro **Sobre o foro dos legados** o autor parece ter fixado a sua concepção, cuja parte essencial é transferida para as **Questões de direito público**, tendo como conceito central ser o direito internacional o acordo tácito presente no costume – *consuetudo* – e este é composto de razão – *ratio* – e de prática – *usus*.

A concepção é mantida nas **Questões de direito público**, no que BYNKERSHOEK menciona como "direito internacional, derivando do acordo, tácito e presumido, produzido entre a razão e a prática".[11] A concepção de direito internacional pode, assim, com inconsistência mínima, ser definido como sendo tanto acordo tácito e costume, respaldado pela razão e pela prática, devendo o conteúdo do acordo tácito e do costume serem considerados como idênticos. Essas fórmulas e referências revelam a importância da razão, notadamente esta última, como uma das bases do direito internacional. O autor efetivamente escreveu: duas bases, razão e uso – *duo igitur ejus quasi fulcra sunt, ratio & usus*.[12]

Sua argumentação, contudo, deve ser entendida diversamente, porque de sua concepção de direito internacional, o 'uso perpétuo' é substancialmente equivalente ao 'costume observado entre diversos povos – *sui juris* – e o costume que a 'sólida e vigorosa razão os persuadiu e denominamos *jus gentium*'. Em suma, o uso perpétuo é costume, e quando o costume é respaldado pela razão, deve ser chamado direito internacional. Assim, o respaldo pela razão é prerrequisito para o costume ser reconhecido como direito internacional.

11. C. van BYNKERSHOEK, **Quaestionum iuris publici libri duo** (1737, livro III, cap. X).
12. C. van BYNKERSHOEK, **De foro legatorum** (1721, cap. III).

A importância da razão pode ser observada quando vemos a relação entre razão e tratados – *pacta gentium*. Na discussão da doutrina a respeito de 'navios inimigos e bens inimigos', BYNKERSHOEK menciona tratados aceitando tal doutrina e rejeita os efeitos jurídicos de tais tratados, declarando não ser possível defender esse tipo de direito, com base na razão – *ex ratione utique ejusmodi jus defendi non poterit*.[13] De modo que, quando tratados colidam com a razão, ele sempre reconhece a superioridade desta.[14]

Desde o início do direito internacional,[15] autores que o precederam, como também Hugo GRÓCIO e Samuel PUFENDORF, utilizaram precedentes bíblicos, exemplos da história antiga, grega e romana para estabelecer parâmetros de compreensão e de análise.[16] De tais precedentes, visavam deduzir princípios e normas de direito internacional.[17]

De modo equivalente, a seu tempo, Cornelius van BYNKERSHOEK utiliza, preferencial e extensamente, referências à prática do seu tempo como 'fontes' para a construção do direito internacional 'clássico'. Da mesma forma, hoje, utilizamos precedentes, julgados e pareceres prolatados pela Corte permanente de justiça internacional e, pela sucessora desta, a Corte Internacional de Justiça, bem

---

13. C. van BYNKERSHOEK, **Quaestionum iuris publici libri duo** (1737, livro I, cap. XIII).
14. K. AKASHI, *Cornelius van Bynkershoek (1673-1743)* (cit., 2012, cit. p. 1112-1113 – citação com pequenas alterações, em relação à redação do original, para clareza da tradução).
15. Ver **Tratado** (tomos 3 A – **Direito internacional no tempo antigo**, 3 B – **Gregos, romanos, chineses, indianos** e 4 – **Direito internacional no tempo medieval**).
16. Como extensamente examinado no **Tratado** (tomos 5 – **Direito internacional no tempo de Francisco de Vitória**, 6 – **Direito internacional no tempo de Suarez, Gentili e Zouch**, 7 – **Direito internacional no tempo do Hugo Grócio**, esp. cap. 18).
17. Ver também **Tratado** (tomo 20 – **Direito internacional, história e cultura**); P. B. CASELLA, **International law, history and culture** (Leiden/Boston: Brill/Nijhoff – Académie de droit international de la Haye / The Hague Academy of International Law, 2024).

como de outros tribunais internacionais,[18] ou passagens extraídas de laudos arbitrais internacionais.

A contribuição central de Cornelius van BYNKERSHOEK (1673-1743) é, assim, a de enfatizar a visão pragmática e concreta do direito entre estados e das formas de exercício e regulação das relações, entre estados, pelo direito internacional. Tinha BYNKERSHOEK também consciência da necessidade, para que exista e opere o direito internacional, que se ponham limites à discricionariedade dos estados e à invocação das razões soberanas de cada um destes.[19] Não sem motivo, chamava de animal selvagem – *cette bete* –, a 'razão de estado' – *raison d'état*.[20]

O pragmatismo em BYNKERSHOEK significa ter o direito internacional 'clássico' construído a partir da prática. Sintoma do contexto, no qual esteve inserto o autor, e da configuração das Províncias Unidas, em torno da Holanda, como sujeito de direito internacional que, progressiva e eficazmente, se tornara presente

18. Como se menciona extensamente no **Tratado** (tomos 1 e 2 – **Direito internacional dos espaços**), com referências e exame de aspectos relevantes de dezenas de casos, julgados pela CIJ e CPJI, dentre outros tribunais internacionais.
19. C. van BYNKERSHOEK, **Quaestionum juris publici** (II.XXV.X).
20. A respeito da 'razão de estado', ver **Tratado** (tomo 9 – **Direito internacional no tempo de Samuel Pufendorf**, item – *o teatro europeu segundo RICHELIEU*); Antoine PILLET (dir. de), **Les fondateurs du droit international**: leurs œuvres, leurs doctrines (Paris: V. Giard & E. Brière, 1904, introduction, p. V-XXXI, cit. p. XXV-XXVI) ressaltava: "La raison d'état, qui est la force habillée d'un mot pompeux, prime tout. Peut-être dans une insurrection la justice des griefs des rebelles aidera-t-elle dans une faible mesure à leur succès en facilitant la reconnaissance de leur parti: c'est là, crois-je le seul effet juridique que puisse produire de nos jours cette distinction fameuse. Tout le reste n'est que cendres et poussière. / Ne craignons pas cependant de fouiller dans cette cendre; elle recouvre un feu qui n'est pas près de s'éteindre. [...] La doctrine ancienne ne supprime pas directement la guerre, elle cherche seulement à faire pencher la balance du côté de la justice; la tendance moderne, plus audacieuse, ne veut rien moins que substituer à la guerre la procédure arbitrale. Cela s'appelle vouloir changer la face du monde. À la vérité, à toutes les époques des projets semblables ont été formés. Mais au temps de l'abbé de SAINT-PIERRE ou de KANT ils restaient confinés dans le domaine de la spéculation philosophique; ils semblent être tombés de nos jours dans celui de l'étourderie."

como potência econômica e política no seio da Europa, nos séculos XVII e XVIII.[21] A partir da consolidação interna, e da inserção no continente europeu, também fizeram as Províncias Unidas a sua expansão para o além-mar,[22] passando de colonizados a colonizadores.[23] Inicialmente como estratégia de guerra contra a Espanha, antiga colonizadora, e depois também como expansão de comércio, visando lucros, no Oriente e nas Américas.[24]

---

21. Sobre a formação e a evolução institucional das Províncias Unidas ver **Tratado** (tomo 7 – **Direito internacional no tempo de Hugo Grócio**, item 18.2 – *GRÓCIO na evolução da identidade nacional* e tomo 11 – **Direito internacional no tempo do iluminismo**, item – *império, estado moderno e ascensão do absolutismo*); Paul ARBLASTER, **A History of the Low Countries** (New York: Palgrave-Macmillan, 2012); Catherine DENYS e Isabelle PARESYS, **Les anciens Pays-Bas à l'époque moderne (1404-1815)** (Paris: Ellipses, 2007, esp. chap. 4 – *les Pays-Bas, enjeu international (1609-1713)*, p. 79-95, e chap. 7 – *un siècle de malheurs aux Pays-Bas méridionaux (1609-1715)*, p. 141-157); Simon SCHAMA, **The embarrassment of riches**: an interpretation of Dutch culture in the Golden Age (Berkeley and Los Angeles: Univ. of California Press, 1988).
22. Todo esse campo ainda será ulteriormente desenvolvido e acentuado no século XIX. Ver **Tratado** (tomo 13 – **Direito internacional no tempo do concerto europeu** e tomos 14 a 17 – **Direito internacional no tempo do colonialismo**, esp. cap. 3 – *a colonização holandesa*); Niall FERGUSON, **Império** (orig. publ. **Empire**, 2003, trad. Marcelo M. CAVALLARI, São Paulo: Planeta, 2010); Jacques FREMÉAUX, **De quoi fut fait l'empire** – les guerres coloniales au XIXe. siècle (Paris: CNRS ed., 2010); Patrick T. JACKSON, *How to think about civilizations* (in **Civilizations in world politics** – plural and pluralist perspectives, ed. by Peter J. KATZENSTEIN, London & New York: Routledge, 2010, p. 176-200); Peter WATSON, **The great divide** – History and human nature in the old world and the new (Londres: Phoenix, 2013); H. WESSELING, **Les empires coloniaux européens 1815-1919** (orig. publ. **Europa's koloniale eeuw**: De koloniale rijken in de negentiende eeuw, 1815-1919, 2003, trad. Patrick GRILLI, Paris: Gallimard – Folio – Histoire – inédit, 2009); H. WESSELING, *A história de além-mar* (in **A escrita da história**: novas perspectivas, org. Peter BURKE, orig. publ. 1991, trad. bras. Magda LOPES, São Paulo: Ed. UNESP, 2011, p. 99-133, cit. p. 105) nota como, por exemplo, na Holanda, os chineses passaram a ser estudados em razão da existência de importante colônia chinesa nas Índias Ocidentais: "os japoneses, devido ao 'perigo amarelo' e os islâmicos devido ao perigo do 'fanatismo muçulmano'."
23. Como se apontou brevemente no **Tratado** (tomo 7 – **Direito internacional no tempo de Hugo Grócio**, esp. item 18.1 – *conflitos metropolitanos e aventuras coloniais holandesas: interlúdio no Brasil* e item 18.2 – *GRÓCIO na evolução da identidade nacional*).
24. Durante o período de união das coroas ibéricas (1580-1640), dominando também Portugal e as colônias portuguesas, a 'colonização' holandesa alcançou também parte do Brasil – o Brasil dito 'holandês', como se examina no **Tratado** (tomo 7 – **Direito internacional no tempo de Hugo Grócio**, esp. item 18.1 – *conflitos metropolitanos e aventuras coloniais holandesas: interlúdio no Brasil*).

De sua trajetória pessoal, convém reportar que Cornelius van BYNKERSHOEK, um dos maiores juristas do seu tempo, nasceu em Middleburg, na Holanda, em 1673,[25] em uma família de comerciantes. Estudou em Franeker, na Frísia, e depois de período de atividade como advogado, na Haia, foi nomeado juiz, em 1703. Ele publicou muito a respeito de direito romano e de direito civil holandês enquanto se dedicou exclusivamente à prática do direito.

BYNKERSHOEK se tornou membro do Conselho supremo da Holanda. Posteriormente, de 1724 até a sua morte, foi o Presidente da Corte Suprema para as províncias da Holanda, da Zelândia e da Frísia, com sede na Haia. Faleceu em 1743.

Antes dos trinta anos, BYNKERSHOEK escreveu e publicou a sua dissertação sobre o domínio do mar, **De dominio maris dissertatio**, em 1702,[26] mas, ao lado desta, suas obras da juventude têm por foco, sobretudo, o direito privado. Somente mais tarde, ele voltou a se ocupar de direito internacional, com seu tratado **De foro legatorum singularis**, em 1721, em que examina qual seria a jurisdição competente para decidir questões sobre os embaixadores –[27] da mesma forma como GENTILI e ZOUCH também escreveram

25. Dietrich Heinrich Ludwig von OMPTEDA, **Literatur des gesamten natürlichen und positiven Völkerrechts** ("Neudruck der Ausgabe Regensburg 1785", Aalen: Scientia Verlag, 1963, II. Theil, § 150, p. 420-422) mencionava 1663 como ano de nascimento de BYNKERSHOEK, ao comentar as **Quaestionum iuris publici** (1737, 2ª ed., 1752).
26. Cornelius van BYNKERSHOEK, **De dominio maris dissertatio** (orig. publ. 1702, "a photographic reproduction of the second edition (1744)", with an English translation by Ralph van Deman MAGOFFIN, and an introduction by James Brown SCOTT, in Classics of International Law, vol. 11, ed. by J. B. SCOTT, New York: Oxford Univ. Press – publications of the Carnegie Endowment for International Peace, 1923 – online books.google.com.br).
27. Cornelius van BYNKERSHOEK, **De foro legatorum singularis** – a monograph on the jurisdiction over ambassadors in both civil and criminal cases (orig. publ. 1721, "a photographic reproduction of the text of 1744", with an English translation by Gordon J. LAING, and an introduction by Jan de LOUTER, in Classics of International Law, vol. 22, ed. by J. B. SCOTT, Oxford: Clarendon Press / London: Geoffrey Cumberlege / publications of the Carnegie Endowment for International Peace, 1946 – reprint Buffalo: W. S. Hein, 1995 – tb. online books.google.com.br).

monografias sobre o tema – a partir de caso concreto no qual teve de se manifestar.[28]

Combinam-se em BYNKERSHOEK a reflexão teórica e a atuação na alta administração pública, como marcam, ao lado dos dois outros estudos referidos, as **Questões de direito público** , a sua obra maior, intitulada justamente **Quaestionum juris publici libri duo**, publicada em 1737.[29]

É corrente dizer que BYNKERSHOEK traz visão mais 'pragmática' e 'concreta' a respeito do direito entre estados e das formas de exercício e regulação das relações entre estes, pelo que passou a ser o 'direito internacional'. Mas cabe explicitar exatamente o que se entende por isso, justamente porque a sua contribuição se inscreve em contexto, que já tinha passado por consideráveis desenvolvimentos.

Cornelius van BYNKERSHOEK concebia o direito das gentes como direito interestatal,[30] como mencionado.[31] Fundamentava, geralmente, suas posições no costume das nações, do seu tempo. E,

---

28. Sobre as contribuições de GENTILI e de ZOUCH para essa matéria, no direito internacional moderno, ver **Tratado** (tomo 6 – **Direito internacional no tempo de Suarez, Gentili e Zouch**, caps. 16 e 17).
29. Cornelius van BYNKERSHOEK, **Quaestionum iuris publici libri duo, quorum primus est De rebus bellicis, secundus De rebus varii argumenti** (orig. publ. Leiden, 1737, segunda edição, 1752); ___, **Quaestionum iuris publici libri duo** (volume one: "the photographic reproduction of the edition of 1737", volume two: the English translation by Tenney FRANK, and an introduction (1922) by Jan de LOUTER, The Classics of International Law, vol. 14, ed. by James B. SCOTT, Oxford: at the Clarendon Press / London: Humphrey Milford, 1930, 2 tomos, XLVI+304 p.; XXXVIII +384+34 p.).
30. J. DELPECH, *Bynkershoek* (in **Les fondateurs du droit international public**, 1904, p. 385-446, cit. p. 446): "Ce ne serait point une remarque nouvelle: à son heure, et dans son domaine, par sa méthode, sa science et ses procédés, BYNKERSHOEK fut, incontestablement, un de ces auteurs auxquels survivent leurs écrits et dont on dit, à juste titre, dans tous les ordres de littérature, que, sans leurs œuvres, la science serait moins riche et eût compté, pour ses destinées, une précieuse contribution de moins."
31. A. TRUYOL Y SERRA, **Histoire du droit international public** (Paris: Economica, 1995, p. 84-85): "Il se réfère également aux dispositions internes des États-généraux des Provinces-Unies, et les précédents sont pris de préférence dans le passé récent. L'arrière-fond judiciaire se révèle dans la logique du raisonnement, la lucidité de l'approche et la vigueur de l'expression, non exempte de brusquerie."

se muitas vezes se reportava ao direito romano, mais que no direito natural, invocava, por isso, igualmente, os ditames da justa razão – *recta ratio* – como fonte, mas esta surge como princípio, somente quando faltasse ou fosse incerto o costume e, mesmo assim, se vinculava basicamente ao direito romano. A racionalidade abstrata somente viria a ser utilizada quando faltassem parâmetros concretos ou precedentes históricos – de preferência próximos – para a configuração possível de princípios reguladores de direito internacional.

Cabe assinalar o papel de jurista como BYNKERSHOEK, no contexto do seu tempo:[32]

> Nos Países Baixos, a jurisprudência humanista, tal como foi cultivada, sobretudo por NOODT, propôs-se uma orientação prática que combinava os objetivos do uso moderno – *usus modernus* – alemão, com a erudição dos humanistas. Nomes como os de Johann VOET, mais tarde Cornel VAN ECK (1664-1732), BRENKMANN (1680-1736), Antons SCHULTING (1659-1734) e Cornelius van BYNKERSHOEK (1672-1745) contam-se entre os mais importantes e influentes, do mundo reformado, do noroeste da Europa; nomes cuja influência sobre as colônias holandesas de então, [como também] sobre a Escócia – onde, desde a época da reforma, os juristas procuravam regularmente a universidade de Leiden – e sobre a Suíça reformada, ainda hoje se mantém sensível.[33]

32. Franz WIEACKER, **Privatrechtsgechichte der Neuzeit unter besonderen Berücksichtigung der deutscher Entwicklung** (Göttingen: Vandenhoeck-Ruprecht, 2a. ed. revista, 1967); ___, **História do direito privado moderno** (com prefácio à edição portuguesa de F. WIEACKER, 1980, trad. A. M. Botelho HESPANHA, Lisboa, Fundação C. Gulbenkian, 4ª ed., 2010).
33. F. WIEACKER (op. cit., ed. 2010, p. 246-247): "Também já foi referida a grande influência da intelectualidade jurídica holandesa sobre a ciência jurídica alemã em desenvolvimento; ela vai de mão dada com a influência cultural geral deste país – que atingiu o máximo do seu florescimento durante a sua guerra de libertação e que saiu favorecido da guerra dos Trinta anos – sobre o novo Ascenso cultural do norte da Alemanha."

Dentre as relevantes contribuições práticas, realizadas por este autor, coube a BYNKERSHOEK cristalizar a formulação a respeito do mar territorial,[34] na sua dissertação sobre o domínio dos mares, **De dominio maris dissertatio**, de 1702. Partindo de análise dos fatos, conclui, como GRÓCIO, um século antes, no **Mare liberum**, pela liberdade da navegação dos oceanos. Mas BYNKERSHOEK não deixa de mencionar que GRÓCIO mudou de opinião a respeito do tema, depois dessa sua publicação, de 1609, expressando as suas dúvidas sobre os limites e até onde seria possível a ocupação do mar, em 1625, em sua obra maior.[35]

Essa prática – que, se poderia dizer, inspirada na formulação de BYNKERSHOEK – se consolida na virada do século XVII para o XVIII[36] e permaneceu válida até que se alcançasse a codificação conceitual do mar territorial,[37] na Convenção de Genebra, de 1958, e a fixação da extensão deste, pela Convenção das Nações Unidas sobre direito do mar, de 1982.[38]

Como, já em 1702, formulou BYNKERSHOEK, o poder do estado se estende até o limite do alcance do tiro de canhão – *potestatem*

34. Ver **Tratado** (tomo 1 – **Direito internacional dos espaços**, segunda parte – domínio marítimo e aéreo, título I – domínio marítimo, esp. cap. 11 – *mar territorial e zona contígua*).
35. Cornelius van BYNKERSHOEK, **De dominio maris dissertatio** (1702, cap. IX), menciona GRÓCIO, **De jure belli ac pacis** (1625, livro II, cap. III, n. 8).
36. Em nota de 6 de agosto de 1691, FOULLÉ DE MARTANGIS, representante da França, junto ao governo da Dinamarca e Noruega, argumentava em favor da limitação do mar territorial a uma ou duas milhas: "Que le respect des costes, en quelque lieu de l'Europe, que ce soit, n'a jamais esté étendu plus loin qu'à la portée du cânon, ou à une lieue ou deux au plus" em oposição ao decreto dinamarquês de 13 de junho de 1691, que adotara o princípio do alcance da visão, e assim poderia se estender até quatro ou cinco milhas a extensão do mar territorial.
37. Benedetto CONFORTI, **Il regime giuridico dei mari**: contributo alla ricostruzione dei principi generali (Napoli: Eugenio Jovene, 1957) estudava a matéria ainda em contexto anterior às Convenções de Genebra de 1958.
38. Ver **Tratado** (tomo 1 – **Direito internacional dos espaços**, segunda parte, título I, esp. cap. 9 – *domínio marítimo: evolução conceitual*).

terrae finiri ubi finitur armorum vis.[39] E ainda: *Eo potestatem terrae extendi, quousque tormenta exploduntur.*[40] Ou seja, o poder das armas vai até onde os canhões alcancem.

Também ao tema ele retornaria, na sua grande obra de 1737: o poder de império sobre a terra termina onde cessa o alcance das armas – *Imperium terrae finiri, ubi finitur armorum potestas.*[41] BYNKERSHOEK não foi o autor do princípio do mar territorial circunscrito pelo alcance do tiro de canhão, mas contribuiu significativamente para a divulgação e a adoção deste.

Na mesma linha, no século XIX, ensinava Johann Kaspar BLUNTSCHLI:[42] "o mar não pode, por sua própria natureza, depender de qualquer estado. Está aberto a todas as nações: o mar é livre. E o alto-mar não pode, e não deve, estar submetido à soberania de uma única potência ou de grupo de potências reunidas."[43] As diretrizes, dadas por BYNKERSHOEK, foram duradouras nesse campo.

Nesse sentido, enfatizava BYNKERSHOEK que o oceano não pode cair sob domínio de nenhum estado, por não ser suscetível de apropriação; mas, se o alto-mar não pode ser reclamado por nenhum estado, a faixa de mar próxima da costa, pode esta, sim, ser reclamada pelo estado costeiro, até onde este possa exercer controle ou comando, o que, segundo BYNKERSHOEK, seria o equivalente

39. BYNKERSHOEK, **De dominio maris dissertatio** (1702, cap II).
40. BYNKERSHOEK, **De dominio maris dissertatio** (1702, cap II).
41. BYNKERSHOEK retomaria a questão na sua grande obra **Quaestionum juris publici** (1737, livro I, cap. VIII).
42. Johann Kaspar BLUNTSCHLI, **Le droit international codifié** (orig. publ. 1869, teve 2e ed. em 1873; trad. de l'allemand par M. C. LARDY, Paris: Guillaumin, 3e éd., 1881).
43. J. K. BLUNTSCHLI, **Le droit international codifié** (3e éd., 1881, § 304, p. 190-191): "La mer ne peut, par sa nature même, dépendre d'un état donné. Elle est ouverte à toutes les nations. La mer est libre. / La pleine mer ne peut et ne doit pas être soumise à la souveraineté d'une seule puissance ou de plusieurs puissances réunies."

ao alcance de tiro de canhão, como se dispunha com a tecnologia disponível na época.[44]

Na prática, essa formulação poderia fazer variar a extensão do mar territorial, conforme aperfeiçoamentos intercorrentes da técnica militar. De qualquer maneira, foi esta mesma formulação aceita, *grosso modo*, como critério válido para a determinação da extensão do mar territorial, durante mais de duzentos anos.

Apesar da ampla aceitação da formulação de BYNKERSHOEK, a evolução da matéria exigiu detalhamentos ulteriores:[45]

> O princípio de BYNKERSHOEK não mais pode ser utilizado. Em lugar de fixar a extensão da faixa de mar territorial – *la mer côtière* –, seguindo um princípio jurídico, ele não teve outro meio senão o de a determinar segundo as necessidades práticas dos estados costeiros, necessidades essas que devem ser reconhecidas internacionalmente. Daí resultará que essa extensão não deve ser fixada de maneira uniforme nem em relação a todas as partes da costa – quando se pensa, por exemplo, nos estreitos e nas baías –, nem para diferentes fins particulares.[46]

Foram vinculados ao nome de BYNKERSHOEK ulteriores desenvolvimentos, relacionados com o conceito do "alcance do tiro

---

44. E passará por notáveis transformações, como se refere no **Tratado** (tomo 12 – **Direito internacional no tempo de Vattel e von Martens**, item – *mutações do direito internacional no século XVIII, ilustradas pelo tema da guerra*).
45. W. SCHOENBORN, **La nature juridique du territoire** (RCADI, 1929, t. 30, p. 81-190).
46. W. SCHOENBORN (op. cit., 1929, p. 140): "Le principe de BYNKERSHOEK ne peut plus être mis au profit. Au lieu de fixer l'étendue de la mer côtière suivant un principe juridique, il ne restera pas d'autre moyen que de la déterminer d'après les besoins pratiques des états côtiers, besoins qu'il faut reconnaître internationalement. Il en résultera que cette étendue ne doit être fixée de façon uniforme ni pour toutes les parties de la côte – que l'on songe par exemple aux détroits ou aux baies – ni pour les différents buts particuliers."

de canhão" – *Kanonenschussweite* –,[47] mas este contou com predecessores: tratava-se de tese que já tinham apresentado os representantes holandeses, em negociação realizada em Londres, em 1610, no sentido de que os direitos soberanos de um príncipe sobre o seu território somente poderiam se estender, segundo o direito internacional, sobre a faixa costeira do mar, na medida em que, sobre esta pudesse ser exercido poder efetivo.

A diretriz era observar, de maneira estrita, o princípio da efetividade – *Effektivitätsprinzip*. A extensão dos direitos soberanos sobre o mar não pode se estender onde não exista proteção efetiva e a vontade do soberano não possa ser eficazmente aplicada.

Tenha ou não GRÓCIO integrado essa missão de negociadores holandeses enviados a Londres, pode-se presumir que a formulação poderia ser de sua autoria.[48] Nesse mesmo exato sentido, da necessidade de efetiva ocupação e controle para reclamar soberania sobre espaço marítimo, se colocava a argumentação de GRÓCIO, no **Mare liberum**, de 1609.[49] No **De dominio maris**, BYNKERSHOEK

47. Wilhelm G. GREWE, **Epochen der Völkerrechtsgeschichte** (Baden-Baden: Nomos, 1984, terceira parte – *Droit public de l'Europe: die Völkerrechtsordnung des französischen Zeitalters 1648-1815*, p. 323-498, cit. p. 383) subscreve essa hipótese e lembra que GRÓCIO insere essa formulação na sua obra **De jure belli ac pacis** (1625).

48. Ver **Tratado** (tomo 7 – **Direito internacional no tempo de Hugo Grócio**, item 18.4 – *o* ***Mare liberum***); W. GREWE (op. cit., 1984, cit. p. 383).

49. O texto de Hugo GRÓCIO, originalmente publicado em 1609, **De Mari Libero** (Lvgd. Batavorvm: Ex Officina Elzeviriana, 1633 – contém esta edição quatro textos: 1. Hvgonis Grotii **Mare Liberum Sive De Ivre Qvod Batavis competit ad Indicana commercia, dissertatio** (1609), p. 1-83; 2. Paulus MERULA (1558-1607), **Dissertatio de Maribus**, p. 84-182; 3. Marcus Zuerius BOXHORN (1612-1653), **Apologia pro navigationibus Hollandorum, adversus Pontum Heuterum**, p. 183-213; 4. "Tractatus pacis, mutui commercii, sive intercursus navigationum, confirmatus Londini anno [1495], inter Henricum Septimum Angliae regem, & Philippum Archiducem Austriae, Burgundiae, &c.", p. 214-267); ___, **Mare liberum** (original Latin text, 1609, and modern English translation, ed. and annotated by R. FEENSTRA, Introduction J. VERVLIET, Leiden/Boston: Brill, 2009); ___, **Mare Liberum** Sive De Ivre Qvod Batavis competit ad Indicana commercia, dissertatio / **The freedom of the seas** or the right which belongs to the Dutch to take part in the East Indian trade – a

assinala[50] que GRÓCIO mudou de opinião, depois da publicação do **Mare liberum**, e expressou as suas dúvidas a respeito dos limites até os quais é possível a ocupação do mar.[51]

Durante séculos, tanto na teoria quanto na prática, discutiu-se como determinar se pode um estado ter direitos sobre o mar, e em qual extensão. Mas, cumpre notar, mesmo entre os campeões da liberdade dos mares, como Hugo GRÓCIO, e, em menor grau, Cornelius van BYNKERSHOEK, não criam, em relação a essa matéria, qualquer nova construção de princípio da soberania territorial enquanto tal.[52]

Este conceito do alcance do tiro de canhão acarretava, necessariamente, elemento de indeterminação e de mutabilidade e, ademais, ficava condicionado pelas mudanças decorrentes de progressos da tecnologia. Por isso, foi relevante que, por volta do final do século XVIII, se tenha passado a utilizar o conceito corrente de três milhas como concretização e precisão do alcance da jurisdição do estado costeiro sobre a faixa de mar territorial.[53]

---

dissertation (translated with a revision of the Latin text of 1633 by Ralph Van Deman MAGOFFIN, ed. with an introductory note by James Brown SCOTT, New York: Oxford Univ. Press – Carnegie Endownment for International Peace, 1916). A obra de GRÓCIO, **De Jure Praedae Commentarius** (ca. 1604), da qual foi extraído o capítulo sobre a liberdade dos mares, somente seria integralmente publicada na segunda metade do século XIX: ___, **De Jure Praedae Commentarius** (ca. 1604, orig. publ. 'ex Auctoris Codice descripsit et vulgavit' H. G. HAMAKER, Hagae: M. Nijhoff, 1868); ___, ___ (with translation by G. L. WILLIAMS and W. H. ZEYDEL, reprinted in Classics of International Law, Oxford, 1950, 2 vols.).

50. C. van BYNKERSHOEK, **De dominio maris dissertatio** (cap. IX).
51. H. GRÓCIO, **De jure belli ac pacis** (II.III.8).
52. A respeito, **Tratado** (tomo 3 A – **Direito internacional no tempo antigo**, item 2.1 – *a controvérsia entre Hugo GRÓCIO e Serafim de FREITAS* e tomo 7 – **Direito internacional no tempo de Hugo Grócio**, item 18.4 – *o **Mare liberum***').
53. Cfr. **Tratado** (tomo 12 – **Direito internacional no tempo de Vattel e von Martens**, item – *mutações do direito internacional no século XVIII, ilustradas pelo tema da guerra*); W. GREWE (op. cit., 1984, p. 385) observava que, até certo ponto, as duas referências se mantiveram de maneira independente.

Cabe ressaltar que BYNKERSHOEK consagrou especial atenção à questão da neutralidade,[54] sobretudo no mar. "Ele interpreta os decretos do governo das Províncias Unidas, no sentido da efetividade do bloqueio e da legitimidade do apresamento do navio e da carga, em caso de tentativa de ruptura do bloqueio."[55]

A grande questão, tática e estratégica, do 'domínio' ou da supremacia marítima[56] passou a ter regulação, o que a transformou em norma de direito internacional positivo.[57] Além da extensão do mar territorial, foram igualmente consolidados conceitos como os de zona econômica exclusiva[58] e de plataforma continental.[59]

Coube também a BYNKERSHOEK, com seu **De foro legatorum**, de 1721,[60] ser, ainda, o responsável pela consolidação da

54. Ver **Tratado** (tomo 8 – **Direito internacional além do paradigma vestfaliano**, esp. item – *construção da neutralidade no direito internacional moderno e os tratados de NEWMAYR VON RAMSLA*).
55. A. TRUYOL Y SERRA, **Histoire du droit international public** (Paris: Economica, 1995, cit. p. 85): "BYNKERSHOEK a consacré une attention particulière à la neutralité, notamment sur mer. Il interprète les décrets du gouvernement des Provinces-Unies dans le sens de l'effectivité du blocus et de la légitimité de la prise du navire et de la cargaison en cas de tentative de rupture du blocus."
56. Peter PADFIELD, **Maritime supremacy and the opening of the Western mind**: naval campaigns that shaped the modern world 1588-1782 (orig. publ. 1999, Londres: Random House, 2000).
57. Para exame das mutações conceituais e institucionais ocorridas, ver **Tratado** (tomo 2 – **Direito internacional dos espaços**, esp. cap. 20 – *espaços internacionais: de 'res nullius' a patrimônio comum da humanidade*); Prosper WEIL analisava a extensão e relevância dos progressos alcançados no seu **Perspectives du droit de la délimitation maritime** (Paris: Pedone, 1988).
58. Ver **Tratado** (tomo 1 – **Direito internacional dos espaços**, cap. 12 – *zona econômica exclusiva*); tb. Francisco ORREGO-VICUÑA, **La zona económica exclusiva**: régimen y naturaleza jurídica en el derecho internacional (Santiago: Edtrl. Jurídica de Chile, 1991); Beltrer GARRE-COPELLO, **La zona económica exclusiva** (Montevideo: Univ. de la República / Dir. Gral. de Extension Univ., 1987).
59. Ver **Tratado** (tomo 1 – **Direito internacional dos espaços**, esp. cap. 13 – *plataforma continental*); V. Marotta RANGEL, **Le plateau continental dans la Convention de 1982 sur le droit de la mer** (RCADI, 1985, t. 194, p. 269-428); ___, *A experiência da Conferência da ONU e a Convenção sobre direito do mar* (in **Questões importantes referentes ao mar**, coord. Georgette N. NAZO, São Paulo: Soamar – Sociedade dos Amigos da Marinha, 1996, p. 11-18).
60. Cornelius van BYNKERSHOEK, **De foro legatorum singularis** (Leiden, 1721).

regulamentação da imunidade de jurisdição dos agentes diplomáticos – e dos soberanos –,[61] partindo de caso concreto, sobre o qual teve de opinar por meio de parecer. Em mais esta matéria, foi a situação concreta[62] a norteadora da manifestação.[63]

O caso, que deu origem à monografia, dizia respeito à imunidade de jurisdição civil. O conde de FLOHZ, ministro do duque de HOLSTEIN junto aos Estados-gerais das Províncias-Unidas, tinha sofrido uma ordem de bloqueio e execução – *avait été décrété de saisie* – pela Corte Suprema da província da Holanda, para pagamento de dívida por este contraída em sua atividade como negociante. Salvo exceção de crimes contra a segurança do estado, BYNKERSHOEK admite a imunidade da jurisdição criminal. Quanto à imunidade da jurisdição civil, ele a restringe aos bens não ligados à pessoa do embaixador, de modo que não possa, sem estes, exercer suas funções e, com mais forte razão, se os consagra ao comércio. Além disso, o embaixador, expressamente autorizado por seu soberano, pode renunciar à imunidade de jurisdição, e o soberano territorial, antes de dar seu assentimento – *donner l'agrément* – ao ministro estrangeiro, limitar seu direito à imunidade.[64]

---

61. Ver G. E. do NASCIMENTO E SILVA – P. B. CASELLA – O. BITTENCOURT, **Direito internacional diplomático** – a Convenção de Viena sobre relações diplomáticas na teoria e na prática (São Paulo: Saraiva, 4ª ed., revista, atualizada e ampliada, 2012).
62. J. DELPECH, *Bynkershoek (1673-1743)* (in **Les fondateurs du droit international public**, 1904, p. 385-446, cit. p. 401): "Le **De foro legatorum** fut un ouvrage de circonstance, dont BARBEYRAC dit qu''il est le seul avantage qui soit revenu au public à l'occasion d'un négoce, le plus ruineux qui ait jamais été inventé'. Sa portée doctrinale est demeurée cependant très grande."
63. Como notava, ademais, A. TRUYOL Y SERRA (op. cit., 1995, p. 85): "Les ouvrages de BYNKERSHOEK ont exercé une influence intense et durable, notamment dans la jurisprudence des tribunaux américains et anglais."
64. A. TRUYOL Y SERRA **Histoire du droit international public** (Paris: Economica, 1995, p. 85).

BYNKERSHOEK basicamente estipulou orientação, para os consulentes, em consistência com a linha adotada em codificações posteriores do assunto. A matéria, abordada e regulada no Congresso de Viena,[65] viria a ser objeto das bem-sucedidas codificações de Viena, na segunda metade do século XX, com destaque para a Convenção sobre relações diplomáticas, de 1961; a Convenção sobre relações consulares, de 1963; e a Convenção sobre direito dos tratados, de 1969; convenções essas que cumprem importante papel como normas de direito internacional geral, no contexto pós-moderno.[66] Assim como nas Convenções de Viena feitas nos anos seguintes, abordam, depois do direito dos tratados (1969), também a representação do estado em suas relações com organizações internacionais de vocação universal (1975), a sucessão de estados em matéria de tratados (1978) e a sucessão de estados em matéria de bens, arquivos e dívidas de estado (1983), bem como o direito dos tratados entre estados e organizações internacionais ou entre organizações internacionais (1986).[67]

---

65. A regulamentação das categorias dos representantes diplomáticos e de suas imunidades viria a ocorrer, algumas décadas mais tarde, com a realização do Congresso de Viena, em 1814-1815, como se examina no **Tratado** (tomos 11 – **Direito internacional no tempo do iluminismo** e 13 – **Direito internacional no tempo do concerto europeu**).
66. G. E. do NASCIMENTO E SILVA – P. B. CASELLA – O. BITTENCOURT, **Direito internacional diplomático** – a Convenção de Viena sobre relações diplomáticas na teoria e na prática (São Paulo: Saraiva, 4ª ed., revista, atualizada e ampliada, 2012, *prefácio*, p. 11-17, cit. p. 12): "A obra de codificação teve importante impulso com a Carta das Nações Unidas que prevê o desenvolvimento progressivo e a codificação do direito internacional." Esse trabalho da Comissão de Direito Internacional levou à "assinatura de inúmeros e importantíssimos tratados [...] e as diversas convenções de Viena, como as de relações diplomáticas (1961), relações consulares (1963), direito dos tratados (1969), representação dos estados em suas relações com organizações internacionais de natureza universal (1975), sucessão de estados em matéria de tratados (1978), sucessão de estados em matéria de bens, arquivos e dívidas do estado (1983) e direito dos tratados entre estados e organizações internacionais ou entre organizações internacionais (1986)."
67. Alguns elementos a respeito, v. H. ACCIOLY, G. E. do NASCIMENTO E SILVA, P. B. CASELLA, **Manual de direito internacional público** (São Paulo: Saraiva, 26ª ed., 2023, item 2.3 – *codificação do direito internacional*, p. 194-219).

Desses exemplos, pode-se deduzir como Cornelius van BYNKERSHOEK (1673-1743) se inscreve em contexto, no qual já começa a existir tradição consolidada, desse direito internacional, dito 'clássico'. Essa tradição, frequentemente, se reporta aos grandes mestres, como GRÓCIO e PUFENDORF,[68] mesmo quando seja para discordar de ambos. E BYNKERSHOEK se põe, com clareza, em relação ao que considera aceitável ou passível de crítica dos ensinamentos desses mestres.

Esse encadeamento, temático e histórico, é apontado e reconhecido por BYNKERSHOEK, no seu **De foro legatorum**, de 1721,[69] quando ressaltava, como já referido: "em qualquer controvérsia que surja sobre o direito das gentes, devemos ter o cuidado de seguir os costumes das nações, e não considerar as nossas mentes como a única fonte da sabedoria". E isso porque ele – com sua experiência de magistrado – bem sabia "que com base somente na razão, ora uma ora outra decisão diversa pode ser dada", não somente com relação à questão da jurisdição sobre os embaixadores, mas também sabia BYNKERSHOEK, "prevalece a razão, que o costume das nações aprovou, e esta é a posição principalmente defendida neste tratado".

Sábia lição, e que convém seja sempre lembrada, de que "em qualquer controvérsia que surja sobre o direito das gentes, devemos

---

68. Ver **Tratado** (tomo 7 – **Direito internacional no tempo de Hugo Grócio**, cap. 18 e tomo 9 – **Direito internacional no tempo de Samuel Pufendorf**, cap. 20).

69. Cornelius van BYNKERSHOEK, **De foro legatorum tam in causa civili quam criminali liber singularis** (Leiden, 1721) a monograph on the jurisdiction over Ambassadors in both civil and criminal cases ("a photographic reproduction of the text of 1744", with an English translation by Gordon J. LAING, and an introduction by Jan de LOUTER, esta datada de 1922, com menção "imprimatur" 1929, The Classics of International Law, vol. XXI, ed. by James B. SCOTT, Oxford: at the Clarendon Press / London: Geoffrey Cumberlege, 1946; "*ad lectorem*") e prossegue : "*Quid ipse sentiam, leges, si commodum est, in hoc exiguae molis libello, si non est, heic loci non audies*" – e qual seja a minha opinião, lê-la-á neste pequeno livro, se for de sua conveniência fazê-lo; e se não for, não será aqui que eu a direi.

ter o cuidado de seguir os costumes das nações, e não considerar as nossas mentes como a única fonte da sabedoria". O que, além da felicidade da formulação da frase, põe em sua adequada perspectiva, histórica e prática, a consideração de que, com BYNKERSHOEK, se chega a uma 'visão pragmática e concreta' do direito entre estados e das formas de exercício e regulação das relações entre estados, reguladas pelo direito internacional, concebido[70] como direito interestatal, com fundamento no costume das nações, do seu tempo,[71] e no direito romano. Também se percebe como e por que isso, na obra dele, se faz com marcado distanciamento em relação ao direito natural, o que frequentemente é evocado, mas pouco explicado, e por isso se explicitou aqui.

Quando BYNKERSHOEK invoca os ditames da justa razão – *recta ratio* – como fonte, esta surge como princípio, mas somente quando faltar ou se for incerto o costume, e essa *recta ratio* se vincula, basicamente, ao direito romano.[72] Mas, no direito internacional, será o costume o elemento legitimador – *unde jus gentium est* –, como evidência da convicção de juridicidade, em relação à prática da totalidade ou da maioria das nações.

Contrariamente ao esforço de fundamentação da disciplina engajado por GRÓCIO,[73] por sua vez, BYNKERSHOEK se limita a duas, dentre as fontes do direito positivo: de um lado, a razão – *ratio* –, ou

70. J. DELPECH, *Bynkershoek (1673-1743)* (in **Les fondateurs du droit international public**, 1904, p. 385-446).
71. A. TRUYOL Y SERRA, **Histoire du droit international public** (Paris: Economica, 1995, p. 84-85): "Il se réfère également aux dispositions internes des États-généraux des Provinces-Unies, et les précédents sont pris de préférence dans le passé récent. L'arrière-fond judiciaire se révèle dans la logique du raisonnement, la lucidité de l'approche et la vigueur de l'expression, non exempte de brusquerie."
72. Ver **Tratado** (tomo 3B – **Gregos, romanos, chineses, indianos**, item 6.3 – *duradoura contribuição do 'jus gentium' para o direito internacional*).
73. Como examinado no **Tratado** (tomo 7 – **Direito internacional no tempo de Hugo Grócio**, item 18.3 – *sistema de direito internacional no **De jure belli ac pacis***).

'razão de ser de uma certa coisa'; e, de outro lado, o costume, como prática continuada, por parte da totalidade ou da maioria das nações.

BYNKERSHOEK, em seu livro sobre as imunidades diplomáticas, **De foro legatorum**, falha em dar clara e firme compreensão da exata relação entre estas. Normalmente põe à frente a razão – *ratione praeeunte* –,[74] mas positivamente nega a força vinculante desta, se não sustentada pelo uso uniforme – *unde jus gentium est* –,[75] e frequentemente admite que razões opostas, tanto quanto costumes comprovados, muitas vezes se equilibram.

Ao negar a força vinculante da razão, se não sustentada pelo uso uniforme – *unde jus gentium est* –, e admitir que razões opostas, bem como costumes comprovados, muitas vezes se equilibram, BYNKERSHOEK se volta ao direito romano como expressão da razão escrita – *ratio scripta* –,[76] a voz de quase todas as nações, que deveria ser levada em consideração por praticamente todos os juristas. Ao mesmo tempo, mostra-se perfeitamente consciente das limitações do direito romano para responder às necessidades do seu tempo, e não hesita em pôr de lado as prescrições deste, quando não correspondem às exigências da realidade. Nesses casos, diante de 'conflito entre fontes', BYNKERSHOEK consulta os costumes das nações e cuidadosamente pesa fatos e ações conflitantes, para alinhar-se finalmente para o que lhe parece, guiado por seu intelecto vivo e direcionado pela lógica de ideias preconcebidas, para a superioridade de casos, em número e em peso.

Na sua obra, **De foro legatorum**, de 1721, e também na segunda edição de 1744, BYNKERSHOEK aborda tema clássico do direito

---

74. BYNKERSHOEK, **De foro legatorum**, cap. III (*ratione praeeunte*).
75. BYNKERSHOEK, **De foro legatorum**, cap. VII (*unde jus gentium est*).
76. BYNKERSHOEK, **De foro legatorum**, cap. VII (*unde jus gentium est*).

internacional –[77] a respeito do qual comentava: "penso não haver, no campo do direito público, outra matéria mais discutida do que a que abrange as questões relativas aos embaixadores".[78] Ele foi responsável pela regulamentação da imunidade dos agentes diplomáticos e dos soberanos, a partir de caso concreto.[79]

O tratado de BYNKERSHOEK sobre as imunidades diplomáticas, **De foro legatorum**, começa pela análise das diferentes categorias de agentes diplomáticos, seus vários títulos e condições, que, contudo, não podem de modo algum influenciar as questões atribuídas ao juiz competente para julgar a causa,[80] mas somente indicam a classificação do agente e a remuneração deste. A distinção entre emissários 'ordinários' e 'extraordinários' é, segundo

77. Cornelius van BYNKERSHOEK, **De foro legatorum** (1721, ed. 1946, cit.).
78. BYNKERSHOEK, **De foro legatorum** (op. cit., ed. cit., "ad lectorem"): "non puto ullum juris publici argumentum plus agitatum esse, quam id, quod circa legatos versatur". Menciona, dentre os que o precederam no tratamento do tema, os estudos de Jean HOTMAN, **L'Ambassadeur** (s.l.: s.n.e., 1603), ___, **The Ambassador** (London: James Shawe, 1603, STC 13848), e de Christoph BESOLD [Christophori Besoldi], **Dissertatio iuridica de legatis** (Tübingen: Philibertus Brunnius, 1631 – Univ. Diss. – digi.ub.uni-heidelberg.de – https://doi.org/10.11588/diglit.29742). A respeito de Jean HOTMAN, Marquis de Villers-Saint-Paul, ver: Lucien BÉLY, *La polémique autour de l'Ambassadeur de Jean HOTMAN – culture et diplomatie au temps de la paix de Lyon* (Cahiers d'histoire, 2001, vol. 46 (2) – online URL http://ch.revues.org/233); Marie-Céline DANIEL, *A diplomat and a translator – Jean HOTMAN and the good use of translations for a soft diplomacy* (in Caliban – French Journal of English Studies, 2015. HAL-ID: https://hal.science/hal-03840814, cit. p. 11-12): "À une époque où le personnel diplomatique se professionnalise, Jean HOTMAN cherche à rédiger un guide pratique à l'usage de tous ceux qui souhaiteraient partir servir leur roi dans un pays étranger. Livre politique, qui mêle anecdotes et grands principes, **L'ambassadeur** est traduit en anglais l'année même de sa publication en France. Si le nom du traducteur reste inconnu, il n'est pas impossible que Jean HOTMAN lui-même ait procédé à ce travail, dont il pouvait espérer qu'il le servirait, ainsi que le roi de France, Outre-Manche. Simultanément, Jean HOTMAN entreprend de traduire le **Basilikon Doron** du roi JACQUES Ier. Dans ces deux cas, le livre imprimé devient l'instrument d'une diplomatie discrète qui s'ajoute à la diplomatie officielle telle qu'elle est pratiquée dans les cours européennes."
79. Como também GENTILI e ZOUCH escreveram monografias sobre o tema – a partir de casos concretos, nos quais tiveram de se manifestar, cf. se examina no **Tratado** (tomo 6 – **Direito internacional no tempo de Suarez, Gentili e Zouch**, cap. 16 e cap. 17).
80. BYNKERSHOEK, **De foro legatorum** (op. cit., ed. cit. cap. I).

ele, igualmente irrelevante: os últimos, os mais antigos e, durante muito tempo, os únicos conhecidos no direito internacional, enquanto os enviados permanentes seriam o resultado da moderna justaposição de estados, igualmente soberanos, e da crescente extensão das relações entre estes.[81]

Em relação ao exercício da jurisdição, BYNKERSHOEK examina[82] como o juiz competente pode ser determinado: em princípio, toda jurisdição é atribuída ao poder soberano – *pendeat e ares a sola subjectione et, absque ea si sit, irrita est omnis jurisdictio* –, sem consideração da forma de governo, quer se trate de monarquia ou república.[83]

'Jurisdição' e 'soberania' são inseparáveis. Consequência dessa premissa, o fato de o soberano, que se encontre em estadia, voluntária ou incidentalmente, em território estrangeiro, não estar

81. Cfr. G. E. do NASCIMENTO E SILVA, P. B. CASELLA e O. BITTENCOURT Neto, **Direito internacional diplomático** (São Paulo: Saraiva, 4ª ed., 2012, esp. os itens – *embaixadores residentes, a partir do século XV, na Itália* – e – *institucionalização da diplomacia no período do direito internacional clássico*).

82. BYNKERSHOEK, **De foro legatorum** (op. cit., ed. cit. cap. II).

83. J. de LOUTER (intr. cit., 1922, publ. 1946, p. XIII) observa poder a expressão do rei como fonte de justiça – *fons juris* – conduzir a distorções, porquanto a jurisdição deste somente se estende aos seus súditos, ou seja, àqueles nacionais ou estrangeiros, residentes no território, bem como aos bens, imóveis e móveis que neste se encontrem.

sujeito à jurisdição local.[84] A inocorrência de casos compele ao uso exclusivo da razão.[85]

Objeto central do **De foro legatorum** de BYNKERSHOEK é a famosa questão da alegada santidade ou inviolabilidade dos embaixadores,[86] apontada como uma das mais antigas e mais fundamentais máximas do direito das gentes.[87] O representante do soberano, em outro país, deve ser inatacável e não estar sujeito a qualquer

84. BYNKERSHOEK, **De foro legatorum** (op. cit., ed. cit. cap. III). Tanto quanto sejam evitados os conflitos, nada obsta o exercício do poder inteiramente fora da jurisdição territorial. Da mesma forma, o particular que visita outro país não está imediatamente sujeito à jurisdição local, em matéria civil, como claramente decorre da bem conhecida doutrina jurídica do local de celebração do contrato – *locus contractus*. Somente quando muda seu domicílio, ou seja, o centro de seus negócios e fortuna – *rerum ac fortunarum sedes* (cap. VIII) –, como, salvo raras exceções, na maioria dos países se pode fazer, põe-se este no mesmo plano dos habitantes daquele território; de outro modo, somente estará sujeito ao exercício da jurisdição penal, porque esta abrange o inteiro território, em razão da doutrina do *forum criminis*, e ao procedimento penal comum. A questão de saber se o soberano que incorre em obrigações financeiras ou comete crime em território estrangeiro possa ser julgado pelas cortes locais é delicada e deve ser considerada com cautela: muito pode ser dito a respeito, em ambos os sentidos, e os casos que se revestem de autoridade são raros e equívocos. BYNKERSHOEK, seguindo o aplicável aos embaixadores, tende a conferir-lhes isenção total, mas, em casos extremos de força palpável, admite o direito de expulsão, ou mesmo de remoção violenta, mas não de prisão nem de detenção.

85. BYNKERSHOEK, **De foro legatorum** (ed. cit., cap. IV), quanto aos bens pertencentes ao soberano, o caso é diverso. Da mesma forma, os bens particulares, em determinado país, podem ser arrestados e vendidos sob a autoridade do juiz territorialmente competente. Alguns casos, na maioria extraídos da história e da jurisprudência holandesa, provam a incerteza e a diversidade das soluções. Contudo, a escala se move rumo à jurisdição territorial, desde que, em qualquer caso, o devido respeito e consideração sejam mostrados em relação à dignidade do soberano como diversa daquela de qualquer outro.

86. BYNKERSHOEK, **De foro legatorum** (op. cit., ed. cit. cap. V).

87. Dentre os autores citados por BYNKERSHOEK: o jurisconsulto francês Jacques CUJAS (1520-1590), como o mais ilustre representante da escola histórica de exegese dos textos do direito latino, bem como o aqui referido Alberico GENTILI, e sobretudo Hugo GRÓCIO, como principal mestre do direito público – *princeps juris publici magister*. Sobre GENTILI e GRÓCIO, ver **Tratado** (tomo 6 – **Direito internacional no tempo de Suarez, Gentili e Zouch**, esp. cap. 16 e tomo 7 – **Direito internacional no tempo de Hugo Grócio**, cap. 18).

constrição, pois representa aquele que o envia, promove a paz e as relações amistosas e mantém a tranquilidade da sociedade humana.[88]

BYNKERSHOEK faz decorrer a jurisdição sobre os legados – *de foro legatorum* –, enquanto determinação do tribunal competente, do princípio, já exposto, de que o embaixador, via de regra, permanece, apesar de seu distanciamento, súdito de seu soberano e, como tal, sujeito às normas bem como ao foro de seu domicílio de origem.[89]

Na verdade, a razão será o único guia para a solução da intrincada questão. Existem, na verdade, sólidos argumentos, em favor da aplicação da lei local e da submissão à jurisdição local, tais como a igualdade perante a lei, em todas as coisas que não digam respeito ao exercício estrito das funções do embaixador, tais como os múltiplos interesses dos credores nacionais e dos cidadãos, que poderiam ser atingidos ou lesados por pessoas integrantes das legações.[90]

88. Qualquer ação intentada contra o embaixador é como se a ação fosse voltada contra o soberano, e, portanto, é mais criminosa e merece mais severa punição que a ação intentada contra um particular. Erroneamente, contudo, GRÓCIO recorre a este princípio como o real fundamento para a isenção dos embaixadores em relação à jurisdição local. A citação não constitui constrição, e o direito romano já admitia a inviolabilidade de determinadas classes de homens, tais como os tribunos da plebe – *tribuni plebis* –, os quais, contudo, submete à jurisdição local. Mesmo um sacerdote, embora inviolável, pode ser citado, quando não estiver no exercício de suas funções.

89. Por não ter alterado o seu domicílio, não pode, consequentemente, seja em questões civis ou criminais, estar sujeito à jurisdição local nem ser trazido à presença do magistrado, instrumento de soberano que não é o seu. Assim, não somente se lhe permite, mas tem mesmo o dever de rejeitar a jurisdição de seu local de residência. A isto chama *domum revocare*, que BARBEYRAC traduz como *demander un renvoi*. Essa consequência provisória é colocada sob a luz do direito romano, da autoridade de juristas qualificados, como do costume das nações. Com relação ao direito romano (em seu cap. VI), aponta a distinção entre os *legati* das províncias e das municipalidades, mencionados pelos juristas romanos, e os que eram sujeitos ao Império romano, em relação aos embaixadores, representantes de soberanos estrangeiros. Consequentemente rejeita a doutrina romana da submissão destes à jurisdição local, por dívidas por eles incorridas ou por crimes cometidos, depois de terem encetado o exercício de suas funções. Contudo, homem como GENTILI não hesita em identificar esses dois tipos de agentes, que pouca coisa tinham em comum, além do nome.

90. Estas, em várias ocasiões, levaram os tribunais holandeses a se convencerem da aplicação de sua jurisdição. Mas são, contudo, contrabalançados pelo interesse predominante de que as funções dos representantes dos poderes estrangeiros

E, posteriormente, esses legados poderiam se valer de sua condição para fugirem à obrigação de honrar tais dívidas.

As desvantagens, decorrentes da outorga de imunidades, podem ser reduzidas ou evitadas mediante criteriosa estipulação das partes contratantes, e por meio de outras garantias contra danos, asseguradas pelo direito, que resguardem o âmbito de exercício do poder territorial.[91] A explicação e a aplicação desses princípios constituem o cerne do tratado de BYNKERSHOEK.[92]

O embaixador, que personifica o seu soberano, goza da mesma extraterritorialidade daquele que o envia e, consequentemente, não pode se submeter a qualquer outro poder, permanecendo livre do exercício da soberania local.[93] Somente mediante acordo expresso entre as partes interessadas pode ser afastada a aplicação dessa norma básica de imunidade, de modo que, em tais matérias, derrogação tácita não pode ser admitida.[94]

O único foro ao qual o embaixador pode ser submetido é o da própria jurisdição do seu soberano, que delegou o exercício da função judicial ao poder judiciário de seu país, habitualmente, ao juiz

---

permaneçam livres de quaisquer impedimentos. Suas funções exigiriam completa imunidade. Implicam muitas delicadas investigações e medidas, algumas perigosas e questionáveis, que poderiam envolver o agente em dificuldades e expô-lo a suspeita e a perseguição. Esse risco tem de ser evitado a qualquer custo. Por isso, devem ficar livres de qualquer constrangimento que impedisse o embaixador de desempenhar as suas delicadas funções, que, segundo BYNKERSHOEK, podem mesmo exigir ações duvidosas ou imorais, tais como fazer intrigas, pagar suborno, corromper e seduzir – e *prece aut pretio, vino et venere*. A mais leve possibilidade de constrição limitaria a sua capacidade de ação e diminuiria o alto valor de sua profissão.

91. Desde 1651 teria sido esta a posição adotada pelo Judiciário holandês. Na época, a instabilidade foi criticada por De WICQUEFORT com justificado sarcasmo.
92. BYNKERSHOEK, **De foro legatorum** (op. cit., ed. cit. caps. VII a XIV).
93. GRÓCIO, **De jure belli ac pacis** (II.XVIII, parágrafos 4 a 9).
94. Opiniões de especialistas e o costume das nações afirmam essa conclusão, que De WICQUEFORT prova abundantemente. O governo holandês reconheceu a adequação de tal entendimento e confirmou-lhe a validade, por meio do edito de 9 de setembro de 1679, cuja detalhada interpretação dá mostras da sagacidade do autor, como da sutileza de seu raciocínio, anotava Jan De LOUTER (*Introdução*, cit., p. XVI).

do respectivo domicílio. A condição bastante distinta dos agentes consulares não deve, aqui, ser confundida.

Expressa a norma geral da imunidade, BYNKERSHOEK examina, a seguir, se pode haver exceções, quando ocorre ser o embaixador um súdito, seja cidadão ou habitante, do país de sua residência e domicílio de origem.[95] Ao lado do desvio interessante da regra geral de ser o embaixador súdito do soberano do qual é representante, são apontadas algumas exceções, de importância reduzida e ainda menor ocorrência:[96] quando se trate, por exemplo, de embaixador

95. Situação anômala, porém não vedada, no século XVII, exceto na França, e causa de grandes controvérsias na Holanda, onde, em 1674, um hábil oficial holandês, De WICQUEFORT, tinha sido nomeado embaixador do Duque de LÜNEBURG. Este embaixador, criador de cizânia, causa grandes controvérsias e constrangimentos ao publicar anonimamente documentos de estado, em consequência do que foi julgado e, por sentença prolatada em 20 de dezembro de 1679, condenado à prisão perpétua e sujeito a confisco de patrimônio. Tratava-se de caso criminal, mas a comoção, causada pela ocorrência memorável, leva à ampliação do âmbito de exame da questão. Em diversos escritos e com grande vigor, De WICQUEFORT argumenta que, na qualidade de embaixador, ao encetar o exercício de suas funções, interrompera o seu domicílio original e teria adquirido novo domicílio, por extensão de sua nomeação pelo soberano estrangeiro. J. De LOUTER (*Introdução*, cit., loc. cit.) pondera ser estranho não ter BYNKERSHOEK considerado inadmissível que a mesma pessoa fosse súdita de duas soberanias e sujeita a ambas, desde que não colidissem com os seus deveres, resultantes de suas duplas funções. Felizmente, observa De LOUTER, essa anomalia ficou para a história passada do direito das gentes. Ao mesmo tempo, BYNKERSHOEK considera o domicílio original como o único correto e objeta contra o fato de se fazer qualquer recurso a um juiz estrangeiro. Aparentemente, as fortes razões inicialmente alegadas em favor da completa imunidade da legação, parecem ter perdido muito de sua força. Essa opinião coincidiu com o decreto holandês de 19 de junho de 1681. Além disso, em 1727, a República holandesa proíbe seus cidadãos de aceitarem a condição de legados de potências estrangeiras.

96. Tal como a condição dos cardeais da Igreja católica como embaixadores – núncios, internúncios –, à luz do direito canônico. Ver Bernard BARBICHE et Ségolène de DAINVILLE-BARBICHE, *La diplomatie pontificale de paix de Vervins aux traités de Westphalie (1598-1648)* (in **L'Europe des traités de Westphalie** – Esprit de la diplomatie et diplomatie de l'esprit, dir. de L. BÉLY avec I. ROCHEFORT, Paris: PUF, 2000, p. 555-566, cit. p. 566): "Si l'institution des nonciatures ordinaires est bien en place, et depuis longtemps, à la fin du XVIe siècle, c'est seulement vers le milieu du XVIIe que le statut des nonces s'est stabilisé et a acquis les caractères qu'il conserve encore de nos jours. À cette époque, les nonces ordinaires sont de plus en plus souvent archevêques *in partibus*, ils font carrière dans la diplomatie pontificale et, parvenus au sommet de la hiérarchie, obtiennent normalement la dignité cardinalice. Les nonces

nacional de terceiro estado, coloca-se a dúvida se este conservaria o seu domicílio e o vínculo com a jurisdição do foro de sua origem.

Volta a dizer BYNKERSHOEK, que o título e a dignidade do agente não têm qualquer consequência sobre a sua condição jurídica, desde que a sua nomeação e o caráter de sua representação não possam ser questionados – verdade essa muitas vezes desconsiderada, no curso do século XVIII.

Na época a nomenclatura dos agentes diplomáticos era bastante fluida e dependia exclusivamente dos costumes de cada corte. Embaixadores residentes eram menos frequentes que enviados extraordinários. Agentes eram considerados como revestidos de *status* inferior. Um secretário de legação, embora distinto do secretário de embaixador, tinha a mesma condição e privilégios.[97] Criticava BYNKERSHOEK, severamente, a jurisprudência da Corte holandesa e voltava a afirmar a sua teoria da sujeição ao domicílio.

BYNKERSHOEK chega a rejeitar qualquer jurisdição local em relação à própria legação,[98] o que precisa ser compreendido e situado em decorrência das atribuições funcionais e regulado, mediante regime legalmente pactuado, pelo conjunto da comunidade internacional.[99]

A extraterritorialidade do embaixador comportaria, segundo BYNKERSHOEK, muitas exceções. Em tais casos, pode ser citado perante a justiça local.[100] A submissão voluntária do embaixador

---

d'aujourd'hui sont donc bien les héritiers directs des diplomates pontificaux qui étaient en fonction dans la chrétienté catholique au temps de la paix de Westphalie."

97. O conjunto viria a ser regulado, no século XIX, por ocasião do Congresso de Viena, como se examina no **Tratado** (tomos 11 – **Direito internacional no tempo do iluminismo** e 13 – **Direito internacional no tempo do concerto europeu**).

98. O consentimento do governo de origem, tal como o afirmava GRÓCIO, somente seria aplicável em caso de punição pública ou pena capital.

99. Como se enfatiza em G. E. do NASCIMENTO E SILVA, P. B. CASELLA e O. BITTENCOURT Neto, **Direito internacional diplomático** (São Paulo: Saraiva, 4ª ed., 2012).

100. BYNKERSHOEK (op. cit., ed. cit. cap. XV).

à jurisdição local é permitida, desde que não tenha sido proibida pelo soberano estrangeiro.

O exame da jurisdição penal[101] é precedido pela judiciosa observação de que a criminalidade e a impunidade dos agentes diplomáticos não deve ser tratada, nem tampouco o direito de legítima defesa, em caso de ataque pessoal: o caso somente diz respeito ao juiz competente, se um crime for cometido.[102] BYNKERSHOEK rejeita a submissão aos tribunais locais e considera a demissão do embaixador e a entrega deste, ao seu soberano, como a única medida válida e justa, exceto quando se tratar de legítima defesa que dê respaldo a desforço imediato.[103]

Considerava ser tácita a concordância das nações, com relação ao reconhecimento da imunidade dos embaixadores. Ademais, BYNKERSHOEK admitia a competência de cada nação para renunciar aos privilégios e imunidades de um seu embaixador.[104] Alguns casos específicos podem comportar que o embaixador seja passível de julgamento, em matéria civil e criminal, e mesmo que possa este ser condenado pelo juiz local.[105]

---

101. BYNKERSHOEK (op. cit., ed. cit. caps. XVII a XX).
102. A habitual distinção entre crime comum e crime político não se mostra de grande valia para esclarecer a matéria.
103. A questão, contudo, é controvertida, e sólidas razões podem ser aduzidas como argumentos em favor de ambas as interpretações. Enquanto GRÓCIO argumentara com julgamentos de especialistas e conjecturas baseadas na razoabilidade, BYNKERSHOEK considera duvidoso o método e prefere casos, por ele chamados de exemplos, em relação a testes e opiniões, esperando assim obter resultado satisfatório.
104. Dentro de certos limites, dependendo de instruções do embaixador e do consentimento tácito do governo local, poderia o embaixador, segundo BYNKERSHOEK, exercer pessoalmente a jurisdição sobre os empregados domésticos e puni-los, ou ao menos garantir que estes não causem, novamente, danos.
105. BYNKERSHOEK (op. cit., ed. cit. cap. XXII). A possibilidade de renúncia pelo embaixador, que apele a outro juiz, que não aquele que seria competente para o julgar, segundo o direito das gentes, é objeto de consideração: estritamente proibida em casos criminais, pode comportar algumas exceções em matéria civil (cap. XXIII).

A presunção, herdada de outras eras, quanto a gozar a sede da missão, como a residência, da prerrogativa de oferecer asilo a criminosos comuns perseguidos pela justiça, vai mais longe.[106] Depois de referir e criticar abusos cometidos, em Roma e em Madri, durante os séculos XV e XVI, BYNKERSHOEK se insurge contra tal prática, que qualifica como ridícula e pautada pela injustiça.[107]

Depois de todo o exame da matéria, Cornelius van BYNKERSHOEK, no capítulo final do **De foro legatorum**, considerava as opiniões de outros autores a respeito do tema e se valia do ensejo para defender as suas teses e criticar as dos opositores.[108] O tratado breve porém completamente ordenado e sistematizado, cuida de tópico relevante do direito das gentes, tal como transmitido[109] desde as suas origens, que remontam à Antiguidade, e tratado com notável proficiência desde então.[110]

---

106. BYNKERSHOEK (op. cit., ed. cit. cap. XXI).
107. BYNKERSHOEK (op. cit., ed. cit. cap. XXI).
108. Pondera Jan De LOUTER (intr. cit., ed. cit., 1946, p. XX-XXIV) que BYNKERSHOEK, no seu **De foro legatorum** (1721), mostrava a sua superioridade, em meio ao emaranhado de noções superficiais e vulgares, mantendo mão firme e os bem fundados princípios, que foram o seu ponto de partida. Quanto ao mérito científico e contribuição específica, considerava oportuna a separação entre a forma e o conteúdo e apontava o estudo dos princípios que fundamentam a argumentação, e servem de guia para as deduções e as aplicações, daí decorrentes. E concluía: "Rather keen and sagacious than profound or philosophical, he takes a foremost place in the long series of jurists who patiently and steadfastly built up the still unfinished temple of the positive law of nations. The pious commemoration of the ancestors may be a precious stimulus for the unremitting application of their progeny."
109. Entende J. De LOUTER (intr. cit., ed. 1946, p. XX-XXI) ter ficado confinado o exame a uma subdivisão da matéria, além de não exaurir o tema, visto somente aflorar a questão da natureza e da fonte do direito internacional: "van BYNKERSHOEK was an eminent jurist but no philosopher, driven by the irresistible pressure of mind and conscience to penetrate into the depth of the puzzles that envelop all human research", e o admite o próprio BYNKERSHOEK: "*Memineris etiam, me non aliter scribere, quam solent occupatissmi*" – lembre-se, também, que o meu método de escrever não é diverso de como o fazem os homens muito ocupados.
110. Ver tb. G. E. do NASCIMENTO E SILVA, P. B. CASELLA e O. BITTENCOURT Neto, **Direito internacional diplomático** (São Paulo: Saraiva, 4ª ed., 2012).

Não por acaso, já se escreveu que "dentre todos os campos das ações humanas, o mais proteico é a diplomacia".[111] E é preciso compreender por quê: "um incidente, por definição, praticamente não conta. Qualificado como 'diplomático', ele faz, ao contrário, tremer, porque suas consequências podem ser dramáticas, com tensão entre países ou mesmo a guerra em perspectiva".[112]

Depois de algumas considerações sobre as 'fontes', BYNKERSHOEK considera o tema da 'guerra' à luz do direito internacional.[113]

Cabe atentar para o fato de que, à época, a guerra nunca era total. A circulação dos homens não era interrompida pela guerra. Os mercadores

111. Harold NICOLSON (1886-1968), **Peacemaking 1919** (orig. publ. Londres: Houghton Mifflin, 1933, reprinted Safety Harbor, Fl.: Simon Publications, 2001, Book I, chap. I – *Armistice*, p. 3-29, cit. p. 3): "Of all branches of human endeavour, diplomacy is the most protean. The historian and the jurist, relying upon the protocol and the *procès verbal*, may seek to confine its lineaments within the strict outline of a science. The essayist may hope to capture its colours in the vignette of an art. The experts – and there have been many experts from CALLIÈRES to JUSSERAND, from MACHIAVELLI to Jules CAMBON – may endeavour to record their own experience in manuals for the guidance of those that come after. The journalist may give to the picture the flashes and the interpretation of the picturesque. Yet always there is some element in such accounts which escapes reality, always there is some aspect which refuses to be recorded or defined."

112. Com certeza, a noção de 'incidente diplomático' faz parte da linguagem contemporânea, mas a realidade existe, a partir do momento em que se entabulam relações ou negociações entre duas soberanias. Cfr. Lucien BÉLY, *Anatomie de l'incident diplomatique* (in **L'incident diplomatique** XVIe-XVIIIe siècle, dir. de L. BÉLY et G. POUMARÈDE, Paris: Pedone – Histoire de la diplomatie et des relations internationales, 2010, p. 451-458, cit p. 451): "Le verbe 'incidenter' apparaît tôt et appartient à la procédure judiciaire: il s'applique lors qu'on fait des incidents dans le cours d'un procès et, par extension, lorsqu'on fait des difficultés. / Pour l'historien, l'incident diplomatique a le mérite de laisser transparaître les relations entre le diplomate, forcément protégé par le secret et le cérémonial, bref confiné dans un univers fermé, et la société où il évolue, ou bien entre l'ambassadeur et l'état duquel il représente son pays d'origine."

113. Para situar alguns elementos do fenômeno da guerra à luz do direito internacional, ver **Tratado** (tomo 3 – **Direito internacional no tempo antigo**, cap. 3 – *civilizações antigas entre hegemonia e relações internacionais*, tomo 4 – **Direito internacional no tempo medieval**, esp. cap. 11 – *tratadistas da guerra: Balthazar AYALA e Pierino BELLI* e tomo 12 – **Direito internacional no tempo de Vattel e von Martens**, item – *mutações do direito internacional no século XVIII, ilustradas pelo tema da guerra*).

se empenhavam em esquecê-la ou se esquivar dela. As confrontações comprometiam as trocas comerciais, mas não tinham como propósito, nem como meio, fazê-los cessar. A dimensão econômica de um conflito muitas vezes aparece, mas não passava de uma tentação, porquanto os produtos raros eram demasiadamente necessários para as economias e esses produtos eram fornecidos pelo grande comércio. As trocas internacionais eram, assim, antes um símbolo de paz do que uma forma de guerra.[114]

Na sequência de seus outros estudos, e de tempo considerável dedicado ao estudo do direito romano, BYNKERSHOEK alcança a sua mais relevante contribuição para o direito internacional com a sua obra principal, sobre **Questões de direito público**, em dois livros", ou **Quaestionum juris publici libri duo**, de 1737.[115] Esta deve ser lembrada ao lado dos dois estudos antes referidos.

Delimitando o escopo de sua investigação, BYNKERSHOEK mencionava que poderia passar à consideração, conforme seu propósito, das questões do direito público, "naqueles assuntos usualmente discutidos nas cátedras" e em "assuntos tratados nas câmaras governamentais e judiciais".[116]

114. Lucien BÉLY, **Les relations Internationales en Europe** – XVIIe-XVIIIe siècle (orig. publ. 1992, Paris: PUF – Thémis, 4e ed., 2013, Première partie, chap. 2 – *Les lois des relations internationales*, n. 6 – *Les cohérences européennes*, p. 56-57).

115. Cornelius van BYNKERSHOEK, **Quaestionum iuris publici libri duo, quorum primus est De rebus bellicis, secundus De rebus varii argumenti** (Leiden, 1737, segunda edição, 1752). Foi utilizada a edição C. van BYNKERSHOEK, **Quaestionum iuris publici libri duo** (volume one: "the photographic reproduction of the edition of 1737", volume two: English translation by T. FRANK, introduction (1922) by J. de LOUTER, The Classics of International Law, vol. XIV, ed. by J. B. SCOTT, Oxford: at the Clarendon Press / London: Humphrey Milford, 1930, 2 tomos).

116. C. v. BYNKERSHOEK, **Quaestionum iuris publici** (1737, *Ad lectorem*): "me tunc satis dedisse Jurisprudentiae Romanae, & animum esse, si quid in posterum molirer, transire ab bis, quae in solis fere JCtorum Cathedris aguntur, vel Auditoriis judicum tractari solent. Quare tunc fidem dedi, me, si quid vita superesset, id esse impensurum Juri Publico vel Patrio."

As relevantes contribuições contidas na obra maior de Cornelius van BYNKERSHOEK, **Quaestionum juris publici libri duo,**[117] ao lado dos dois estudos anteriores, são cruciais para a avaliação de seu papel no desenvolvimento do direito internacional 'clássico'. E, por isso, BYNKERSHOEK – como autor 'clássico' – continua a ser atual, e entendo quanto merece ser lembrado, embora menos frequentemente referido, do que outros internacionalistas 'modernos' e 'clássicos'.

As **Questões de direito público** se põem não somente como a mais extensa obra de BYNKERSHOEK, na sua estrutura, em dois livros, de extensão mais ou menos equivalente, como também a mais representativa de sua concepção do direito internacional. O primeiro livro trata da 'guerra', e o segundo, de vários assuntos. O conjunto não tem o mero caráter de coletânea de estudos esparsos, originados por manifestações a respeito de eventos contemporâneos, mas reveste-se da dimensão de compilação das opiniões do autor sobre vasta extensão dos temas de estudo do direito internacional. BYNKERSHOEK, para não retomar tudo o que já tinham tratado os seus predecessores, prefere adotar o tratamento dos temas em capítulos selecionados, em lugar de arranjos sistemáticos.

É importante situar como BYNKERSHOEK compreende e aplica as 'fontes' do direito internacional:

- primeiro, a 'razão', ou 'bom senso', por muitos considerada a "senhora do direito internacional",[118] como o seu guia principal;

117. C. v. BYNKERSHOEK, **Quaestionum iuris publici libri duo, quorum primus est De rebus bellicis, secundus De rebus varii argumenti** (Leiden, 1737, segunda edição, 1752; edição cit., 1930).
118. J. De LOUTER (introdução citada, 1922, p. XII): "the mistress of international law".

- em seguida, aponta o papel dos 'acordos internacionais' – *pacta gentium* –, bem como das resoluções – *edicta* – e os decretos – *decreta* – dos Estados-gerais das Províncias Unidas dos Países Baixos, porquanto estes, embora legalmente confinados ao âmbito de aplicação do próprio país, são entretecidos de questões internacionais;
- em terceiro lugar, cumpre frisar o papel dos 'fatos' e 'casos' – *exempla* – tomados, de preferência, da história mais recente.

Mostra BYNKERSHOEK o cuidado que se deve ter com as opiniões dos homens: e sabiamente adverte,[119] dado que as opiniões e os modos de agir mudam de verdade, devem os eventos contemporâneos ser evitados, por receio de ferir os sentimentos de pessoas vivas ou de imiscuir-se em discussões correntes. Como são falíveis as opiniões humanas, e mutáveis, mesmo quando os membros de conselho ou tribunal sejam os mesmos, as diferenças de opinião são inevitáveis. Cada um se põe em defesa de sua convicção e, assim, numerosas referências de assim chamadas 'autoridades' não servem para nada.[120]

A relação de BYNKERSHOEK, com mestres como GRÓCIO e PUFENDORF,[121] é igualmente relevante seja situada. Faz exceção BYNKERSHOEK para a relevância das opiniões destes, mas nem por isso deixa de criticá-los, quando entende que as opiniões por eles formuladas não eram adequadas.

A autoridade, derivada do uso e da prática constantes, confere peso ao que a razão pede, porquanto a razão, embora sempre a

---

119. C. v. BYNKERSHOEK, **Quaestionum iuris publici** (1737, *Ad lectorem*).
120. C. v. BYNKERSHOEK, **Quaestionum iuris publici** (1737, *Ad lectorem*).
121. Como examinado no **Tratado** (tomos 7 – **Direito internacional no tempo de Hugo Grócio** e 9 – **Direito internacional no tempo de Samuel Pufendorf**).

mesma, frequentemente é ambígua, e, assim, o uso, ou o costume continuado, o primeiro de todos os tiranos, decide.

O livro primeiro das **Questões de direito público**, como dito, cuida da guerra, e em seu capítulo I traz a fundamentação da construção, que virá a seguir. Começa com a questão da definição da guerra – *definitio belli, ejusque explicatio*.

Considera BYNKERSHOEK imperfeita a clássica definição de CÍCERO,[122] inicialmente referida,[123] quanto a ser a guerra a questão, que se resolve mediante o uso da força – *bellum est genus decertandi per vim*. O uso da força está implícito na guerra – como condição necessária –, mas esse dado não é específico o bastante – como suficiente – para caracterizar o fenômeno bélico e os contornos deste fenômeno da guerra, especificamente em relação ao direito internacional.[124]

Noção, ademais, tacitamente aprovada por GRÓCIO, quando este, por sua vez, formula ser a 'guerra o estado daqueles que lutam, com uso da força, na sua qualidade'.[125] Essa definição não difere substancialmente de clássico moderno a respeito do tema.[126]

BYNKERSHOEK considera, ademais, imperfeita a definição de GENTILI, de 'justo enfrentamento de tropas públicas' – *publicorum*

---

122. CÍCERO, **De officiis** (with an English translation by Walter MILLER, Cambridge, Ma. / London: Harvard UP/LCL 30, CICERO XXI, © 1913, reprinted 2005).
123. M. T. CÍCERO, **De officiis** (I.xi.34).
124. Ver **Tratado** (tomo 3 B – **Gregos, romanos, chineses, indianos**, cap. 6 – *na formação e no desenvolvimento de Roma*), também reportando as considerações de M. T. CÍCERO sobre a matéria.
125. H. GRÓCIO, **De jure belli ac pacis** (I.I.2.1). A respeito da contribuição de GRÓCIO para o direito internacional, ver **Tratado** (tomo 7 – **Direito internacional no tempo de Hugo Grócio**, cap. 18).
126. "A guerra é pois um ato de violência destinado a forçar o inimigo a submeter-se à nossa vontade", define K. von CLAUSEWITZ, **Da guerra** (orig. publ. **Vom Kriege**, trad. integral de T. B. P. BARROSO, prefácio A. RAPOPORT, São Paulo: Martins, 1979, cap. I – *que é a guerra?*, p. 73-90, cit. 1.2 – definição, p. 73; v. tb. 1.24 – *a guerra é uma simples continuação da política por outros meios*, p. 87-88).

armorum juxtam contentionem.[127] Aponta, assim, BYNKERSHOEK a sua definição da guerra, como 'a luta por meio da força e de artimanhas, daqueles que são independentes, na manutenção de seus direitos'.[128] A seguir, detalha cada um desses elementos.[129]

Na perspectiva da história do direito internacional, certos elementos, na análise do direito da guerra apresentada por BYNKERSHOEK, fazem "pressagiar notáveis mudanças de perspectiva, que ocorrerão na segunda metade do século XVIII":[130] ele ainda fala em remediar injustiça, mas não mais esta se põe como critério para qualificar como justa ou injusta uma guerra, a partir do momento em que os meios de fazer a guerra são deixados à discricionariedade de quem a faz, bem como a partir do momento, também, em quem faz a guerra a considerar justa, fundando-se no fato de que o agredido tenha merecido a sua punição e de que este é o único propósito do uso das armas contra ele, sem outra finalidade a não ser de o aniquilar, mesmo que não estivesse armado,[131] o que me parece bastante questionável.

---

127. A. GENTILI, **Direito de guerra** (orig. publ. **De jure belli libri tres**, 1598, trad. Ciro MIORANZA, intr. Diego PANIZZA, Ijuí: Ed. Unijuí, 2004, cit. **De jure belli**, I.II). A respeito da contribuição de GENTILI para o direito internacional, ver **Tratado** (tomo 6 – **Direito internacional no tempo de Suarez, Gentili e Zouch**, cap. 16).
128. C. van BYNKERSHOEK, **Quaestionum juris publici** (1737, Liber I. caput I): "bellum est eorum, qui suae potestatis sunt, juris sui persequendi ergo, concertatio per vim vel dolum."
129. C. van BYNKERSHOEK, **Quaestionum juris publici** (1737, Liber I. caput I): "Videamus singula."
130. Dominique GAURIER, **Histoire du droit international** (Rennes: P. U. Rennes, 2e éd., 2014, Ière partie, chap. V – *les grands thèmes du droit international dans la doctrine des auteurs classiques*, esp. 1.5.2.3.5, p. 250-251).
131. D. GAURIER, **Histoire du droit international** (2e éd., 2014, item 1.5.2.3.5, p. 250-251): "Il n'est que de reprendre la définition qu'il donne de la guerre dans ses **Deux livres sur les questions de droit public**. Cette définition est la suivante: *J'ajoute moi-même celle-ci, elle satisfera toutes les catégories: 'la guerre est le conflit de ceux qui sont souverains, donc pour poursuivre leur droit par la force, ou par la fraude'. [...] J'ai dit par la force. Non par une force juste, en effet, toute violence est juste lors d'une guerre, si vous m'écoutez, et elle est pour cela juste, alors qu'il est permis d'écraser l'ennemi, même*

O capítulo II trata da muito controversa questão da necessidade, ou não, de declaração de guerra antes do desencadeamento das hostilidades. Nessa matéria, BYNKERSHOEK se reporta somente à razão e recusa argumentos 'de autoridade', mesmo em relação à validade do argumento de GRÓCIO, quanto ao caráter indispensável da declaração de guerra. A legitimidade da guerra reduziria a necessidade da declaração formal – *ut bellum sit legitimum, indictionem belli non videri necessariam* –; se a guerra é justa, a declaração não parece necessária, o que me soa controvertido.

O capítulo III cuida da situação da guerra entre os inimigos – *de statu belli inter hostes* – e contém o ponto central do assunto tratado: a guerra, embora, ao menos em teoria, indique relação entre os soberanos – *principes* –, na prática acarreta que (toda) a nação nela se engaje, e põe termo a todas as relações amistosas.[132] O direito da guerra não conhece restrições e, assim, comporta o mútuo direito de vida e de morte. Cumpre acrescer que esse direito de vida e de morte se exerça somente entre os inimigos, no campo de batalha.

---

non armé, qu'il est permis [de le faire] par le poison, qu'il est permis [de le faire]en lançant un assassin, en utilisant une bombe incendiaire, dont vous disposez et que celui-là ne possède peut-être pas, enfin qu'il est permis, pour le dire en un mot, [de le faire] par le moyen que vous voulez. [...] Nous faisons la guerre à quelqu'un, parce que nous pensons que celui-là a mérité sa perte et celle des siens à travers l'injustice qu'il nous a faite et que celle-ci est le but de nos armes: qu'importe ce but, par quelle forme vous l'aurez poursuivi? (cf. **Quaestionum juris publici libri duo**, texte latin, p. 3, trad. française, p. 43 et 46)."

132. O que deve ser situado no contexto histórico do século XVIII e das mutações que ocorreriam no direito internacional 'clássico', em relação ao tema da guerra. Como se examina no **Tratado** (tomo 12 – **Direito internacional no tempo de Vattel e von Martens**, item – *mutações no direito internacional do século XVIII, ilustradas pelo tema da guerra*).

Os capítulos IV a VII cuidam de vários aspectos relativos à captura de bens e propriedades do inimigo,[133] seguindo lógica absoluta, equivalente à do direito de vida e de morte sobre os inimigos.[134]

O capítulo VIII começa a cuidar da questão complexa da neutralidade,[135] que C. van BYNKERSHOEK, inicialmente, considera do ponto de vista de ser, ou não, legítimo perseguir ou atacar o inimigo em porto ou território neutro – *an hostem liceat aggredi vel persequi in amici territorio vel portu*. Ensina BYNKERSHOEK: o espaço da guerra é o elo que une os braços desse golfo.

A guerra é praticada no território dos inimigos ou em alto-mar, que é destituído de qualquer soberania,[136] mas respeitando o território de nações não envolvidas no conflito, ademais amigas de ambos os beligerantes.

A transgressão, em geral, da fronteira do território de estado em paz com o beligerante, configura ilícito contra os direitos soberanos de potência amiga, e altamente culpável. Constitui direito, e mesmo dever, de qualquer soberano, prevenir, e mesmo punir, que violação de tal ordem seja praticada, por via marítima ou terrestre.

Numerosos exemplos mostram, contudo, que esse princípio foi, muitas vezes, simplesmente deixado de lado.[137] BYNKERSHOEK cita a

---

133. C. van BYNKERSHOEK, **Quaestionum juris publici** (Livro I) respectivamente 'caput' IV: *Ecquando res hostium mobiles, & praesertim naves, fiant capientium?*; 'caput' V: *Res mobiles, & praesertim naves, na & quosque recuperatori cedant?*; 'caput' VI: *Quousque extendaturimmobilium possessio, bello quaesita*; e 'caput' VII: *Hostium actiones & credita, quae apud nos inveniuntur, an exorto bello recte publicentur.*

134. Como exposto por BYNKERSHOEK, **Quaestionum juris publici** (Livro I, caput III).

135. A respeito da evolução do conceito de neutralidade, ver **Tratado** (tomo 8 – **Direito internacional além do paradigma vestfaliano**, item – *construção da neutralidade no direito internacional moderno e os tratados de NEWMAYR VON RAMSLA*).

136. A respeito da evolução do regime jurídico internacional do alto-mar e dos espaços internacionais – de *res nullius* a patrimônio comum da humanidade, ver **Tratado** (tomo 2 – **Direito internacional dos espaços**, cap. 20).

137. C. van BYNKERSHOEK, **Quaestionum juris publici** (I.VIII): *"Ex his licet intelligere, quo jure quave injuria censenda sint sequentia exempla."*

destruição pelos holandeses da frota espanhola, no porto de Downs, em 1639, bem como o cerco à esquadra holandesa da Companhia das Índias Orientais, pelos ingleses, no porto norueguês de Bergen, em 1665, não obstante a ferrenha oposição dos dinamarqueses. Também as relações anglo-lusitanas em Macau podem ser mencionadas.[138]

BYNKERSHOEK propõe a diferença entre a 'agressão' e a 'perseguição'.[139] Esse tema, até hoje, é complexo e difícil de ser adequadamente caracterizado. Segundo BYNKERSHOEK, se a 'agressão' é absolutamente proibida, por sua vez, a 'perseguição' de navio em fuga, ou de uma esquadra, no limite marginal marítimo, ou de divisão fugitiva, na fronteira terrestre de potência neutra deveria ser admitida, sob a condição de que as fortificações da potência amiga sejam respeitadas e nenhum dano seja causado aos súditos desta. O início e a continuação da ação são duas coisas distintas. A diferença, contudo, muitas vezes é negligenciada,[140] nos costumes do tempo, e somente pode BYNKERSHOEK recomendar a sua opinião como orientação segura.[141]

O capítulo IX considera a questão da guerra em relação aos não beligerantes – *de statu belli inter non hostes*. Serve para mostrar quanto a questão da definição, do conteúdo e dos efeitos da neutralidade

---

138. Sobre as relações anglo-lusitanas em Macau, ver, por exemplo: Rogério Miguel PUGA, **A presença inglesa e as relações anglo-portuguesas em Macau (1635-1793)** (Lisboa: CHAM – Centro de história de além-mar / Faculdade de Ciências Sociais e de História da Universidade Nova de Lisboa / Centro Científico e Cultural de Macau, 2009).

139. Cfr. **Tratado** (tomo 1 – **Direito internacional dos espaços**, segunda parte – domínio marítimo e aéreo, título I – *domínio marítimo: evolução conceitual*), a respeito o conteúdo da Convenção das Nações Unidas sobre o direito do mar (1982), denomina *"hot pursuit"*.

140. C. van BYNKERSHOEK, **Quaestionum juris publici** (I.VIII): *"Atque ita quidem non absurde disputare & distingui videtur posse."*

141. C. van BYNKERSHOEK, **Quaestionum juris publici** (I.VIII): *"sed haec omnia non exsequor, quia de iis ipse judicabis, adhibita distinctione, quam modo suggessi, si haec & tibi aeque placeat, quam mihi."*

era premente para os contemporâneos de BYNKERSHOEK, como permanece até os nossos dias.[142]

Os neutros, denominados por GRÓCIO aqueles que "ficam em meio à guerra" – *in bello medios dixit GROTIUS* –,[143] não são apresentados como inimigos, nem como amigos. Os 'neutros' devem ser cuidadosamente distinguidos dos 'aliados', que ficam, em razão de tratados, obrigados em relação a um ou a ambos os beligerantes.[144]

Os 'neutros' nada têm a ver com o conflito e, aparentemente, devem ficar longe do alcance dos efeitos deste, de modo a poder dar continuidade às suas relações amistosas com ambos os beligerantes. Na verdade, contudo, o dever de estrita abstinência de qualquer interferência incumbe aos neutros, e os obriga a não efetuarem qualquer fornecimento de homens ou armas, munições ou materiais, aptos ao uso militar ou naval, e mesmo de alimentos ou outras mercadorias, muitas vezes objeto de especificações detalhadas.

Ao dar aos neutros a denominação de 'não inimigos' – *non hostes* –, estes devem ser cuidadosamente distinguidos dos aliados, estes vinculados a um ou a ambos os beligerantes, por meio de tratado. BYNKERSHOEK avança nessa matéria em relação ao seu contemporâneo Christian WOLFF, que não é tão claro a respeito. Os neutros são os que nada têm a ver com o conflito, e ficam, assim, aparentemente aquém de seus efeitos, pois continuam a manter relações amistosas com ambos os beligerantes. Contudo, além das aparências, a realidade lhes impõe abster-se de qualquer interferência no conflito:

---

142. Ver **Tratado** (tomo 8 – **Direito internacional além do paradigma vestfaliano**, item – *construção da neutralidade no direito internacional moderno e os tratados de NEWMAYR VON RAMSLA*).
143. H. GRÓCIO, **De jure belli ac pacis** (III.17).
144. C. van BYNKERSHOEK, **Quaestionum juris publici** (1737, I.IX): "*NON HOSTES appello, qui neutrarum partium sunt, nec ex foedere his illisve quicquam debent; si quid debeant, Foederati sunt, non simpliciter amici.*"

o que lhes proíbe o fornecimento de homens ou armas, munições, materiais de uso militar ou naval e mesmo víveres e quaisquer provisões, muitas vezes especificadas em acordos.

Este é dever absoluto, sem relação com a justiça da guerra, como suscitada por GRÓCIO: na verdade, não cabe a um amigo determinar a justiça da guerra de outrem. Nesse ponto também, BYNKERSHOEK avança em relação ao seu compatriota, que se enreda na distinção entre guerra justa ou guerra injusta, herdada dos canonistas.[145]

Entende BYNKERSHOEK que o dever de neutralidade é absoluto e desvinculado de qualquer avaliação quanto à justiça ou injustiça da guerra. Não cabe ao amigo julgar dos motivos e da justiça de causa, que diz respeito a outros e não se submete ao seu julgamento.[146]

Nesse tópico da caracterização da 'neutralidade' –[147] como, ademais, em outros –BYNKERSHOEK está mais próximo de nossa

---

145. D. GAURIER, **Histoire du droit international** (Rennes: P. U. Rennes, 2e éd., 2014, item 1.5.4.3.4, p. 304-309, cit. p. 305): "On ne peut s'écarter de cette règle que s'il y a crainte de devenir victime du vainqueur, mais en ce cas, il vaut mieux participer ouvertement aux opérations de guerre que d'affecter une neutralité de façade."

146. Ver **Tratado** (tomo 12 – **Direito internacional no tempo de Vattel e von Martens**, item – *mutações do direito internacional no século XVIII, ilustradas pelo tema da guerra*); tb. Martial GANTELET, *Réguler la guerre aux frontières des Pays-Bas espagnols: la naissance empirique du droit des gens* e Sandrine PICAUD-MONNERAT, *Accommodements locaux, sauvegardes, contributions: le cas des campagnes de Flandre de la guerre de succession d'Autriche (1744-1748)* (ambos no volume, coord. J. F. CHANET e C. WINDLER, **Les ressources des faibles** – Neutralités, sauvegardes et accommodements en temps de guerre XVIe-XVIIIe siècle, Rennes: Presses univ. de Rennes, 2009, p. 221-240 e p. 339-360).

147. Ver Christian WINDLER, *De la neutralité à la relation tributaire: la Franche-Comté, de duché de Bourgogne, et le royaume de France aux XVIe et XVIIe siècles* (in **Les ressources des faibles** – Neutralités, sauvegardes et accommodements en temps de guerre XVIe-XVIIIe siècle, coord. J. F. CHANET e Ch. WINDLER, Rennes: Presses univ. de Rennes, 2009, p. 163-185) concluía no sentido de que o fortalecimento das estruturas estatais tinha levado a mais clara e estrita distinção entre militares e civis: "uma espécie de consenso se estabeleceu, na Europa ocidental, para limitar a guerra, tanto quanto possível, aos soldados e poupar as populações civis". E, também, que no século XVIII, fora das zonas diretamente atingidas pelas batalhas, os civis foram menos afetados pela violência guerreira do que pela fiscalidade – tanto a do próprio príncipe como a imposta pelos ocupantes, sob a forma de contribuições.

atual concepção a respeito da matéria do que GRÓCIO.[148] Pois este ainda insistia na avaliação da guerra quanto a ser esta 'justa' ou 'injusta' para se determinar o dever de participação, ou de abstenção, no conflito armado, por parte de terceiros.[149]

A estrita abstinência de qualquer participação no conflito, por parte do neutro, somente se pode justificar por causa do medo deste em se tornar vítima do vencedor. Nesse caso, contudo, a participação abertamente assumida seria preferível à fictícia neutralidade.

Com relação aos aliados, a situação é distinta. Se estes se engajam no conflito, com outros, podem clamar pela ajuda de seus aliados. Se isso se dará em relação a um ou ao outro, BYNKERSHOEK opina que o aliado de ambos os beligerantes terá de escolher, segundo ao aliado que pareça acudir melhor razão, e se alinhar com este. Aqui parece desviar-se BYNKERSHOEK de sua orientação geral quanto aos terceiros, no sentido de não se imiscuírem no julgamento da justiça da causa, em conflitos que não sejam seus.

Somente a interpretação escrupulosa de tratado de aliança poderá levar à determinação da escolha, entre diferentes alianças – *casus foederis* –, para averiguar se a hipótese contemplada efetivamente ocorreu.[150] De novo, BYNKERSHOEK opina no sentido de que termos vagos e equívocos devam ser interpretados, de tal modo que somente uma 'justa causa' possa justificar o apelo a uma potência aliada.

---

148. Compare-se GRÓCIO, **De jure belli ac pacis** (livro III, cap. XVII, seção 3).

149. Jan De LOUTER (introduction, 1922, p. XVIII) considerava estar, nesse tópico, BYNKERSHOEK à frente de GRÓCIO, porquanto este último se teria enredado no que chamou de "distinção inextricável" a respeito da guerra 'justa' ou 'injusta'. Como mencionado, GRÓCIO, **De jure belli ac pacis** (III.XVII.3).

150. C. van BYNKERSHOEK, **Quaestionum juris publici** (1737, I.IX): "*Hi, qui sub tuitione sunt* (die onder contributie sitten) *constituunt etiam genus quoddam intermedium, nam ex natura tuitiones non considerandum tanquam hostes, neque etiam tanquam subditi, cum ad akium Principem pertineant.*"

O que não é lícito levem os inimigos aos nossos amigos – *de his, quae ad amicorum nostrorum hostes non recte advehuntur* –, trata BYNKERSHOEK, no capítulo X, com ulteriores considerações a respeito do que é lícito levar a uma cidade, fortificação ou porto sitiado – *obsessis urbibus, castris, portubus na quicquam liceat advehere?* –; no capítulo XI, trata de duas dentre as mais importantes matérias da neutralidade: o 'contrabando' e o 'bloqueio'. A doutrina a respeito do 'contrabando' é, por ele, tangencialmente introduzida a partir de consideração do direito romano a respeito do tema.

A distinção grociana, entre as categorias de bens que nunca, sempre ou algumas vezes são destinados a propósitos bélicos, encontra pouca acolhida por parte de BYNKERSHOEK. Questiona ele se teria tal distinção qualquer utilidade, e se pode ser, na prática, observada.[151]

A questão do bloqueio[152] é afirmada como não admissível, e a opinião de BYNKERSHOEK é claramente afirmada como contrária a qualquer fornecimento, de bens, sobretudo munições e provisões, destinadas a praças contra as quais medidas militares devam ser empenhadas. Enfaticamente, ele combate a opinião de GRÓCIO, no sentido de que a ilicitude da prática dependeria de estar, ou não, conectada à expectativa de rendição próxima ou ao final da guerra, e que a violação do bloqueio possa ser objeto de indenização ou de compensação, por parte do poder sitiante, lesado por tal operação.[153]

151. C. van BYNKERSHOEK, **Quaestionum juris publici** (livro I, capítulo X, '*de his, quae ad amicorum nostrorum hostes non recte advehuntur*' e capítulo XI, '*obsessis urbibus, castris, portubus na quicquam liceat advehere?*').

152. C. van BYNKERSHOEK, **Quaestionum juris publici** (I.XI): "*Ex ratione communi & gentium usu Urbibus obsessis nihil quicquam licet advehere.*"

153. C. van BYNKERSHOEK, **Quaestionum juris publici** (I.XI, cit.).

Argumenta BYNKERSHOEK,[154] com correção, que a probabilidade ou a proximidade do desfecho do conflito fica além do alcance dos neutros, e que o dano ao poder sitiante, causado pela violação do bloqueio, em muito excede os limites de mera indenização, e somente pode ser contrabalançado por confisco maciço, e mesmo de punições corporais. Isso não somente como ditame da reta razão, mas como prática, frequentemente estipulada, em convenções celebradas pelos Estados-gerais das Províncias Unidas dos Países Baixos.

A questão da neutralidade pode ser considerada uma das contribuições mais importantes de BYNKERSHOEK ao direito internacional, tema ao qual ele dedica diversos capítulos do primeiro livro das questões de direito público:[155] depois de considerar que a guerra deve ser praticada somente no território dos beligerantes ou em alto-mar, onde não há soberania de qualquer estado; enfatiza a obrigação de respeitar a integridade territorial de estados não envolvidos no conflito: a violação das fronteiras de país em paz, por um beligerante, é um ilícito, e qualquer soberano pode impedir e punir tal violação de suas fronteiras e mesmo fazer a tomada de presas, visando assegurar a restauração de sua soberania.[156]

Os capítulos XII a XV introduzem a questão do direito das presas.[157] Diferenças de tratamento podem ocorrer entre o navio e a carga, ou mesmo entre distintas partes da carga.

---

154. C. van BYNKERSHOEK, **Quaestionum juris publici** (1737, livro I, nos já mencionados capítulos X – *de his, quae ad amicorum nostrorum hostes non recte advehuntur* e XI – *obsessis urbibus, castris, portubus na quicquam liceat advehere?*).
155. Dominique GAURIER, **Histoire du droit international** (Rennes: P.U. Rennes, 2e éd., 2014, Ière partie, chap. V – *les grands thèmes du droit international dans la doctrine des auteurs classiques*, esp. 1.5.4.3.4, p. 304-309).
156. D. GAURIER, **Histoire du droit international** (éd. 2014, esp. 1.5.4.3.4, p. 304-305).
157. C. van BYNKERSHOEK, **Quaestionum juris publici** (1737, Liber I): caput XII – *An licitum ob illicitum publicetur?*; caput XIII – *De amicorum bonis, in hostium navibus repertis*; caput XIV – *De hostium rebus, in amicorum navibus repertis*.

As hipóteses mais frequentes de mercadoria neutra em navios inimigos e de mercadoria inimiga em navios neutros são reguladas nos capítulos XIII e XIV. De forma consistente, com a sua opinião, a respeito da legitimidade do comércio neutro com cada um dos beligerantes, BYNKERSHOEK prevê a possibilidade de estrita separação do navio inimigo, que pode ser detido e confiscado, em relação à carga neutra, que deve ser respeitada e liberada.[158]

De tal situação, passa a considerar BYNKERSHOEK a inversa, na qual a mercadoria inimiga se encontre em navio neutro. O mesmo critério de separação, entre o navio e a carga, deveria prevalecer.[159]

GRÓCIO, alinhado ao direito romano, que coibia a prática de 'prevaricação', entendia que o confisco deveria ser limitado aos casos de notório conhecimento pelo armador e do caráter ilícito das mercadorias embarcadas. Isso sempre ocorre quando o mesmo indivíduo desempenha várias dessas funções simultaneamente, porquanto o conhecimento de embarque conterá as especificações relativas a todas as mercadorias levadas a bordo, de tal modo que se possa presumir a responsabilidade.

---

158. No mesmo sentido da previsão que se continha na consolidação de normas marítimas, **Consolato del Mare** (séc. XIV). Exigir-se-ia, contudo, o pagamento de frete, condição essa claramente rejeitada por BYNKERSHOEK, porquanto o frete somente seria exigível sobre o transporte efetuado e a mercadoria entregue no porto de destino. As perdas de tempo e de dinheiro já onerariam suficientemente o imprudente dono dos bens que a tivesse embarcado em nave inimiga, durante a ocorrência de conflito armado, do qual resultasse a apreensão do navio e da respectiva carga por forças inimigas. Ver **Tratado** (tomo 5 – **Direito internacional no tempo de Francisco de Vitória**, item 12.1 – *Rodes e a lei do mar*); Elena MACCIONI, **Il Consolato del Mare di Barcellona** – Tribunale e corporazione di mercanti (1394-1462) (Roma: Viella ed., 2019).

159. Sobre questões relacionadas com presas marítimas, escreveu o primeiro catedrático de direito das gentes de São Paulo, José Maria Avellar BROTERO, **Questões sobre presas marítimas** ("oferecidas ao cidadão Rafael Tobias de AGUIAR, pelo autor", São Paulo: Typographia de Costa Silveira, 1836), da qual foi igualmente publicada "segunda edição aumentada" (São Paulo: Typographia imparcial de J. R. de Azevedo Marques, 1863). A respeito da contribuição de BROTERO, ver P. B. CASELLA, *Direito internacional nas Arcadas* ("aula inaugural de 16 de fevereiro de 2009", São Paulo: Revista da Faculdade de Direito da USP, 2009, vol. 104, p. 931-966).

BYNKERSHOEK, contudo, não insiste nesse ponto, e considera que, mesmo quando se saiba do caráter ilícito das mercadorias de propriedade do inimigo trazidas a bordo, não se pode presumir a prática de ilícito, exceto quando se tratar de contrabando ou de transportar mercadorias para praças sujeitas a bloqueio.

No capítulo XV, BYNKERSHOEK reverte ao direito romano – *an res, ab hostibus captae, in non hostis imperium delatae, postliminio revertantur* –, que prevê a restituição de bens e, sobretudo, de pessoas que tenham perdido a sua anterior condição, por conquista ou captura, e se encontrem reduzidas à escravidão ou dominação estrangeira, se retomam essa sua anterior condição, por meio da devolução a seu próprio país ou a um dos aliados. É a matéria do postlimínio, como também tratara GRÓCIO.[160]

Alguns consideram que bastaria tratar-se de neutro para que se faça o resgate. BYNKERSHOEK, contudo, concorda com GRÓCIO,[161] ao enfatizar que se restaure à condição anterior somente nos casos em que se dê o retorno, ao próprio país, ou a um de seus aliados, e acrescenta aos exemplos, aduzidos por GRÓCIO,[162] algumas hipóteses racionais, tais como BYNKERSHOEK as interpreta.

No caso de aliado, este logicamente retornará à sua condição jurídica original, bem como o que se tenha tomado, ou liberado, do inimigo comum. O neutro, por sua vez, nunca pode mudar, mesmo em virtude de sentença judicial, as consequências legítimas da guerra. Não pode, tampouco, legalmente, restaurar propriedade adquirida de proprietários anteriores que, em virtude de norma

160. H. GRÓCIO, **De jure belli ac pacis** (1625, livro III, cap. XVI – *consideração sobre as coisas que, segundo o direito das gentes, são desprovidas de postlimínio*).
161. H. GRÓCIO, **De jure belli ac pacis** (1625, livro III, cap. XVII – *considerações sobre aqueles que são neutros na guerra*).
162. H. GRÓCIO, **De jure belli ac pacis** (1625, livro III, cap. IX – *do postlimínio*).

jurídica, tenham sido privados do título de propriedade que detinham, porquanto o neutro se veria afastado do seu dever de manter-se no estrito dever de não causar qualquer interferência.

As normas nessa matéria não dizem respeito somente a indivíduos, como também a entidades públicas e nações inteiras, na linha do que já observara GRÓCIO.[163] Nesse sentido, BYNKERSHOEK, no capítulo XVI – *de jure postliminii varia* –, sobre diversas questões relacionadas com o direito de postliminio, faz exame da história holandesa a respeito do tema.

O capítulo XVII, por sua vez, considera sobre a pirataria, os efeitos de atos de pirataria,[164] a titularidade de propriedade – *de piratica, & an Barbari in Africa sint piratae* – e discorre que os bérberes, na África, não são piratas – BYNKERSHOEK considerava o que não se pode transferir por meio desses atos.

Os assim chamados 'estados barbarescos' – ou bérberes – do norte da África, teoricamente vassalos do Império otomano, na prática, operavam com considerável autonomia, ou mesmo independência de fato. O reconhecimento internacional desses estados era objeto de controvérsias, pelo fato de que, neles, a prática da pirataria era endêmica, o que levava alguns autores a questionarem a condição estatal destes e se, assim, poderiam ou não ser considerados participantes do sistema internacional da época.

A respeito dos estados da costa norte da África no mar Mediterrâneo, BYNKERSHOEK considerava serem sociedades que têm alguma soberania – *civitates quae certam sedem atque ibi imperium*

---

163. H. GRÓCIO, **De jure belli ac pacis** (1625, livro III, cap. IX – *do postliminio*), comentava: "O postliminio é, pois, um direito que nasce do retorno ao limite, isto é, às fronteiras públicas."
164. Sobre o conceito jurídico de pirataria e a evolução do seu tratamento, ver P. B. CASELLA, **Direito internacional, terrorismo e aviação civil** (São Paulo: Quartier Latin, 2006, cap. V – *fenômeno da pirataria*, p. 63-78).

habent –,[165] formulação que não destoa da utilizada por GRÓCIO em relação ao Egito e à Etiópia.

Aqui se pode suscitar a questão a respeito da extensão, na qual as noções europeia e africana de soberania territorial se colocavam nas mesmas ou em linhas diversas. Sem adentrar considerações de natureza teórica, pode-se ressaltar que, do ponto de vista europeu, como do africano, a soberania significava completa independência (interna e externa). A soberania, na Europa da época, o mais das vezes, residia em imperadores absolutos ou monarcas semiabsolutos, cujos direitos soberanos eram considerados como derivados de origem divina ou dinástica, tanto quanto a soberania dos governantes da África. Embora os conceitos subjacentes de fundo metafísico ou teológico, para a divindade ou a dinastia, pudessem ser diversos, tanto governantes europeus quanto africanos concordavam perfeitamente a respeito da natureza dos acordos celebrados e da transferência de título e de soberania territorial, no direito internacional.[166]

Cabe assinalar que, face a GENTILI e outros autores –[167] que recusavam o reconhecimento dessa condição para tais estados –, BYNKERSHOEK adota termos que, em muito, lembram os usados por VITÓRIA, para admitir as coletividades indígenas do Novo Mundo como membros, de pleno direito, da comunidade internacional. BYNKERSHOEK sustenta que os povos de Alger, de Trípoli,

165. C. van BYNKERSHOEK, **Quaestionum juris publici** (1737, Liber I, caput XVII).
166. C. H. ALEXANDROWICZ, *The role of treaties in European-African confrontation in the nineteenth century* (orig. publ. 1975, in **The Law of Nations in global history**, ed. by D. ARMITAGE and J. PITTS, Oxford: Univ. Press, 2017, p. 258-302, cit. p. 272-273).
167. A respeito, ver **Tratado** (tomos 6 – **Direito internacional no tempo de Suarez, Gentili e Zouch**, cap. 16 – *Alberico GENTILI (1552-1608)* e tomo 5 – **Direito internacional no tempo de Francisco de Vitória**, cap. 14 – *Francisco de VITÓRIA (1480-1546)*).

de Túnis e de Salé não são piratas, mas estados organizados, que tem território fixo, sobre o qual existe governo estabelecido e com os quais "por vezes estamos em paz e por vezes, em guerra", como acontece nas relações com outros povos.[168]

Em abono do reconhecimento da estatalidade dos norte-africanos, BYNKERSHOEK acrescenta que demonstram respeito em relação aos tratados celebrados.[169] E, mesmo reconhecendo que prisioneiros de guerra eram reduzidos à escravidão, estima tratar-se de direito de guerra mais duro do que o equivalente direito de guerra europeu.[170]

Para BYNKERSHOEK, são 'piratas' todos os que pratiquem atos de rapina, quer no mar como em terra, sem observar qualquer princípio de autoridade.[171] São, pois, 'piratas' por operarem sem as 'cartas de corso' – o que os classificaria como 'corsários' e, assim, detentores de título oficial, que 'legitimaria' a sua conduta, com a chancela de determinado estado –, que lhe concederam a 'licença' para agir, o que o transmuta em 'corsário'. Existir 'carta de corso', consequentemente, conferiria caráter 'oficialmente sancionado' pelo poder soberano, que a tais agentes tivesse conferido tal titulação.

Mesmo se a "história da pirataria marítima começa, logo depois do início dos registros de história escrita da humanidade",[172] cabe ressaltar particularidade da época, porquanto "o sistema de

168. C. van BYNKERSHOEK, **Quaestionum juris publici** (1737, Liber I, caput XVII).
169. C. van BYNKERSHOEK, **Quaestionum juris publici** (1737, Liber I, caput XVII).
170. A. TRUYOL Y SERRA, **Histoire du droit international public** (Paris: Economica, 1995, cit. p. 75): "il s'agit là d'un droit de la guerre plus dur que le droit de la guerre européen".
171. BYNKERSHOEK (op. cit., 1737, livro I, caput XVII): "Qui autem nullius principis auctoritate, sive mari, sive terra rapiunt, piratarum praedonunque vocabulo intelliguntur".
172. Wilhelm G. GREWE, **Epochen der Völkerrechtsgeschichte** (Baden-Baden: Nomos, 1984, terceira parte, *Droit public de l'Europe: die Völkerrechtsordnung des französischen Zeitalters 1648-1815*, p. 323-498).

monopólios comerciais coloniais e das companhias de comércio, operando com privilégios, estão em estreita relação com curioso fenômeno da história social internacional, a pirataria – que, em todas as épocas, atraiu particular atenção dos jusinternacionalistas":[173]

> Que os estados se encontram vinculados por uma comunidade de direito internacional – *Völkerrechtsgemeinschaft* – e que esta possa conferir, aos seus navios de guerra, poderes para perseguir e punir piratas, poucas vezes foi questionado. Em declaração dos Estados-gerais das Províncias Unidas, de 1667, se esclarece que o pirata pode ser julgado, pela jurisdição de qualquer príncipe, onde quer que este se encontre, e que disso muitos exemplos podem ser dados – *eum puniri posse a quocunque Principi, in cuius potestate fuisset redactus, eiusque rei quam plurima etiam exstare exempla*. GRÓCIO e BYNKERSHOEK manifestaram-se no mesmo sentido, muito claramente, sobre essa matéria. Muitos chegam a falar em 'obrigação' de direito internacional em julgar os piratas.[174]

A prática da pirataria, em atos privados, é regulada nos capítulos XVIII – *de praedatoria privata* –, XIX – *quousque exercitores navis praedatoriae teneantur de damno injuria dato?* – e XX – *si navis, non ad praedandum emissa, praedam tamen ceperit, ad quem ea pertineat?*.[175] Constituem tais aspectos, para BYNKERSHOEK, parte importante do direito público, não somente por se tratar de exigência de

173. W. GREWE (op. cit., 1984, p. 354).
174. W. GREWE (op. cit., 1984, p. 356): "Manche nehmen sogar eine völkerrechtliche Pflicht zur Aufbringung des Piraten an."
175. C. van BYNKERSHOEK, **Quaestionum juris publici** (1737, Liber I): caput XVIII – *de predatoria privata*; caput XIX – *quousque exercitores navis praedatoriae teneantur de damno injuria dato?* e caput XX – *si navis, non ad praedandum emissa, praedam tamen ceperit, ad quem ea pertineat?*

consentimento da autoridade, mas em razão dos incessantes conflitos e gravames que suscitam.

A questão dos seguros marítimos, não conhecida ao tempo dos romanos,[176] é considerada merecedora de regulação, conforme o capítulo XXI, no qual indaga se seria lícito assegurar bens inimigos – *an res hostium liceat assecurare*? Na medida em que o seguro constitui a assunção do risco que, originalmente, caberia ao dono do bem assegurado, mediante remuneração, e prestar a este proprietário assistência para a consecução de seus fins, será, evidentemente, proibido assegurar bens e navios que tenham caráter inimigo, mesmo se algum lucro daí pudesse resultar para o segurador.

A questão, muito em voga ao tempo de BYNKERSHOEK, quanto a ser ou não lícito alistar soldados em país neutro – *an liceat militem conducere in amicae Gentis populo?* –, é o objeto do capítulo XXII O mesmo fenômeno continua a existir até os nossos tempos pós-modernos.[177]

O capítulo XXIII – *an singulis Belgiae foederati Provinciis jus sit belli gerendi?* – cuida da matéria de saber se uma das províncias, separadamente considerada, poderia decidir engajar-se em operação de guerra.[178] BYNKERSHOEK entende pela negativa e considera que

176. Como mencionado, ver **Tratado** (tomo 5 – **Direito internacional no tempo de Francisco de Vitória**, item 12.1 – *Rodes e a lei do mar*).

177. Fenômeno, ademais, que se produz até hoje, como mostram casos noticiados de antigos combatentes colombianos que se alistam no exército ucraniano em busca de emprego. Há décadas, também se mencionavam brasileiros, residentes nos Estados Unidos, que se alistaram nas forças armadas daquele estado, e como soldados dos EUA foram enviados para combater na invasão do Iraque, a partir de 2003. Cumpre observar ter o Brasil manifestado sua oposição a tal invasão e permanecido neutro no conflito. Cabe indagar se deveria ou não, em tais casos, ocorrer a perda da nacionalidade de origem? O entendimento, no sentido positivo, se reforça ante à circunstância de se tratar de voluntário alistamento e engajamento às forças armadas de país estrangeiro.

178. Ver **Tratado** (tomo 12 – **Direito internacional no tempo de Vattel e von Martens**, item – *mutações do direito internacional no século XVIII, ilustradas pelo tema da guerra'*); tb. Michael KAISER, *Temps de l'occupation – temps de la liberté: les territoires du duché de Clèves et du comté de La Marck sous l'occupation des Provinces Unies* (in **Les ressources des faibles** – Neutralités, sauvegardes et accommodements en temps de guerre

isso atentaria contra os fundamentos da República. Na exata época em que escrevia BYNKERSHOEK a respeito das Províncias Unidas, essa mesma questão se colocava entre os cantões da Suíça.[179]

O capítulo XXIV – *de repressaliis nonnulla, & an earum quoque jus sit penes singulas Provincias?* –, por sua vez, ao considerar a questão das represálias, em relação a determinada província, traz termo e conceito que não era conhecido dos antigos romanos e reflete o contexto do seu tempo.

O capítulo XXV, e último, aduz às questões já tratadas no Livro I, algumas observações sobre tópicos diversos – *variae quaestiunculae* –, cada uma destas não extensamente desenvolvida. O interesse de tais 'pequenas questões' é bastante desigual. Algumas consideram episódios da história das Províncias Unidas, como a evacuação de fortaleza em território neutro, depois do recebimento de ordem equivocada, ou a indenização em vão requerida por uma das províncias, em razão de danos sofridos durante a guerra de 1672.

O Livro II, sobre "coisas de vários argumentos" – *de rebus varii argumenti* – das **Questões de direito público**, tem configuração bastante mais variada – como já índica o próprio título. Cuida de assuntos bastante distintos e de importância muito diversificada.

Nos dois primeiros capítulos do segundo livro, das questões de direito público, BYNKERSHOEK cuida de assuntos relacionados à história das Províncias Unidas. No capítulo I, analisa se, a partir de 1581, houve rompimento do pacto federativo das Províncias

---

XVIe-XVIIIe siècle, coord. J. F. CHANET e Ch. WINDLER, Rennes: Presses univ. de Rennes, 2009, p. 241-260).

179. A respeito, Alexandre DAFFLON, *Neutralité et appartenance au Corps helvétique: Neuchâtel à l'épreuve de la guerre de dix ans* (in **Les ressources des faibles** – Neutralités, sauvegardes et accommodements en temps de guerre XVIe-XVIIIe siècle, coord. J. F. CHANET e C. WINDLER, Rennes: Presses univ. de Rennes, 2009, p. 63-82).

Unidas – *comitum potestatem in Belgio Foederato non cessasse nisi past 26. Jul. 1581* –, e no capítulo II, desenvolve que não se poderia obrigar a República ao cumprimento de ordens reais – *ex consilio non fraudulento neminem Reipublicae obligari, nec etiam quemquam recte puniri, quod mandatum Principis sui exsequutus sit*. Entretanto, ambos os estudos, além de seu caráter incidental, podem aceder a dimensão mais ampla, que se estenda aos efeitos de sucessão de estado.[180] Uma nação não pode ser chamada à responsabilidade, por mudança de governo, no interesse da paz e da tranquilidade.

Os sete capítulos seguintes, III até IX, por assim dizer, completam[181] o anterior tratado de BYNKERSHOEK sobre direito internacional diplomático, **De foro legatorum**, de 1721.[182] Publicado muitos anos antes, tinha contribuído para firmar a reputação do autor em relação ao tema da natureza jurídica e da atuação dos agentes diplomáticos. Ora, volta ele aos temas.

O reexame do tópico, por BYNKERSHOEK, se dá com a indagação, no capítulo III, a respeito de quem pode enviar embaixadores

180. Ver tb. as considerações de PUFENDORF a respeito do tema da 'sucessão de estado', no **Tratado** (tomo 9 – **Direito internacional no tempo de Samuel Pufendorf**, cap. 20), b/c P. B. CASELLA, *Sucessão de estado no direito internacional pós-moderno* (São Paulo: Revista da Faculdade de Direito da USP. 2007, vol. 102, p. 1155-1170).

181. C. van BYNKERSHOEK, **Quaestionum juris publici** (Liber II): caput III – *qui recte Legatos mittant*; caput IV – *an singulae Provinciae Foederati Belgii Legatos possint mittere, vel accipere?*; caput V – *qui recte Legati mittantur*; caput VI – *Legati quid rerum olim egerint, & nunc agant, cum publice audiuntur*; caput VII – *an valeat quod Legatus egit contra arcanum mandatum?*; caput VIII – *an Legatis donum munus accipere liceat? & alia ejusdem argumenti*; caput IX – *quaedam de praerogativa ordinis inter Legatos, & inter Principem minorem praesentem & majoris absentis Legatum*.

182. C. van BYNKERSHOEK, **De foro legatorum tam in causa civili quam criminali liber singularis** (orig. publ. Leiden, 1721, a monograph on the jurisdiction over Ambassadors in both civil and criminal cases, "a photographic reproduction of the text of 1744", English translation by G. J. LAING, introduction (1922) by J. de LOUTER, The Classics of International Law, vol. XXI, ed. by James B. SCOTT, Oxford: at the Clarendon Press / London: Geoffrey Cumberlege, 1946).

– *qui recte Legatos mittant*.[183] Responde que somente podem ser enviados embaixadores por um soberano a outro, de uma nação soberana a outra, sejam estas monarquias ou repúblicas.

Pessoas que representem súditos, ou rebeldes, embora mais ou menos organizados, não se revestem de tal condição e, consequentemente, não podem ter enviados que gozem das plenas prerrogativas da condição de embaixadores. Quanto a isso, se mostra tão cauteloso como, mais de um século antes, se expressara GRÓCIO.[184]

A realidade predomina, no direito internacional, como espécie de marco ou limitação contra incertezas insolúveis e discussões sem fim. Compare-se, à reflexão de BYNKERSHOEK, a opinião de seu contemporâneo, VOLTAIRE, na **História do império da Rússia** ao tempo de PEDRO, o grande,[185] quando este advertia que parece ser preciso aceitar a incerteza a respeito das origens, quer em relação aos povos como também às famílias.[186]

A norma estrita, contudo, em nada impede que se enviem, e se recebam, incontáveis representantes e mensageiros de entidades provinciais, municipais ou outras categorias de entes políticos subordinados, e que se lhes concedam equivalentes privilégios e similar diligência, em decorrência de tratamento de cortesia ou

183. C. van BYNKERSHOEK, **Quaestionum juris publici** (Liber II, caput III – *qui recte Legatos mittant*).
184. H. GRÓCIO, **De jure belli ac pacis** (1625, livro I, cap. IV – *da guerra dos súditos contra os detentores do poder* e V – *quem faz a guerra de modo legítimo*). V. tb. **Tratado** (tomo 7 – **Direito internacional no tempo de Hugo Grócio**, item 18.2 – *GRÓCIO na evolução da identidade nacional*).
185. VOLTAIRE, **Histoire de l'empire de Russie sous Pierre le grand**, divisée en deux parties (orig. publ. 1760-1762, in VOLTAIRE, Œuvres **historiques**, édition présentée, établie et annotée par René POMEAU, Paris: Gallimard-Pléiade, © 1957, impr. 2010, p. 337-602).
186. VOLTAIRE, **Histoire de l'empire de Russie sous Pierre le grand** (1760-1762, ed. POMEAU, 2010, cit. p. 344): "Il paraît qu'il faut s'en tenir à cette incertitude sur l'origine de toutes les nations. Il en est des peuples comme des familles."

mutuamente acordado[187] – que no direito internacional pós-moderno se desdobra, em vasta gama de questões: desde o estatuto jurídico internacional dos insurgentes e beligerantes até o reconhecimento de ampla gama de atuação internacional dos entes federados, inclusive celebrando tratados e financiamentos internacionais.

O capítulo IV aplica tais princípios do direito internacional diplomático às Províncias Unidas dos Países Baixos, e indaga se o direito de enviar embaixadores pertence exclusivamente ao governo central ou se este pode ser reconhecido também às diferentes províncias, separadamente consideradas – *an singulae Provinciae Foederati Belgii Legatos possint mittere, vel accipere?*[188] Fiel aos seus princípios republicanos, BYNKERSHOEK sustenta que, ao se reunirem em pacto federativo, as Províncias Unidas somente se teriam privado daquelas prerrogativas às quais tivessem explicitamente renunciado, e, que de outra forma, estas renúncias não se presumiriam em relação aos casos para os quais não tivessem sido explicitamente dadas. Tudo isso para tentar justificar o acordo dos estados da Província da Holanda com o governo inglês, por ocasião da paz de 1654, concernente à exclusão dos direitos da dinastia de ORANGE, o que, desse modo, novamente expunha as insuficiências da constituição, que

187. Ver J. F. CHANET e C. WINDLER (dir. de), **Les ressources des faibles** – Neutralités, sauvegardes et accommodements en temps de guerre XVIe-XVIIIe siècle, Rennes: Presses univ. de Rennes, 2009); Lucien BÉLY, **Les relations Internationales en Europe** – XVIIe-XVIIIe siècle (orig. publ. 1992, Paris: PUF – Thémis, 4e ed., 2013, Première partie, chap. 2 – *Les lois des relations internationales*, n. 6 – *Les cohérences européennes*, p. 56-57): "Derrière les différences ethniques et linguistiques, les clivages religieux, les divisions politiques, les rivalités économiques, des cohérences se dessinaient en Europe."

188. C. van BYNKERSHOEK, **Quaestionum juris publici** (Liber II, caput IV – *an singulae Provinciae Foederati Belgii Legatos possint mittere, vel accipere?*).

carecia de qualquer coesão e espalhava os mais perigosos germes de dissolução e de ruína.[189]

O capítulo V do livro II comenta quem tem direito de enviar embaixador – *qui recte Legati mittantur*.[190] Judiciosamente, observa BYNKERSHOEK quanto ao cuidado em não comprometer o seu soberano, que deve nortear a atuação do embaixador, no sentido de que este construa representação adequada de quem o envia.[191]

Ao prosseguir no exame do direito de legação, enfatiza BYNKERSHOEK, no capítulo VI do livro II, que não se deve insistir em questões fúteis de cerimonial – *nolim enarrare cerimonias* –, mas

189. Ver **Tratado** (tomo 12 – **Direito internacional no tempo de Vattel e von Martes**, item – *mutações do direito internacional no século XVIII, ilustradas pelo tema da guerra'*); Paul ARBLASTER, **A History of the Low Countries** (orig. publ. 2006, New York: Palgrave-Macmillan, 2012); Catherine DENYS e Isabelle PARESYS, **Les anciens Pays-Bas à l'époque moderne (1404-1815)** (Paris: Ellipses, 2007, chap. 4 – *les Pays-Bas, enjeu international (1609-1713)*, p. 79-95, e tb. chap. 7 – *un siècle de malheurs aux Pays-Bas méridionaux (1609-1715)*, p. 141-157); Simon SCHAMA, **The embarrassment of riches**: an interpretation of Dutch culture in the Golden Age (Berkeley and Los Angeles: Univ. of California Press, 1988); Sandrine PICAUD-MONNERAT, *Accommodements locaux, sauvegardes, contributions: le cas des campagnes de Flandre de la guerre de succession d'Autriche (1744-1748)* e Martial GANTELET, *Réguler la guerre aux frontières des Pays-Bas espagnols: la naissance empirique du droit des gens* e (ambos no volume, coord. J. F. CHANET e C. WINDLER, **Les ressources des faibles** – Neutralités, sauvegardes et accommodements en temps de guerre XVIe-XVIIIe siècle, Rennes: Presses univ. de Rennes, 2009, p.339-360 e p. 221-240).

190. C. van BYNKERSHOEK, **Quaestionum juris publici** (Liber II, caput V – *qui recte Legati mittantur*).

191. Longa tradição de estudos sobre o tema já expunha Conrad BRAUN (1491-1563) em sua obra, em cinco livros, **Sobre as embaixadas – De Legationibus libri V** (orig. publ. Mainz: Fr. Behem, 1548) – C. BRAUN, **Cinq livres sur les ambassades** à destination de ceux qui sont totalement appliqués à la chose publique, ou très utiles à ceux qui remplissent une quelconque magistrature, et agréables à la lecture (trad., annotations et notes par Dominique GAURIER, Limoges: Pulim – Presses univ. de Limoges, 2008). Essa matéria terá considerável desenvolvimento nos séculos XVIII e XIX, como se considera no **Tratado** (tomos 11 – **Direito internacional no tempo do iluminismo** e 13 – **Direito internacional no tempo do concerto europeu**); G. E. do NASCIMENTO E SILVA, P. B. CASELLA, O. de O. BITTENCOURT Neto, **Direito internacional diplomático** (São Paulo: Saraiva, 4ª ed., 2012, esp. *Diplomacia em breve perspectiva histórica* e itens introdutórios seguintes, p. 19-117); L. BÉLY, **L'art de la paix en Europe** – naissance de la diplomatie moderne XVIe – XVIIIe siècle (Paris: PUF, 2023).

ater-se à visão funcional da matéria e conferir-lhe tratamento consentâneo aos fins[192] a que se destina.[193] Fixa BYNKERSHOEK a atenção nas suas tarefas e nos seus deveres. Não são fins em si mesmos, nem devem servir como privilégios pessoais, mas devem ser entendidos e interpretados como atribuições funcionais,[194] conferidas para permitir o adequado desempenho de suas funções profissionais.[195]

Os embaixadores, logicamente, se veem vinculados por suas cartas de missão e pelos limites das suas atribuições, como representantes do príncipe que os envia – *falleris, si putes, Legatum esse aliud quicquam, quam mandatarium Principis sui* –, e, como tais, têm as suas atribuições determinadas: o legado é mandatário do príncipe, como ensinava BYNKERSHOEK. E assim se manifesta no sentido das instruções recebidas pelo soberano que o envia, junto ao soberano que o recebe.

Os instrumentos de nomeação dos embaixadores, regulados no capítulo VII do segundo livro das **Questões de direito público** de BYNKERSHOEK, são, normalmente, de duas naturezas: o primeiro instrumento, oficial, público, breve e, normalmente, padronizado;

192. C. van BYNKERSHOEK, **Quaestionum juris publici** (Liber II, caput VI – *Legati quid rerum olim egerint, & nunc agant, cum publice audiuntur*).

193. Ver **Tratado** (tomo 8 – **Direito internacional além do paradigma vestfaliano**, item – *sobre dignidade e precedência entre estados e povos*).

194. Como se examina em G. E. do NASCIMENTO E SILVA, P. B. CASELLA e O. BITTENCOURT Neto, **Direito internacional diplomático** (São Paulo: Saraiva, 4ª ed., 2012).

195. Exatamente nesse sentido se põe a regulação vigente a respeito da matéria, na **Convenção de Viena sobre relações diplomáticas**, de 1961, e também na **Convenção de Viena sobre relações consulares**, de 1963, cujos preâmbulos enfatizam "a finalidade de tais privilégios e imunidades não é beneficiar indivíduos, mas, sim, a de garantir o eficaz desempenho das funções das missões diplomáticas, em seu caráter de representantes dos estados", e da mesma forma, a premissa funcional, para "o eficaz desempenho das funções das repartições consulares, em nome de seus respectivos estados".

o segundo, particular, chamado instrução, secreto, explícito e extremamente variado no tocante à forma e ao conteúdo.[196]

Suscita BYNKERSHOEK a questão da titulação e das instruções dadas com relação à atuação dos embaixadores. Ele indaga se as suas ações, em conformidade com os poderes plenipotenciários, mas contrárias às suas instruções, seriam obrigatórias em relação ao seu próprio governo.

À questão, de grande importância, BYNKERSHOEK responde de forma diversa de GRÓCIO e de GENTILI, no sentido de que estes, erroneamente, estimariam fossem tais ações ao menos vinculantes, pois, de outro modo, o soberano que recebe o representante se veria frustrado em relação às suas legítimas expectativas. BYNKERSHOEK defende a opinião contrária, e procura demonstrar que, em caso de instrumento público de poderes plenipotenciários, detalhado em pontos distintos, a sua execução, pelo embaixador, teria caráter vinculante. Mas, se for este instrumento público, de caráter genérico, como normalmente é o caso, a instrução específica, embora secreta, se torna vinculante, restringirá as competências do embaixador e, consequentemente, somente os seus procedimentos, em conformidade com as suas instruções, se revestirão de força vinculante.

Prática sempre frequente, os presentes entre soberanos,[197] são objeto de tratamento por BYNKERSHOEK, em seu capítulo VIII do livro II das **Questões de direito público**, e tais demonstrações, de estima recíproca e de amizade, em momento no qual o representante

196. C. van BYNKERSHOEK, **Quaestionum juris publici** (Liber II, caput VII – *an valeat quod Legatus egit contra arcanum mandatum?*).

197. Por vezes, de grande valor e relevância histórica. Registro de seleção de presentes 'oficiais' recebidos pelos czares da Rússia, ver **Gifts to the Tsars** 1500-1700 – Treasures from the Kremlin (ed. by Barry SHIFMAN e Guy WALTON, New York: Harry Abrams, in association with the Indianapolis Museum of Art and the State historical cultural museum preserve, Moscow Kremlin, 2001).

de soberano estrangeiro deixa seu posto no exterior, onde exercitara as suas funções, são de uso corrente, e consideradas cortesia habitual.[198]

O capítulo IX, do livro segundo das **Questões de direito público**,[199] trata de matéria atinente ao direito de legação, então ainda pouco consolidada, a questão da classificação dos embaixadores – *quaedam de praerogativa ordinis inter Legatos, & inter Principem minorem praesentem & majoris absentes Legatum*. O que chegou a suscitar controvérsias e incidentes no passado,[200] e somente veio a ser uniformizado, décadas mais tarde,[201] no Congresso de Viena, de 1814-1815. E cujas grandes linhas se mantêm até hoje.[202]

Na medida em que os soberanos se ponham, em pé de igualdade, uns em relação aos outros, da mesma forma deveria ocorrer a igualdade de tratamento, entre os seus representantes, juntos aos governos estrangeiros.[203] A matéria tinha complicação adicional, uma vez que, então, ainda se pretendia estabelecer hierarquia

198. C. van BYNKERSHOEK, **Quaestionum juris publici** (Liber II, caput VIII – *an Legatis donum munus accipere liceat? & alia ejusdem argumenti*).
199. C. van BYNKERSHOEK, **Quaestionum juris publici** (Liber II, caput IX – *quaedam de praerogativa ordinis inter Legatos, & inter Principem minorem praesentem & majoris absentes Legatum*).
200. Seleção de casos célebres, no volume **L'incident diplomatique** XVIe-XVIIIe siècle (dir. de L. BÉLY et G. POUMARÈDE, Paris: Pedone – Histoire de la diplomatie et des relations internationales, 2010).
201. Como se examina no **Tratado** (tomos 11 – **Direito internacional no tempo do iluminismo** e 13 – **Direito internacional no tempo do concerto europeu**).
202. Exatamente nesse sentido, a regulação vigente na **Convenção de Viena sobre relações diplomáticas**, de 1961, art. 14, onde se estipula que os chefes de missão se dividem em três classes: (a) embaixadores ou núncios; (b) enviados, ministros ou internúncios; (c) encarregados de negócios. Também na **Convenção de Viena sobre relações consulares**, de 1963, art. 9º, se estipulam as quatro categorias de chefes de repartição consular: cônsules-gerais, cônsules, vice-cônsules e agentes consulares.
203. Ver **Tratado** (tomo 8 – **Direito internacional além do paradigma vestfaliano**, item – *ensaio de balanço do direito internacional no século XVII*); tb. G. E. do NASCIMENTO E SILVA, P. B. CASELLA e O. BITTENCOURT NETO, **Direito internacional diplomático** (São Paulo: Saraiva, 4ª ed., 2012); Jean-Paul PANCRACIO e Pierre-Henri GUIGNARD, **Protocole & cérémonial** – l'ordre de la République (Paris: Pedone, 2012).

entre os soberanos propriamente ditos, o que constituía questão insolúvel.[204] Conforme considerava BYNKERSHOEK,[205] dado não existir poder superior nem árbitro competente para solucionar a questão, a ocorrência de opiniões divergentes dos vários autores não tem autoridade e se mostra de escassa utilidade.[206]

Sugestiva a passagem do livro II, cap. IX, das **Questões de direito público**, a respeito do direito daqueles que teriam mandato da humanidade – *Sunt tamen, qui illud mandatum humanitati magis, quam juri tribuunt*. Certamente, não se pode dizer isso, mas pode parecer que, de certo modo, BYNKERSHOEK intuitivamente antecipa a ideia dos assim chamados 'embaixadores da humanidade',[207] tal

204. Como se menciona no **Tratado** (tomo 8 – **Direito internacional além do paradigma vestfaliano**, item – *sobre dignidade e precedência entre estados e povos* e tomo 12 – **Direito internacional no tempo de Vattel e von Martens**, item – *ensaio de balanço do direito internacional no século XVIII*), ainda HÜBNER chega a dizer que além do direito da guerra, o direito internacional se resumiria a pouco mais que questões de cerimonial e de precedência entre embaixadores e outros representantes de governos.

205. C. van BYNKERSHOEK, **Quaestionum juris publici libri duo** (II, caput IX, cit.): *quaedam de praerogativa ordinis inter Legatos, & inter Principem minorem praesentem & majoris absentes Legatum*.

206. Como mencionado, alguns desses aspectos são considerados no **Tratado** (tomo 8 – **Direito internacional além do paradigma vestfaliano**, item – *sobre dignidade e precedência entre estados e povos*).

207. Ver **Tratado** (tomo 2 – **Direito internacional dos espaços**, cap. 22 – *espaço ultraterrestre*); H. ACCIOLY – G. E. do NASCIMENTO E SILVA – P. B. CASELLA, **Manual de direito internacional público** (São Paulo: Saraiva, 26ª ed., 2023, esp. item 6.8.2 – *espaço ultraterrestre*, p. 625-632). Em 22 de abril de 1968, foi aberto à assinatura o **Acordo sobre o salvamento e a devolução de astronautas e a restituição de objetos lançados ao espaço ultraterrestre**, com determinações específicas sobre a assistência obrigatória de todos os estados a astronautas, independentemente de suas nacionalidades. Desde os primeiros anos da conquista do espaço, prevê-se que um astronauta deveria ser considerado "embaixador da humanidade", de modo a assegurar-lhe tratamento condigno. Em caso de acidente e queda em território de outro estado, deveria ser prontamente restituído ao seu país de origem, e este seria responsável pelas despesas correspondentes. Da mesma forma, estabelece regra semelhante para objetos espaciais encontrados em territórios de outros estados, de forma a impedir a apropriação de tecnologia estratégica contida nesses equipamentos.

como viria a ser inscrita a respeito dos astronautas, nos tratados em matéria de direito internacional espacial?[208]

O capítulo X contém a matéria mais relevante do livro II, a questão do conteúdo vinculante dos acordos internacionais – *de servanda fide pactorum publicorum, & an qua eorum tacitae exceptiones?* BYNKERSHOEK enceta o exame da questão, com a afirmação de que, enquanto os pactos privados são regidos pelo direito civil, os pactos entre soberanos o são pela boa-fé – *pacta privatorum tuetur jus civile, pacta principum bona fides.*[209] De tal modo, quando se destrói a boa-fé, destroem-se as relações entre os soberanos, porque estas dependem, expressamente, de tratados. Destruir-se-á, também, o direito internacional, porquanto este tem origem em acordos, quer expressa, quer tacitamente aceitos, em pressupostos fundados na razão e no uso.

A boa-fé permanece questão crucial também no direito internacional pós-moderno, e se reconhece como norma geral de direito internacional positivo.[210]

BYNKERSHOEK, igualmente, considera a questão delicada da conservação da validade dos compromissos internacionais, diante da ocorrência de mutação substancial de circunstâncias. Embora a norma geral seja, claramente, esposada por ele, no sentido de que os acordos têm de ser cumpridos – *fidem pactorum esse servanda* – e que isso se deve observar com base na boa-fé, não se pode negar o

208. Cfr. **Tratado** (tomo 2 – **Direito internacional dos espaços**, cap. 22 – *espaço ultraterrestre*), sobre o **Acordo sobre o salvamento de astronautas e restituição de astronautas e objetos lançados ao espaço ultraterrestre**.

209. C. van BYNKERSHOEK, **Quaestionum juris publici libri duo** (II, caput X) prossegue: *"Hanc fi tollas, tollis mutua inter Principes commercia, quae oriuntur e pactis expressis, quin & tollis ipsum Jus gentium, quod oritur e pactis tacitis & praesumptis, quae ratio & usus inducunt."*

210. Como estipula a **Convenção de Viena sobre direito dos tratados**, de 1969, art. 26: "Todo tratado em vigor obriga as partes e deve ser cumprido por elas de boa-fé.", como princípio norteador das relações entre sujeitos de direito internacional.

impacto da modificação de circunstâncias sobre a viabilidade da continuidade de qualquer acordo, seja este público ou privado, interno ou internacional. Para BYNKERSHOEK, entre as muitas nações independentes, não haveria compulsão jurídica, mesmo que as leis não se aplicassem às relações internacionais, quando se sabe que a única fonte de compulsão é o direito, mas, mesmo assim, observava que entre as nações devem ser mantidas as promessas, com base na boa-fé e na utilidade pública – *bona fides & utilitas publica*.[211] O bem público, ou utilidade pública, é visto como princípio norteador da conduta dos estados.

BYNKERSHOEK sabia a respeito do que falava. Encerra o importante capítulo X do livro II, das **Questões de direito público**, com a ponderação seguinte: "mas, como ensina a prudência, e convém omitir os detalhes, além do que já foi dito, as nações, em geral, são constituídas de tal modo que nem se pode atribuir-lhes a flagrante traição, nem tampouco se devem buscar nelas exemplos destacados de magnanimidade."[212] Os estados, em suma, são guiados por interesses, não por princípios. *Neque grandem perfidiam iis recte objeceris, nequem singularem animi magnitudinem ab iis facile expectaveris* – não se deve, em suma, destes esperar nem grande perfídia nem grande magnitude de ânimo.

O capítulo XI, seguinte, considera se estrangeiros devem ser mantidos fora de empregos públicos – *an peregrini ab administratione*

211. C. van BYNKERSHOEK, **Quaestionum juris publici libri duo** (liber II, caput X): *"Inter diversas quidem Gentes, quae sui juris sunt, nihil est, quod jure cogat, filent enim leges, & ex legibus sola vis cogendi, sed ut inter Gentes promissis stetur, suadet bona fides & utilitas publica."*

212. C. van BYNKERSHOEK, **Quaestionum juris publici libri duo** (liber II, caput X): *"Sed prudentiae erit haec omnia omittere, hoc duntaxat superdicto: omnium Rerumpublicarum han ferem indolem esse, ut neque grandem perfidiam iis recte objeceris, nequem singularem animi magnitudinem ab iis facile expectaveris."*

Reipublicae sint arcendi? Especifica BYNKERSHOEK que, ao mencionar os 'estrangeiros', não tem em mente aqueles que vivam no exterior, em relação aos quais ninguém cogitaria ir buscá-los para virem exercer empregos públicos, mas àqueles que "vieram para nosso país e transferiram para cá os seus bens e os seus interesses".[213] Em relação a estrangeiros residentes no país, considera BYNKERSHOEK não haver motivo para excluir de funções e dignidades públicas esses estrangeiros que vivam no país, estejam familiarizados com a língua e os costumes, desde que não exista receio de indevida interferência ou ascendência, de modo a justificar tal exclusão. A lição deste deveria ser refletida no âmbito da União Europeia atual, onde, apesar dos avanços institucionais, as barreiras – inclusive psicológicas, sob a forma de preconceitos – continuam a existir – mesmo entre cidadãos da União, como em relação a produtos provenientes de outros países da UE.[214]

---

213. C. van BYNKERSHOEK, **Quaestionum juris publici libri duo** (liber II, caput XI): *"eos, qui origine quidem peregrini sunt, in nostrum tamen Imperium concesserunt, eo translata rerum ac fortunarum suarum sede."*

214. Não obstante a importância basilar das liberdades de circulação e de estabelecimento, e que há muito seja realidade a igualdade de tratamento entre os nacionais dos diferentes estados integrantes da União Europeia, com a proibição de distinções, em decorrência da nacionalidade, ao menos para o setor privado, até hoje é problemática a questão do acesso e do exercício de funções públicas por estrangeiros, o que, em considerável medida, todavia, constitui espécie de 'reserva de mercado'. Ver, por exemplo, Patrick WEIL, **Liberté, égalité, discriminations** – l'identité nationale au regard de l'histoire (Paris: Gallimard – Folio histoire, 2008); Tzvetan TODOROV, **Nous et les autres** – La réflexion française sur la diversité humaine (Paris: Seuil, © 1989, impr. 2001); P. B. CASELLA, *Liberdade de estabelecimento* (in Boletim da Faculdade de Direito da Universidade de Coimbra, Studia juridica, vol. 68 – colloquia, 10, p. 69-81). Caso extremo, de nefastas consequências, foi o BREXIT, como se examina em P. B. CASELLA, *Imperativo categórico da cooperação e as lições do Brexit* (in **A evolução do direito no século XXI** – homenagem ao prof. A. WALD, coord. F. U. COELHO, G. TEPEDINO, S. F. LEMES, São Paulo: Ed. IASP, 2022, vol. 3 – Direito público, p. 963-1001); ___, *Perspectivas da integração europeia – entre mito e operacionalidade?* (Revista FDUSP, 2014, vol. 109, p. 25-74); Nazaré da Costa CABRAL, José Renato GONÇALVES, Nuno Cunha RODRIGUES (ed. by), **After Brexit** – Consequences for the European Union (Cham: Palgrave-Macmillan / Springer, 2017).

O capítulo XII do livro II, das **Questões de direito público**, considera a possibilidade de transmissibilidade de império e de jurisdição – *imperium & jurisdictio an possint mandari?*[215] A abdicação de soberania era vetada pelo direito romano, mas pode ser sancionada por modalidades de delegação de jurisdição,[216] questão da qual se ocuparam também GENTILI e PUFENDORF,[217] décadas antes de BYNKERSHOEK.

No capítulo XIII do livro segundo, das **Questões de direito público**, examina BYNKERSHOEK se débitos públicos podem ser imputados a particulares – *an ob debitum Universitatis singula membra conveniri & damnari possint?*[218] Indivíduos, integrantes de corporação pública, não podem ser responsabilizados por débitos ou créditos da comunidade, sejam estes decorrentes de direito civil ou penal.

O capítulo XIV, seguinte, trata de questão, de pouca relação direta com o direito internacional atual. Indaga BYNKERSHOEK se se poderia fazer a reparação de fortalezas sem o consentimento, prévio e expresso, do soberano – *an liceat Urbes, earumque moenia exstruere, reficere, extendere, munire sine consensus Principis?*[219]

Por sua vez, o capítulo XV do mesmo livro segundo, considera a questão da possibilidade e das modalidades de expropriação – *de*

215. C. van BYNKERSHOEK, **Quaestionum juris publici libri duo** (1737, liber II, caput XII).
216. Novamente, em relação a esta matéria, poder-se-ia dizer ter havido antecipação de alguns séculos, até se institucionalizar, no âmbito da União Europeia, a divisibilidade de competências soberanas entre a União e os estados-membros, a partir da segunda metade do século XX. Já referido, a respeito, ver P. B. CASELLA, *Perspectivas da integração europeia – entre mito e operacionalidade?* (Revista FDUSP, 2014, vol. 109, p. 25-74).
217. Ver **Tratado** (tomo 6 – **Direito internacional no tempo de Suarez, Gentili e Zouch**, cap. 16 – *Alberico GENTILI (1552-1608)*, tomo 8 – **Direito internacional além do paradigma vestfaliano**, item – *além do paradigma vestfaliano*, bem como o tomo 9 – **Direito internacional no tempo de Samuel Pufendorf**, cap. 20 – *Samuel PUFENDORF (1632-1694)*).
218. C. van BYNKERSHOEK, **Quaestionum juris publici libri duo** (1737, liber II, caput XIII).
219. C. van BYNKERSHOEK, **Quaestionum juris publici libri duo** (1737, liber II, caput XIV).

dominio eminenti nonnulla, & de refundendo pretio eorum, quae jure ejus dominii occupantur.[220] BYNKERSHOEK faz derivar esta matéria do conceito de domínio eminente,[221] na linha da terminologia adotada por GRÓCIO, ou seja, do poder público, que se sobrepõe ao direito de propriedade de particulares.

Dois capítulos bem estruturados e fundamentados, a respeito de direito criminal, mostram a formação e a linha de pensamento do magistrado e presidente de tribunal. O capítulo XVI do livro segundo, das **Questões de direito público**, considera a questão de remissão de penas e se somente o príncipe pode conceder tal graça – *ut solius Principis est crimina remittere, sic ejus solius esse videri, criminum impunitates publice promittere* –[222] e o capítulo XVII, se juízes podem determinar o exílio para fora do território, ou somente o príncipe – *judices extra territorium suum non recte exilium indicere, nisi ex privilegio Principis.*[223] BYNKERSHOEK se manifesta criticamente a respeito da pena de banimento, considerada irracional, na medida em que envia criminosos de um país para outro e acaba por acarretar um jogo de 'empurra-empurra' de elementos que seriam danosos para o tecido social.[224]

220. C. van BYNKERSHOEK, **Quaestionum juris publici libri duo** (1737, liber II, caput XV).
221. Sobre o conceito de domínio eminente – que já se tornou obsoleto no direito internacional pós-moderno – ver **Tratado** (tomo 1 – **Direito internacional dos espaços**, título preliminar – *conceitos basilares*, caps. 1 a 4 e também tomo 7 – **Direito internacional no tempo de Hugo Grócio**, cap. 18).
222. C. van BYNKERSHOEK, **Quaestionum juris publici libri duo** (1737, liber II, caput XVI).
223. C. van BYNKERSHOEK, **Quaestionum juris publici libri duo** (1737, liber II, caput XVII).
224. Comparem-se algumas das formulações de BYNKERSHOEK sobre o direito penal com o que escreveria, algumas décadas mais tarde, Cesare BECCARIA, em seu **Dos delitos e das penas** (1764), como se refere no **Tratado** (tomo 8 – **Direito internacional além do paradigma vestfaliano**, item – *direito internacional e o padrão clássico na cultura*); v. tb. P. B. CASELLA, *Cesare Beccaria e o padrão clássico* (in **Estudos em homenagem a Ivette Senise Ferreira**, org. R. M. J. SILVEIRA e M. G. M. GOMES, São Paulo: Liber Ars, 2015, p. 393-414).

Os dois capítulos seguintes,[225] do mesmo livro II, procedem ao exame de certas leis e instituições das Províncias Unidas dos Países Baixos, ao tempo de BYNKERSHOEK. Para o tempo e o meio no qual foram exaradas, caberia deter-se nas querelas religiosas, que tantas vezes abalaram até os fundamentos da República.[226]

A União de Utrecht, celebrada em 23 de janeiro de 1579, tinha enfaticamente declarado cada Província soberana, em matéria de religião, e estritamente proibia qualquer interferência, em matéria de organização eclesiástica. Estas questões se põem em relação direta com a tradição holandesa, de devoção ao livre comércio e ao lucro, combinado com estrito respeito e observância da liberdade de consciência e de religião.[227]

O capítulo XX, do mesmo livro II – *interpretatio par. 4 Pacis Monasteriensis 30. Januar. 1648* –,[228] retoma matéria de direito internacional e examina disposição do tratado de paz de Münster, de 30 de janeiro de 1648, celebrado entre a Espanha e as Províncias

225. C. van BYNKERSHOEK, **Quaestionum juris publici libri duo** (liber II), caput XVIII – *an jus Religionis, ut olim fuit, ita nunc quoque sit penes singulas Provincias?*; caput XIX – *optimo jure ordines Hollandiae 13. Mart. 1663. Ecclesiastis praescripsisse novam orandi formulam cum pro fé, tum pro aliis Magistratibus*).

226. Depois de longo processo de libertação da ocupação estrangeira e de consolidação da identidade nacional. Como se examinou no **Tratado** (tomo 7 – **Direito internacional no tempo de Hugo Grócio**, esp. item 18.2 – *GRÓCIO na evolução da identidade nacional*).

227. Paul ARBLASTER, **A History of the Low Countries** (Londres: Palgrave-Macmillan, 1st. publ., 2006, 2nd. ed., 2012); Renee KISTEMAKER and Roelof VAN GELDER, **Amsterdam** – The Golden Age 1275-1795 (orig. publ. **Amsterdam 1275-1795, Buono governo e cultura in una metropoli di mercanti**, 1982, transl. by Paul FOULKES, New York: Abbeville Press, 1983); Peter PADFIELD, **Maritime supremacy and the opening of the Western mind**: naval campaigns that shaped the modern world 1588-1782 (orig. publ. 1999, Londres: Random House, 2000, esp. chap. 4 – *The Dutch Golden Age*, p. 68-86); Simon SCHAMA, **The embarrassment of riches**: an interpretation of Dutch culture in the Golden Age (Berkeley and Los Angeles: Univ. of California Press, 1988); Brendan SIMMS, **Europe – the struggle for supremacy** – 1453 to the present (Londres: Allen Lane-Penguin, 2013, esp. chap. 2 – *Sucessions 1649-1755*, p. 42-105).

228. C. van BYNKERSHOEK, **Quaestionum juris publici libri duo** (liber II), caput XX – *interpretatio par. 4 Pacis Monasteriensis 30. Januar. 1648*.

Unidas, pondo fim ao estado de guerra da independência, depois de oito décadas de conflito.

O capítulo XXI, em nossos dias, pode parecer tratar de matéria curiosa ou mesmo totalmente ultrapassada, a questão de cerimonial marítimo e de procedimentos de saudação, entre navios de diferentes bandeiras – *quando & quorum navibus praestanda sit reverentia?* BYNKERSHOEK indaga mesmo se se poderia relevar a omissão em fazer a saudação – *andamnum, quod ob reverentiam non praestitam accipitur, commune sit, ut in jactu?*[229] Também remete ao seu estudo anterior, **De dominio maris dissertatio**, de 1702, e enfatiza a distinção a ser feita quanto ao regime aplicável às faixas costeiras, subordinadas à soberania do estado cujo território é banhado por aquelas águas, em relação ao alto-mar enquanto espaço comum, não subordinado à soberania de qualquer estado.[230]

O capítulo XXII do livro segundo considera questões várias relativas a tributos – *varia de tributis, vectigalibus & publicanis*.[231] BYNKERSHOEK faz a distinção entre impostos enquanto pagamentos, decorrentes de atribuição pessoal de propriedade – *tributa* –, em relação a imposições, decorrentes de operações de exportação e de importação de bens de consumo – *vectigalia*. Demonstra BYNKERSHOEK que a tributação, em uma república, não exige menos sacrifícios que em uma monarquia, e muitas vezes se imiscui em detalhes diários da vida social.

229. C. van BYNKERSHOEK, **Quaestionum juris publici libri duo** (1737, liber II, caput XXI).
230. Como se examina no **Tratado** (tomo 2 – **Direito internacional dos espaços**, cap. 21 – *alto-mar* e tb. cap. 20 – *espaços internacionais: de res nullius a patrimônio comum da humanidade*).
231. C. van BYNKERSHOEK, **Quaestionum juris publici libri duo** (1737, liber II, caput XXII).

Os dois capítulos seguintes[232] do livro segundo voltam a tratar de intrincadas questões constitucionais das Províncias Unidas dos Países Baixos, de menor interesse para o direito internacional.

O capítulo final do livro segundo das **Questões de direito público**, de BYNKERSHOEK, traz estranha miscelânea de reflexões sobre temas variados – *variae quaestiunculae*. Inicialmente, ele aponta que nenhuma mudança na estrutura do estado pode acarretar a remissão de quaisquer dívidas ou obrigações anteriormente contraídas.[233]

Ainda nesse mesmo capítulo final, BYNKERSHOEK formula breve notícia sobre a prática da deportação pelas diferentes cortes provinciais. Em seguida, argumenta que mesmo governo ilegal deve ser respeitado e obedecido por seus súditos, exceto se atuar, notoriamente, fora dos padrões normativos habituais. Breve nota sobre a incapacidade dos estrangeiros, para julgarem as relações internas, precede recomendação a respeito da conveniência e da utilidade do revezamento na determinação de lugares e de critérios de precedência, em reuniões internacionais, em lugar de se observar a ordem temporal de chegada.[234]

232. C. van BYNKERSHOEK, **Quaestionum juris publici libri duo** (liber II), caput XXIII – *an Ordines Generales recte sese immisceant controversiis singularum Provinciarum?*; caput XXIV – *de modis conciliandi dissentientes Provincias*. O mesmo assunto fora antes mencionado nos dois penúltimos capítulos do Livro I, em que defendeu o direito de guerra e do exercício de represálias, pelas distintas Províncias separadamente consideradas, e mais explicitamente, nos capítulos IV, XIII, XVIII, do Livro II, em que a pretensa soberania das Províncias é descrita como restrita em relação a questões relacionadas à diplomacia e finanças, e em menor grau, em relação a questões de religião.

233. Esse tópico se inscreve como um dentre outros, em matéria de efeitos de sucessão de estados. A respeito, a tentativa de codificação, por meio da Convenção de Viena sobre sucessão de estados em matéria de bens, dívidas e arquivos de estado (1983). A respeito, v. ACCIOLY – NASCIMENTO E SILVA – CASELLA, **Manual** (26ª ed. cit., 2023, item 2.3.6 – Convenções de Viena sobre sucessão de estados (1978 e 1983)).

234. Matéria atualmente não mais suscita controvérsias, como se deu no passado e brevemente se considera no **Tratado** (tomo 8 – **Direito internacional além do paradigma vestfaliano**, item – *sobre dignidade e precedência entre estados e povos*).

Em seguida, BYNKERSHOEK recrimina ZOUCH,[235] por pretender este a generalização da severa norma inglesa, no sentido de se proibir, a qualquer inglês, a mudança de nacionalidade sem o expresso consentimento do soberano. Entende BYNKERSHOEK ser lícito e legítimo que alguém decida alterar seu domicílio e vinculação nacional, desde que todas as obrigações devidas ao governo tenham sido estritamente cumpridas.[236]

Considera, ainda, BYNKERSHOEK, nesse mesmo heteróclito capítulo final do segundo livro, sobre "questões de direito público", quando um tratado abolir encargos especiais às custas de corporações subordinadas, que estas devem ser devidamente indenizadas. A recepção de soberano estrangeiro deve ser feita pelos órgãos dirigentes da Confederação, e não por parte de qualquer de seus membros. Títulos de nobreza concedidos por soberanos estrangeiros são inofensivos e não devem ser proibidos. Não podem, contudo, acarretar a concessão de privilégios, restritos à nobreza local.

Finalmente, danos e depredações, causados por convulsão social ou guerra civil, não podem deixar de ser objeto de indenização, seja por parte dos oficiais encarregados, seja em relação a particulares, caso se prove terem as autoridades deixado de atuar com a diligência devida e possam condicionalmente ser consideradas responsáveis.

Em suma, pode-se contemplar o conjunto das matérias abrangidas pelas **Quaestionum juris publibi**, de 1737, de BYNKERSHOEK, para chegar à conclusão de que este, ao lado de algumas questões de

235. A respeito de Richard ZOUCH (1590-1660) e sua contribuição para o direito internacional, ver **Tratado** (tomo 6 – **Direito internacional no tempo de Suarez, Gentili e Zouch**, cap. 17).

236. Nesse sentido, não discrepa da concepção de BYNKERSHOEK a situação no direito brasileiro vigente, onde pode o cidadão brasileiro mudar-se para o exterior e lá passar a ser residente, inclusive para fins tributários, desde que tenha quitado tributos nacionais devidos até então.

direito interno, sobretudo de direito constitucional, tratou do conjunto das matérias do direito internacional de seu tempo.[237] Assim, esse tratado exibe o conhecimento e os conceitos sobre esse ramo do direito, tal como tinha ocupado o seu autor, durante as décadas em que exerceu as suas funções de administrador público e magistrado, inclusive juiz e presidente da Suprema Corte da Holanda.

Ao mesmo tempo, desconsidera a estrita divisão entre direito internacional e direito público interno e, livremente, mescla questões de direito internacional público, em sentido estrito, com outras de relações internacionais, àquelas que dizem respeito somente ao direito constitucional interno do seu país e, como tais, regidas por normas e usos internos. O resultado é imbricação de temas, nem sempre fácil de ser desmembrada.

A doutrina da neutralidade,[238] tal como a formula BYNKERSHOEK, vai além da formulação que antes adotara GRÓCIO.[239] Este, só incidentalmente tinha mencionado os neutros, e destes pouco se ocupa, enquanto, um século depois, BYNKERSHOEK distingue, acertadamente, 'neutros' de 'aliados' e caracteriza os direitos e os deveres de cada categoria. Os tópicos a respeito da neutralidade constituem ponto alto desse tratado de BYNKERSHOEK.

237. Comentava Jan De LOUTER (*Introduction*, 1992, cit., p. XL): "His preceding dissertations were monographs called forth by accidents but quite insufficient to give a clear idea of the extent and importance of the law of nations in general." Aí se inscrevem, por exemplo, os capítulos III até IX, do Livro II, das **Quaestionum juris publici**, que complementam o que não tinha sido tratado no **De foro legatorum**.

238. Como mencionado, supra, neste mesmo capítulo. Ver tb. **Tratado** (tomo 8 – **Direito internacional além do paradigma vestfaliano**, item – *construção da neutralidade no direito internacional moderno e os tratados de* NEWMAYR VON RAMSLA).

239. Ver **Tratado** (tomo 7 – **Direito internacional no tempo de Hugo Grócio**, cap. 18); no mesmo sentido, A. TRUYOL Y SERRA, **Histoire du droit international public** (Paris: Economica, 1995, p. 85): "BYNKERSHOEK a consacré une attention particulière à la neutralité, notamment sur mer. Il interprète les décrets du gouvernement des Provinces-Unies dans le sens de l'effectivité du blocus et de la légitimité de la prise du navire et de la cargaison en cas de tentative de rupture du blocus."

Em suma, ao avaliar a sua obra, é preciso ter em mente que BYNKERSHOEK era jurista eminente, mas nem filósofo nem moralista. Para ele, o direito se põe como regulador da vida social. Sua atuação jurisprudencial fortemente o influenciou rumo ao papel do direito positivo e dos precedentes. Utilizou seus conhecimentos de direito romano e de direito civil para suprir lacunas que percebia no estudo e no tratamento de questões de direito internacional. Ao proceder desse modo, a razão era o seu guia confiável, e a dedução lógica, o seu instrumento experimentado.

Enfatiza o papel da razão, e muitas vezes a denomina a 'alma' ou a 'senhora do direito das gentes', ao mesmo tempo em que ressalta, tal como positivamente assevera ou tacitamente pressupõe, que os ditames da razão coincidam com os usos ou o costume reiterado – que ele denomina –, o primeiro de todos os tiranos, o principal mestre e o padrão de conduta, em matéria de direito internacional.[240]

Quando ocorre discordância, deixa a opinião de GRÓCIO e parte para a defesa da razão,[241] que aponta como o verdadeiro direito das gentes, não obstante as distorções decorrentes dos usos e costumes, decorrentes de prescrições legais, ou mesmo estipuladas em tratados.[242] Assim, a exata relação entre as duas fontes permanece sem esclarecimento.

Se, de um lado, é relevante a preocupação de BYNKERSHOEK com a fundamentação do direito das gentes a partir da prática, na medida em que GRÓCIO fundamenta o volume maior de sua argumentação na razão natural, o conjunto por este construído

240. C. van BYNKERSHOEK, **Quaestionum juris publici libri duo** (livro I, caps. VI e X; livro II, cap. VII).
241. C. van BYNKERSHOEK, **Quaestionum juris publici libri duo** (livro I, cap. XV).
242. C. van BYNKERSHOEK, **Quaestionum juris publici libri duo** (livro I, caps. VIII, XII e XIII).

mantinha melhor coerência lógica, desde o século XVII. Ademais, GRÓCIO sistematicamente remetia as suas deduções, fundadas na reta razão, ao teste da efetividade da prática.

Embora a 'razão' seja declarada como o teste supremo para a caracterização do conteúdo e dos efeitos do direito das gentes, BYNKERSHOEK se insurge, contudo, contra a utilização arbitrária da assim chamada 'razão de estado' e a afasta, como fundamentação inadequada.[243] Somente se pode concluir que a 'razão', à qual sistematicamente alude, não é outra senão a sua própria linha de argumentação: a racionalidade humana, exercitada de maneira profissional, como magistrado e como jusinternacionalista.

Isso, de certa forma, conflita com o que asseverara o próprio BYNKERSHOEK, no sentido de rejeitar todo argumento de autoridade, pouco importando de quem tivesse emanado. Porque, como afirmara, não se revestirá de importância se não for sancionado pela prática, pelo uso, pelo tácito consentimento das nações.

E, como já escrevera BYNKERSHOEK no seu estudo sobre o direito internacional diplomático, **De foro legatorum**, de 1721, em passagem já mencionada:[244] "em qualquer controvérsia que surja sobre o direito das gentes, devemos ter o cuidado de seguir os costumes das nações, e não considerar as nossas mentes como a única fonte da sabedoria."

Em conclusão, o propósito deste capítulo terá sido o de servir para suscitar o interesse e levar ao estudo direto das obras de

243. C. van BYNKERSHOEK, **Quaestionum juris publici libri duo** (livro I, cap. XXIV).
244. Cornelius van BYNKERSHOEK, **De foro legatorum tam in causa civili quam criminali liber singularis** (orig. publ. Leiden, 1721, texto da ed. 1744, cit., 1946, *Ad lectorem*) prosseguia: "*Quid ipse sentiam, leges, si commodum est, in hoc exiguae molis libello, si non est, heic loci non audies*" – e qual seja a minha opinião, lê-la-á neste pequeno livro, se for de sua conveniência fazê-lo; e se não for, não será aqui que eu a direi.

Cornelius van BYNKERSHOEK, para ensejar mais adequada avaliação da contribuição deste para o desenvolvimento do direito internacional. Nenhum comentário substitui a leitura das obras dos mestres de qualquer disciplina, sobretudo no caso do direito internacional.

Muitas vezes, se passa demasiadamente rápido pelo exame da vida e da obra de Cornelius van BYNKERSHOEK. Este teve e tem importância como expoente do direito internacional 'clássico' – e ilustra a passagem do direito internacional 'moderno', tal como recebido de GRÓCIO e de seus antecessores, que passa por consideráveis desenvolvimentos no curso do século XVIII.[245]

Entre os primeiros 'pais' do direito internacional 'moderno', sobretudo VITÓRIA e SUAREZ, e, logo mais, ainda no contexto 'moderno', os vultos imponentes das figuras de ZOUCH e de GRÓCIO e, já no contexto do direito internacional 'clássico', de PUFENDORF e de WOLFF, até os mestres mais recentes, que no-lo trazem até o final do século XVIII e início do XIX, como VATTEL e von MARTENS, [246] parece tender a ficar menos em evidência a figura e a contribuição relevante deste internacionalista que fora BYNKERSHOEK.

A contribuição de Cornelius van BYNKERSHOEK se inscreve no tempo histórico e no contexto cultural no qual foi pensada e escrita. Reflete a trajetória e a experiência de vida do autor, vivendo em período no qual as Províncias Unidas já tinham consolidado a sua independência e inserção internacional. O tempo heroico da história neerlandesa, vivido por GRÓCIO, já tinha passado, como também o

245. Ver **Tratado** (tomo 12 – **Direito internacional no tempo de Vattel e von Martens**, item – *ensaio de balanço do direito internacional no século XVIII*); tb. P. B. CASELLA, *Desenvolvimento do direito internacional na concepção de C. van Bynkershoek* (Revista da Fac. de Direito da USP, 2008, vol. 103, p. 563-592).

246. Sobre VATTEL e sobre von MARTENS, ver **Tratado** (tomo 12 – **Direito internacional no tempo de Vattel e von Martens**, cap. 24 e cap. 25).

período de maior florescimento intelectual e cultural, do assim chamado 'século de ouro' holandês.

A fundamentação do direito internacional, tal como proposta por BYNKERSHOEK, constitui lição de pragmatismo responsável: tem origem em acordos, tacitamente aceitos e pressupostos fundados na razão e no uso.[247] Não se põe fundamentação transcendente nem a pretensão de conhecimento dos arcanos do direito natural, mas se impõe como ditame, racionalmente determinável e determinado, regulador da convivência entre soberanos.

Deve-se conservar, da lição de BYNKERSHOEK, a sua compreensão de que, no caso dos particulares, o direito civil rege as relações entre estes, enquanto os soberanos são regidos pela boa-fé. E esta, no direito internacional, tem relevante papel a cumprir. Devem ser observadas as premissas do direito internacional, lastreadas na boa-fé, para manter a possibilidade de relações entre os soberanos, dada a sua condição de iguais em direitos e independentes, em relação aos quais não existe nem poder superior nem árbitro competente. Quanta tinta e quantos esforços se despenderam, nessa busca infindável de fundamentos, para possível sistema institucional e normativo internacional.[248]

A formulação de BYNKERSHOEK, como o fez em relação aos limites do mar territorial, teve a felicidade da fórmula simples, cujo conteúdo se mostrou apto a encontrar acolhida na realidade. Da mesma forma, o seu ensinamento geral, no sentido de que os

247. C. van BYNKERSHOEK, **Quaestionum juris publici libri duo** (liber II, caput X, cit.), depois do trecho referido, enfatiza: "Assim os tratados têm de ser conservados de boa-fé (*fidem pactorum esse servanda*), sob pena de se destruir tudo o que é prontamente concedido, e mesmo aqueles que nada aprenderam exceto traição, e em tudo frustram as normas de boa-fé, por meio de incontáveis exceções. Se, contudo, acordo público deverá sempre e em toda parte, ser conservado como inviolável e observado, é questão muito complexa."

248. Como se examina nos **Fundamentos do direito internacional pós-moderno** (op. cit., 2008).

pactos devem ser cumpridos – *fidem pactorum esse servanda*. E isso se aceita tanto por sua convicção de adequação como de juridicidade.

Respondeu BYNKERSHOEK a questões prementes do seu tempo, algumas das quais passaram a estar estruturadas, por vezes depois de tempo considerável. De certa forma, poder-se-ia ver como ecoa, séculos depois do **De foro legatorum**, a regulação dos agentes diplomáticos – que alcançaria patamar adequado de regulação com a Convenção de Viena sobre relações diplomáticas, de 1961, e também mediante a Convenção de Viena sobre relações consulares, de 1963.

Igualmente feliz e oportuna a contribuição de BYNKERSHOEK, depois de inscrever-se em controvérsia, que já durava bem mais de cem anos, quando intervém e escreve o seu **De dominio maris dissertatio**, sobre a questão da natureza jurídica e da extensão da soberania sobre faixa costeira de mar. A formulação de cessar o poder do estado litorâneo onde cessa a força das armas, proposta por BYNKERSHOEK, se manteve, com algumas adaptações, por mais duzentos anos, e veio a se tornar direito internacional positivo, com as categorias trazidas pela Convenção de Genebra sobre mar territorial, de 1958, e consolidadas pela Convenção das Nações Unidas sobre o direito do mar, de 1982.

Outras questões, àquele tempo, como ainda hoje conturbadas, permanecem, todavia, pouco mais resolvidas, como a questão da guerra e dos limites do uso unilateral da força, não obstante os avanços conceituais alcançados no tocante à proscrição da guerra como meio legítimo de solução de controvérsias entre estados; os limites ao uso unilateral da força, implantados no direito internacional vigente, sobretudo o capítulo VII, da Carta da ONU; e a estrita delimitação material e temporal, mesmo para o uso de recurso unilateral extremo, como a legítima defesa, nos termos do artigo 51 do mesmo diploma constitucional internacional.

Indagava BYNKERSHOEK na sua obra magna, **Quaestionum juris publici libri duo**, e, até hoje, são postas questões sobre dados como a licitude de alistar soldados, em país estrangeiro, como exemplo de questão tormentosa que permanece atual e presente, porquanto casos nesse sentido ocorreram e ocorrem ainda, como a situação dos combatentes colombianos no exército da Ucrânia, na defesa desta contra a invasão cometida pela Rússia.

Em suma, o direito internacional no tempo 'clássico', e também por influência da ação e da obra de BYNKERSHOEK, como reflexo das exigências do seu tempo e do seu meio cultural, poder-se-ia dizer, contribui para que a disciplina passe por crescente profissionalização, no sentido de, progressivamente, se dotar dos mecanismos conceituais e procedimentais adequados para a sua consolidação como ramo jurídico autônomo. A questão da fundamentação deste se torna cada vez mais laica e mais conceitualmente livre do ponto de partida inicialmente estipulado pelos dois precursores, VITÓRIA e SUAREZ.

Quando BYNKERSHOEK falece, em meados do século XVIII, considerável avanço se tinha realizado entre o direito internacional 'moderno', do final do século XVII, tal como o herda BYNKERSHOEK, daqueles que aponta e reconhece como os 'grandes mestres', sobretudo seu conterrâneo, GRÓCIO, até o direito internacional 'clássico', tal como este existe, em PUFENDORF, em WOLFF.

Quase contemporâneo seu, pouco mais jovem, será VATTEL o marco da entrada do direito internacional 'clássico', em nova fase, da qual sairá ainda mais estruturado e revestido de dimensão histórica quando terminar a atuação e a obra de von MARTENS, no primeiro quartel do século XIX.[249]

249. Sobre VATTEL e von MARTENS ver **Tratado** (tomo 12 – **Direito internacional no tempo de Vattel e von Martens**, caps. 24 e 25).

Curioso examinar algumas leituras e interpretações da obra de BYNKERSHOEK por parte de autores como Henry WHEATON, em suas obras de 1836 e de 1845.[250] Este citava GRÓCIO, BYNKERSHOEK e MONTESQUIEU, buscando validação de sua concepção de não universalidade do direito internacional, quando, na verdade, os três parecem mais focados em demonstrar a existência do direito internacional geral do que as suas exceções. BYNKERSHOEK, segundo WHEATON, somente afirmou que o direito internacional existia "certamente, ao menos, entre a maior parte, e dos mais civilizados".[251]

Por sua vez, Lassa OPPENHEIM, em seu livro,[252] admitia estar GRÓCIO mais interessado em direito natural do que em direito positivo. Contudo, como mencionado, nos séculos XVII e XVIII, seriam 'grocianos' jusinternacionalistas como WOLFF e VATTEL que deram igual espaço para o direito natural e o direito positivo, enquanto 'positivistas' como ZOUCH e BYNKERSHOEK e 'naturalistas'

250. Henry WHEATON (1785-1848), **Elements of international law** with a sketch of the history of the subject (orig. publ. 1836) – o 'esboço histórico' desaparece em edições subsequentes, mas reemerge com redação mais extensa quando o autor publica sua **History of the law of nations in Europe and America** – from the earliest times to the treaty of Washington, 1842 (orig. publ. New York: Gould, Banks & Co., 1845 – online: books.google.com.br, cit. p. 43-44): "If states are moral beings capable of contracting by direct and positive consent, and still more if their consent to consider each other as such moral beings may be implied from the general acquiescence of mankind, they are equally capable of binding themselves by that tacit convention which is fairly to be implied from the approved usage and practice of nations, and their general acquiescence in certain positive rules for the regulation of their mutual intercourse. But it has been asserted that such an approved usage and general acquiescence can only spring up among nations of the same class or family, united by the ties of similar origin, manners and religion."

251. H. WHEATON (op. cit., 1845, cit. p. 43). Tampouco se encontra nada em MONTESQUIEU, este afirmando princípios gerais, diversamente dos argumentos em defesa do particularismo, como WHEATON pretendia.

252. Lassa F. L. OPPENHEIM (1858-1919), jurista alemão, autor do manual que se tornaria clássico na língua inglesa, **International Law** – a treatise (orig. publ. New York: Longman, Green and Co., 2 vols., 1905, 9th. ed. by R. JENNINGS and A. WATTS, 1992-1996 – DOI: 10.1093/law/9780582302457.001.0001).

como PUFENDORF e HOBBES eram mais ou menos absolutistas.[253] E, no século XIX, apesar de alguns 'grocianos', como WHEATON e MANNING, os 'positivistas', como PHILLIMORE e TWISS, "se pode dizer sejam vitoriosos, sem que sejam onipotentes".[254]

Deste breve exame da contribuição de Cornelius van BYNKERSHOEK, se pode passar à consideração de Christian WOLFF (1679-1754) no desenvolvimento do direito internacional (cap. 22). A questão do direito natural como fonte do direito internacional volta a se colocar, e pode ser útil e relevante a comparação entre a visão dessa questão entre os dois autores.

No exame da vida e da obra de WOLFF e de sua contribuição para o direito internacional 'clássico' (no cap. 22), se põe, não somente este, como precursor da ideia de ordem institucional internacional – a *civitas maxima* –, discípulo de LEIBNIZ e, depois, mestre de Emer de VATTEL,[255] responsável por relevante linha na evolução do direito internacional. BYNKERSHOEK e WOLFF, apesar de suas diferenças, podem ser considerados, ambos, como paradigmas do direito internacional clássico

253. L. OPPENHEIM (op. cit., p. 81-87).
254. L. OPPENHEIM (op. cit., 90-92): "may be said to be victorious without, however, being omnipotent."
255. Cf. **Tratado** (tomo 12 – **Direito internacional no tempo de Vattel e von Martens**, cap. 24 – *Emer de VATTEL (1714-1767)*).

CAPÍTULO 22.
CHRISTIAN WOLFF (1679-1754)

As sociedades, os povos, as nações, são pessoas jurídicas que entram em estado de independência natural, mas, mesmo assim, obrigadas a cumprir, umas em relação às outras, com os deveres da humanidade e da caridade.

Christian WOLFF (1749, ed. 1990)[1]

1. Christiano L. B. de WOLFF, **Institutiones juris naturae et gentium** – in quibus ex ipsa hominis natura continuo nexo omnes obligationes et jura omnia deducuntur (Hallae Magdeburgicae: prostat in officina Rengeriana, MDCCLXIII, encerrava o prefácio com a data de 4 de setembro de 1749) – como resumo da grande obra anteriormente publicada por WOLFF, em oito volumes, tendo o direito internacional como objeto do último tomo: WOLFF, **Ius gentium, methodo scientifica pertractatum, in quo ius gentium naturale ab eo, quod voluntarii, pactitii et consuetudinarii est, accurate distinguitur** (Halle, 1749). As **Institutas** foram traduzidas para o francês, **Principes du droit de la nature et des gens** ("extrait du grand ouvrage latin de Mr. de WOLFF, [traduit en français] par Mr. [Jean-Henri Samuel] FORMEY", Amsterdam: chez Marc Michel Rey, 1758, 3 vols. edição fac-similar Caen: Centre de philosophie politique et juridique, 1990); também traduzidas para o alemão, logo a seguir, publicadas em ao menos duas edições: Christian WOLFF, **Grundsätze des Natur- und Völkerrechts** (Halle, 1754 e depois 1769); e, ainda no século XVIII, teriam contado com outra tradução francesa, Christian WOLFF, **Institutions du droit de la nature et des gens** – "traduites du latin de Mr. de WOLFF, avec des notes par Elie LUZAC, tomes VI" (Leide, 1772).

O direito das gentes [...] é fundado, no sistema de WOLFF, sobre certa noção de direito natural, ela mesma baseada em concepção filosófica do direito em geral. A ideia, diretriz do sistema, é que a fonte de todo o direito reside na natureza humana. É assim, por uma análise da natureza humana, que se impõe começar.

Louis OLIVE (1904)[2]

WOLFF parece ter sido o primeiro a ter compreendido a concepção do estado como pessoa jurídica, que acarreta a noção de um direito internacional específico, o direito natural entre estados. Esta é concepção muito exata.

Louis LE FUR (1927)[3]

WOLFF, nascido em 24 de janeiro de 1679, a partir de 1706 atuou como professor de matemática na universidade de Halle e superou THOMASIUS, já na década de 1710. Nesse sentido, WOLFF atuou como protagonista ideal do iluminismo, demonstrando até onde se poderia chegar como filósofo. Seu pai tinha cursado o ensino médio, mas não a universidade. Antes de nascer, WOLFF teria sido destinado ao estudo da teologia, justamente a faculdade mais valorizada, especialmente por estudantes das classes sociais mais baixas. No entanto, ele fez sua carreira na faculdade de filosofia. Quando morreu, em 9 de abril de 1754, WOLFF era barão

2. Louis OLIVE, *Wolff* (in **Les fondateurs du droit international**: leurs œuvres, leurs doctrines, introduction A. PILLET, Paris: V. Giard & E. Brière, 1904, p. 447-479, cit. p. 449-450).
3. Louis Érasme LE FUR, **La théorie du droit naturel depuis le XVIIe siècle et la doctrine moderne** (RCADI, 1927, t. 18, p. 259-442, cit. p. p. 320): "WOLFF semble être le premier à avoir réalisé la conception de l'état personne morale, ce qui entraîne la notion d'un droit international spécifique, le droit naturel entre états. C'est là une conception très exacte."

> *do Sacro Império romano da nação alemã, senhor hereditário e legal de Klein-Dölzig, conselheiro privado de Sua Majestade o rei da Prússia, chanceler, sênior e professor de direito internacional, direito natural e matemática da universidade de Halle, professor* **honoris causa** *da Academia Imperial de São Petersburgo, membro das academias reais de ciências de Londres, Paris, Berlim e Bolonha. WOLFF fascinou seus seguidores, tendo, por seus próprios méritos, chegado ao cume das honras, que um erudito pode almejar. Ele encarnou o tipo do 'sábio universal' –* Weltweisen *– a quem imperadores, reis e príncipes, competiram em procurar e honrar.*
>
> S. MARTUS (2015)[4]

CHRISTIAN WOLFF, MATEMÁTICO, JURISTA E FILÓSOFO, FOI UM dos mais representativos pensadores e autores da primeira metade do século XVIII, sobretudo nos países de língua alemã. Mesmo este se coloca, modestamente, como filósofo, na qualidade de discípulo de LEIBNIZ (1646-1716).

Frequentemente as obras de LEIBNIZ e de WOLFF chegaram a ser confundidas.[5] E, por vezes, parece perder-se a identidade do trabalho de WOLFF, quando visto e referido somente como 'continuador' de LEIBNIZ, de maneira bastante diversa do que ocorreria em relação a VATTEL, como 'continuador' de WOLFF, porém de modo muito menos leal em relação ao mestre.

---

4. S. MARTUS, **Aufklärung** – das deutsche 18. Jahrhundert – ein Epochenbild (Berlin: Rowohlt, 2015, Teil I – 1680-1726: Die Anfänge der Aufklärung, cap. 2 – *In der Gelehrtenrepublik: die Universität als Staatsprogramm*, p. 92-154, cit. p. 117-118). Ver tb., adiante, item 22.2 – *reputação e legado de WOLFF*.
5. Ver, especificamente a respeito da contribuição do mestre de WOLFF, item 22.1 – *direito segundo LEIBNIZ*.

Com WOLFF, que admite a maior parte das ideias de seu mestre sobre o direito,[6] estamos em plena configuração do direito internacional 'clássico', mas este se situa, igualmente, na esteira da influência de GRÓCIO, do qual se aproxima WOLFF em muitos pontos: ambos aceitam distinguir, de um lado, o direito das gentes 'natural' e necessário e, de outro, direito de caráter positivo e 'voluntário' – que GRÓCIO também chamava 'voluntário', utilizando exatamente o mesmo termo e conteúdo equivalente.

O direito internacional 'voluntário', segundo WOLFF, divide-se em três ramos, segundo proceda do consentimento expresso, tácito ou presumido dos estados: o primeiro é o *jus gentium pactitium*, que vincula somente os estados que o tenham contratado sob a forma de tratados e obrigações; o segundo, *jus gentium consuetudinarium*, corresponde ao direito internacional costumeiro; e o terceiro, baseado no consentimento presumido dos estados, reserva a denominação *jus gentium voluntarium*, direito internacional voluntário, que abrangeria, além do direito propriamente dito, também o equivalente à cortesia internacional – *comitas gentium*. Esta corresponderia àquilo que é habitualmente observado, mesmo sem configurar dever jurídico em sentido estrito.[7]

---

6. Para traçar adequadamente a linha divisória que entre ambos se inscreve, no presente capítulo sobre a vida e a obra sobretudo jusinternacionalista de WOLFF, o já mencionado item 22.1 – *direito segundo LEIBNIZ*.
7. Sob a rubrica de *comitas gentium* ou 'cortesia internacional' se contam condutas, adotadas nas relações entre estados soberanos, baseadas na cortesia, tradição, boa vontade ou utilidade. Embora não legalmente vinculante – na medida em que consiste em tradição ou uso –, pode ser questionado se configura norma de direito internacional. Nesse sentido, embora a *comitas gentium* não se conte entre as fontes do direito internacional, enumeradas pelo art. 38 do **Estatuto** da CIJ, esta sempre foi matéria de interesse do direito internacional público, não somente como possível 'direito em formação', mas também por sua proximidade com o princípio da boa-fé. Ver: DAHM, DELBRÜCK, WOLFRUM, **Völkerrecht** (Berlin: De Gruyter, 2e Ausgabe, 1989, p. 74-76, 249-254, 411-412); Jörn Axel KÄMMERER, *Comity* (in **The Max Planck Encyclopedia of Public International Law**, ed. by R. WOLFRUM, Oxford: Univ. Press, 2012, vol.

Expõe WOLFF o seu programa de ação: expor o conjunto do "direito das gentes, tratado de modo científico, no qual o direito das gentes natural é distinguido precisamente do voluntário, resultante de tratados e do direito consuetudinário."[8] Ele foi muito preciso ao indicar de que trataria, e o faz até a exaustão.

WOLFF formula a sua premissa central – de que a fonte de todo o direito reside na natureza humana – como assinala o próprio subtítulo das **Institutas de direito natural e das gentes** – "na qual da própria natureza humana em nexo contínuo são deduzidos todos os direitos e todas as obrigações", 1749, ed. 1763.[9] Ninguém pode alegar desconhecer o conteúdo do trabalho, desde a sua apresentação.

A premissa central de WOLFF não poderia estar exposta de modo mais expressivo – como este afirmava, logo no prefácio – *Praefatio* –, depois de ter levado a termo e com êxito a árdua tarefa de seu tratado sobre o direito natural e das gentes. Extrairia, com brevidade, desta obra maior, as **Institutas**, nas quais expunha as principais linhas de sua concepção do 'direito natural' e do 'direito das gentes' – *inter jurisprudentiam naturalem et positivam, pulcherrimus nascitur concentus, ita ut*

II, p. 375-379, cit. § 1): "For obvious reasons public international law does not regulate comity, so some uncertainty and ambiguity on the scope, sense and application of the concept persists. As the variety of diverging assumptions on comity cannot be referred to in detail, it may suffice to mention that, contrary to the prevailing opinion (see, e.g., DAHM, DELBRÜCK, WOLFRUM, 74-76) some authors have indeed placed it within the scope of public international law. Among these, several have considered comity a principle rooted in international law or at least derived from it, while others even maintained that comity and international law were synonymous notions. A different hypothesis awards comity an intermediate position between law and non-law."

8. Christ. L. B. de WOLFF, **Ius gentium, methodo scientifica pertractatum, in quo ius gentium naturale ab eo, quod voluntarii, pactitii et consuetudinarii est, accurate distinguitur** (Halle, 1749).
9. Christiano L. B. de WOLFF, **Institutiones juris naturae et gentium** – in quibus ex ipsa hominis natura continuo nexo omnes obligationes et jura omnia deducuntur (Hallae Magdeburgicae: prostat in officina Rengeriana, MDCCLXIII), encerrava o prefácio com a data de 4 de setembro de 1749.

omnium sit concordia, una consonantia –[10], de que, entre a jurisprudência natural e a positiva, ricas são a concórdia e a concordância.

Dessa fundamentação, decorre a noção da profunda vinculação do direito natural e positivo com as demais partes da filosofia.[11] E daí, também, decorre a fundamentação do direito das gentes, baseada em sua concepção filosófica a respeito do direito em geral.

A ideia, diretriz do sistema de WOLFF, é que o direito se exprime em diferentes patamares de ordenação da vida em sociedade. Para compreender o sistema de WOLFF, é assim pela análise da própria 'natureza humana' que se impõe começar:

> A bondade ou maldade intrínseca de determinada ação nasce unicamente desta; não é necessário que intervenha norma positiva para a tornar boa ou má. Somente o uso da razão leva o homem a praticar uma e a fugir da outra, pois ele busca, na ideia de perfeição ou de imperfeição que daí resulta, o motivo que o leva a uma e o afasta da outra.[12]

No encadeamento[13] entre direito natural, direito civil e direito das gentes, WOLFF nos mostra como entendia deveria se fundamentar o direito das gentes[14] sobre o direito natural:

---

10. Christ. L. B. de WOLFF, **Institutiones** (ed. 1763, *Praefatio*).
11. Christ. L. B. de WOLFF, **Institutiones** (ed. 1763, *Praefatio*): Vere majore Jus naturae et gentium cum ceteris philosophiae partibus connexum est.
12. Christian WOLFF, **Principes du droit de la nature et des gens** ("extrait du grand ouvrage latin de Mr. de WOLFF par Mr. [Jean-Henri Samuel] FORMEY", Amsterdam: chez Marc Michel Rey, 1758, 3 vols., ed. fac-simile, Caen: Centre de philosophie politique et juridique, 1990, *Préface*, p. XXI): "Lorsqu'une action s'accorde avec toutes les déterminations essentielles de l'homme, & qu'on peut en rendre raison par la conformité avec les vues de la nature, elle est droite."
13. L. OLIVE (cap. cit., 1904, p. 450): "Droit naturel, droit civil, droit des gens, telles sont donc les trois étapes à parcourir."
14. Wilhelm GREWE, **Epochen der Völkerrechtsgeschichte** (Baden-Baden: Nomos, 1984, III – *Droit public de l'Europe – Die Völkerrechtsordnung des französischen Zeitalters (1648-1815)*, cap. II, *Die Grundlagen der Völkerrechtsgemeinschaft: Europäisches Gleichgewicht,*

> A retitude das ações comporta o acordo unânime de todas as faculdades da alma e de todos os órgãos do corpo. Desde que falte a menor coisa, em qualquer um desses aspectos, tanto se perde quanto à retitude. Ou mesmo, desde que a retitude sofra qualquer atentado, ela deixa de o ser.[15]

Da natureza humana, considerada de maneira abstrata, independentemente de qualquer vínculo social, WOLFF deduz uma série de obrigações e de direitos: o homem é um ser livre, ou seja, a sua vontade é capaz de se determinar por si mesma e de produzir ações cuja causa é independente da natureza. Mas nem todas as ações humanas são livres: suas ações, quer externas, aquelas que se manifestam por movimentos do corpo ou de alguns de seus órgãos; quer internas, aquelas que não saem do domínio da consciência,[16] como pensamentos, reflexões, meditações, são umas livres, outras naturais, no sentido de determinadas de modo necessário pela natureza, quer da alma, quer do corpo.[17]

Da argumentação de WOLFF se conclui ser o homem um ser complexo, simultaneamente colocado no mundo fenomenológico, do qual sofre os efeitos segundo as leis naturais e, de outro lado, ser

dynastische Solidarität, koloniale Expansion, p. 332-368, cit. p. 332) notava como nas construções baseadas no direito natural, erigidas por Samuel PUFENDORF e por Christian WOLFF, este somente desempenhava ainda algum papel, como concepção abstrata de princípios, deduzidos da razão. Sobre a concepção de PUFENDORF, v. **Tratado** (tomo 9 – **Direito internacional no tempo de Samuel Pufendorf**, cap. 20).

15. Christian WOLFF, **Principes du droit de la nature et des gens** (extrait FORMEY, 1758, ed. 1990, *Préface*, p. XXI-XXII): "Le défaut de rectitude dans les actions peut venir, ou de la négligence, ou de l'intention de l'agent C'est ce qui constitue la fameuse distinction de *coulpe* et de *dol*."
16. Christ. WOLFF, **Institutiones juris naturae et gentium** (1749, ed. 1763, § 1): ***Actiones internae*** *dicuntur, quae sola vi animae eliciuntur;* ***externae*** *autem quae motu organorum corporis perficiuntur.*
17. Christ. WOLFF, **Institutiones juris naturae et gentium** (1749, ed. 1763, § 1): *Sunt autem vel liberae quae a libertate animae quomodunque dependent, vel* ***naturales****, seu* ***necessarie*** *quae alea non dependent, sed per essentiam et naturae animae ac corporis determinantur.*

que, ao menos em certa medida, também integra o mundo supranatural, onde é a causa livre de seus atos:[18] "os efeitos da reflexão, da aplicação, do hábito e do trabalho assíduo são verdadeiramente prodigiosos. E alcançam resultados não menos na moral, que nas ciências."[19]

Cabe perfeitamente o paralelo dessa concepção de WOLFF com a filosofia indiana, onde o indivíduo no mundo se vê envolto pelos véus de *maya* – a aparência ou a ilusão – no sentido de se deixar envolver e conduzir pelas contingências e pelos fatores externos. Mas o homem pode, também, de tais circunstâncias externas, se desligar progressivamente, para alcançar mais apurados níveis de consciência individual, afastando-se das inexoráveis contingências externas que o arrastem.[20] Inicialmente, temos três caminhos para interagir com o mundo: *artha*, corresponde às normas da vida em sociedade; *karma*, que corresponde ao princípio do prazer e à ética; e *dharma*, o princípio da aceitação e da aplicação dos deveres de cada um, em relação ao seu papel na sociedade. Existe, ainda, um quarto caminho, para nos desligarmos completamente deste mundo – por

18. Christ. WOLFF, **Institutiones juris naturae et gentium** (1749, ed. 1763, § 1): *Unde patet, actiones liberas externas non dari sine internis, cum quibus coherent.*
19. Christian WOLFF, **Principes du droit de la nature et des gens** (trad. FORMEY, 1758, ed. 1990, *Préface*, p. XXIII): "Faut-il s'étonner après cela, que la connoissance de l'homme soit si difficile, & que le séjour qu'il habite devienne la scène de tant d'évènements bizarres et inexplicables?"
20. A respeito, **Tratado** (tomo 3B – **Gregos, romanos, chineses, indianos**, item 7.1 – *a Índia e direito internacional na Índia antiga e medieval*); dentre outros, ver: Ananda K. COOMARASWAMY and Sister NIVEDITA, **Myths of the Hindus and Buddhists** (orig. publ. 1913, New York: Norton, 1967); Sue HAMILTON, **Indian philosophy** (Oxford: Univ. Press – a very short introduction, 2000, reprint, 2001); Heinrich Robert ZIMMER (1890-1943), **Die indische Weltmutter** – Aufsätze (hrsg. und eingeleitet von Friedrich WILHELM, Frankfurt: Insel, 1980); H. ZIMMER, **As filosofias da** Índia (orig. publ. **Philosophies of India**, 1951, compilado por Joseph CAMPBELL, trad. Nilton A. SILVA, Cláudia G. BOZZA e outros, São Paulo: Palas Atena, 1986, cit. p. 26): "*Maya* denota o caráter insubstancial e fenomênico do mundo por nós observado e manipulado, bem como o da própria mente e, ainda, das camadas e faculdades conscientes e subconscientes da personalidade."

meio da *moksa*, a renúncia – mas pode-se buscar viver e manter a sua integridade e os princípios, mesmo sem abandonar o mundo; não precisamos 'vender a alma' para estar no mundo.

Como também se ensina no evangelho de São JOÃO, a missão de "estar no mundo, sem ser do mundo".[21] A mesma linguagem em distintas tradições ensina o indispensável meio de sobrevivência: preservar-se do turbilhão das coisas ilusórias que desfilam diante de nossos olhos e nos obnubilam a compreensão do que realmente importa, do que somos, no âmago de nós mesmos, e não somente segundo o retrato que externamente o mundo faz de nós. Aprendizado constante, a ser renovado e construído.

A liberdade é, assim, para WOLFF, suscetível de distintos graus: quando o homem age livremente, ou não age, se diz terem as ações causa livre – *actiones causa libera dicitur*.[22] A liberdade pode se combinar em proporções variáveis com a causalidade natural. A vontade do indivíduo pode sofrer, com mais ou menos força, o impacto e a pressão das causas exteriores: "a maneira pela qual os homens concorrem, reciprocamente, para as ações uns dos outros, de mil maneiras diferentes. Um tal crê agir, quando não passa de órgão ou instrumento do qual se serve outrem."[23]

21. JOÃO 15.18-19: "Si mundus vos odit, scitote quia me priorem vobis odio habuit. Si de mundo fuissetis, mundus quod suum erat diligeret: quia vero de mundo non estis, sed ergo elegi vos de mundo, propterea odit vos mundus" (in **Vulgatam Clementinam**, ed. A. COLUNGA y L. TURRADO, Madri: BAC, 5ª ed., 1977, **Secundum Ioannem**, esp. *Mundi odium erga discipulos*, p. 1058-1059).
22. Christ. WOLFF, **Institutiones juris naturae et gentium** (1749, ed. 1763, § 3).
23. Christian WOLFF, **Principes du droit de la nature et des gens** (trad. FORMEY, 1758, ed. 1990, *Préface*, p. XXV): "Le défaut de rectitude dans les actions peut venir, ou de la négligence, ou de l'intention de l'agent C'est ce qui constitue la fameuse distinction de *coulpe* et de *dol*."

A ação humana pode ser o resultado de propósito deliberado; ela pode ser inteiramente livre, mesmo sem deliberação anterior; ela pode ser voluntária; ela pode ser coagida.[24]

Ao estipular a liberdade humana, coloca-se simultaneamente a questão de saber se essa liberdade tem leis: como a vontade do homem, capaz de se determinar por si mesma, pode ser obrigada, independentemente de qualquer causa exterior? A obrigação, no sistema de WOLFF, está baseada no bem e no mal – inversamente do que que acontecerá no sistema de KANT –[25] e as noções de bem e de mal se apoiam sobre a ideia de perfeição. A perfeição consiste no acordo ou harmonia entre as diversas partes que constituem um todo, a mesma coisa, o mesmo ser, em vista do fim que esta coisa ou este ser está destinado a realizar.

Demonstra WOLFF, extensamente, como o homem pode se encontrar naturalmente obrigado e como ele pode ter direitos, mesmo no estado de natureza.[26] Esses direitos serão deduzidos da sua única qualidade de ser humano, e não supõem a existência de qualquer poder exterior que comande os indivíduos e que os possa obrigar.

Prosseguia WOLFF apontando que em estágio ulterior de ordenação se encontram as sociedades constituídas.[27] Em cada uma destas, ao direito natural se sobrepõe direito de origem social – *de*

---

24. Christ. WOLFF, **Institutiones juris naturae et gentium** (1749, ed. 1763, § 4-6).
25. A respeito da contribuição de KANT para o direito internacional, ver **Tratado** (tomo 11 – **Direito internacional no tempo do iluminismo**). Como aponta S. MARTUS, **Aufklärung** (op. cit., 2015, Teil III – 1740-1763 – Aufklärung im Widerstreit, cap. 13 – *Das Spiel des Zufalls: der Siebenjährigen Krieg*, p. 632-680, cit. p. 680): "KANT läutet mit seiner **Beantwortung der Frage: Was ist Aufklärung?** das Ende der Epoche ein."
26. Christ. WOLFF, **Institutiones juris naturae et gentium** (1749, ed. 1763, Pars I – *De jure naturae in genere et officiis erga se ipsum erga alios et erga Deum*, caput I a VI).
27. Christ. WOLFF, **Institutiones juris naturae et gentium** (1749, ed. 1763, Pars II – *De dominio et juribus atque obligationibus inde nas entibus*, caput I a XX).

republica constituenda –,[28] baseado na vontade desse ser mais complexo, que é a sociedade civil, politicamente organizada.[29] Mas estas sociedades civis não passam de produtos da vontade humana.[30]

O poder que tem a sociedade civil de obrigar cada um, não passa de corolário da faculdade que têm os indivíduos de se obrigarem entre si, mesmo no estado de natureza. De tal modo, a transição se opera sem solução de continuidade: a natureza e a vontade humanas continuam a ser o centro do sistema.

Finalmente, para WOLFF, podem os homens aceder a terceiro estágio de ordenação, em que as diversas sociedades civis estabelecem regras para se unirem em sociedade única – regida pelo direito das gentes – *iure gentium*:[31] "cada nação deve a todas as outras o que ela deve a si mesma", e assim "as nações não devem recusar-se, umas às outras, o que pode contribuir para a sua conservação e para o seu aperfeiçoamento recíproco".[32]

Daí a centralidade da noção de *civitas maxima*, na obra de WOLFF – com a qual se encontram os estados na mesma relação que os indivíduos, na sociedade civil da qual fazem parte. As relações entre sociedades são regidas pelo direito das gentes:

---

28. Christ. WOLFF, **Institutiones juris naturae et gentium** (1749, ed. 1763, III.II.III, p. 613-633).
29. Christ. WOLFF, **Institutiones juris naturae et gentium** (1749, ed. 1763, Pars III – *De imperio et obligationibus atque juribus inde nascentibus*, Sectio I – *De imperio privato*, caput I a VII).
30. Christ. WOLFF, **Institutiones juris naturae et gentium** (1749, ed. 1763, Pars III – Sectio II – *De imperio publico seu jure civitatis*, caput I a VI).
31. Christ. WOLFF, **Institutiones juris naturae et gentium** (1749, ed. 1763, Pars IV – *De jure gentium*, caput I a X).
32. Christ. WOLFF, **Institutiones juris naturae et gentium** (1749, ed. 1763, Pars IV, caput III – *De officiis gentium erga se invicem ac inde nascentibus juribus*, §§ 1108 a 1124, p. 682-691): *Jus tamen ad ea genti alteri imperfectu est, jus autem petendi perfectum, nec ea impediri potest.*

> Em razão desse direito necessário das gentes, existe entre as nações perfeita igualdade de obrigações e de direitos, porque existe uma perfeita igualdade de natureza. Nenhuma delas tem direito a pretender prerrogativas, precedência, ou quaisquer vantagens próprias. Nenhuma delas tem direito sobre as ações de qualquer outra: a liberdade lhes pertence a todas, e o exercício dessa liberdade não pode ser perturbado.[33]

A concepção jurídica e filosófica de WOLFF, para a fundamentação do direito internacional, é essencialmente *humanista*, além de muito mais elaborada filosoficamente e fundamentada que a de seus predecessores. *Humanista* no sentido de ter o homem sua natureza e sua dignidade como centro do sistema, muito antes desta se tornar premissa ordenadora do sistema internacional, na segunda metade do século XX e no início do século XXI.[34]

WOLFF conserva essa qualidade e essa condição, mesmo em relação a autores que vêm depois dele, quer logo a seguir, como VATTEL, em 1758[35] ou mais recentemente,[36] mas tendo como traço comum o fato de todos se afastarem da concepção wolffiana de *civitas maxima*, ao apresentar os fundamentos do direito internacional 'clássico' como mero sistema de convivência entre os estados, essencialmente os estados, partindo da soberania de cada um destes e da conveniência de se adotar convivência antes pacífica que belicosa.

---

33. Christ. WOLFF, **Institutiones juris naturae et gentium** (1749, ed. 1763, IV.I.II).
34. Como se examina no **Tratado** (tomo 20 – **Direito internacional, história e cultura**, cap. 4 – papel da proteção internacional dos direitos fundamentais como fator de renovação e de transformação do direito internacional); P. B. CASELLA, **International law, history and culture** (Leiden/Boston: Brill/Nijhoff – Académie de droit international de la Haye / The Hague Academy of International Law, 2024).
35. A respeito de VATTEL, ver **Tratado** (tomo 12 – **Direito internacional no tempo de Vattel e von Martens**, cap. 24).
36. No âmbito do assim chamado *direito internacional do tempo do iluminismo ao tempo do concerto europeu* no **Tratado** (tomo 13 – **Direito internacional no tempo do concerto europeu**).

A diferença essencial está no centro e na fundamentação do sistema: para WOLFF, o homem, sua natureza e sua dignidade; enquanto para VATTEL e outros na linha deste, o centro do sistema está no estado, na sua soberania e suas prerrogativas em relação aos seus iguais. Concepção essa, ademais, que ainda parece encontrar livre curso.

> As nações têm o direito de adquirir direitos e de exigir, em seguida, daqueles em relação a quem esses direitos foram adquiridos, o cumprimento das obrigações daí decorrentes.[37]
>
> Daí nasce o direito da guerra, em virtude do qual uma nação defende sua liberdade natural ou protege direitos legitimamente adquiridos.[38]
>
> As nações, do mesmo modo que os particulares, estão obrigadas a agir de maneira concertada, e de reunir as suas forças para trabalhar em prol da perfeição comum. É um vínculo social que a própria natureza estabeleceu entre elas, e do qual resulta um colegiado, que se pode chamar a grande sociedade – *civitas maxima*. Os membros, ou cidadãos, desse corpo são as diferentes nações.[39]

Estas duas concepções do sistema internacional – uma, de cunho humanista ou institucionalista, em relação à outra, de linha soberanista ou realista – enfatizando a independência e a não subordinação da vontade do estado em relação a qualquer ditame de princípios ou de interesse geral da comunidade internacional

37. Christ. WOLFF, **Institutiones juris naturae et gentium** (1749, ed. 1763, IV.I.III).
38. Christ. WOLFF, **Institutiones juris naturae et gentium** (1749, ed. 1763, IV.I.IV). Ver tb. **Tratado** (tomo 12 – **Direito internacional no tempo de Vattel e von Martens**, item – *mutações no direito internacional no século XVIII, ilustradas pelo tema da guerra*).
39. Christ. WOLFF, **Institutiones juris naturae et gentium** (1749, ed. 1763, IV.I.V).

– terão, cada uma, ampla circulação e múltiplos desdobramentos.[40] E, de certo modo, se expõem e se confrontam, até hoje, com algumas variações terminológicas.[41]

No contexto do direito internacional do século XVIII – que se amplia e se diversifica –,[42] WOLFF pode ser visto de dois modos: como inovador, ao formular a sua concepção da *civitas maxima* – o colegiado político, que poderia resolver, pacificamente, as controvérsias internacionais, o que apontaria no sentido da institucionalização da sociedade internacional, como desde então se tentou fazer –; ou como mais um formulador de teorias a respeito da paz. Ao discorrer sobre a grande cidade ou grande sociedade – *civitas maxima* –, WOLFF comentava, "prosseguindo com a mesma ficção". Assim,

40. Como ulteriormente se considera no **Tratado** (tomos 11 – **Direito internacional no tempo do iluminismo** e 13 – **Direito internacional no tempo do concerto europeu**).
41. Curiosamente, em todo um volume de textos sobre **Pacifisme et internationalisme XVIIe-XXe siècle** coligidos e apresentados por Marcel MERLE (Paris: Armand Colin, 1966), não se cita WOLFF, muito embora contenha extratos de GRÓCIO a PUFENDORF, de d'AGUESSEAU a VATTEL, de SULLY e William PENN ao Abbé de SAINT-PIERRE e ROUSSEAU, ao lado de tantos outros. Por sua vez, Simone GOYARD-FABRE, **La construction de la paix** – ou le travail de Sisyphe (Paris: Vrin, 1994, p. 55, 57, 78, 82, 87, 109, 142, 167, 173, 181, 182, 200, 202, 208, 241, 265) faz ao menos dezesseis referências a Christian WOLFF. E, ainda, Jean-Pierre BOIS, **La paix – histoire politique et militaire** 1435-1878 (Paris: Perrin, 2012, p. 354-355), no contexto de 'juristas de uma bastante ampla Europa germânica, herdeiros de GRÓCIO e de PUFENDORF, mais que de LEIBNIZ' faz somente a seguinte menção: "o alemão Christian WOLFF, nascido em 1679, morto em 1754, professor em Halle, foi o primeiro a esboçar uma ultrapassagem – *un dépassement* – de GRÓCIO, tendo se decidido, ao fim de sua vida, a escrever, ele próprio, um tratado intitulado, em sua primeira forma em francês, **Principes du droit de la nature et des gens**, que ele admite ser, originalmente, uma transposição de GRÓCIO. Desenvolvendo a questão da paz é, contudo, sem dúvida, em LEIBNIZ que ele encontra a ideia de uma 'sociedade universal do gênero humano', inscrita no direito natural, à qual ele confia a missão, bastante vaga, de assegurar a 'salvação comum' – *le salut commun* – e 'o gozo pacífico dessa liberdade, que lhe advém da natureza' – *la paisible jouissance de cette liberté qu'elle tient de la nature*. Essa sociedade, formada entre as nações, para sua salvação, denominada grande sociedade civil – *civitas maxima vocatur* –, deve ter suas leis, formadas segundo a teoria que prescreve a lei natural."
42. Ver **Tratado** (tomo 12 – **Direito internacional no tempo de Vattel e von Martens**, item – *ensaio de balanço do direito internacional no século XVIII*).

claramente, tinha ele plena consciência de tratar-se de concepção teórica, ou mesmo 'ficção':

> Descobre-se a origem do império universal, ou de todas as nações tomadas em conjunto, que é fundado sobre o direito universal que estas têm de solucionar a determinação das ações, de cada uma em particular, de maneira que cada uma concorra para o bem comum, e de obrigar, mesmo, a cumprir tal obrigação, aquelas que desejassem se eximir disso.[43]

Pode WOLFF ser apontado como o precursor da ideia 'iluminista',[44] do movimento de busca da paz por meio da institucionalização internacional, que, no século XX, leva primeiro à Sociedade das Nações e, a seguir, à Organização das Nações Unidas; mas também, WOLFF pode ser lembrado como a última manifestação histórica, na linha de antigos projetos de ordenação internacional, a partir de eixo central, como se deu na Europa ocidental medieval, entre o Império e o Papado. Projetos esses cuja inspiração antiga e matriz medieval não podem ser esquecidas, para se compreender a continuidade de ideais como meio de reformar ou direcionar as vicissitudes da história,[45] ainda vigentes ao tempo de WOLFF, no Sacro Império romano-germânico, que, apesar de enfraquecido, somente será extinto em 1806.

---

43. Christ. WOLFF, **Institutiones juris naturae et gentium** (1749, ed. 1763, IV.I.VI).
44. Ver tb. **Tratado** (tomo 11 – **Direito internacional no tempo do iluminismo**).
45. Cf. se considerou brevemente no **Tratado** (tomo 8 – **Direito internacional além do paradigma vestfaliano**, título II – *da construção de sistemas coesos: de Vestfália (1648) até a guerra dos sete anos (1756-1763)* e, também, no tomo 5 – **Direito internacional no tempo de Francisco de Vitória**, título I – *multipolarização da Europa na era moderna e advento do direito internacional como sistema*), como expressão de transição entre fases do sistema institucional e normativo internacional.

A natureza dessa sociedade é explicitada por WOLFF:

> É da essência de toda sociedade ter leis, e assim também a grande sociedade – *civitas maxima* –, não poderia estar destituída. Suas leis não são outras, se não *leis naturais*, as quais se tornam *leis civis*, quando consideradas em relação a cada uma de tais sociedades. Isso é o que GRÓCIO chamou de direito das gentes *voluntário*, e aqueles que o combatem, para colocar no lugar dele um direito externo, colocado em espécie de oposição com o direito interno ou natural das gentes, disputam antes a respeito do nome do que da essência da coisa. Mas nem GRÓCIO nem seus adversários distinguiram, com suficiente precisão, o que constitui o direito das gentes voluntário.[46]

Assim, pode-se ver em WOLFF tanto o prenunciador de desenvolvimentos futuros quanto a recorrência de velhos modelos do passado – com a idealização de autoridade central, por meio da qual seriam evitados, ou solucionados, os conflitos entre integrantes da sociedade internacional. E também por cuidar ele da caracterização do que seja exatamente o direito internacional 'voluntário'.

A lição de WOLFF é relevante e deu frutos, ainda que tais configurações – como a *civitas maxima* – parecessem utópicas no seu tempo e no seu meio, por meio da possível futura institucionalização do sistema internacional como meio de prevenir e de solucionar controvérsias – o que não discrepa da evolução posterior do sistema internacional.

A respeito da assunção de direitos e obrigações por meio de tratados entre as nações, ensina WOLFF: "as nações podem tanto adquirir direitos como contrair obrigações por meio dos tratados

46. Christ. WOLFF, **Institutiones juris naturae et gentium** (1749, ed. 1763, IV.I.VII).

que celebram entre elas. Este é direito das gentes pactuado, que não passa de direito particular."[47]

O que WOLFF descrevia, hoje diríamos direito internacional de base convencional, ao qual acrescentava:

> Enfim, existe um direito das gentes costumeiro, que se estabelece por longo uso das coisas, introduzidas e observadas, com base no direito, entre as nações. Este é, igualmente, direito particular, que somente obriga na medida em que cada nação a este se sujeite, não tendo expressamente declarado a ele renunciar, e não mais querendo a tanto se conformar.[48]

Mas, ao nos voltarmos para trás, no tempo e nos modelos de regência da sociedade europeia, como pouco acima mencionado, WOLFF também pode ser visto como expressão final e mais completa do conjunto de contribuições, de pensadores e juristas que o precederam, e que ainda, em parte, concorrem contemporaneamente a ele, no sentido de hierarquização do sistema, de ordenação a partir de eixo central. Ainda que o poder desse eixo se tivesse tornado antes nominal que efetivo – em se tratando quer do Papado, quer do Sacro império –,[49] para WOLFF, como protestante, não seria o 'papado' a desempenhar tal missão, mas o Império – ou o que, na prática, ainda restava dele.

A ordenação de cada sociedade e das relações entre estas deve contribuir para a consecução da finalidade maior, o bem comum. Ele está, assim, presente em ambos os sentidos históricos, quando

47. Christ. WOLFF, **Institutiones juris naturae et gentium** (1749, ed. 1763, IV.I.VIII).
48. Christ. WOLFF, **Institutiones juris naturae et gentium** (1749, ed. 1763, IV.I.IX).
49. A respeito, ver **Tratado** (tomos 4 – **Direito internacional no tempo medieval** e 5 – **Direito internacional no tempo de Francisco de Vitória**), para situar a transição do modelo medieval para a moderna concepção do sistema internacional.

WOLFF expõe o papel da ordenação política da sociedade sob a forma do estado:

> Um 'estado' é perfeito na medida em que esteja em condição de conseguir alcançar as finalidades de sua sociedade; e, se nada lhe falta nesse plano, pode-se dizer que essa 'nação' é perfeita. Existe, assim, obrigação natural, em virtude da qual nenhuma nação poderia se eximir de trabalhar, para o seu aperfeiçoamento, em consonância com a organização de seu estado.[50]

A consciência do encadeamento entre o passado, o presente e o futuro pautam a obra de WOLFF, que teve o mérito de construir verdadeiro sistema de direito internacional. E de ter percebido, claramente, a natureza jurídica das entidades componentes desse sistema. Justamente, WOLFF merece o destaque por ter sido o primeiro a conceber uma comunidade internacional, composta por estados enquanto entidades juridicamente iguais.

A lição permanece válida: "quando uma nação não consegue bastar a si mesma, em relação a seus fins, ela pode recorrer ao auxílio de qualquer outra nação e se fortalecer por meio das alianças que venha a pactuar."[51] Até hoje, em todas as questões que os estados não conseguem administrar por si mesmos, existe a necessidade de normas e da instauração de mecanismos operacionais internacionais.

Não somente WOLFF se mostra 'clássico' em relação ao seu tempo e ao seu meio, como nesta passagem, na qual argumenta em prol do direito de celebrar alianças como meio de defesa de estado fraco demais para se bastar sozinho – "quando não consegue bastar

50. Christ. WOLFF, **Institutiones juris naturae et gentium** (1749, ed. 1763, IV.II.II).
51. Christ. WOLFF, **Institutiones juris naturae et gentium** (1749, ed. 1763, IV.II.IV).

a si mesma, em relação a seus fins" –, havendo sempre a possibilidade de "uma nação recorrer ao auxílio de qualquer outra nação e se fortalecer por meio das alianças que venha a pactuar".[52] Isso é 'clássico', e continua a ser praticado entre estados.

Mas WOLFF também é 'clássico', porque permanece válido e porque pode ser útil o seu ensinamento, além do tempo e do meio no qual foi este formulado. WOLFF é clássico no seu tempo e também se posiciona como clássico no conjunto do direito internacional no tempo, e permanece sua lição, a ser considerada![53]

WOLFF pode ser visto como alinhado à premissa central da busca da progressiva institucionalização, como se deu, ao longo da história, até se chegar ao vigente sistema institucional e normativo internacional, sob a égide das Nações Unidas. A linha central da concepção internacionalista de WOLFF estaria em consonância com o atual sistema institucional e normativo internacional, e ainda mais, na medida em que este expõe conjunto de "deveres das nações umas em relação às outras e dos direitos daí resultantes".[54]

Os deveres entre os povos, segundo ele, não dependem da identidade de religião, mas decorrem da essência da natureza humana: "a diferença de religião não pode dispensar uma nação dos deveres de humanidade em relação a outra."[55] Com mais razão ainda, argumentava WOLFF, não pode qualquer nação se eximir de sua palavra dada – ou esquivar-se do cumprimento do consentimento, expresso por meio de tratados, como de quaisquer outros compromissos.[56]

---

52. Christ. WOLFF, **Institutiones juris naturae et gentium** (1749, ed. 1763, IV.II.IV).
53. Como se considera no **Tratado** (tomo 8 – **Direito internacional além do paradigma vestfaliano**, item – *o que é e como é o clássico?*).
54. Christ. WOLFF, **Institutiones juris naturae et gentium** (1749, ed. 1763, IV.III).
55. Christ. WOLFF, **Institutiones juris naturae et gentium** (1749, ed. 1763, IV.III.XVII): "quonian officiam gentis erga gentem non supponunt identitatem religionis."
56. Christ. WOLFF, **Institutiones juris naturae et gentium** (1749, ed. 1763, IV.III.XVII).

Para concluir o capítulo, sobre os "deveres das nações umas em relação às outras e dos direitos que daí resultam", exprimia WOLFF a diretriz geral, norteadora da convivência entre estados: "Todas as nações têm o dever de viver em perfeita concórdia e destruir todos os obstáculos que a poderiam perturbar."[57]

De modo consentâneo com o espírito do seu tempo, WOLFF ainda admitia o "direito de ocupação",[58] e que este poderia ser exercitado em relação a territórios "vazios, que não pertenciam a ninguém" – *si gens regionem vacua occupat, cum occupationis rei nullius acquiratur dominium* –, e, de tal modo, mediante a ocupação, se poderia adquirir domínio sobre coisa que não pertença a ninguém, inclusive o território.[59]

WOLFF assim definia: "o 'território' de cada potência é o domínio sobre o qual ela tem o direito de exercer o seu império – *dicitur namque territorium locus, in quo quis imperium habet.*[60] E especificava, "os direitos que nomeamos, tais como o 'usucapião' e a 'prescrição', fazem parte do direito natural; e estes valem igualmente entre os povos".[61]

Soberano é o detentor do poder supremo – *potestates summae dicunt personae quae imperium summum in civitatem habent.*[62] E, ao

57. Christ. WOLFF, **Institutiones juris naturae et gentium** (1749, ed. 1763, IV.III.XVIII).
58. Christ. WOLFF, **Institutiones juris naturae et gentium** (1749, ed. 1763, Pars IV, caput IV – *De dominio gentis*).
59. O que ficou superado pela evolução posterior do direito internacional, cf. se considera no **Tratado** (tomo 1 – **Direito internacional dos espaços**, item 6.1 – *ocupação* e tomo 12 – **Direito internacional no tempo de Vattel e von Martens**, item – *mutações no direito internacional no século XVIII, ilustradas pelo tema da guerra*); ver, ainda, Vaios KOUTROULIS, **Le début et la fin de l'application du droit de l'occupation** (Paris: Pedone, 2010).
60. Christ. WOLFF, **Institutiones juris naturae et gentium** (1749, ed. 1763, Pars IV, caput IV – *De dominio gentis*, § 1125).
61. Christ. WOLFF, **Institutiones juris naturae et gentium** (1749, ed. 1763, Pars IV, caput IV – *De dominio gentis*, § 1139).
62. Christ. WOLFF, **Institutiones juris naturae et gentium** (1749, ed. 1763, Pars IV, caput V, § 1140).

lado deste, poderes menores – *minores* –, que são os detentores de poderes derivados, em cujo exercício se reportam ao poder supremo – que têm competência sobre parte do império, mas dependem do poder soberano e agem em nome deste, tais como os magistrados ou os generais, na condução da guerra – *belli duces*.[63]

WOLFF expõe o seu entendimento sobre os tratados e as promessas – *de foederibus et sponsionibus*:[64] "chama-se tratado – *foedus* – o pacto feito entre potências soberanas, visando o bem público – *boni publici causa*."[65] Enfatize-se que ele apontava o 'bem público' como inerente à natureza dos tratados entre potências soberanas.

Distinguia WOLFF os tratados em relação a outros acordos firmados entre potências soberanas, sobre questões incidentais ou passageiras – como simples acordos ou convenções. Tampouco caberia reconhecer a natureza de tratado, no caso de entendimentos entre o soberano, enquanto detentor da função pública, com particulares – quando digam respeito somente a "questões que interessam somente à sua própria utilidade, os atos passados não têm o caráter de tratados" – *pactum hoc foedus non esse*.[66] Em relação aos tratados no direito internacional, WOLFF considerava cabível aplicar tudo o que dizia respeito às promessas e aos pactos, tal como são estes regidos segundo o direito natural:[67]

> Nasce um direito perfeito dos tratados – *ex foederibus acquiratur jus perfectum* –, e a violação destes constitui uma injúria – *violatio foederis*

63. Christ. WOLFF, **Institutiones juris naturae et gentium** (1749, ed. 1763, Pars IV, caput V, § 1140).
64. Christ. WOLFF, **Institutiones juris naturae et gentium** (1749, ed. 1763, Pars IV, caput V).
65. Christ. WOLFF, **Institutiones juris naturae et gentium** (1749, ed. 1763, IV.V, § 1141).
66. Christ. WOLFF, **Institutiones juris naturae et gentium** (1749, ed. 1763, IV.V, § 1141).
67. Christ. WOLFF, **Institutiones juris naturae et gentium** (1749, ed. 1763, IV.V, § 1141), conforme exposto nas partes precedentes da obra, dedicadas ao exame do direito natural.

iniuria est. Por isso, nenhum estado deve celebrar tratados, contrários aos que já existem entre este em relação a outras nações. Caso isso aconteça, os tratados anteriormente celebrados devem prevalecer sobre os posteriores – *atque ideo foedera priora, hoc est ante contracta, praeferuntur posterioribus*.[68]

É por direito, que vem do povo, que o soberano exerce o seu poder de império, em geral.[69] Assim, os tratados celebrados pelo soberano não somente vinculam os sucessores deste, como também obrigam o povo em geral.[70] Interpretando a lição de WOLFF, pode-se dizer que os tratados configuram obrigações cujos efeitos se estendem ao conjunto da comunidade politicamente organizada – "são considerados como tendo sido celebrados com todo o povo":[71]

> As mesmas regras se aplicam em relação a todos os demais compromissos assumidos pelos reis ou chefes de estado. Quando, por exemplo, contraem dívidas para atender necessidades do bem público, seus sucessores e o povo estão obrigados a quitar tais dívidas, acrescidas dos juros que tiverem sido estipulados.[72]

A manifestação da vontade e a santidade dos vínculos entre os povos não poderiam ser afetadas pelas diferenças de religião – *sanctitas fidei nullum respectum habet ad religionem gentis, cum qua foedus initur*.[73] Como enfatizava WOLFF: "os tratados são santos e

68. Christ. WOLFF, **Institutiones juris naturae et gentium** (1749, ed. 1763, IV.V, § 1142).
69. Christ. WOLFF, **Institutiones juris naturae et gentium** (1749, ed. 1763, IV.V, § 1147).
70. Christ. WOLFF, **Institutiones juris naturae et gentium** (1749, ed. 1763, IV.V, § 1147).
71. Christ. WOLFF, **Institutiones juris naturae et gentium** (1749, ed. 1763, IV.V, ainda no mesmo § 1147).
72. Christ. WOLFF, **Institutiones juris naturae et gentium** (1749, ed. 1763, IV.V, § 1151).
73. Christ. WOLFF, **Institutiones juris naturae et gentium** (1749, ed. 1763, IV.V, § 1153).

devem, como tal, ser considerados pelos povos" – *foedera sancta sunt e gentibus sancta habenda*.[74]

Tinha caráter santo, em direito internacional, a promessa feita por meio de tratado – *sanctum in jure gentium dicitur* –, que deve permanecer imune de qualquer violação, tendo como propósito o interesse público – *communis gentium salus*.[75] Admitia WOLFF a intervenção de terceira potência como garantidora de tratado celebrado entre duas outras:[76] "a essa condição se dá o nome de garantidora e, normalmente, se exprime como o dever, para a garantidora, de se aliar à parte lesada, em caso de violação do tratado pela outra contratante."[77]

Mesmo se a leitura da grande obra de WOLFF nem sempre é fácil, pela sua considerável complexidade, pelo modo adotado de demonstração dos conceitos, como se fossem argumentos geométricos – *more geometrico* –, como pela sua considerável extensão, em oito alentados volumes, trata-se de marco importante na evolução histórica do direito internacional 'clássico'. Ademais, o próprio WOLFF parece teve consciência disso,[78] ao lançar, em 1749, na sequência ao volume final de seu tratado sobre o direito das gentes, as **Institutas** ou **Institutiones**, que podem ser vistas como uma espécie de "resumo da obra", depois de terem sido publicados os sucessivos tomos de sua grande obra, ao longo da década.[79] E sua leitura pode ser feita independentemente do grande conjunto que a precede.

---

74. Christ. WOLFF, **Institutiones juris naturae et gentium** (1749, ed. 1763, IV.V, § 1153).
75. Christ. WOLFF, **Institutiones juris naturae et gentium** (1749, ed. 1763, IV.V, ainda o § 1153).
76. Christ. WOLFF, **Institutiones juris naturae et gentium** (1749, ed. 1763, IV.V, § 1154).
77. Christ. WOLFF, **Institutiones juris naturae et gentium** (1749, ed. 1763, IV.V, § 1154).
78. Por isso fez edição condensada o próprio Christiano L. B. de WOLFF, com as suas **Institutiones juris naturae et gentium** – in quibus ex ipsa hominis natura continuo nexo omnes obligationes et jura omnia deducuntur (Hallae Magdeburgicae: prostat in officina Rengeriana, MDCCLXIII, prefácio datado de 4 de setembro de 1749).
79. Dentre as obras de Christian WOLFF, ao grande tratado sobre o direito natural, demonstrado cientificamente, **Jus naturae methodo scientifica pertractatum** (1740-1748), em oito volumes, seguiu-se o direito das gentes, este também 'demonstrado

O direito das gentes de WOLFF pode ser considerado, também, o coroamento de todo o conjunto que a precedeu. O direito das gentes se apresenta, na obra de WOLFF, como a peça culminante depois de expor todo o seu sistema de direito natural.

O direito das gentes se inscreve na continuidade da fundamentação do sistema jurídico, mas não se confunde com este.

Apesar da crítica – bastante desleal – de VATTEL, esta obra de WOLFF sobre o direito internacional pode, mesmo, ser lida separadamente dos tomos precedentes[80] que trouxeram a fundamentação de direito natural.

Se, por um lado, logo a seguir, teve WOLFF a ventura de encontrar o seu divulgador, VATTEL, este, por outro lado, nem sempre foi fiel ao ensinamento do mestre, porquanto suprime proposições, como a da institucionalização em colegiado político – *civitas gentium maxima* –, e por vezes, talvez ao tentar ser formalmente elegante e agradável, peca pela imprecisão e pela superficialidade, em relação à precisão e profundidade da formulação original de WOLFF. Como todo divulgador, VATTEL corta e simplifica, e por vezes descaracteriza o pensamento original de seu mestre.

A obra de WOLFF era muito mais coesa e consistente filosoficamente, embora de leitura, por vezes, bastante árida. Esses dilemas de escolha entre precisão e elegância, entre profundidade

---

cientificamente, **Jus gentium methodo scientifica pertractatum** (1749-1765); ambos se completam com o que pode ser considerado o resumo ou o coroamento do conjunto da obra jusinternacionalista de WOLFF, as suas instituições de direito natural e das gentes, **Institutiones juris naturae et gentium** (1749, ed. 1763).

80. Contrariamente ao que, a respeito da obra de WOLFF sobre o direito das gentes, sustentava VATTEL (op. cit., 1758, ed. bras., 2004, *'Prefácio do autor'*, p. LXXVII): "Para lê-lo e entendê-lo é preciso ter estudado os dezesseis ou dezessete volumes que o precedem."

e palatabilidade da leitura, não somente em nossos tempos pós--modernos se colocam.

VATTEL, em 1758, retoma[81] a obra, extensa e complexa, de WOLFF, em vários volumes, ademais em latim, empregando o estilo árido de demonstrações matemáticas, e se serve extensamente de WOLFF como fonte, sem cerimônia; embora, como mencionei, nem sempre o faça de maneira leal em relação ao legado do mestre. Apesar das infidelidades cometidas contra WOLFF, escrevia, a respeito dele, VATTEL: "é preferível aqui reconhecer, de uma vez por todas, o débito que tenho para esse grande mestre."[82]

O resumo honesto da obra do mestre WOLFF foi apresentado pelo próprio WOLFF nas **Institutas**, de 1749. Neste se punha, como tradutor, o trabalho diligente de FORMEY, já em 1758.[83] A tradução francesa da obra, resumida na forma das **Institutas**, coincidentemente, foi publicada no mesmo exato ano que a edição original da obra de VATTEL.

Existem grandes diferenças entre ambos: enquanto VATTEL se apropria extensamente de material do seu mestre WOLFF – ao mesmo tempo em que o critica duramente – e passou à história do

81. A respeito de VATTEL, ver **Tratado** (tomo 12 – **Direito internacional no tempo de Vattel e von Martens**, cap. 24).
82. VATTEL (op. cit., 1758, ed. bras., 2004, *Prefácio do autor*, p. LXXVIII), "embora a minha obra seja muito diferente da dele".
83. Christian WOLFF, **Principes du droit de la nature et des gens** ("extrait du grand ouvrage latin de Mr. de WOLFF [traduit en français] par Mr. [Jean-Henri Samuel] FORMEY", Amsterdam: chez Marc Michel Rey, 1758, 3 vols., edição fac-similar, Caen: Centre de philosophie politique et juridique, 1990, *Préface*, p. XXIII e p. XXVI): "Les effets de la réflexion, de l'application, de l'habitude, d'un travail assidu, sont vraiment prodigieux", e a seguir concluia: "Je n'ajouterai aucune réflexion directe sur mon travail; je n'ai point à me reprocher le *non-usage* de mes facultés: mais quelques fois le trop d'usage produit le même inconvénient. On feroit quelques fois mieux, si l'on faisoit moins. Je persiste cependant à croire que cet abrégé sera utile; j'entrerai sincèrement dans les vues de ceux qui me fourniront des ouvertures pour le perfectionner, & je ne m'écarterai jamais de la norme où je suis une fois entré, c'est de tendre dans toutes mes entreprises à l'utilité publique."

direito internacional como marco no desenvolvimento 'clássico' da disciplina, por sua vez, FORMEY, com trabalho intelectualmente mais honesto, de fiel tradutor da obra de WOLFF, praticamente desaparece de vista.[84] Por meio de seu trabalho, FORMEY deixa que WOLFF nos fale.

Acima de tais incidentes, temporal e conceitualmente, cabe indagar a qual matriz se poderia reportar a inspiração norteadora da obra de WOLFF. Ninguém cria, nem física nem intelectualmente, a partir do nada.[85] Foram inegáveis as influências de DESCARTES e de LEIBNIZ. Ambas tiveram grande importância sobre a vida e a obra de WOLFF.

Segundo opinava FORMEY, no seu "breve memorial sobre a vida e as obras do barão de WOLFF", a lição de DESCARTES teria sido influência decisiva sobre a maneira de WOLFF construir o seu sistema filosófico e sua argumentação para a fundamentação do direito natural e das gentes:

> O método dos geômetras, que caminham com passos compassados, e somente pousam um pé depois de ter bem fixado o outro, lhe pareceu a mais adequada para o conduzir ao seu fim. Ele entreviu, então, o vasto

84. O texto de WOLFF é precedido pelo estudo de FORMEY, *Mémoire abrégé sur la vie et les ouvrages de Mr. le Baron De WOLFF* (op. cit., 1758, ed. 1990, tomo I, p. 27-56, cit. p. XXVIII-XXIX), no qual observava, a respeito da formação de WOLFF, o possível exemplo e influência de DESCARTES, e supostos efeitos desta sobre a vida e a obra de WOLFF: "L'exemple de DESCARTES, qui avoit percé le premier les ténèbres de la philosophie scholastique, & qui s'étoit ouvert des routes jusqu'alors inconnues, fit beaucoup d'impression sur le jeune WOLFF. Il sentit que le restaurateur de la philosophie n'avoit pas à beaucoup près fait tout ce qu'il y avoit à faire pour amener cette science à sa perfection. En particulier, comme DESCARTES s'étoit borné aux parties spéculatives de la philosophie, sans toucher à sa partie pratique, M. de WOLFF se proposa à suppléer à une omission aussi capitale, & de commencer, pour ainsi dire, où le philosophe françois s'étoit arrêté."
85. P. CASELLA, **Fundamentos do direito internacional pós-moderno** (op. cit., 2008, esp. item XI – *creatio ex nihilo: justiça e força*, p. 831-876).

plano que, a partir de então, de maneira tão judiciosa executou de fazer, de todos os conhecimentos filosóficos, um verdadeiro sistema que procedesse dos princípios às consequências, e onde todas as proporções fossem deduzidas, umas das outras, com evidência demonstrativa.[86]

A partir da obra de WOLFF, faz a sua VATTEL, e o faz de maneira breve, palatável, e, ainda por cima, escrita em francês, e não mais em latim, como fizera o mestre. A obra de VATTEL conheceu enorme circulação[87] durante muito tempo, não somente na Europa, mas foi também, durante décadas, a obra utilizada para o ensino e o estudo do direito internacional em instituições brasileiras.[88] E também teve extenso uso como manual de referência de direito internacional, em universidades dos Estados Unidos.[89]

Convém situar o contexto no qual se inscrevem a vida e a obra de Christian WOLFF. Nascido em Breslau – atualmente Wroclaw, na Polônia –, em 24 de janeiro de 1679, fez seus primeiros estudos

86. Jean-Henri Samuel FORMEY, *Mémoire abregé sur la vie et les ouvrages de Mr. le Baron De WOLFF* (op. cit., 1758, ed. 1990, tomo I, p. 27-56, cit. p. XXVIII-XXIX): "Sábio demais para tentar voar sem ter asas, WOLFF começou por se dedicar com afinco à matemática."

87. Como se examina no **Tratado** (tomo 12 – **Direito internacional no tempo de Vattel e von Martens**, cap. 24); v. tb. P. B. CASELLA, *Emer de VATTEL (1714-1767) e o direito internacional clássico* (Revista da Fac. de Direito da USP, 2020, vol. 115, p. 209-245).

88. Como ocorreu na Faculdade de Direito de São Paulo, desde 1934 integrada à Universidade de São Paulo. Desse modo, indiretamente, WOLFF tal como foi retomado e revisitado por VATTEL, teria sido base para o ensino do direito das gentes, durante considerável tempo, nas "Arcadas", assim referido na aula inaugural de 16 de fevereiro de 2009, P. B CASELLA, *Direito internacional nas Arcadas* (São Paulo: Revista da Faculdade de Direito da USP, 2009, vol. 104, p. 931-966).

89. E. JOUANNET, *Emer de Vattel (1714-1767)* (in **The Oxford Handbook of the History of International Law**, ed. by B. FASSBENDER and A. PETERS, op. cit., 2012, p. 1118-1121, cit. p. 1118): "From its first publication, VATTEL's **Law of Nations** attracted widespread interest. Numerous editions and translations followed, and its influence reached across the Channel to England and from there to the United States, where the book soon became a reference manual in American universities. From the 18th to the beginning of the 20th century, his authority on the subject of international law remained unrivalled."

no colégio dessa cidade, onde recebeu, também, lições de filosofia e de matemática. Depois de ter estudado matemática, filosofia e teologia nas universidades de Jena e de Leipzig, WOLFF se tornou professor assistente nesta última, a partir de 1702.

Seu primeiro curso, em Leipzig, no ano de 1703, foi dedicado à "filosofia prática universal, apresentada segundo o método matemático" – *Philosophia practica universalis, methodo matematica conscripta*. Com esse curso, WOLFF imediatamente encontrou grande repercussão.[90]

O maior filósofo da época, LEIBNIZ, a quem WOLFF envia exemplar do seu curso de 1703, não somente reage, em termos muito elogiosos,[91] como ambos começam a trocar correspondência, que se estende até 1714-1715, muito perto da morte de LEIBNIZ.[92] Ele encontra em WOLFF um discípulo.

No curso desses debates, LEIBNIZ fornece precisões a respeito do sentido em que, segundo o seu entendimento, se deveria chamar "a

90. Ver tb., adiante, item 22.2 – *reputação e legado de WOLFF*. A respeito do sucesso da atuação docente de WOLFF já observava J.-H. S. FORMEY, *Mémoire abregé sur la vie et les ouvrages de Mr. le Baron De WOLFF* (op. cit., 1758, ed. 1990, tomo I, p. 27-56, cit. p. XXX): "Ce coup d'essai tint du chef d'œuvre. Plusieurs savants distingués lui écrivirent, & lui donnèrent des grands éloges. Son auditoire devint fort nombreux." E tb. o já referido S. MARTUS, **Aufklärung** – das deutsche 18. Jahrhundert – ein Epochenbild (Berlin: Rowohlt, 2015, Teil I – 1680-1726: Die Anfänge der Aufklärung, cap. 2 – *In der Gelehrtenrepublik: die Universität als Staatsprogramm*, p. 92-154, cit. p. 117-118): "WOLFF atuou como protagonista ideal do iluminismo, demonstrando até onde se poderia chegar como filósofo."

91. J.-H. S. FORMEY, *Mémoire abregé sur la vie et les ouvrages de Mr. le Baron De WOLFF* (op. cit., 1758, ed. 1990, p. XXX-XXXI) a respeito do curso de WOLFF em Leipzig de 1703: "M. de LEIBNIZ à qui il l'envoya, lui répondit qu'il s'appercevoit bien que son hypothèse sur l'union de l'âme avec le corps, ne lui étoit pas encore bien connue, & qu'il y auroit trouvé un fondement plus solide que celui sur lequel il avoit bâti. Cette lettre du plus grand philosophe, & si l'on prend le mot de philosophe dans sa juste notion & dans sa véritable étendue, du monde, engagea M. de WOLFF à repasser ses principes, & dans la suite à y faire de grands changements."

92. Gottfried Wilhelm LEIBNIZ, **Textes inédits** – d'après les manuscrits de la Bibliothèque provinciale de Hanovre (publiés et anotés par Gaston GRUA, Paris: PUF, orig. publ. 1948, 2e éd., 1998, tome I, section I – *Foi et raison*, p. 11, nota 25).

liberdade, uma tendência sem impedimentos".[93] Desenvolve LEIBNIZ a 'psicologia da vontade', sem falar de 'harmonia' previamente estabelecida,[94] mas estendendo até mesmo em relação a Deus – como também fizera LOCKE – a sua definição de que "ser livre é ser determinado pelo melhor da razão".[95] Ele discute a liberdade e a escolha do melhor dos mundos possíveis,[96] e considera: "meu sistema aumenta nossa espontaneidade, e em nada diminui nossa escolha."[97]

LEIBNIZ refuta a proposição sobre a arbitrariedade do divino, tal como esta tinha sido formulada por PUFENDORF.[98] Algum tempo depois, LEIBNIZ enviou o rascunho da sua obra **Ensaios de Teodiceia,**[99] escrita em 1707 e originalmente publicada em 1710, para ser copiado por WOLFF.[100] Para ambos, parece ter sido relevante a interação construída entre si.

---

93. G. W. LEIBNIZ, **Textes inédits** (ed. cit., 1998, tome I, section V – *Liberté et optimum*, p. 262): "Il trouve en WOLFF un disciple."
94. Como observava Arthur BUCHENAU, *Vorwort* (datado de 1924) à sua tradução de G. W. LEIBNIZ, **Die Theodizee** (orig. publ. **Essais de Théodicée**, 1710, einführender Essay von Morris STOCKHAMMER, Übersetzung von Arthur BUCHENAU, Hamburgo: Felix Meiner, 2ª ed. cit., 1968, p. V-VIII, cit. p. VII-VIII), no que rapidamente se tornou um dos livros mais lidos da época, BAYLE, no **Dictionnaire historique et critique**, no verbete *Rorarius*, esp. na segunda edição, substancialmente ampliada em 1702, extensamente considerava o 'sistema da harmonia pré-estabelecida'. Ver Pierre BAYLE, **Dictionnaire historique et critique** (orig. publ. 1697, deuxième édition, revue, corrigée et augmentée par l'auteur, Rotterdam: Reinier Leers, 1702).
95. G. W. LEIBNIZ, **Nouveaux essais** (1703-1704, II, 21, §49-50); G. W. LEIBNIZ, **Textes inédits** (ed. cit., 1998, tome I, section V – *Liberté et optimum*, p. 262).
96. Enfatiza Dirk EVERS, no seu ensaio *Gottes Wahl der besten aller möglichen Welten* (in G. W. LEIBNIZ, **Monadologie**, hrsgb. von Hubertus BUSCHE, Berlim: Akademie Verlag, 2009, p. 129-143), a estreita relação, na obra de LEIBNIZ, entre *o melhor dos mundos possíveis* e o conceito da *harmonia universal*.
97. G. W. LEIBNIZ, **Textes inédits** (ed. cit., 1998, tome I, p. 262).
98. A respeito de PUFENDORF e sua obra, ver **Tratado** (tomo 9 – **Direito internacional no tempo de Samuel Pufendorf**, cap. 20).
99. G. W. LEIBNIZ, **Die Theodizee** (orig. publ. **Essais de Théodicée**, 1710, ed. cit., 1968). Ver tb., neste tomo, o item 22.1 – *direito segundo LEIBNIZ*.
100. Gottfried Wilhelm LEIBNIZ, **Textes inédits** – d'après les manuscrits de la Bibliothèque provinciale de Hanovre (publiés et anotés par Gaston GRUA, Paris: PUF, orig. publ. 1948, 2ᵉ éd., 1998, tome II, section V – *Liberté et optimum*, p. 494, nota 449): "Hâtivement

WOLFF lecionou em Leipzig até ser chamado, em 1706, para ocupar a cátedra de professor de filosofia na universidade de Halle.[101] Nesta permaneceu por duas décadas, até se ver envolvido em controvérsia, armada por intrigas de seus colegas da área teológica:

> Essa foi a época de dedicação, por assim dizer, total à sua dupla tarefa, que ele tão gloriosamente desempenhou, de ensinar a verdade, de viva voz e por escrito. Ele, doravante, nada mais teve, de tão engajado – *rien plus à cœur* –, do que formar a juventude que estudava com ele, para não se deixar levar nem por palavras nem por autoridades, mas a se fazer, por si mesma, ideias distintas, segundo as quais pudesse julgar, e das quais tivesse usos reais nas ciências, e mesmo na vida comum.[102]

Depois de ter publicado numerosos textos importantes sobre questões de matemática e de física, WOLFF, a partir de 1709, dedicou-se ao ensino de todas as partes da filosofia. Ele constrói abrangente sistematização filosófica. Para tal propósito, começou por breve lógica latina, depois também publicada em alemão e em francês.[103]

---

rédigé depuis janvier 1707, le brouillon de la **Théodicée** est confié à WOLFF, pour être copié en partie, de juin à septembre 1707."

101. Registra J.-H. S. FORMEY, *Mémoire abrégé sur la vie et les ouvrages de Mr. le Baron De WOLFF* (op. cit., 1758, ed. 1990, p. XXXI-XXXII) convite da Universidade de Halle, mas para ser professor de *matemática*: "Les universités de Giessen et de Halle demandèrent en même temps M. de WOLFF pour être professeur de mathématiques. Il se détermina pour la dernière et s'y rendit en 1707. La même année il fut agrégé à la société de Leipzig, qui travaille aux **Acta eruditorum**."
102. J.-H. S. FORMEY, *Mémoire abregé sur la vie et les ouvrages de Mr. le Baron De WOLFF* (op. cit., 1758, ed. 1990, p. XXXI-XXXII).
103. Intitulada *Pensamentos sobre as forças do entendimento humano*, a respeito da qual se manifesta FORMEY, *Mémoire abregé* (op. cit., 1758, ed. 1990, p. XXXII), como um primeiro passo de importante sequência de obras que WOLFF publicaria, nas décadas seguintes.

> Quando se pensa nos volumes que se seguiram a esse ensaio, a essa bela sequência de obras alemãs e a seguir latinas, que foram publicadas sucessivamente e sem interrupção durante quase meio século, não se pode deixar de reconhecer os serviços que esse grande homem prestou às ciências, e o feliz uso que fez do gênio, mais extenso e mais consistente, que talvez tenha jamais existido.[104]

Ao mesmo tempo, se estendia a repercussão da obra de WOLFF, tendo este sido convidado a integrar as sociedades reais de ciências da Grã-Bretanha e da Prússia. Ao convite, para se tornar conselheiro do rei da Prússia, se somaram aumentos aos seus vencimentos universitários. Mas "toda essa prosperidade foi sacudida por uma tempestade das mais violentas".[105]

Em 12 de julho de 1721, depois do expediente como vice-reitor, WOLFF fez, em latim, preleção sobre *a moral dos chineses*, na qual elevava muito a filosofia dessa nação, e não deixou de assinalar a conformidade desta com os princípios de seu sistema.[106] Aproveitando-se do ensejo, os teólogos de Halle se declararam escandalizados, pelos elogios a país e tradição não cristãos, e desencadeiam campanha articulada para derrubar WOLFF de sua cátedra universitária.

---

104. Em lugar dos comentáarios mitigados e críticas mais ou menos veladas de outros, FORMEY faz, no *Mémoire abregé sur la vie et les ouvrages de Mr. le Baron De WOLFF* (op. cit., 1758, ed. 1990, p. XXXII), rasgados elogios sobre o gênio e a operosidade de WOLFF, cuja relevante produção intelectual se estende por décadas: "Quand on pense aux volumes qui ont suivi cet essai, à cette belle suite d'ouvrages allemands et ensuite latins, qui ont paru successivement & sans interruption pendant près d'un demi-siècle, on ne sauroit aller reconnoître les services que ce grand homme a rendus aux sciences, & l'heureux usage qu'il a fait du génie le plus étendu & le plus conséquent qui ait peut-être jamais existé."
105. Expressão utilizada por FORMEY, *Mémoire abregé* (op. cit., 1758, ed. 1990, p. XXXII-XXXIII).
106. Christiani WOLFFI, **Oratio de sinarum philosophia practica** – in solemni panegyri recitata in ipso Academiae Hallensis (1721, Francofurti ad Moenum: apud Joh. B. Andreae & Heinr. Hort., MDCCXXVI).

Já no dia seguinte, de várias cátedras soaram anátemas contra a doutrina, pretensamente perniciosa, do professor WOLFF. Os intolerantes acabaram por abalar a brilhante e laboriosa carreira de WOLFF, na universidade de Halle. As opiniões, então manifestadas por WOLFF, e as cabalas contra ele desencadeadas, acarretam a perda da benevolência do rei FREDERICO GUILHERME I, que obrigam WOLFF à demissão do seu posto acadêmico, em 1727, com obrigação de deixar imediatamente o território prussiano.

Depois desse incidente, muito conhecido,[107] mas por vezes diversamente reportado,[108] passou WOLFF a ser professor na universidade de Marburgo.

---

107. Obra de divulgação e de caráter geral informativo como Peter WATSON, em seu **The German Genius** – Europe's Third Renaissance, the Second Scientific Revolution and the Twentieth Century (© 2010, Londres: Simon & Schuster, 2011, p. 136-137), não deixa de mencionar Christian WOLFF e o episódio de sua demissão da Universidade de Halle, mas descrito de modo diverso do que o fazia L. OLIVE (1904, referido na nota seguinte). Refere P. WATSON (2011, p. 136-7): "Christian WOLFF, the son of a tanner, is sometimes called the *prelector*, or teacher of Germany. Notoriously ordered out of Halle in 1723, because he argued, unwisely, that 'reason does not allow itself to be ordered about' he was much taken with mathematics because it comprised connected knowledge, connected logically. He tried to apply a similar reasoning to psychology; he thought the soul's nature could be understood empirically, scientifically, so he too was replacing theological with psychological understanding."
108. Outras fontes referem WOLF – com somente um "F" – como nascido em Breslau em 24 de janeiro de 1674; e que teria passado à Universidade de Halle, não em 1706, mas em 1707, e isso mediante recomendação de seu mestre, LEIBNIZ, do qual começara a divulgar a doutrina. Em 1721, acusado de propagar ideias heréticas e perigosas, foi expulso da Prússia. *Si non è vera, è ben trovata* a explicação de L. OLIVE, *Wolff* (in **Les fondateurs du droit international**, 1904, p. 447-479, cit. p. 446-447): "On raconte à ce propos que le roi Frédéric-Guillaume Ier. s'informa à cette occasion de ce qu'était cette théorie de l'harmonie préétablie, dont on parlait beaucoup alors, et que WOLFF était accusé d'enseigner à l'Université de Halle. Un courtisan lui répondit 'que tous les soldats, selon cette doctrine, n'étaient que de pauvres machines, et que, quand quelques-uns désertaient, c'était une suite nécessaire de leur structure, et qu'on avait tort, par conséquent de les punir, comme si on punissait une machine pour avoir produit tel ou tel mouvement.' Le roi se fâcha si fort sur ce rapport, qu'il donna ordre de chasser M. WOLFF de Halle, sous peine d'être pendu s'il s'y trouvait encore au bout de vingt-quatre heures. WOLFF se rendit dans l'état de Hesse-Cassel, où il fut chargé d'enseigner les mathématiques et la philosophie à l'Université de Marbourg, avec le titre de conseiller de cour du Landgrave de Hesse. En 1741, après l'avènement de Frédéric II, il fut rappelé en Prusse, où sa chaire lui fut rendue. Il mourut en 1754."

Em 1740, logo depois da sua ascensão ao trono da Prússia, o rei FREDERICO II (1712-1786) convida WOLFF a voltar para Halle, aonde retornou para atuar como professor de direito internacional, direito natural e matemática da universidade de Halle. Atendendo a convite de FREDERICO II, assumiu WOLFF a condição de Conselheiro Privado Prussiano – *Preusischen Geheimer Rath*.

Em 1744, tornou-se reitor – *Canzler* – de sua universidade. Em 1745, recebeu WOLFF o seu título de nobreza – *in den Reichsfreyherrnstand erhoben*, nomeado barão do Sacro império romano da nação alemã, além de senhor hereditário e legal de Klein-Dölzig. WOLFF foi, também, professor honorário da Academia Imperial de São Petersburgo. E, ainda, membro das academias reais de ciências de Paris, de Londres, de Berlim, de Bolonha e de Estocolmo. Ele morreu em 9 de abril de 1754.

Não terá sido o fato de chamar de volta WOLFF a única diferença de orientação e de estilo entre pai e o filho, FREDERICO II, no governo da Prússia.[109] Mas também, cumpre reconhecer, WOLFF então se tornara o mais influente filósofo, nos países de língua alemã, com considerável influência sobre outros pensadores, no contexto do 'iluminismo'.[110] Sua reputação se estende, além dos países de língua

---

Por sua vez, Dietrich Heinrich Ludwig von OMPTEDA, **Literatur des gesamten natürlichen und positiven Völkerrechts** ("Neudruck der Ausgabe Regensburg, 1785", edição fac-similar Aalen: Scientia Verlag, 1963, § 93-95, p. 320-328, cit. p. 321) observava que C. WOLFF publica, em 1749, no seu septuagésimo ano de vida – "und gab 1749, im 70sten. Jahre seines Alters" –, sua obra **Ius gentium methodo scientifico pertractatum**, o que assinalaria seu nascimento em 1679, como igualmente se considera neste capítulo.

109. Ver, dentre outros: Jacob BURCKHARDT, **Das Zeitalter Friedrichs des Grossen** ("herausgegeben von" Ernst ZIEGLER, mit einem Essay von Hans PLESCHINSKI, Munique: Beck, 2012); Johannes KUNISCH, **Friedrich der Grosse** – Der König unz seine Zeit (Munique: Beck, © 2011, 2ª ed. 2012); Theodor SCHIEDER (1908-1984), **Friedrich der Grosse** – Ein Königtum der Widersprüche (1983, Berlim – Munique: Propyläen, 2002).

110. Ver **Tratado** (tomo 11 – **Direito internacional no tempo do iluminismo**). S. MARTUS, **Aufklärung** – das deutsche 18. Jahrhundert – ein Epochenbild (Berlin: Rowohlt, 2015, Teil I – 1680-1726: Die Anfänge der Aufklärung, cap. 2 – *In der Gelehrtenrepublik:*

alemã, também para a França, ainda que os enciclopedistas franceses nem sempre reconheçam suas dívidas para com WOLFF, o pensador e o jusinternacionalista.

Pelo conjunto de sua obra, Christian WOLFF foi um grande sistematizador de todas as áreas do conhecimento, e sua atuação estendeu-se da lógica à teoria geral do conhecimento jurídico, passando pela filosofia pura – ontologia, cosmologia, psicologia racional e empírica, teologia natural – à filosofia prática – ética, direito natural, direito das gentes, política e economia. A sua formulação original do sistema, em alemão, foi revista e ampliada em latim, para alcançar amplo público europeu.

A extensão e a variedade da obra de WOLFF são impressionantes e podem ser facilmente constatadas, mesmo nos atendo somente às obras deste de caráter geral, tais como:

- a filosofia pura – com a sua **Philosophia prima, sive Ontologia** (1730-1758);
- a cosmologia – com a **Cosmologia generalis** (1731-1759);
- a 'psicologia' – com as suas **Psychologia empirica** (1732-1760) e a **Psychologia rationalis** (1734-1761);
- a teologia – com a **Theologia naturalis** (1736-1762);
- além da filosofia dita 'prática', ou **Philosophia practica universalis** (1738-1763);
- no campo do direito internacional, os já mencionados **Jus naturae methodo scientifica pertractatum** (1740-1748), em oito volumes; **Jus gentium methodo scientifica pertractatum** (1749-1765) e as **Institutiones juris naturae et**

die Universität als Staatsprogramm, p. 92-154, cit. p. 117-118): "WOLFF fascinou seus seguidores, tendo, por seus próprios méritos, chegado ao cume das honras que um erudito pode almejar. Ele encarnou o tipo do 'sábio universal' – *Weltweisen* – a quem imperadores, reis e príncipes competiram em procurar e honrar."

gentium (1750-1766) – como versão resumida da grande obra sobre direito natural e das gentes; e ainda

- sobre a ética – com a sua **Philosophia moralis, sive Ethica** (1750-1767).

No direito internacional, inova WOLFF ao aplicar aos estados e às relações internacionais as premissas do direito natural, e por construir um sistema jurídico – de fundamentação 'natural' – para servir de arcabouço para a convivência entre os sujeitos de direito das gentes. Ele inova ao colocar, como coroamento de seu sistema, a ideia da *civitas maxima*, o mecanismo de solução de controvérsias interestatais, por meio da institucionalização.

WOLFF chama o direito internacional geral – *jure gentium in genere* – de "o que povos diversos aceitam entre si, enquanto pessoas livres, vivendo em estado de natureza, como obrigações naturais".[111] Direito natural, aplicado aos povos, seria o direito das gentes, necessário ou natural – *Jus naturale ad gentes applicatum, vocatur Jus gentium necessarium, vel naturale*. Este que, segundo WOLFF, também poderia ser chamado de direito imutável – *Jus immutabile*.[112]

Como se deu com a maioria dos jusnaturalistas do início da idade moderna, ainda estendeu WOLFF a sua ideia de direito natural "também para ser aplicada aos estados, embora, segundo ele, os dois não fossem idênticos". O que representa inovação, em relação a todos os autores anteriores, na área do direito internacional.

Isso porque "a teoria do direito natural, em questão, era essencialmente neoescolástica, pressupondo visão teleológica da vida

111. Christ. L. B. de WOLFF, **Institutiones** (1749, ed. 1763, *Pars IV – De jure gentium*, caput I – *de jure gentium in genere*, p. 669-673).
112. Christ. L. B. de WOLFF, **Institutiones** (1749, ed. 1763, *Pars IV – De jure gentium*, caput I – *de jure gentium in genere*, p. 669-673).

humana, tanto individual quanto coletiva, em consonância com a qual o destino natural da humanidade era a perfectibilidade".[113] A concepção de WOLFF se põe em contraste com a concepção de PUFENDORF, esta pautada pela sociabilidade.[114]

A perfectibilidade era entendida como conjunto, abrangendo a realização de nossas habilidades naturais, em harmonia conosco e com os outros, e a felicidade, que deriva do entendimento racional de que qualquer instância particular de perfeição é parte do desígnio geral de perfeita felicidade na criação.

A força, propulsora da busca da perfeição, é a compreensão racional – *rational insight* – da condição humana e do lugar desta no conjunto geral do sistema da natureza, como concebido pela divindade. Nossa liberdade moral de sermos obrigados pelo direito natural, simplesmente consiste na compreensão racional; somente a deficiência intelectual ou (a intencional paixão) irracional nos deixarão privados de liberdade e incapazes de assumir tal obrigação.

O cerne da teoria de WOLFF é essa concepção, altamente intelectualizada, da perfeição, felicidade, liberdade moral e obrigação perante o direito natural que, ao mesmo tempo, descreve e prescreve o caminho para os nossos fins naturais. Cada indivíduo tem o direito, natural e inalienável, de buscar a perfeição, segundo a sua compreensão pessoal. Esse direito é atribuído como o dever natural de buscar tal perfeição. Contudo, a compreensão pode incluir a preferência por não exercer o direito natural, e em lugar disso, confiar no discernimento de outras pessoas. A primeira situação é o 'estado

113. Knud HAAKONSEN, *Christian WOLFF 1679-1754* (in **The Oxford Handbook of the History of International Law**, edited by B. FASSBENDER e A. PETERS, Oxford: Univ. Press, 2012, cap. 50, p. 1106-1109, cit. p. 1106 e 1107).

114. Como se examina no **Tratado** (tomo 9 – **Direito internacional no tempo de Samuel Pufendorf**, cap. 20).

original' da liberdade natural; a segunda, é o estado superveniente, ou seja, a condição humana, com relação aos governos. Quando esse estado superveniente se mostra como a melhor maneira de maximizar a perfeição e a felicidade, o direito natural prescreve que o povo exerça a sua liberdade natural para abrir mão do exercício futuro dessa liberdade. Essa é a ideia básica de WOLFF, do pacto como fundamento de todo governo.[115]

A partir dessa concepção, aplicável ao governo de cada estado como a mais alta forma de ordenação da vida, em sociedades politicamente organizadas sob a forma de estados, WOLFF inova, ao ampliar o escopo de sua reflexão para o desdobramento lógico e inovador desta, na busca da perfectibilidade humana, na implicação da sua teoria de direito natural, para abranger uma sociedade universal, que alcançasse a humanidade como um todo. Ele a chamou de *civitas maxima*, a sociedade máxima, ou – para transpor o conceito para termo corrente, em nosso contexto pós-moderno – a 'sociedade global':

> É o direito natural básico da perfectibilidade que vincula e reúne todas as formas de vida humana, da sociedade familiar, passando pelas instituições feudais e corporativas, até a sociedade civil, e a sociedade maior de todo o gênero humano. No seu potencial natural, o inteiro

115. K. HAAKONSEN (cap. cit., 2012, p. 1107): "The point of it is not a genetic, quasi-historical justification, it is a conceptual clarification: relations of governance 'mean' that those who govern are judges of the perfectibility of the collective. This judgment as well as the 'original' motives for the contract may be good, bad or indifferent, like all other actual judgments." E isso porque "The basic adventitious society is pre-political, consisting of private property relations and familial and feudal organizations. The major step beyond this is civil society, which is conceived as a contractual relationship, not between individuals, as in the adventitious society, but between groups, such as households and (feudal) estates, represented by their heads. The justification also of this kind of society is to find the most effective means of perfectibility, and to this end WOLFF formulates in considerable detail the idea of a total welfare and security state."

sistema de criação moral é perfeitamente ordenado, de tal modo que todas as instâncias da busca da perfeição, combinadas com a da felicidade, por indivíduos ou coletividades, desempenham algum papel no perfazimento dessa felicidade total ou beatitude. Tais relações, em outras palavras, são logicamente necessárias, segundo o entendimento de WOLFF. Objetivamente falando, sempre existe modo correto de agir; em situações de conflito, um dos lados está em seu direito. Contudo, na realidade, cada pessoa, individualmente considerada, ou sociedade específica está sujeita a contingências históricas, que decorrem da ignorância e das paixões. Assim, uma coisa são as relações sociais, que são necessárias em decorrência do direito natural, outra são os pactos, efetivamente celebrados pelos indivíduos, com razão ou sem ela, de modo sábio ou não, criando as sociedades históricas, nas quais ingressam os indivíduos e nas quais o direito natural tem, agora, de ser observado. E isso é importante, para o direito das gentes.

As sociedades civis cuidam de suas limitações, impostas historicamente, por meio da criação do direito positivo, que adere, tanto quanto possível, às obrigações do direito natural. Analogamente, a sociedade universal – *societas maxima* – tenta fazer face às suas circunstâncias históricas, por meio do direito das gentes voluntário, que se pauta pelo direito das gentes necessário, tão próximo quanto possível. O direito das gentes necessário é o direito natural, aplicável às relações entre as sociedades civis do mundo.[116]

Além do direito das gentes necessário – direito natural, aplicável às relações entre as sociedades civis do mundo – e do direito das gentes voluntário, WOLFF opera com o direito das gentes que

116. K. HAAKONSEN (cap. cit., 2012, p. 1107-1108).

resulta de pactos entre as sociedades, bem como do costume, mas considera o direito das gentes voluntário como o mais importante. Justamente por ser este livremente pactuado; decorre de escolha e de engajamento 'voluntário'.

A sociedade universal não tem e não pode ter governo único, porquanto é constituída pelo conjunto dos governos das sociedades civis. De outro modo, tautologicamente, deixaria tal sociedade de ser 'internacional'. E as relações entre estas deixariam de ser 'internacionais' para serem regidas por direito 'interno', seja este constitucional ou administrativo, o que não parece ser percebido pelos defensores de formas de governança mundial unificada.

O direito das gentes voluntário existe 'como se' dispensado por único soberano, o que, em nossos tempos, se designa sob o conceito de normas cogentes de direito internacional geral – *jus cogens*. Esse poder supremo é constituído por meio de pactos entre as sociedades civis, que resultam do direito das gentes necessário, e a *societas maxima* é, assim, a 'democracia direta', composta pelo concurso de todos os estados. Contudo, "dado que as sociedades civis do mundo não podem, literalmente, se reunir para formular a lei que passe a reger as suas relações, o direito das gentes voluntário precisa ser considerado como aquele que é 'aprovado pelas nações mais civilizadas'".

Já SUAREZ tinha, antes, enfrentado essa mesma questão. Este, em sentido semelhante, afirmava se poderia considerar o direito internacional como emanado de expressão da vontade coletiva, desde que resultante do consenso de número considerável de participantes da sociedade internacional.[117]

117. Como se examina no **Tratado** (tomo 6 – **Direito internacional no tempo de Suarez, Gentili e Zouch**, cap. 15 – *Francisco SUAREZ (1548-1617)* e item 15.1 – *herança crítica e recepção da obra de SUAREZ*).

Em ulterior analogia com a sociedade civil, a soberania da *civitas maxima* implica que tenha esta alguma regência – *rector* – à qual essa soberania seja transferida. Tanto a sociedade máxima, a soberania desta e o seu regente são ficções jurídicas, ficções estas decorrentes do direito natural, quando este é chamado a regular o mundo de sociedades civis, e do dever básico, imposto por esse direito, de manutenção dessas ficções, no sentido de as tornar efetivas no mundo real.[118]

Decorrência do caráter igualitário e não hierarquizado da sociedade internacional, ambas ou todas as partes, em determinada controvérsia, podem ter alguma justiça em suas reclamações. Embora, segundo o direito das gentes necessário, nas controvérsias entre sociedades politicamente organizadas, exista objetivamente um lado que esteja com a razão e outro que não esteja, pode-se, contudo, por meio do direito das gentes voluntário, considerar difícil, se não impossível, negar totalmente a 'validade' das razões que alegue uma das partes em conflito.

No exercício desses direitos, as sociedades soberanas estão obrigadas, pelo direito das gentes necessário, a se absterem, por exemplo, de matar não combatentes ou de fazer saque de cidades vencidas em batalha. Esses mesmos atos, durante conflitos armados, não podem ser justificados, tampouco pela parte do direito das gentes voluntário; muito embora tais atos possam, de fato, serem admitidos como práticas costumeiras observadas *de facto*. Nesse

118. K. HAAKONSEN (cap. cit., 2012, p. 1108): "Each civil society is in itself a legal fiction, a juridical person characterized by its sovereignty, understood as freedom to choose for itself. In this regard, all civil societies are equal; without sovereignty, no civil society. Consequently, each sovereignty's opinion of the justice of its actions must be considered to be of equal status".

sentido, segundo WOLFF, o direito das gentes *necessário* tem por escopo limitar o direito das gentes *voluntário*.

Apesar da sua aberta oposição à concepção *institucionalista* da *civitas maxima* de WOLFF, no final do século XVIII, Dietrich von OMPTEDA, ao examinar "a literatura de todo o direito internacional natural e positivo",[119] não deixava de reconhecer os méritos deste:

> Dentre os escritores do direito internacional natural, destaca-se, como já mencionado, de modo muito especial, Christian Freyherr von WOLFF. A este se reconhecem, indiscutivelmente, extraordinários méritos, pois alcançou reputação mundial em todos os campos das ciências filosóficas, e dentre estas, como poderia ter deixado de tratar de tão nobre parte destas, como o direito internacional natural, com sua atenção e seu tratamento útil da matéria, visando ao aperfeiçoamento da mesma?[120]

Von OMPTEDA chamava de 'ficção' a concepção da *civitas maxima* almejada em WOLFF, como uma "república geral de todos os povos".[121] Esta, até hoje não realizada, e não realizável, não deixa, contudo, de ter sido concepção de longo alcance e de múltiplos

119. Dietrich Heinrich Ludwig von OMPTEDA, **Literatur des gesamten natürlichen und positiven Völkerrechts** ("Neudruck der Ausgabe Regensburg 1785", Aalen: Scientia Verlag, 1963, *III. Epoche – Neuere Geschichte der Völkerrechtswissenschaft von WOLFF und MOSER bis auf jetzige Zeiten* (1740-1784), § 92, p. 319 ss.).

120. Von OMPTEDA (op. cit., 1785, reed. 1963, § 93, p. 320-321): "Unter den Schriftstellern des natürlichen Völkerrechts zeichnet sich, wie wir bereits eben erwähnet haben, vor allen Christian Freyherr von WOLFF aus. Wem sind voll die ungemeine Verdienste unbekannt, die dieser grosse Weltweise sich um alle Theile der philosophischen Wissenschaften erworben hat, und wie hätte hiebey ein so edler Theil derselben, als das natürliche Völkerrecht ist, seiner Aufmerksamkeit und nützlichen verbessernden Bearbeitung entgehen könnte?"

121. Von OMPTEDA (op. cit., 1785, reed. 1963, § 94, *'Wolfs Begriffe von den verschiedenen Arten des Völkerrechts. Dessen Fiction einer allgemeinen Völkerrepublik'*, p. 321-327).

desdobramentos, que, por exemplo, de certo modo, foi precursora das tentativas de institucionalização do direito internacional, no curso do século XX.[122]

É curioso ver formulados, ao mesmo tempo, grandes elogios à obra de WOLFF e repudiada a concepção central deste a respeito da institucionalização da sociedade internacional – por meio da *civitas maxima*. E seja essa concepção afastada, como fizeram VATTEL, em 1758,[123] e também OMPTEDA, em 1785. Com mais fidelidade à lição original de WOLFF, se exprimia FORMEY, também em 1758.[124]

Além de todas as suas obras filosóficas, a notável reputação de WOLFF foi adquirida em razão do esforço deste, em sua monumental obra "sistema do direito natural", publicada em oito volumes, de 1740 a 1748, em que procurou reunir a moral, o direito natural e o direito internacional em sistema logicamente ordenado e coeso, que coroa com as supervenientes obras sobre o direito das gentes e o sumário do conjunto. "Estas três partes da sabedoria mundial ele tratou com notáveis precisão e desenvolvimentos, como nunca se tentara antes."[125]

WOLFF aplicou a doutrina dos deveres naturais a todos os casos específicos que pudessem ter influência sobre a jurisprudência e a política. Ele também tratou do direito geral do estado. Em suma, WOLFF desenvolveu de modo claro e tornou, assim, frutífero incontável número de conceitos que se desdobram por vários campos do conhecimento.

122. Ver, neste capítulo, item 22.2 – *reputação e legado de WOLFF*.
123. Ver, a respeito de VATTEL, **Tratado** (tomo 12 – **Direito internacional no tempo de Vattel e von Martens**).
124. Compare-se o exame da obra de Christian WOLFF feito com o resumo, em três tomos, **Principes du droit de la nature et des gens** ("extrait du grand ouvrage latin de Mr. de WOLFF par Mr. [Jean-Henri Samuel] FORMEY", Amsterdam: chez Marc Michel Rey, 1758, 3 vols. edição fac-similar Caen: Centre de philosophie politique et juridique, 1990, *Préface*, p. XVI): "Tel est le plan général du droit de la nature et des gens; j'ai dit que les notions qui lui servent de principes, en supposent d'autres qu'il faut puiser dans la philosophie pratique universelle."
125. Von OMPTEDA (op. cit., 1785, reed. 1963, § 93, p. 321).

Depois dessa obra considerável, Christian WOLFF se voltou especificamente para o direito internacional, e, ao completar setenta anos, publicou, em 1749, a obra que continha o seu sistema deste – um dos seus últimos escritos – com o longo título **Ius gentium methodo scientifica pertractatum, in quo ius gentium naturale ab eo, quod voluntarii, pactitii et consuetudinarii est, accurate distinguitur** – ou direito das gentes tratado por método científico, no qual o direito internacional natural se distingue precisamente do voluntário, do pactuado e do consuetudinário.

Consiste essa obra de WOLFF, de 1749, nos capítulos seguintes, cuja enumeração é relevante apontar:

- cap. I – dos deveres dos povos e dos direitos nascentes – *de officiis gentium erga se ipsas ac inde nascentibus iuribus*;
- cap. II – dos deveres dos povos e dos direitos estabelecidos – *de officiis gentium erga se invicem ac inde nascentibus iuribus*;
- cap. III – do domínio dos povos e direitos conexos – *de dominio gentium et iuribus cum eodem connexis*;
- cap. IV – dos pactos, alianças e promessas entre os povos – *de foederibus et aliis pactionibus gentium ac sponsionibus*;
- cap. V – dos modos de solução de controvérsias entre os povos – *de modo componendi controversias gentium*;
- cap. VI – do direito da guerra entre os povos – *de iure belli gentium*;
- cap. VII – do direito das gentes na guerra – *de iure gentium in bello*;
- cap. VIII – da paz e dos pactos de paz – *de pace et pactione pacis*;
- cap. IX – do direito de legação – *de iure legationum*.

Esta, como dito, constitui obra independente, mas também pode ser vista como o nono volume do seu grande tratado sobre o direito natural. Ao mesmo tempo em que perfaz o conjunto, repousa sobre a fundamentação por WOLFF antes expendida.

Daí a centralidade da sua concepção sobre o ser humano como fundamento de todo o direito, na obra de WOLFF. E da atuação do ser humano sobre si mesmo, como nas relações entre indivíduos constituindo sociedades civis, e as relações entre estas constituindo o direito internacional.

A respeito desse encadeamento, ou tratamento independente da matéria, o próprio WOLFF mencionava no 'prefácio': "pois se tivesse sido, em verdade, mais obstinado do que se admita, se poderia separar o direito das gentes do direito natural; para nós, que o escrevemos, o presente volume é chamado de parte nona do direito natural."[126]

WOLFF consolidou conceitos a respeito das várias espécies de direito internacional.[127] Ele critica os seus predecessores, por não as exporem claramente. Aqui, WOLFF assim se exprime, em relação às várias categorias do direito internacional:

> da mesma forma, a condição humana, na convivência politicamente organizada – *civitas* –, encontra modo de satisfazer o que sozinha não poderia alcançar; assim, semelhante é a condição dos povos, que podem

126. Chr. WOLFF (op. cit., 1749, Prefácio): "Quo si vero quis obstinatior fuerit, quam ut admittat, ius gentium a iure naturae separari; per nos volumen praesens, quod de eo condidimus, partem nonam iuris naturae appellet."

127. Von OMPTEDA (op. cit., 1785, reed. 1963, § 94 – *Wolfs Begriffe von den verschiedenen Arten des Völkerrechts. Dessen Fiction einer allgemeinen Völkerrepublik*, p. 321-327): "Der Titel zeigt schon, dass WOLF einen Unterschied zwischen dem *iure gentium naturali, voluntario, pactitio et consuetudinario* macht, und er ist unstreitig der erste von allen, die hierunter mit völliger Richtigkeit distinguiret haben, daher es der Mühe werth seyn wird, mit wenigem hier diese Wolfische Distinction, nach welcher zuerst vier besondere Arten des Völkerrechts entstehen, zu erläutern, und besonders zu untersuchen, was WOLF unter den *iure gentium voluntario*, in so ferne er dasselbe dem *iure pactitio* und *consuetudinario* contradistinguiret, verstehe."

paliar os rigores do direito internacional natural, este tanto imutável como não mudado, e como natural, nem sempre pode ser utilizado por todos. E, desse modo, se põe no interesse de todos os povos que exista direito internacional, entre estes pactuado, que possa servir a todos, e cujo caráter vinculante, como no direito natural, obriga naturalmente a todos, e não menos do que este, decorre do consenso dos povos, que todos o considerem como expressão de direito comum – e este direito, de modo semelhante a GRÓCIO, mas mais estrito do que ele, denominaria direito internacional voluntário.[128]

Depois de tal – longa e complexa – explanação, todavia, se pode considerar[129] permanecer pouco clara que espécie de 'positivação' das leis naturais tinha em mente WOLFF, para distinguir, de um lado, 'leis naturais' e, de outro, 'direito internacional voluntário'. Comentava a respeito OMPTEDA:

> não posso acompanhar WOLFF, quando ele chama tal direito de direito internacional voluntário – *willkürliches Völkerrecht*. Essa denominação pode ser aplicada, ao menos, a todas as espécies de – *allen*

128. C. WOLFF (op. cit., 1740, *prefácio*, p. 3) logo no início da obra: "quemadmodum ea est hominum conditio, ut in civitate rigori iuris naturae per omnia ex asse satisfieri non possit, ac propterea legibus positivis opus sit, quae neque in totum a naturali iure recedunt, nec per omnia ei serviunt; ita similiter gentium ea est conditio, ut rigoris iuris gentium naturali per omnia ex asse satisfieri nequeat, atque ideo ius istud in se immutabile tantisper immutandum sit, ut neque in totum a naturali recedat, nec per omnia ei serviat. Quoniam vero hanc ipsam immutationem ipsa gentis communis salus exigit, ideo quod inde prodit ius, non minus gentes inter se admittere tenentur, quam ad iuris naturalis observantiam naturaliter obligantur, et non minus istud quam hoc salva iuris consonantia pro iure omnium gentium communi habendum. Hoc ipsum autem ius cum GROTIO, quamvis significatu non prorsus eodem, sed paulo strictiori ius gentium voluntarium appellare libuit."
129. Von OMPTEDA (op. cit., 1785, reed. 1963, § 94, p. 321-327): "Bey aller dieser umständlichen Erklärung bleibet es gleichwohl noch immer dunkel, welche Art von positiver näherer Bestimmung der Naturgesetze für die Völker WOLF unter dem *iure voluntario* verstehe."

Arten – de direito internacional voluntário, mesmo quando se trata de muito menos voluntário do que o direito costumeiro, ou o resultante de tratados, muito mais à vontade dos povos, cujo consentimento, nesses casos, sem perguntar a eles, dificilmente pode ser presumido, e assim nada resta que não dê ocasião a dúvidas quando se chama uma coisa, de modo tão inadequado, como se dá neste caso, que WOLFF, tão correto e bem fundamentado, no direito internacional, tenha aposto nome tão pouco adequado – *einen so wenig anpassenden Namen beygeleget* –, e, com isso, acarretado que nenhum dos que o sucederam o tenha entendido corretamente, e daí decorre que essa inteira categoria do direito internacional – *speciem iuris gentium* – tenha ficado desconhecida e, ainda, por muitos, assim permaneça.[130]

Pode ser útil fazer comparação com o uso do mesmo termo 'direito internacional voluntário' – *ius voluntarium gentium* –, tal como este ocorre em GRÓCIO,[131] que neste se fazia em compreensão muito mais abrangente, mediante inclusão de todos os fundamentos do direito internacional, não decorrentes do direito natural, mas

130. Von OMPTEDA (op. cit., 1785, reed. 1963, nota "d", p. 326): "Ich bereue es nicht, demselben diesen Namen beygelegt, und es nicht mit WOLF willkürliches Völkerrecht gennant zu haben. Denn letztere Benennung kommt demselben gerade von allen Arten des positiven Völkerrechts am wenigsten zu, da daselbe weit weniger willkürliches als das Gewohnheits- und Vortragsvölkerrecht mit sich führet, vielmehr der Willkühr der Völker, deren Einwilligung in solches, ohne sie zu fragen, schlechterdings präsumiert wird, durchaus nicht übrig lässet; und wie es nicht zu Verwirrungen Anlass giebet, wenn man eine Sache auf eine gar zu uneigentliche benennet, so hat gewiss auch dieses, dass WOLF dieser an sich sehr richtigen und gegründeten Art des Völkerrechts einen so wenig anpassenden Namen beygeleget, mit dazu Anlass gegeben, dass keine Nachfolger ihn nicht gehörig verstanden, und daher diese ganze *Speciem iuris gentium* verkannt haben, und noch vielfältig verkennen."

131. H. GRÓCIO, **De iure belli ac pacis** (1625, Livro I, cap. I, § 14): "quod gentium omnium aut multarum voluntate vim obligandi accepit". Ver, sobre GRÓCIO, **Tratado** (tomo 7 – **Direito internacional no tempo de Hugo Grócio**, cap. 18).

resultantes da vontade dos povos, como também incluía o direito internacional consuetudinário.

O próprio WOLFF esclarece a sua compreensão a respeito das distintas categorias do direito internacional:[132]

- o direito das gentes voluntário – *ius gentium voluntarium* – é aquele que goza do consenso presumido dos povos – *consensum gentium praesumtum*;
- o direito das gentes pactuado – *pactitium* – é aquele que decorre de consenso expresso – *consensum expressum*; e
- o direito das gentes consuetudinário – *consuetudinarium* – tem como fundamento o consenso tácito dos povos – *consensum tacitum*.

É fácil compreender a categoria de direito internacional, decorrente de tratados, que se cria por consentimento *expresso*; e a categoria de direito internacional, decorrente de costume, que se cria por consentimento tácito. Mas é menos claro compreender a categoria do direito internacional voluntário – criado por consenso *presumido*.

O consenso, até hoje, pode ser tema de grandes debates no direito internacional, não somente quanto à natureza como à sua aplicação, no processo de tomada de decisões, conforme se dá em determinadas organizações internacionais. E, além de suas dificuldades conceituais, apresenta também dificuldades para ser, na prática, manejado.

A essa classificação tripartite estabelecida por WOLFF, retrucava, uma vez mais, OMPTEDA.[133] Daí decorre que o direito internacional

---

132. C. WOLFF (op. cit., 1740, prolegomena, § 25).
133. Von OMPTEDA (op. cit., 1785, reed. 1963, § 93-95, p. 320-328, cit. p. 323): "woraus sich denn nunmehro hinlänglich ergiebet, daβ das Wolfische *ius gentium voluntarium* nichts anders als das jenige sey, welches ich oben (vorläuf. Abhandl., § 3) mit den Namen des modificirten natürlichen Völkerrechts beleget habe."

voluntário – *ius gentium voluntarium* –, segundo WOLFF, nada mais é do que o próprio OMPTEDA, em passagem anterior da mesma obra,[134] chamava de direito internacional natural modificado – *modificirten natürlichen Völkerrechts* –,[135] e teria como base "a convicção geral dos povos civilizados", e, sem a observância de tal requisito, esse bem comum não poderia ser estabelecido. E, como observava OMPTEDA, acreditava WOLFF não se enganar, quando punha "a fundamentação de tal obrigatoriedade no consenso presumido de todos os povos civilizados".

Ainda OMPTEDA comentava: "é pena que WOLFF não se tenha explicado, de modo mais claro a respeito, e tivesse, por meio de exemplos, deixado mais claro o que entendia." Isso porque WOLFF coloca, expressamente, "a razão da obrigatoriedade do direito voluntário

---

134. Von OMPTEDA (op. cit., 1785, reed. 1963, § 3, '*Begriff des modificirten natürlichen Völkerrechts*', p. 9-12, cit p. 11): "Der Grund der Verbindlichkeit dieses modificirten Völkerrechts ist übrigens kein anderer, als die allgemeine Überzeugung der gesitterten Völker, daβ ohne die Beobachtung dieser Grundsätze ihr wechselseitiges Wohl nicht bestehen könne; und ich glaube daher nicht zu irren, wenn ich den Grund ihrer Verpflichtung in der vermutheten (präsumtiven) Einwilligung (*consensu praesumto*) aller polizirten Völker setze."

135. Cabe reportar o comentário de VATTEL, **Droit des gens** (*Introduction*, p. 27) a respeito da concepção de WOLFF. Comenta Von OMPTEDA (op. cit., 1785, reed. 1963, § 3 – *Begriff des modificirten natürlichen Völkerrechts*, p. 9-12, cit. nota b, p. 12) que parece horrível encontrar frase a respeito do uso de armas envenenadas na guerra, em filósofo tão esclarecido como WOLFF, justamente para explicar o conteúdo do direito internacional natural: "Allein es ist, als Satz des reinen natürlichen Völkerrechts, nichts destoweniger richtig, wie nicht allein WOLF, sondern mehrere einsichtsvollen Philosophen gezeigt haben; und so sehr auch VATTEL am angeführten Orte sich rühmet, dass es ihm ein leichtes sey, das Gegenteil zu zeigen, so kann er doch in der Abhandlung des Völkerrechts selbst (Pars. 3, § 157) nicht umhin zu Befreitung desselben zu den Kriegsregeln der gesitterten Völker, seine Zuflucht zu nehmen. *Les peuples civilisés ont* – sagt er – *mis au nombre des lois de la guerre la maxime qui défend* ". Em suma, não seria totalmente honesta a forma como VATTEL reporta a opinião de WOLFF sobre o uso de armas envenenadas na guerra: WOLFF não teria defendido isso, mas somente mencionado que constituía prática corrente nos conflitos armados. De certo modo, pode ser feito paralelo com as considerações desenvolvidas pela Corte Internacional de Justiça, no parecer de 1996, sobre a possível **licitude da ameaça e o uso de armas nucleares**: à luz do direito internacional vigente e da prática dos estados – que detêm arsenais nucleares –, não encontra a Corte base legal para afirmar a ilegalidade das armas nucleares, mesmo ressaltando os danos irreversíveis, humanos e ambientais que podem resultar do emprego de tais meios.

– ou, como eu prefiro denominar, o direito internacional natural modificado – no que ele chamou de república geral dos povos – *civitate gentium maxima*".[136]

Prosseguia OMPTEDA, com sua crítica à concepção de WOLFF, que este teria colocado a culminância da construção de seu sistema de direito internacional, e da obrigatoriedade deste, vinculada ao seu ideal de uma sociedade universal organizada: "a razão e propósito dessa aliança, entre povos, é a ajuda mútua e a melhoria da respectiva condição, para todos, segundo as exigências do melhor para o conjunto das sociedades."

A ideia merece ser respeitada e considerada tal como concebida e proposta por WOLFF. apesar de duramente criticada por OMPTEDA:

> é de se admirar que filósofo que faz demonstrações tão estritas de suas teses, como WOLFF, tenha sido tão descuidado, a ponto de pretender incluir, nessa liga de sociedades – *Gesellschaftsband* –, todos os povos da terra, que a esta submeteriam, voluntariamente, os seus respectivos direitos, decorrentes de livre consentimento, e que a muitos povos [a própria ideia de tal sociedade] permanece desconhecida, enquanto a outros [povos], tais como os hotentotes e outros, salta aos olhos que estes somente poderiam aceitar a aplicação do estrito direito internacional natural.[137]

136. Ver GRÓCIO, **De iure belli ac pacis** (1625, Prolegômenos, § 18) o direito que não vem de cada povo, singularmente considerado, mas decorre da universalidade de todos eles: "iura – quae utilitatem respicerent non coetuum singulorum, sed magnae illius universitatis." Von OMPTEDA (op. cit., 1785, reed. 1963, § 93-95, cit. p. 323, e a seguir, nota "e", p. 326): "allgemeine Völkerrepublik"; a seguir, observava que provavelmente WOLFF teria chegado a tal formulação a partir de GRÓCIO, que já tinha mencionado uma grande república dos povos – *grossen Völkerrepublik*. A respeito de GRÓCIO, sua obra e sua relevância para a evolução do conjunto do direito internacional, ver **Tratado** (tomo 7 – **Direito internacional no tempo de Hugo Grócio**).

137. Von OMPTEDA (op. cit., 1785, reed. 1963, § 93-95, cit. nota "e", p. 326): "Bey einem so streng demonstrierenden Philosophen, wie WOLF war, ist es allerdings zu bewundern

Parecem-me compreensíveis as posições de ambos, embora se deva lamentar que a magnífica concepção de WOLFF da *civitas maxima* ou *civitate gentium maxima* se veja questionada – por VATTEL, como também por OMPTEDA, já no século XVIII, como também por outros, desde então – e isso não quanto ao seu propósito e utilidade, mas quanto aos seus meios de implementação, então considerados inviáveis.[138]

O debate entre, de um lado, WOLFF e, de outro, VATTEL, e também OMPTEDA, no século XVIII, parece ecoar as diferentes concepções entre os assim chamados 'idealistas' e 'realistas', no direito internacional e nas relações internacionais, até nossos tempos pós-modernos. O confronto entre visões, 'institucionalistas' ou 'realistas', do sistema internacional ilustra quão pouco de novo existe sob o sol e como são complexas as grandes questões institucionais: estas não podem ser deixadas de lado nem, tampouco, podem ser facilmente solucionadas.[139]

De um lado, WOLFF aponta anseio e mostra caminho: a institucionalização da sociedade internacional pode ser modo de melhorar a condição de todos os povos, e de eliminar, entre estes, os conflitos; de outro lado, OMPTEDA considera os meios e modos de tal realização

dass er so unvorsichtig seyn können, alle und jede Völker der Erdbodens in das von ihm fingierte Gesellschaftsband einschliessen, und einem gleichwohl auf freyer Bewilligung beruhenden Rechte unterwerfen zu wollen. Es gibt verschiedene Völker der Erden, welche den übrigen annoch gänzlich unbekannt sind, und bey andern, z. B. den Caffern, Hottentoten ec. fällt es in die Augen, dass auch auf diese nichts anders als dass blosse düre natürlich Völkerrecht Anwendung finden könne."

138. Justamente por isso, a seguir, se faz breve exame do *direito segundo LEIBNIZ*, com menção ao projeto de paz perpétua, que este também abordou, na linha de seu contemporâneo Charles Irenée CHASTEL, o Abade de St. PIERRE, como também o examinaram ROUSSEAU, D'ALEMBERT e KANT. O paralelo não é inocente, mas pode ser útil a comparação com a *civitas maxima* de WOLFF.

139. Como também se considerou no **Tratado** (tomos 5 – **Direito internacional no tempo de Francisco de Vitória**, 6 – **Direito internacional no tempo de Suarez, Gentili e Zouch**, 7 – **Direito internacional no tempo de Hugo Grócio** e 8 – **Direito internacional além do paradigma vestfaliano**).

– e chega a concluir seria inviável esta aliança de povos, em *civitate gentium maxima*. Lamentava este último que "mesmo os grandes homens, cuja ciência deva ser admirada, podem adentrar sendas erradas – *Irrwege*", e que WOLFF "teria, com sua suposta república dos povos, ido longe demais, e isso com a sua tendência exagerada de tudo querer demonstrar", faz que, assim, desmorone tudo o que WOLFF tinha tentado edificar: "o grande homem não estava longe do alvo, e teria podido chegar, por outro caminho, de modo muito mais curto e cômodo, ao que queria."[140]

Um povo pode ter necessidade de aceitar a convivência com outro, mediante normas estabelecidas em comum, de tal modo que ambos se submetam a tais normas. E "essas normas se encontram tanto na moral – *Sittlichkeit* –, como na civilização – *Cultur* – dos povos":[141]

> Se WOLFF em vez de somente pretender que a aliança entre os povos se fizesse, em decorrência da obrigatoriedade do direito natural – *Zwang des Naturrechts* –, como base para a construção dessa república geral dos povos, e procurado demonstrar, de modo arriscado, a obrigatoriedade para os povos, de nesta ingressar, tivesse simplesmente escrito: os povos têm diante de si a possibilidade de construir convivência, organizada em sociedade. [...]
>
> Que, progressivamente, aqueles que se equiparassem na civilização, e assim se tornassem conscientes de tais prerrogativas, que para eles

140. Von OMPTEDA (op. cit., 1785, reed. 1963, § 94, cit. p. 324): "Man wird, wenn gleich vielleicht ehender in der Moral oder Politik, gleichwohl nie in dem Rechte der Natur einen hinlänglichen Grund der Verbindlichkeit der Völker sich unter einander gesellschaftlich zu vereinigen, finden, und damit fällt alles, was WOLF auf diesen Satz gebauet hat, über Haufen."

141. Ver **Tratado** (tomo 20 – **Direito internacional, história e cultura**, *introdução* e cap. 1 – *direito internacional no tempo e seu papel na história*); P. B. CASELLA, **International law, history and culture** (Leiden/Boston: Brill/Nijhoff – Académie de droit international de la Haye / The Hague Academy of International Law, 2024).

se tornassem necessidades, de ingressar em vínculo societário – *gesellschaftliches Verkehr* –, com outros povos, de equivalente grau de civilização, e que isso somente pode ocorrer mediante observância de normas – *Beobachtung der Regeln* – que a moral dos povos prescreve – *Sittlichkeit der Völker vorschreibet* –, e por meio deste direito internacional modificado – *bloss natürlichen Völkerrechte modificirende* –, logo passariam, em maior ou menor grau, a estarem por tais vínculos agregados.

Assim, não se teria nada a objetar contra tal concepção; e daí, segundo o meu entendimento, WOLFF não se enganou em relação à coisa em si – *in der Sache selbst* –, mas somente no encaminhamento – *Wendung* – que ele faz da matéria, e apenas porque ele pretendeu fazer um dever – *Pflicht* – do que poderia decorrer da necessidade – *Nothwendigkeit* –, e nisso consistiu o seu erro.[142]

Cada um considera aspectos distintos: WOLFF mostra quanto esta seria útil para todos e estaria em conformidade com o bem comum, a construção dessa grande aliança entre os povos – *civitate gentium maxima*; mas que seja deduzida como dever ou apontada como decorrente de necessidade, em nada altera que seja a mesma altamente desejável. Outra questão é determinar se tal aliança, entre os povos, pode ser ou não viável.

142. Von OMPTEDA (op. cit., 1785, reed. 1963, § 94, p. 325): "Die nach und nach aber bey den mehresten derselben eingetrettene Cultur und die daraus entspringende macherley auswärts zu suchende Bedürfnisse haben es ihnen zu Nothwendigkeit gemachet, in ein gesellschaftliches Verkehr mit andern ebenfalls gesitterten Völkern zu tretten, und dieses kann nicht anders als unter Beobachtung der Regeln geschehen, welche die Sittlichkeit der Völker vorschreibet, und wodurch sie dem bloss natürlichen Völkerrechte modificirende bald weitere bald engere Schranken setzet; so würde man nichts dagegen zu errinern finden können; und es ergiebet sich daraus meines Erachtens hinlänglich, dass WOLF nicht in der Sache selbst, sondern nur in der Wendung, die er derselben giebet, und zwar bloss allein dadurch, dass er etwas aus Pflicht herleiten will, was aus der Nothwendigkeit herzuleiten ist, irret."

Em nada se alteram o sentido e o alcance da fórmula de WOLFF: a institucionalização da sociedade internacional é e continua a ser vista como mecanismo para assegurar a solução pacífica de controvérsias e, assim, para conservar a paz entre os povos. Um se põe como *idealista* ou *institucionalista* – porque antes aspira do que espera essa realização –; o outro se volta para o questionamento de como tentar aplicar, na prática, essa ideia – seria, assim, visão *realista*.

Dessa maneira se pode, mais adiante, para completar este capítulo, sintetizar algumas ideias a respeito do que chamaria 'a reputação e o legado' de WOLFF – no item 22.2. Mas antes disso, pareceu-me indispensável fazer remissão a alguns conceitos jurídicos básicos, tais como apresentados na obra de LEIBNIZ, o mestre de WOLFF, com o qual este procurou se alinhar e que WOLFF declarava acompanhar, sobretudo, no que diz respeito à concepção do 'direito segundo LEIBNIZ' – como se examina no item 22.1 – e, especificamente, na reflexão de LEIBNIZ a respeito do direito internacional.[143]

WOLFF, ao se declarar discípulo de LEIBNIZ, também seguiu o mestre no interesse pela China.[144] Em sua trajetória intelectual e acadêmica, WOLFF mal poderia imaginar as desastrosas consequências da sua palestra sobre a filosofia prática chinesa, **Oratio de sinarum philosophia practica**, apresentada em 12 de julho de

143. LEIBNIZ, **Codex juris gentium diplomaticus** – in quo tabulae authenticae actorum publicorum, tractatum aliarumque rerum maiores momenti per Europa gestarum, pleraque inedita vel selecta, ipso verborum tenore expressae ac temporum serie digestae continentur; a fine seculi undecimi ad nostra usque tempora aliquot tomis comprehensus; quem ex manuscriptis praesertim Bibliothecae Augustae Guelfebytanae Codicibus, ex monumentis regiorum aliorumque archivorum, ac propriis denique Collectaneis edidit G. G. L. [Gottf. Guil. LEIBNITZIUS] (Hannoverae: literis & impensis Samuelis Ammonii, MDCXCIII).

144. Como ilustra G. W. LEIBNIZ, **Discurso sobre a teologia natural dos chineses** (do original **Lettre de Mr. G. G. LEIBNIZ sur la philosophie chinoise à Mr. de RÉMOND**, de 1716, introdução, tradução e notas de Adelino CARDOSO, Lisboa: Colibri-Universalia-Fundação Oriente, 1991).

1721, na universidade de Halle,[145] em que WOLFF insistia no perfil de CONFÚCIO, como pessoa.[146]

Esse instigante diálogo entre dois mundos – europeu e chinês – intelectualmente distantes, mas reciprocamente atraentes, tanto mais quanto eram menos precisamente conhecidos um pelo outro,[147] já estava instaurado por LEIBNIZ, no final do século XVII, e teve prosseguimento, no início do século XVIII. Esse mesmo interesse foi depois continuado por WOLFF.

Estes dois, LEIBNIZ e WOLFF, muito antes dos enciclopedistas franceses fazerem a sua divulgação a respeito da China e exprimirem a sua fascinação e reverência pelo 'império do meio', na segunda metade do século XVIII, tinham compreendido a relevância da contribuição chinesa para o conjunto da civilização humana.

Dada a relevância da contribuição de LEIBNIZ para a compreensão da obra de WOLFF, que se declara seu discípulo, destaca-se, a seguir, brevemente, a concepção do direito segundo LEIBNIZ (22.1). O que se faz a seguir, de maneira pontual, especificamente em relação ao direito e, sobretudo, ao direito internacional, sempre tendo consciência de que se trata de vastíssimo conjunto deixado

145. Christiani WOLFFI, **Oratio de sinarum philosophia practica** – in solemni panegyri recitata in ipso Academiae Hallensis (1721, Francofurti ad Moenum: apud Joh. B. Andreae & Heinr. Hort., MDCCXXVI).

146. Como assinalado no **Tratado** (tomo 8 – **Direito internacional além do paradigma vestfaliano**, item – *o que é e como é o clássico?*), apreendeu WOLFF a figura de CONFÚCIO em sentido substancialmente diverso de Christian THOMASIUS e outros. Não se tratava, assim, de colocar CONFÚCIO, para a civilização chinesa, como comparável ao "de MOISÉS para os judeus, de MAOMÉ para os turcos, ou mesmo como o do CRISTO para nós", na medida em que "nós o [CRISTO] honramos como profeta ou como mestre, que nos foi concedido por Deus". Ele via quanto é marcante, no caso da confissão de CONFÚCIO, como este insistia em nada ter descoberto, e somente teria renovado o antigo, o que já antes dele existira, e que trazia à atenção de seus contemporâneos como digno de ser observado e aplicado.

147. O que o historiador Jürgen OSTERHAMMEL chamou de perda do fascínio da Ásia, no século XVIII, **Die Entzauberung Asiens** – Europa und die asiatische Reiche im 18. Jahrhundert (orig. publ. 1998, Munique: Beck, 2010).

por filósofo e pensador de grande abrangência - alguns dizem, o último gênio universal -, que também se debruçou sobre questões jurídicas e especificamente de direito internacional, muito embora este não fosse o foco central de sua extensa e complexa obra. O que segue é pequeno fragmento de vasta e complexa obra que LEIBNIZ, em considerável extensão, nos deixou em caráter fragmentário.

Serve o item seguinte para alertar quanto e como LEIBNIZ se faz presente, no direito das gentes, diretamente por sua contribuição - ainda que seja esta secundária, em relação à magnitude de sua obra filosófica -, como, também, por sua influência na formação de sucessivas gerações de autores, particularmente no direito internacional, por ter sido o mestre de Christian WOLFF, e este, por sua vez, o foi para Emer de VATTEL.[148]

22.1. DIREITO SEGUNDO LEIBNIZ

Há historiadores que representam os homens piores do que eles foram.

LEIBNIZ, **Codex juris gentium** (1693, ed. 1994)[149]

A doutrina do direito se conta entre aquelas que não dependem da experiência, mas das definições, nem de demonstrações a partir dos sentidos, mas a partir da razão que, por assim dizer, é de direito, e não de fato. Com efeito, dado que a justiça consiste em alguma congruência

148. Sobre Emer de VATTEL, ver **Tratado** (tomo 12 - **Direito internacional no tempo de Vattel e von Martens**).
149. G. W. LEIBNIZ, *Code diplomatique du droit des gens* (1693, in **Le droit de la raison**, textes réunis et présentés par René SÈVE, Paris: Vrin, 1994, p. 156-169, cit. § II, p. 161).

e proporção, é possível compreender que exista alguma coisa de justo, mesmo sem haver quem exerça a justiça, nem sobre o qual esta seja exercida, exatamente como as relações numéricas são verdadeiras, mesmo sem haver ninguém que conte, nem que seja contado, e que possamos predizer a respeito de uma casa, de uma máquina, de uma república, sua beleza, sua eficácia, sua felicidade, na hipótese em que estas devam existir, mesmo que não existam jamais. Assim, não é surpreendente que os decretos – ***decreta*** *– de tais ciências possuem verdade eterna, pois todos eles são condicionais e não tratam do que existe, mas do que se conforma, com a suposição da existência; eles não derivam da sensibilidade –* ***sensu*** *– dos sentidos, mas de imagem –* ***imaginatio*** *–, concepção, clara e distinta, que PLATÃO denominava Ideia, e que, expressa por meio de palavras, é a mesma coisa que uma definição, ou tudo o que pode ser claramente compreendido não é, com certeza, sempre verdadeiro, mas é, contudo, possível, e tanto mais também verdadeiro, enquanto seja somente questão de possibilidade.*

LEIBNIZ, **Elementos de direito natural** (1670-71, ed. 1994)[150]

Com certeza, quem eleve sua vontade e coragem um pouco mais alto, e ao mesmo tempo contemple, com seu olhar, o estado da Europa,

150. LEIBNIZ, *Elementa juris naturalis* (in **Le droit de la raison**, ed. R. SÈVE, Paris: Vrin, 1994, p. 90-105, cit. p. 94 e 95): "Assim, visto que a doutrina do direito é uma ciência, e que a causa de uma ciência é a demonstração, e que a definição é o princípio da demonstração, por conseguinte devemos, antes de qualquer outra coisa, buscar as definições das palavras 'direito', 'justo', 'justiça', ou seja, as ideias claras, segundo as quais nós mesmos, ao falar, temos o hábito, mesmo sem disso ter consciência, de julgar a verdade das proposições, ou seja, do uso das palavras."

concordará comigo que essa aliança seria da maior utilidade, e a obra, de grande relevância para o bem de toda a cristandade.

LEIBNIZ, **Reflexões sobre a segurança pública interna e externa da Europa** (1670, ed. 1963)[151]

Jamais talvez tenha existido filósofo mais ativo, mais variado, mais 'mundano', menos suscetível de simbolizar o sábio clássico – aqueles dos pequenos retratos de REMBRANDT – do que Gottfried Wilhelm LEIBNIZ. Ele foi, antes de tudo, na sua vida social, o conselheiro de um príncipe alemão. Mas ele também foi, conforme a ocasião, jurista, bibliotecário, historiógrafo, diplomata, engenheiro, versificador, fundador de academias e teólogo, lógico, físico, curioso e bem informado sobre química e ciências naturais, linguista, grande inventor em matemáticas. E é justo acrescentar: grande metafísico. Ele não deixou obra completa e definitiva. Falta de tempo? Ou de poder para estabelecer sobre certos pontos a unidade rigorosa de sua construção? Ou necessidade interna de seu pensamento, mais harmônico que linear, mais progressivo que consolidado? Por essas diversas razões, sem dúvida, não temos dele se não discursos, opúsculos, visões fulgurantes, tomadas de múltiplas

151. G. W. LEIBNIZ, **Bedenken, welchergestalt Securitas publica interna et externa et Status praesens im Reich jetzigen Umständen nach auf festen Fuss zu stellen** (de 1670, in **Die Idee Europa 1300-1946** – Quellen zur Geschichte der politischen Einigung, Hsg. Rolf Hellmut FOERSTER, Munique, DTV, 1963, p. 73-78, I. 86, cit. p. 73): "Gewisslich, wer sein Gemüt etwas höher schwinget und gleichsam mit einem Blick den Zustand von Europa durchgehet wird mir Beifall geben, dass diese Allianz eines von den nützlichsten Vorhaben sei, so jemals zu allgemeinen Besten der Christenheit im Werk gewesen."

perspectivas, e das quais algumas são 'partes totais', como ele mesmo dizia, sobre espíritos que pensam o mundo.

L. PRENANT (1940)[152]

Se o 'Ocidente' não exerceu um efeito de demonstração, o mesmo vale na situação inversa. No apogeu da fascinação de intelectuais europeus pela China, nas décadas em torno de 1700, alguns acreditavam poder aprender algo sobre política de paz e administração racional do Império do meio, mas nenhuma dessas propostas chegou a ser implementada. [...]
As relações entre as civilizações desenvolvidas também estavam muito menos avançadas no início da Idade moderna do que no século XIX. A civilização europeia era a única que enviava viajantes ao mundo inteiro e reunia imponente saber sobre as línguas, religiões, costumes e constituições estatais dos demais. Era uma obra cultural significativa e, tempos depois, deu à Europa um saber de dominação política, que foi posto a serviço de seus fins coloniais.

J. OSTERHAMMEL e N. P. PETERSON (2012, ed. 2019)[153]

152. Lucy PRENANT (1891-1978), *Préface* (in G. W. LEIBNIZ, **Œuvres choisies**, avec préface, notes, table par questions et table des noms propres par L. PRENANT, Paris: Garnier – classiques Garnier, 1940, p. I-LI, cit. p. I e III): "Cette élaboration d'un système personnel est elle-même une évolution progressive qui va, des premières résistances au mécanisme, jusqu'à la constitution d'une physique dynamiques'appuyant sur une notion spiritualisée de la matière; la masse étendue et résistante prend un caractère finaliste et quasi vital par la force qui l'anime et la porte vers des mouvements nouveaux."

153. Jürgen OSTERHAMMEL e Niels P. PETERSON, **Breve historia de la globalización** – del 1500 a nuestros días (orig. publ. **Geschichte der Globalisierung – Dimensionen, Prozesse, Epochen**, 2012, trad. Martina FERNÁNDEZ Polcuch, Buenos Aires: Siglo Veintiuno, 2019, cap. 3 – *hasta 1750: construcción y consolidación de conexiones a escala mundial*, p. 33-53, cit. p. 50-51): "En sentido inverso, el interés de los no europeos por el mundo exterior fue comparativamente escaso. En torno a 1750, en China o

Em plena era 'clássica', Gottfried Wilhelm LEIBNIZ (1646-1716) parece reviver o arquétipo renascentista do gênio universal, não somente como um dos mais importantes – e eruditos – filósofos da história do pensamento ocidental,[154] mas também marca sua presença, entre o final do século XVII e início do século XVIII,[155]

---

incluso en la corte del sultán en Estambul se sabía mucho menos sobre Europa que a la inversa. Sólo se puede hablar de interacción cultural en un sentido muy acotado. La transferencia cultural de Este a Oeste, tan sólo por la falta de visitantes asiáticos a Europa, fue insignificante."

154. Pensador de vasta gama de interesses, cuja obra se estende por múltiplos campos do saber. Ver, por exemplo, de Gottfried Wilhelm LEIBNIZ, **Die Theodizee** (einführender Essay von Morris STOCKHAMMER, Übersetzung von Arthur BUCHENAU, Hamburgo: Felix Meiner, 2ª ed., 1968); ___, **Neue Abhandlungen über den menschlichen Verstand** (do original francês, übersetzt, eingeleitet und erläutert von Ernst CASSIRER, Hamburgo: Felix Meiner, © 1971, unveränderter Nachdruck, 1971); ___, **Discours de métaphysique / Metaphysische Abhandlung** (übersetzt und mit Vorwort und Anmerkungen herausgegeben von Herbert HERRING, edição bilíngue, Hamburgo: Felix Meiner, © 1958, unveränderter Nachdruck, 1975); ___, **Confessio philosophi** (ed. Y. BELAVAL, Paris: Vrin, 1970); ___, **Principes de la nature et de la grâce fondés en raison / Monadologie / Vernunftprinzipien der Natur und der Gnade / Monadologie** (auf Grunde der kritischen Ausgabe von André ROBINET, 1954, und der Übersetzung von Artur BUCHENAU, mit Einführung und Anmerkungen herausgegeben von Herbert HERRING, edição bilíngue, Hamburgo: Felix Meiner, © 1982, zweite, verbesserte Auflage, 1982); ___, **Protogaea** – uma teoria sobre a evolução da terra e a origem dos fósseis ("pela primeira vez traduzida do latim ao português, com notas e comentários" de Nelson PAPAVERO, Dante Martins TEIXEIRA e Maurício de Carvalho RAMOS, São Paulo: Plêiade / FAPESP, 1997); ___, **Textes inédits** – d'après les manuscrits de la Bibliothèque provinciale de Hanovre (publiés et anotés par Gaston GRUA, Paris: PUF, 1ère éd., 1948; 2e éd., 1998, 2 tomos); ___, **Discurso de metafísica e outros textos** (apres. Tessa Moura LACERDA, trad. Marilena CHAUÍ e Alexandre da Cruz BONILHA, São Paulo: Martins Fontes, 2004); ___, **Monadologia – Discurso de metafísica e outras obras** (trads. Luiz João BARAÚNA, Carlos Lopes de MATTOS et al., São Paulo: Abril – os Pensadores, vol. XIX – NEWTON e LEIBNIZ, 1974, p. 61-471). A edição de referência da obra de LEIBNIZ: **Sämtliche Schriften und Briefe** (historisch-kritische Edition, hrsg. von Berlin-Brandenburgische Akademie der Wissenschaften und Akademie der Wissenschaften zu Göttingen, Projektleiter Jürgen MITTELSTRASS, Reihe IV – Politische Schriften, bem como série II – correspondência filosófica, e série VI – escritos filosóficos).

155. Dentre vasta bibliografia disponível, ver: Y. BELAVAL, Études leibniziennes (Paris: Gallimard, 1976); ___, **Leibniz** – initiation à sa philosophie (Paris: Vrin, 1962); ___, **Leibniz, critique de Descartes** (Paris: Gallimard, 1960); ver os ensaios a cada tema na edição G. W. LEIBNIZ, **Monadologie** (hrsg. von Hubertus BUSCHE, Berlim: Akademie Verlag, 2009); J. ELSTER, **Leibniz et la formation de l'esprit capitaliste** (Paris: Aubier, 1975); Reinhard FINSTER e Gerd van den HEUVEL, **Gottfried Wilhelm LEIBNIZ** (orig. publ. 1990, Hamburgo: Rowohlt, 6ª ed., 2010); Martine de GAUDEMAR, **Leibniz** – de

como atualizadíssimo interlocutor da Europa *savante* e política de seu tempo. E, dentre as áreas do conhecimento de seu interesse, deixou-nos também contribuições relevantes para o progresso e a futura institucionalização do direito internacional.

Como autor, LEIBNIZ deixou obra monumental, mas fragmentária, visto que, passados mais de três séculos desde a morte do autor, ainda considerável extensão da sua obra permanece em textos esparsos.[156] Em extensa e variada correspondência, sobretudo em latim, em francês e em alemão, se conservam facetas do pensamento desse último gênio universal. Dentre os seus múltiplos campos de interesse e de atuação intelectual, LEIBINIZ parece ter sentido a necessidade de impulso, imediato e circunstancial, para estimular a sua criação intelectual: relacionado com determinada circunstância ou pessoa, "para agradar a um príncipe, par refutar um

la puissance au sujet (Paris: Vrin, 1994); M. de GAUDEMAR, *Leibniz (1646-1716) une philosophie chrétienne du bien public* (in **Histoire raisonnée de la philosophie morale et politique** – le bonheur et l'utile, dir. de A. CAILLÉ, M. SENELLART, C. LAZZERI, tome I – De l'antiquité aux lumières, orig. publ. 2001, Paris: Flammarion – Champs, 2007, p. 447-464); Gaston GRUA, **La justice humaine selon LEIBNIZ** (Paris: PUF, 1956); Kurt HUBER, **Leibniz**: der Philosoph der universalen Harmonie (1ª ed., 1951, Munique: Piper, 1989); Michael Thomas LISKE, **Gottfried Wilhelm LEIBNIZ** (Munique: Beck, 2000); Eugenio MOYA Cantero, *LEIBNIZ* (in **Diccionário Espasa Filosofía**, dir. por Jacobo MUÑOZ, Madri: Espasa-Calpe, 2003, p. 518-526); Hans POSER, **Gottfried Wilhelm LEIBNIZ zur Einführung** (orig. publ. 2005, Hamburgo: Junius Verlag, 2ª ed., 2010), Jean-Baptiste RAUZY, *Leibniz* (in **Gradus philosophique**, dir. Laurent JAFFRO et Monique LABRUNE, Paris: GF-Flammarion, © 1994, 4ª ed., 1996, p. 398-412); P. RILEY, **Leibniz universal jurisprudence** – Justice as the charity of the wise (Cambridge, Ma./ Londres: Harvard Univ. Press, 1996); A. ROBINET, **Le meilleur des mondes par la balance de l'Europe** (Paris: PUF, 1994); Bertrand A. W. RUSSELL, **A filosofia de Leibniz**: uma exposição crítica (trad. de João Rodrigues VILLALOBOS, Hélio Leite de BARROS e João Paulo MONTEIRO, São Paulo: Nacional/Edusp, 1968); os ensaios de vários autores no volume coordenado por Donald RUTHERFORD e J. A. COVER (edited by), **Leibniz – nature and freedom** (Oxforf: Univ. Press, 2005); R. SÈVE, **Leibniz et l'école moderne du droit naturel** (Paris: PUF, 1989).

156. Conforme as referências bibliográficas, *supra*, no início deste item. B. RUSSELL, **A filosofia de Leibniz** (ed. cit., 1968, cap. I – *as premisssas de LEIBNIZ*, p. 3-9, cit. p. 3): "A filosofia de LEIBNIZ apesar de nunca ter sido apresentada ao mundo, como um sistema acabado, foi, não obstante, como se verifica, após exame cuidadoso, um raro exemplo de sistema, completo e coerente."

filósofo rival ou para fugir às censuras de um teólogo, não recuava diante de trabalho algum."[157]

LEIBNIZ foi matemático, dedicou-se ao cálculo infinitesimal,[158] como, igualmente, à lógica e à metafísica, tanto quanto à história e à física. Tudo isso enquanto exercia intensa atividade diplomática,[159] além de ter desenvolvido, também, interessante obra teórica de sistematização de tratados.[160]

Ainda jovem, com vinte e quatro anos, LEIBNIZ, nas *Reflexões* – **Bedenken**, de 1670 –[161] expunha a sua concepção sobre a construção da paz geral na Europa,[162] em que nos descreve a vantagem de se

157. B. RUSSELL, **A filosofia de Leibniz** (ed. cit., 1968, p. 3): "Poucas de suas obras estão isentas de referências a alguma pessoa determinada, e quase todas visam mais persuadir os leitores do que apresentar os argumentos mais válidos." No mesmo sentido, L. PRENANT, *Préface* (in G. W. LEIBNIZ, **Œuvres choisies**, op. cit., 1940, p. I-LI, cit. p. XXII): "LEIBNIZ est diplomate en métaphysique. Il faut toujours tenir compte – mais avec lui plus qu'avec aucun autre – du nom du destinataire dans une correspondance et des circonstances dans lesquelles la lettre est écrite. Or chez LEIBNIZ les opuscules, les oeuvres mêmes, ont une destination précise. Le **Discours de métaphysique** est une longue lettre de propagande pour gagner ARNAULD, par exemple."

158. B. RUSSELL, **A filosofia de Leibniz** (ed. cit., 1968, cap. I – *as premisssas de LEIBNIZ*, p. 3-9, cit. p. 8) vai mais longe, a respeito do tempo vivido por LEIBNIZ em Paris, de 1672 a 1676, excetuadas duas breves viagens a Londres: "Foi durante essa estada em Paris que inventou o cálculo infinitesimal e adquiriu aquela ampla erudição e aquela intimidade com toda a república das letras que posteriormente o caracterizaram."

159. L. PRENANT, *Préface* (in G. W. LEIBNIZ, **Œuvres choisies**, op. cit., 1940, p. I-LI, cit. p. XXIII-XXIV): "Dans sa vie, dans son caractère, dans son intelligence, LEIBNIZ reste donc un esprit d'une grande originalité, mais en relations profondes et volontaires avec son époque et avec tous ses liens au passé comme à l'avenir; un diplomate complexe et subtil; un homme d'action, mais débordé encore par son imagination. Et son système, [...] est l'expression de cette personnalité: ni révolutionnaire, ni hétérodoxe, conciliateur mais hautement nouveau, il représente une puissance constructrice, rigoureuse et nuancée."

160. LEIBNIZ, **Codex iuris gentium diplomaticus** (1693-95), e o complemento, intitulado **Mantissa codicis iuris gentium diplomatici** (1700).

161. G. W. LEIBNIZ, **Bedenken, welchergestalt Securitas publica interna et externa et Status praesens im Reich jetzigen Umständen nach auf festen Fuss zu stellen** (1670, in **Die Idee Europa 1300-1946** – Quellen zur Geschichte der politischen Einigung, hrsg. Rolf Hellmut FOERSTER, Munique, DTV, 1963, p. 73-78).

162. LEIBNIZ, **Bedenken** (1670, ed. FOERSTER, 1963; I. 86, cit. p. 73), ref. supra: "Gewisslich, wer sein Gemüt etwas höher schwinget und gleichsam mit einem Blick den Zustand von Europa durchgehet wird mir Beifall geben, dass diese Allianz eines von den nützlichsten Vorhaben sei, so jemals zu allgemeinen Besten der Christenheit im Werk gewesen."

construir um império equitativo entre os participantes – *imperium aequabile in socios* –, pois este seria muito mais estável e duradouro que qualquer sistema imposto pela violência sobre os vencidos – *violentum in victos*.[163]

Esse império multinacional, tendo a Alemanha como centro da Europa, contaria, inclusive, com tribunal internacional para resolver as controvérsias entre os participantes (europeus) do sistema. Em suma, LEIBNIZ não propunha, exatamente, modelo humanista de convivência harmônica para toda a humanidade, mas defendia a sua convicção, da conveniência de que os europeus, em lugar de utilizarem as suas forças uns contra os outros, voltassem-nas de modo coordenado contra outros povos e se espalhassem, de maneira programada e organizada, sobre outros continentes, com o que ele afirmava ser o nobre propósito de "expandir os limites da cristandade".[164]

O plano esboçado por LEIBNIZ, em 1670, visando 'institucionalizar' a paz na Europa, foi atropelado pela história e pelas conquistas de LUÍS XIV. Mas, cumpre reconhecer, este repousava sobre algumas das premissas que configuram o sistema de convivência organizada da época 'clássica', na Europa.[165]

163. LEIBNIZ, **Bedenken** (1670, ed. FOERSTER, 1963; II. 22, cit. p. 78): "Daraus zu sehen, was für ein Unterschied sei inter *imperium aequabile in socios*, et *violentum in victos* oder inter *monarchiam* et *arbitrium rerum*. Denn ja doch endlich, wenn man's recht überlegt, vernunfmässiger Glimpf und Billigkeit die beste Staatsregel ist."

164. LEIBNIZ, **Bedenken** (1670, ed. FOERSTER, 1963; I. 98, cit. p. 77): "die Christen in ein Regiment zu ihrem Besten zu vereinigen im Vorschlag haben mag"; o que antes já expusera (**Bedenken**, I. 86, cit. p. 73): "Gewisslich diese Allianz eines von den nützlichsten Vorhaben sei, so jemals zu allgemeinen Besten der Christenheit im Werk gewesen."

165. Ver tb. Wilhelm GREWE, **Epochen der Völkerrechtsgeschichte** (Baden-Baden: Nomos, 1984, parte III – *Droit public de l'Europe – Die Völkerrechtsordnung des französischen Zeitalters (1648-1815)*, esp. cap. II – *Die Grundlagen der Völkerrechtsgemeinschaft: Europäisches Gleichgewicht, dynastische Solidarität, koloniale Expansion*, p. 332-368, esp. p. 338) que discorre a respeito da concepção de uma *Europa cristã*, que se exprimiria

Enviado a Paris em missão diplomática, em 1672, por seu mestre, esta fase foi essencial tanto para o filósofo quanto para o diplomata. Depois de passar cerca de quatro anos em Paris, interrompido por breve viagem a Londres, LEIBNIZ empreende a sua viagem de retorno para Hannover, mas com relevantes escalas, novamente em Londres e também na Haia, em sua rota.

Durante esse tempo, com sua reflexão e contato com a matemática de DESCARTES, de HUYGENS, de DESARGUE e de PASCAL, se torna LEIBNIZ um dos principais racionalistas do século e inventor do cálculo infinitesimal, o que ocorre simultaneamente a NEWTON.

Durante mais ou menos um mês, na Haia, em 1676, LEIBNIZ teria convivido com ESPINOZA, por ele considerado a "maior figura da velha geração": e com quem discutiu desde as leis do movimento até a comprovação da existência de Deus. Ainda nesse momento, LEIBNIZ teria tido ocasião de ao menos tomar conhecimento de parte do manuscrito da Ética, a grande obra de ESPINOZA.[166] Quando, pouco depois, a Ética foi postumamente publicada, LEIBNIZ tomou

na luta contra os infiéis. Dessa ideia, ainda seria ulterior manifestação o fragmento de NOVALIS [Georg Philipp Friedrich von HARDENBERG], **Die Christenheit oder Europa** – ein Fragment (1799, orig. publ. 1802, mit einer Auswahl aus den Fragmenten, hrsg. und eingeleitet von Otto HEUSCHLE, Stuttgart: Ph. Reclam – Univ. Bibliothek Nr. 7629, 1980), no qual louvava os dias em que uma cristandade habitava o continente europeu, e o mesmo grande desígnio conectava as mais remotas províncias desse vasto império espiritual.

166. B. de SPINOZA, Éthique démontrée selon la méthode **géométrique** (notice, trad., prés. et annotée par R. CAILLOIS, in Œuvres **complètes**, Paris: Gallimard-Pléiade, © 1954, impr. 1992, p. 301/596); B. de SPINOZA, **Traité des autorités théologique et politique** (do original latino **Tractatus theologico-politicus** publ. 1670, notice par Madeleine FRANCÈS e Raymond MISRAHI, in Œuvres **complètes**, Paris: Gallimard-Pléiade, © 1954, impr. 1992, p. 597/908); B. de SPINOZA, **Traité de l'autorité politique** (notices par Madeleine FRANCÈS, in Œuvres **complètes**, Paris: Gallimard-Pléiade, © 1954, impr. 1992, p. 909/1044).

notas do livro e dedicou-se, indubitavelmente, a um estudo cuidadoso de suas demonstrações.[167]

Retornando a Hannover, LEIBNIZ teve ocasião de desenvolver sua ideia de unificação das confissões cristãs. O principado era protestante, mas o duque JOHANN FRIEDRICH tinha se convertido ao catolicismo: o meio era, assim, favorável à reaproximação das diferentes formas do cristianismo. Essa empreitada, filosófica e politicamente, convinha a LEIBNIZ.

A questão central era se e em que medida uma religião comum poderia ser alcançada, mediante concessões recíprocas. LEIBNIZ trabalha junto a BOSSUET, PELISSON e HUET.

Ele publica seu tratado sobre o direito de legação – **Cesarini Fustenerii de jure suprematus ac legationis Principum Germaniae**, em 1677 –,[168] no qual sustenta a ideia da unidade de uma Europa, cristã e civilizada, dominada espiritualmente pelo papa e temporalmente pelo imperador: "o duplo paradoxo!" E o 'espírito de sistema', que LEIBNIZ tinha no mais alto grau, prevalece sobre o espírito de partido, o que merece ser elogiado.[169]

---

167. B. RUSSELL, **A filosofia de Leibniz** (op. cit., ed. 1968, p. 8) considera que LEIBNIZ teria tido a intenção de refutar SPINOZA. Ainda trata disso B. RUSSELL (ed. cit., 1968, cap. XV – *as provas da existência de Deus*, p. 171-188).

168. G. W. LEIBNIZ, **Caesarini Fürstenerii de jure suprematus ac legationis principum Germaniae** sive De Imperatoris Romani Majestate, ejusque prae caeteris Regibus Praerogativa ... (orig. publ. 1677, editio altera correctior et auctior, s.l.: s.n.e., 1678) est opus magnum auctore LEIBNIZ, scriptum anno MDCLXXIX. In hoc libro, LEIBNIZ tractat de jure suprematus et legationis principum Germaniae, quae sunt res maxime importantes in politica Germanica. LEIBNIZ considerat quomodo principes Germaniae debent agere in rebus domesticis et internationalibus, et quomodo potestas principum Germaniae debet esse regulata. In hoc libro, LEIBNIZ ostendit quomodo principes Germaniae possunt esse principes fortissimi et sapientissimi, et quomodo potestas principum Germaniae debet esse usitata ad bonum populi. De jure suprematus ac legationis principum Germaniae est opus magnum et valde importantissimum in historia politica Germaniae (online books.google.com.br – tb. reprint Kessinger Publishing, 2009 da edição de 1679).

169. L. PRENANT, *Préface* (in G. W. LEIBNIZ, **Œuvres choisies**, op. cit., 1940, p. I-LI, cit. p. IX): "C'est la même largeur de vue qu'on retrouve plus tard dans une lettre à DES

LEIBNIZ foi muito apegado ao império, mesmo sendo europeu; como foi apegado ao protestantismo, apesar de almejar um amplo cristianismo. Ele sabe trabalhar em escalas variadas. Ademais, nele encontramos um sentimento alemão muito vivo, o que era raro naquela época.[170]

No **Cesarinus Fursteneriu**s nada é mais generoso do que o propósito declarado que, sem dúvida, tinha seduzido sua inteligência. Mas o tratado de destinava a responder a um protocolo de LUÍS XIV, que não teve em relação aos embaixadores de Hannover a mesma consideração que tinham merecido os [representantes] dos príncipes italianos. A unidade da república cristã permite, ao mesmo tempo, uma demonstração de zelo junto a JOHANN FRIEDRICH, como também uma pontada em relação aos franceses, "pois nada há que os aborreça mais do que ouvir falar da preeminência do imperador em relação ao seu rei... e como querem eles fazer uma tão grande distinção entre os eleitores e os príncipes, não se poderia atingi-los, de maneira mais sensível e mais razoável do que dizendo: *Quod eadem sit proportio Imperatores ad caeteros Reges, quae est electorum ad caeteros Principes liberos*".[171]

BILLETTES: 'Pourvu qu'il se fasse quelque chose de conséquence, je suis indifférent que cela se fasse en Allemagne ou en France, car je souhaite le bien du genre humain; je suis non pas 'philellin' ou 'philoromaios', mais 'philanthropos'."

170. L. PRENANT, *Préface* (in G. W. LEIBNIZ, **Œuvres choisies**, op. cit., 1940, p. I-LI, cit. p. XI e XII): "Il mêle intimement les intérêts de la principauté et ceux de l'Empire; sur le grand rôle qu'il veut jouer en politique générale on trouve toujours des intentions plus spéciales, qui finissent par devenir à leur tour des formes d 'ambitionétroitement personnelle."

171. L. PRENANT, *Préface* (in G. W. LEIBNIZ, **Œuvres choisies**, op. cit., 1940, p. I-LI, cit. p. XII, cfr. Reichl, 1676-1679, lett. 35, p. 45-46, e a seguir, p. XIV-XV): "Monseigneur, Cesarinus Furstenerius fait de plaisants effets. Étant dernièrement chez M. PUFENDORF, je ne pus me défendre d'en parler... Il commença à se persuader que M. le duc de NIEUBOURG s'en est mêlé... Pour le confirmer dans ce sentiment de ce livre, j'en ai parlé assez librement, jusqu'à réfuter quelques endroits... Ces manières de parler ont fait que M. PUFENDORF a dit à un de mes amis (qui me l'a rapporté et qui ne sait rien de tout cela) qu'il m'avait soupçonné au commencement d'y avoir trempé, mais qu'il en était désabusé maintenant. Il y a dans ce texte tout un luxe de diplomatie et on peut le prendre comme symbole."

A *Cidade* de Santo AGOSTINHO[172] se faz presente no universo leibniziano. Esta se realiza por meio das relações interpessoais, unindo as criaturas ao Criador, como os súditos ao príncipe: "podemos invocar também sua atividade diplomática e o grande projeto de uma Europa, unificada espiritualmente pela reconciliação dos cristãos, na qual devemos ver a forma política da *Cidade de Deus*."[173]

O tão extenso quanto admirável rol dos interesses do erudito filósofo LEIBNIZ, aberta e extensamente, dialoga com a obra de LOCKE (1632-1704), particularmente seus 'ensaios sobre o entendimento humano'.[174] A esta, LEIBNIZ contrapõe os seus 'novos ensaios sobre o entendimento humano', em que expõe: "o pensamento não pode ser uma modificação inteligível da matéria, e não pode ser compreendido e explicado só no âmbito da matéria.".[175]

LEIBNIZ também dialogou com a obra de René DESCARTES (1596-1650) e seus seguidores 'cartesianos'.[176] Ele refuta DESCARTES[177]

172. Como se examina no **Tratado** (tomo 4 – **Direito internacional no tempo medieval**, item 8.1 – *Agostinho de Hipona (354-430 A.D.)*).

173. L. PRENANT, *Préface* (in G. W. LEIBNIZ, **Œuvres choisies**, op. cit., 1940, p. I-LI, cit. p. XX): "Enfin, et ce serait le meilleur garant de la sincérité de LEIBNIZ, il aurait réfusé à Paris, pour ne pas se convertir au catholicisme, une installation avantageuse. C'est un fait qu'il n'a pas rénoncé à sa confession malgré les sollicitations tacites de son maître JEAN-FRÉDÉRIC."

174. John LOCKE, **An Essay concerning Human Understanding** (1689, abridged, with an Introduction by Pauline PHEMISTER, Oxford: Univ. Press, 2008).

175. LEIBNIZ, **Nouveaux essais sur l'entendement humain – Neue Abhandlungen** über **den menschlichen Verstand – Novos ensaios sobre o entendimento humano** (escritos em 1704, publicados em 1765, edições de 1971 e 1974, *Prefácio*, p. 113-129, cit. p. 128).

176. LEIBNIZ, **Nouveaux essais sur l'entendement humain – Neue Abhandlungen** über **den menschlichen Verstand** (escritos em 1704, publicados em 1765, ed. 1971) e **Novos ensaios sobre o entendimento humano** (ed. bras., 1974, *Prefácio*, p. 113-129, cit. p. 128): "os Cartesianos, embaraçados sem motivo pela alma dos animais e não sabendo o que fazer com elas se forem imperecíveis [...] se viram forçados a recusar até o sentimento aos animais, contra todas as evidências e contra o modo de pensar do gênero humano."

177. LEIBNIZ, *Brevis demonstratio erroris memorabilis Cartesii / Brève démonstration d'une erreur mémorable de DESCARTES* (retomado no Discurso filosófico, **Discours de métaphysique / Metaphysische Abhandlung**, edição bilíngue, 1975; tb. LEIBNIZ,

em certos aspectos da construção do conhecimento[178] e também da filosofia.[179]

A mecânica e a dinâmica tiveram enormes desenvolvimentos no curso do século XVII. Considerando ter o próprio movimento origem espiritual, LEIBNIZ faz crítica das filosofias recentes, em seus fundamentos metafísicos. Por outro lado, o dinamismo começa a apresentar nova relevância para ele.[180]

A nova dinâmica, segundo as leis da geometria, mesmo assim não será corolário desta. Terá suas próprias leis, com base em princípios, tais como "toda mutação deve ser feita pelo mínimo" – não dependem

---

Monadologia – Discurso de metafísica e outras obras, ed. bras., 1974); ver tb. LEIBNIZ, **Textes inédits** (ed. GRUA, 1998, p. 516-518), argumenta que a caracterização do amor, dada por DESCARTES, impossibilitaria explicar o amor por Deus: "Amor est commotio animae producta motu spirituum, qui ea incitat ad voluntate se jungendum objectis, quae ipsi conveniunt. + Ita CARTESIUS, sed hoc modo non posset dari amor Dei. [...] CARTESIUS oblitus est explicare oscilationem in libro de passionibus. Ea enim valde similis risui et fletui."

178. LEIBNIZ, *La Monadologie* (eds. cits., § 80): "DESCARTES a reconnu que les âmes ne peuvent point donner de la force aux corps, parce qu'il y a toujours la même quantité de force dans la matière. Cependant il a crû que l'âme pouvoit changer la direction des corps. Mais c'est parce qu'on n'a point sû de son temps la loi de la nature qui porte encore la conversation de la même direction totale dans la matière. S'il avoit remarqué, il seroit tombé dans mon Système de l'harmonie préétablie." Ver tb. LEIBNIZ, **Theodizee** (ed. cit., 1968, §§ 22, 59-61, § 63, §§ 345-346, §§ 354-355).

179. L. PRENANT, *Préface* (in G. W. LEIBNIZ, **Œuvres choisies**, op. cit., 1940, p. I-LI, cit. p. XXXII): "Le contact direct avec les textes de DESCARTES fut lui aussi très efficace. Il provoqua chez LEIBNIZ, qui avait déjà une certaine répugnance pour cette pensée, une vive et durable réaction. Par là se précisèrent ses propres thèses; mathématicien, rationaliste et spiritualiste comme son devancier, il n'opposera que plus nettement sa philosophie à celle qui régnait en France."

180. L. PRENANT, *Préface* (in G. W. LEIBNIZ, **Œuvres choisies**, op. cit., 1940, p. I-LI, cit. p. XXXII): "assurément, l'*antitypie* révélée par les sensations táctiles, est essentielle: cette résistance de la matière était déjà non pas expliquée, mais dégagée par les systèmes 'corpusculaires', sinon par le géometrisme de DESCARTES. [...] Enfin, l'*hypothèse physique nouvelle*, et spécialement la *Théorie du mouvement abstrait*, marque une étape importante, presque décisive. Elle porte contre toute interprétation géometrique de la matière et elle presente les cadres d'une physique dynamique, qui apparaît alors à LEIBNIZ comme une solution philosophique complète, permettant un spiritualisme suffisant."

da simples não contradição, mas de razão mais elevada, imbuída do princípio de finalidade.[181]

A última etapa (1671-1686), paralelamente ao desenvolvimento da dinâmica, será colocar a física matemática no plano dos 'fenômenos bem fundados', ou seja, baseados na realidade concreta das substâncias. A unidade matemática é um limite, não um elemento verdadeiro: não pode engendrar o todo, do qual, ao contrário, deriva logicamente. A substância não pode ser um *átomo metafísico*, espiritual, e pura qualidade, análoga a uma alma. A mudança é, assim, transformação, e não simples deslocamento; resulta de diferenciação na atividade interna dos seres e se desenvolve como rumo a fim, que lhe é próprio.

Mas, para chegar a tanto, diversos fatores terão de ser exercidos. O primeiro será a transformação da dinâmica, como mencionado: esta traz, ao plano dos fenômenos, a expressão abstrata da finalidade, própria a cada substância: a força viva; trará, assim, à metafísica, o princípio de individuação que lhe faltava.

Dois outros serão decisivos: a invenção do cálculo diferencial – ao qual está, ademais, vinculado o perfazimento da dinâmica – e o conhecimento das descobertas microscópicas, em anatomia. Um fará reconhecer o caráter convencional do infinitamente pequeno matemático; o outro fornece imagem do infinitamente pequeno físico, cuja unidade qualitativa é devida à sua estrutura.[182]

181. L. PRENANT, *Préface* (in G. W. LEIBNIZ, **Œuvres choisies**, op. cit., 1940, p. I-LI, cit. p. XXXIII): "le *conatus*, force interne, représente pour LEIBNIZ un élément presque spirituel: c'est une *mens momentanea* – écrit-il alors à ARNAULD – qui deviendrait conscience si elle ramassait son passé en souvenirs au lieu de l'étaler en trajectoire."

182. L. PRENANT, *Préface* (in G. W. LEIBNIZ, **Œuvres choisies**, op. cit., 1940, p. I-LI, cit. p. XXXIV-XXXV): "Il y a mieux: les découvertes mathématiques et biologiques se combinent d'elles-mêmes et la nature 'symbolise avec' les infinis de différents ordres: 'elle procede mathématiquement', comme LEIBNIZ écrivait un jour à BAYLE."

Novas proporções e relações matemáticas foram propostas e se consolidaram na astronomia, na ótica, na acústica e em vários outros temas da física.[183] Isso se fez na linha de KEPLER, a respeito das órbitas planetárias; na linha da descoberta de SNELL, sobre o raio de luz, passando de meio como o ar para outro, como a água, quando este defletirá na proporção da densidade de um e de outro meio; na linha de GALILEU, que determinou que um corpo, caindo de determinada altura, adquire velocidade proporcional ao tempo da queda.[184]

Por sua vez, DESCARTES tentou sistematizar as normas a respeito de colisão entre corpos de diferentes tamanhos e velocidades, movendo-se em diferentes direções, bem como tentara formular os princípios fundamentais da inércia e do movimento em linha reta.

Ideia que lhe foi muito cara, durante toda a vida, e sobre a qual já tinha escrito aos vinte anos de idade, a sua "dissertação sobre a arte combinatória", ou **Dissertatio de arte combinatoria**, LEIBNIZ buscou a ideia de uma característica universal – *characteristica universalis* –, ou matemática universal, pela qual se exprimiria o método simbólico, no qual as regras formais evitam a necessidade do pensamento. Porque este poderia produzir, onde quer que fosse,

183. Catherine WILSON, *Monads, forces, causes* (in G. W. LEIBNIZ, **Monadologie**, hrsg. Hubertus BUSCHE, Berlim: Akademie Verlag, 2009, p. 211-221). V. tb. **Tratado** (tomo 20 – **Direito internacional, história e cultura**, item 1.2 – *pensamento científico moderno e a caça às bruxas*); P. B. CASELLA, **International law, history and culture** (Leiden/Boston: Brill/Nijhoff – Académie de droit international de la Haye / The Hague Academy of International Law, 2024).

184. Ver **Tratado** (tomo 8 – **Direito internacional além do paradigma vestfaliano**, item – *o que é e como é o clássico?* e tomo 20 – **Direito internacional, história e cultura**, item 1.3 – *do mundo fechado ao universo infinito*); P. B. CASELLA, **International law, history and culture** (Leiden/Boston: Brill/Nijhoff – Académie de droit international de la Haye / The Hague Academy of International Law, 2024), na passagem do papel, antes predominante, dos teólogos para os filósofos e os cientistas, com papel formador da identidade moderna, desempenhado por KEPLER, COPÉRNICO, GALILEU e VICO; tb. o já citado ensaio de Bernard FAIDUTTI, **Copernic, Kepler, Galilée, face aux pouvoirs** – Les scientifiques et la politique (Paris: L'Harmattan, 2010).

os mesmos resultados fecundos que produziu nas ciências do número e da quantidade.

Depois de estabelecidas as premissas de qualquer ciência, *a priori*, o resto, pensava LEIBNIZ, poderia ser efetuado por simples regra de inferência, e para estabelecer as premissas certas, seria apenas necessário analisar todas as noções empregadas, até se chegar a noções simples, e a partir daí, todos os axiomas seriam deduzidos como proposições idênticas. LEIBNIZ afirmava que o seu método poderia ser aplicado com os axiomas de EUCLIDES, que ele sustentava serem capazes de prova. A característica universal parece ter sido algo muito semelhante ao silogismo; esta, diz LEIBNIZ, é uma das invenções mais fecundas do homem, uma espécie de matemática universal.[185]

Poucos conceitos filosóficos tiveram importância comparável à distinção que LEIBNIZ oferece entre o que chamou de verdades fáticas – *Tatsachenwahrheiten* – em relação às verdades racionais – *Vernunftwahrheiten*.[186] Com clareza inigualada, ele traçou essa linha divisória: pode ser descrito como o *verdadeiro a posteriori*, aquele que se alcança por meio da experiência – e somente em nosso mundo fático é válido –, em relação ao *verdadeiro a priori*, como necessariamente verdadeiro – e isso é válido em todos os mundos possíveis.[187]

185. B. RUSSELL, **A filosofia de Leibniz** (ed. cit., 1968, cap. XIII – *percepção confusa e inconsciente*, p. 155-159, e cap. XIV – *a teoria do conhecimento de LEIBNIZ*, p. 160-170, cit. p. 169).
186. Sybille KRÄMER, *Tatsachenwharheiten und Vernunftwahrheiten* (in G. W. LEIBNIZ, **Monadologie**, hrsg. Hubertus BUSCHE, Berlim: Akademie Verlag, 2009, p. 95-111).
187. S. KRÄMER (cap. cit., op. cit., 2009, p. 95): "Wenn wir Tiefe und Reichweite dieser Leibnizschen Unterscheidung auslotten wollen, ist es gut, diese Unterscheidung innerhalb des Netzes weiterer erkenntnistheoretischer Äusserungen zu untersuchen."

LEIBNIZ, em 1714, desenvolve o conceito de força.[188] A substância é uma unidade absoluta, simples e independente de todas as outras.[189]

> O estado passageiro, que envolve e representa uma multiplicidade, na unidade ou na substância simples, não é outra coisa senão aquilo que se chama *percepção*, que deve ser bem distinguida da apercepção ou da consciência. [...] E nisto, os cartesianos muito se equivocaram, por desconsiderarem as percepções de que não nos apercebemos. Foi isso, também, que os fez acreditar que somente os espíritos eram *mônadas*, e que não havia almas nos animais, [...] o que os fez, ainda, cair no preconceito escolástico das almas inteiramente separadas, havendo mesmo reforçado, nos espíritos mal formados, a opinião da mortalidade das almas.[190]

No final de sua vida, LEIBNIZ escreve, na **Monadologia**, em 1714: "o entendimento de Deus é o domínio das verdades eternas, e das ideias, das quais estas dependem";[191] essas verdades são relações

---

188. LEIBNIZ, *La Monadologie* (1714, in **Principes de la nature et de la grâce fondés en raison / Monadologie / Vernunftprinzipien der Natur und der Gnade / Monadologie** (ed. cit., 1982); ver tb. LEIBNIZ, **Monadologia** (e outras obras, ed. bras., 1974); LEIBNIZ, *Os princípios da filosofia ou a monadologia* (in **Discurso de metafísica e outros textos**, apres. Tessa M. LACERDA, ed. bras., 2004, p. 129-149); tb. Hubertus BUSCHE, *Einführung* (in LEIBNIZ, **Monadologie**, hrsg. H. BUSCHE, Berlim: Akademie Verlag, 2009, p. 1-34).
189. A respeito dos conceitos de *mônadas, forças e causas* e do uso destes no § 80 da *Monadologia*, ver Catherine WILSON, *Monads, forces, causes* (in G. W. LEIBNIZ, **Monadologie**, hrsg. H. BUSCHE, Berlim: Akademie Verlag, 2009, p. 211-221).
190. LEIBNIZ, *La Monadologie* (eds. cits., § 14): Ver tb., a respeito dos §§ 8-29 e § 82, Hans POSER, *Innere Prinzipien und Hierarchie der Monaden* (in G. W. LEIBNIZ, **Monadologie**, hrsg. H. BUSCHE, Berlim: Akademie Verlag, 2009, p. 81-94).
191. LEIBNIZ, *La Monadologie* (eds. cits., § 43).

efetivamente possíveis entre os seres – dependem das ideias desses seres, mas não são seres reais.[192]

LEIBNIZ chama, doravante, de *mônada* essa substância absoluta, simples e independente de todas as outras, por ele descrita como "espelho vivo do universo".[193] Este se torna um conceito-chave[194] para a compreensão de toda a sua filosofia:[195]

> A *mônada*, de que aqui falaremos, não é outra coisa senão uma substância simples que entra nos compostos; *simples* quer dizer sem partes. E tem de haver substâncias simples, uma vez que existem compostos, pois o composto nada mais é do que uma reunião, ou *aggregatum*, dos simples.
>
> Ora, onde não há partes, não há extensão, nem figura, nem divisibilidade possível. E estas *mônadas* são os verdadeiros átomos da natureza e, em suma, os elementos das coisas.[196]
>
> Poder-se-iam chamar *enteléquias* todas as substâncias, simples ou *mônadas* criadas, pois contêm certa perfeição – εχουσι το εννελες – e uma suficiência – αυταρκεια – que as torna fontes das suas ações internas.[197]

192. L. PRENANT, *Préface* (in G. W. LEIBNIZ, **Œuvres choisies**, op. cit., 1940, p. I-LI, cit. p. XXXVIII): "Le progrès de ce rationalisme propre à LEIBNIZ est le complément de l'évolution qui tout à l'heure conduisait de sa physique à sa métaphysique. / Une substance est essentiellement un sujet riche de tous ses états futurs, de tous les prédicats qu'on peut et qu'on pourra jamais lui attribuer. / Une vérité logique ou mathématique – c'est-à-dire, encore une fois, logique – est un système de *rapports* possibles parce qu'ils n'impliquent pas contradiction."
193. LEIBNIZ, *La Monadologie* (eds. cits., §§ 56, 63, 77, 83).
194. Ansgar LYSSY, *Monaden als lebendige Spiegel des Universum* (in G. W. LEIBNIZ, **Monadologie**, hrsg. H. BUSCHE, Berlim: Akademie Verlag, 2009, p. 145-160).
195. LEIBNIZ, *La Monadologie* (eds. cits., § 14); B. RUSSELL, **A filosofia de Leibniz** (ed. cit., 1968, cap. XI – *a natureza das mônadas em geral*, p. 131-138, b/c, os anteriores cap. II – *as proposições necessárias e o princípio da contradição*, p. 10-26, e cap. III – *as proposições contingentes e o princípio da razão suficiente*, p. 27-40).
196. LEIBNIZ, *La Monadologie* (eds. cits., § 18); ver tb. LEIBNIZ, **Theodizee** (ed. cit., 1968, *Prefácio*).
197. LEIBNIZ, *La Monadologie* (eds. cits., §§ 1-3 e a seguir, §§ 4 e 5); ver tb. LEIBNIZ, **Theodizee** (ed. cit., 1968, § 10 e § 89), considera tampouco haver dissolução a temer, e não há maneira concebível pela qual uma substância simples possa perecer naturalmente. E, pela mesma razão, não há maneira concebível pela qual uma substância simples

A multiplicidade na unidade, segundo LEIBNIZ, se chama 'percepção', e esta caracteriza estado específico: a mudança interna, a passagem de uma percepção a outra se chama *apetição*.[198] Todas as almas têm percepções e apetites, e o universo é composto de almas solitárias.[199]

> Nós mesmos experimentamos uma multiplicidade, na substância simples, quando descobrimos que o menor pensamento de que nos apercebemos envolve uma variedade no objeto. Assim, todos os que reconhecem que a alma é uma substância simples, devem reconhecer essa multiplicidade na mônada.[200]

As almas razoáveis ou espíritos acedem à percepção das relações – a 'reflexão' – e, com elas, às verdades eternas, mediante a combinação de 'razão' e de 'liberdade'.[201] Para poder, assim, ser alcançada a 'comunhão ética'.[202]

Sugeria LEIBNIZ,[203] "é bom distinguir entre a *percepção*, que é o estado interior da mônada, representando as coisas externas, e a

---

possa começar naturalmente, posto que não poderia ser formada por composição. Ver tb. Donald RUTHERFORD, *Simple substances and composite bodies* (in G. W. LEIBNIZ, **Monadologie**, hrsg. H. BUSCHE, Berlim: Akademie Verlag, 2009, p. 35-48).

198. LEIBNIZ, *La Monadologie* (eds. cits., § 15).

199. Hans POSER, *Innere Prinzipien und Hierarchie der Monaden* (in G. W. LEIBNIZ, **Monadologie**, hrsg. H. BUSCHE, Berlim: Akademie Verlag, 2009, p. 81-94); B. RUSSELL, **A filosofia de Leibniz** (ed. cit., 1968, cap. IV – *o conceito de substância*, p. 41-54; cap. XI – *a natureza das mônadas em geral*, p. 131-138).

200. LEIBNIZ, *La Monadologie* (eds. cits., § 16).

201. LEIBNIZ, *La Monadologie* (eds. cits., § 82); ver tb. Thomas BUCHHEIM, *Vernunft und Freiheit* (in G. W. LEIBNIZ, **Monadologie**, hrsg. H. BUSCHE, Berlim: Akademie Verlag, 2009, p. 223-244).

202. LEIBNIZ, *La Monadologie* (eds. cits., §§ 84-90); Francesco PIRO, *Die ethische Gemeinschaft der Geister mit Gott* (in G. W. LEIBNIZ, **Monadologie**, hrsg. H. BUSCHE, Berlim: Akademie Verlag, 2009, p. 245-259); tb. B. RUSSELL, **A filosofia de Leibniz** (ed. cit., 1968, cap. XII – *a alma e o corpo*, p. 139-154).

203. LEIBNIZ, **Principes de la nature et de la grâce fondés en raison / Vernunftprinzipien der Natur und der Gnade** (1714, seguido de **Monadologie**, auf Grunde der kritischen Ausgabe von André ROBINET, 1954, und der Übersetzung von

apercepção, que é a consciência, ou conhecimento reflexivo, desse estado interior, a qual não é dada a todas as almas, nem sempre à mesma alma".[204] E advertia: "foi por não ter feito essa distinção que os cartesianos erraram, ao desconsiderar as percepções de que não nos apercebemos, assim como o vulgo desconsidera os corpos insensíveis".[205]

LEIBNIZ admite ser obrigado a "confessar que a percepção, e o que depende dela, é inexplicável por razões mecânicas, isto é, por figuras e por movimentos".[206] Assim, se manifestariam a inteligência e a capacidade criativa do homem.

> Essa ligação, ou essa acomodação, de todas as coisas criadas, a cada uma, e de cada uma a todas as outras, faz com que cada substância simples tenha relações que expressem todas as outras, e que seja, por conseguinte, um espelho, vivo e perpétuo, do universo.[207]

A reflexão físico-filosófica de LEIBNIZ pode ser estendida e aplicada ao direito internacional – o que proponho, seguindo a mesma linha de raciocínio: este se faz como a reunião dos elementos – *estados* – e se instaura, na medida em que exista interação, entre estas componentes, e estas "tenham relações que expressem todas

---

Artur BUCHENAU, mit Einführung und Anmerkungen hrsg. von Herbert HERRING, edição bilíngue, Hamburgo: Felix Meiner, © 1982, zweite, verbesserte Auflage, 1982, p. VII-XIV + 1-25); LEIBNIZ, *Princípios da natureza e da graça, fundados na razão* (in **Discurso de metafísica e outros textos**, apres. Tessa M. LACERDA, trad. Alexandre C. BONILHA, ed. bras., 2004, p. 151-163).

204. LEIBNIZ, *Princípios da natureza e da graça, fundados na razão* (1714, eds. cit., 1982 e 2004, § 4).

205. LEIBNIZ, *Princípios da natureza e da graça, fundados na razão* (1714, eds. cit., 1982 e 2004, idem, e a seguir § 6): "Não há *metempsicose*, mas sim *metamorfose*."

206. LEIBNIZ, *La Monadologie* (eds. cits., § 17): "Vemo-nos obrigados a confessar que a percepção e o que depende dela é inexplicável por razões mecânicas, isto é, por figuras e por movimentos."

207. LEIBNIZ, *La Monadologie* (eds. cits., §§ 56); LEIBNIZ, **Theodizee** (ed. cit., 1968, §§ 130, 360).

as outras". A transposição é simples, e os conceitos igualmente se adequam – mesmo que LEIBNIZ não o tenha expressamente feito: a sua concepção a respeito das mônadas pode ser transposta para os estados e as relações internacionais. Resta aferir qual seja, aí, o papel do direito internacional.

Da mesma forma que se aplica, a cada substância – também entre estados –, a construção de tais relações, não pode ser explicada por razões simplesmente mecânicas: existe elemento de *vontade*, "que opera as mudanças ou produções, segundo o princípio do melhor".[208] A comparação com o mundo físico permite aproximar a lógica da convivência organizada no direito internacional.

Daí se deduz, em LEIBNIZ, a distinção entre organismo – *organismus* – e mecanismo – *mechanismus*.[209] Quando LEIBNIZ lança a sua "teoria do organismo", o termo constituía neologismo, pela primeira vez surgido com o botânico Georg Ernst STAHL, isso somente por volta de 1700.

Construído o 'organismo', em oposição ao conceito de 'mecanismo' que LEIBNIZ adota, por volta de 1704, ele os aplica em suas teorias da filosofia natural e da ontologia das substâncias.[210] Daí, deduz LEIBNIZ, a definição do 'organismo' como mecanismo divino,

208. LEIBNIZ, *La Monadologie* (eds. cits., §§ 48); LEIBNIZ, **Theodizee** (ed. cit., 1968, §§ 7, 149, 150, 87). Ver tb., a respeito dos §§ 38-48, Wilhelm SCHMIDT-BIGELMANN, *Gott und seine Relation zu den Geschöpfen* (in G. W. LEIBNIZ, **Monadologie**, hrsg. H. BUSCHE, Berlim: Akademie Verlag, 2009, p. 113-127).

209. A respeito da distinção entre os dois conceitos e do uso destes nos §§ 63-76 da *Monadologia*, veja-se o ensaio de Stefan HESSBRÜGGEN-WALTER e Ansgar LYSSY, *Maschinen der Kunst, Maschinen der Natur* (in G. W. LEIBNIZ, **Monadologie**, hrsg. H. BUSCHE, Berlim: Akademie Verlag, 2009, p. 175-195).

210. Stefan HESSBRÜGGEN-WALTER e Ansgar LYSSY, *Maschinen der Kunst, Maschinen der Natur* (ensaio cit., op. cit., 2009, p. 175-195).

que é controlado seja por uma *mônada*, seja por *enteléquia*,[211] como expressões de harmonia, previamente estabelecida.[212]

Estendendo o raciocínio de LEIBNIZ para o nosso campo: as normas regentes dessa convivência comporiam o direito internacional 'clássico', centrado nas relações interestatais. Ao mesmo tempo, cada uma destas 'mônadas' do sistema internacional – os estados – seriam entes, dotados de "uma certa perfeição e uma suficiência" – justamente 'autarquia' – αυταρκεια –, literalmente, no sentido de poderem se movimentar por si mesmos – ou seja, de serem fonte de suas ações internas, serem ou estarem dotados de iniciativa:

> Diz-se que a criatura *age* exteriormente na medida em que tem perfeição; e padece a ação de outra na medida em que é imperfeita. Assim, atribui-se *ação* à mônada, na medida em que esta tem percepções distintas, e *paixão*, na medida em que as tem confusas. [213]
>
> E uma criatura é mais perfeita que outra, quando se encontra nela o que serve para dar a razão *a priori* do que se passa na outra, e por isso se diz que age sobre a outra.[214]

211. LEIBNIZ, *La Monadologie* (eds. cits., §§ 64 e 70).
212. A respeito do conceito e do uso deste nos §§ 78-81 e 87 da *Monadologia*, ver o ensaio de Thomas LEINKAUF, *Prästabilierte Harmonie* (in G. W. LEIBNIZ, **Monadologie**, hrsg. H. BUSCHE, Berlim: Akademie Verlag, 2009, p. 197-209).
213. LEIBNIZ, *La Monadologie* (eds. cits., § 49 e a seguir, § 50); LEIBNIZ, **Theodizee** (ed. cit., 1968, § 32, 66, 386). A respeito dos §§ 4-7 e 49-52, ver tb. Hubertus BUSCHE, Übernatürlichkeit und Fensterlosigkeit der Monaden (in G. W. LEIBNIZ, **Monadologie**, hrsg. H. BUSCHE, Berlim: Akademie Verlag, 2009, p. 49-80).
214. LEIBNIZ, *La Monadologie* (eds. cits., § 50); LEIBNIZ, **Theodizee** (ed. cit., 1968, § 66). Aduz logo a seguir LEIBNIZ, *La Monadologie* (eds. cits., § 52): "ao comparar duas substâncias simples, encontra-se em cada uma delas razões que o obrigam a acomodá-la à outra; e, por conseguinte, o que é *ativo* em certos aspectos, é *passivo* de outro ponto de vista: *ativo* enquanto o que se conhece distintamente nele serve para explicar o que acontece em outro, e *passivo* enquanto a razão do que lhe acontece encontra-se no que se conhece distintamente em outro."

Operariam os estados – como operam as mônadas – simultaneamente em dois planos: o interno e o internacional (ou interacional, relacional). Ambos os planos, de existência e de atuação, interagem constantemente, mas não lhes muda a natureza: nem dos estados, nem das mônadas.

A interpretação é pessoal, mas permite dialogar com o pensamento do mestre, e pareceu-me adequada ao pensamento de LEIBNIZ. Como expõe: "esse vínculo – *liaison* –, ou essa acomodação, de todas as coisas criadas, a cada uma, e de cada uma, a todas as outras, faz cada substância simples ter relações que exprimem todas as outras, e ser, portanto, um espelho vivo e perpétuo do universo."[215] De tal modo,

> Embora cada mônada criada represente todo o universo, representa mais distintamente o corpo, que lhe está particularmente afeto, e de que constitui a enteléquia; e como esse corpo exprime todo o universo, pela conexão de todas as matérias na plenitude, a alma representa, também, todo o universo, por meio desse corpo que lhe pertence, de modo particular.[216]

É preciso haver configuração interna da mônada – assim como do estado – para que ela e ele existam e operem. Para que possam, ambos, igualmente existir por si e também atuar no plano externo.

A *monadologia*, em LEIBNIZ, permite o reconhecimento de que se possa postular até os últimos componentes da matéria, sem entrar no labirinto do continuísmo e da existência do mundo material, com o qual se tinham defrontado inúmeros pensadores, desde a

215. LEIBNIZ, *La Monadologie* (eds. cits., § 56); LEIBNIZ, **Theodizee** (ed. cit., 1968, § 130, 360).
216. LEIBNIZ, *La Monadologie* (eds. cits., § 62); LEIBNIZ, **Theodizee** (ed. cit., 1968, § 400).

Antiguidade: "as *mônadas* são a resposta metafísica à inexorável questão resultante da busca dos últimos princípios."[217]

Nesse sentido, caberia paralelo com o desenvolvimento recente do direito internacional, no sentido de acolher, como premissa valorativa internacionalizada, a configuração (interna) do estado enquanto 'estado de direito', progressivamente aceito como conceito do direito internacional pós-moderno.[218] A configuração interna do estado passa a ser vista como requisito para que este possa ter interação no plano internacional.

Daí se vai, também, muito além das tradicionais e múltiplas questões suscitadas pelo reconhecimento de estado e de governo, desde a indagação a respeito da natureza jurídica do ato até os seus efeitos – e se estes seriam meramente 'declaratórios' ou, em alguma medida, revestir-se-iam de 'efeitos constitutivos'.[219]

Essas são ilações minhas, a partir da filosofia de LEIBNIZ, inspiradas pela lição do mestre, quando este ensina: "esta harmonia leva as coisas a se encaminharem para a graça, pelos caminhos da própria natureza."[220] Ele concluía seu raciocínio: "se pudéssemos

---

217. Ver, a respeito dos §§ 61-62 e 65 da *Monadologia*, o ensaio de Philip BEELEY, *Unendlichkeit, Fülle und Kontinuität als Prinzipien der Natur* (in G. W. LEIBNIZ, **Monadologie**, hrsg. H. BUSCHE, Berlim: Akademie Verlag, 2009, p. 161-174, cit. p. 173): "Die Monaden sind die metaphysische Antwort auf die daraus zwingend resultierende Frage nach den letzten Prinzipien."

218. A respeito, ver Jacques-Yvan MORIN, **L'état de droit**: émergence d'un principe de droit international (RCADI, 1995, t. 254, p. 9-462); mais recentemente, do docente das Universidades de Leiden e de Louvain, Jean d'ASPREMONT, **L'état non démocratique en droit international** – étude critique de droit international positif et de la pratique contemporaine (Paris: Pedone, 2008).

219. Dentre vasta literatura disponível sobre a matéria, serve para situar a questão e também para apontar referências adicionais, P. B. CASELLA, *Reconhecimento de estado e governo no direito internacional contemporâneo* (in **O direito internacional no terceiro milênio** – estudos em homenagem ao prof. Vicente Marotta RANGEL, org. L. O. BAPTISTA e J. R. FRANCO DA FONSECA, São Paulo: LTr, 1998, p. 287-318).

220. LEIBNIZ, *La Monadologie* (eds. cits., § 88); LEIBNIZ, **Theodizee** (ed. cit., 1968, §§ 18 ss., 110, 244-245, 340).

compreender bem a ordem do universo, acabaríamos que ele excede todas as aspirações dos mais sábios, e que é impossível torná-lo melhor do que está, não só em relação ao todo em geral, mas, ainda, a nós mesmos em particular."[221]

LEIBNIZ mantém seu gosto profundo pela filosofia e o manifesta em tratados sucessivos, mesmo em meio a outros textos, notas e comentários escritos por ele, em matéria jurídica, política, ou mesmo de lógica aplicada à política, como sua análise da conveniência da eleição do candidato ao trono da Polônia, apoiado pelo Brandemburgo, em relação ao candidato moscovita.[222]

A transposição do conceito de *mônada* para o plano das relações internacionais, se faz, na linha da preocupação de LEIBNIZ, com a construção da sistematicidade e da convivência organizada. Como se ensaiava, no seu tempo, e que constitui eixo central em qualquer sistema ordenado de direito internacional, como também das relações internacionais, mesmo sem ter LEIBNIZ, nem na **Monadologia** nem tampouco na **Teodiceia**, expressamente feito esse paralelo.

"A justiça, de maneira geral, não é outra coisa que bondade, conforme à sabedoria",[223] ressaltava LEIBNIZ, em sua obra **Princípios da natureza e da graça, fundados na razão**, de 1714.[224] Esta, igual-

221. LEIBNIZ, *La Monadologie* (eds. cits., § 90); LEIBNIZ, **Theodizee** (ed. cit., 1968, § 134, 4 e 278).
222. LEIBNIZ, *Specimen demonstrationum politicarum pro eligendo rege Polonorum novo scribendi genere ad claram certitudinem exactum* (1669, ed. DUTENS, IV, III, 579; texto reproduzido em Louis COUTURAT, **La logique de Leibniz** – d'après des documents inédits, Paris: Félix Alcan, 1904, p. 564, online philosophyfaculty.ucsd.edu; tb. reimpressão Book on demand, 2015); ___, **Opuscules et fragments inédits de Leibniz** (Paris: Félix Alcan, 1903).
223. LEIBNIZ, *Princípios da natureza e da graça, fundados na razão* (1714, eds. cit., 1982 e 2004, § 9).
224. LEIBNIZ, **Principes de la nature et de la grâce fondés en raison / Vernunftprinzipien der Natur und der Gnade** (1714, seguido de **Monadologie**, auf Grunde der kritischen Ausgabe von André ROBINET, 1954, und der Übersetzung von Artur BUCHENAU, mit Einführung und Anmerkungen herausgegeben von Herbert

mente, tanto breve quanto essencial para a compreensão de seu sistema:

> É surpreendente que somente mediante a consideração das *causas eficientes* ou da matéria não possamos explicar as leis do movimento, descobertas em nosso tempo, parte das quais foram descobertas por mim. Pois percebi que era necessário recorrer às *causas finais*, e que estas leis não dependem do *princípio da necessidade*, como as verdades lógicas, aritméticas e geométricas, mas, sim, do *princípio da conveniência*, isto é, da eleição realizada pela sabedoria.[225]

Segundo LEIBNIZ, esses **Princípios da natureza**, de 1714, deveriam ser lidos em paralelo com a **Monadologia**, também de 1714. Seriam ambos 'quase um testamento' – *presque un testament* –[226] e destinados a divulgação junto a mais amplo público, tanto que teve LEIBNIZ o cuidado de deixar os princípios redigidos em linguagem mais acessível que a 'monadologia':

> A simplicidade da substância não impede a multiplicidade das modificações, que devem ocorrer, simultaneamente, nesta mesma substância

---

HERRING, edição bilíngue, Hamburgo: Felix Meiner, © 1982, zweite, verbesserte Auflage, 1982, p. VII-XIV + 1-25); LEIBNIZ, *Princípios da natureza e da graça, fundados na razão* (in **Discurso de metafísica e outros textos**, apres. Tessa M. LACERDA, trad. Alexandre C. BONILHA, ed. bras., 2004, p. 151-163).

225. LEIBNIZ, *Princípios da natureza e da graça, fundados na razão* (1714, eds. cit., 1982 e 2004, § 11).

226. Como mencionado, LEIBNIZ, **Principes de la nature et de la grâce fondés en raison / Vernunftprinzipien der Natur und der Gnade** (1714, seguido de **Monadologie**, auf Grunde der kritischen Ausgabe von André ROBINET, 1954, und der Übersetzung von Artur BUCHENAU, mit Einführung und Anmerkungen herausgegeben von Herbert HERRING, edição bilíngue, Hamburgo: Felix Meiner, © 1982, zweite, verbesserte Auflage, 1982, p. VII-XIV + 1-25); LEIBNIZ, *Princípios da natureza e da graça, fundados na razão* (in **Discurso de metafísica e outros textos**, apres. Tessa M. LACERDA, trad. Alexandre C. BONILHA, ed. bras., 2004, p. 151-163).

> simples, e devem consistir, na variedade das relações, com as coisas que estão fora. É como um centro ou ponto no qual, por mais simples que seja, existem uma infinidade de ângulos, formado pelas linhas que para ele convergem.[227]

"Na natureza tudo é pleno", afirma LEIBNIZ, e "há substâncias simples, em toda parte, efetivamente separadas umas das outras por ações próprias, mudam continuamente as suas relações" – *actions propres qui changent continuellement leurs rapports*.[228] Ele prosseguia:

> E, como tudo está ligado, devido à plenitude do mundo, e cada corpo atua, em maior ou menor medida, sobre cada um dos demais segundo a distância, sendo, por sua vez, afetado por reação, segue-se que cada *mônada* é um espelho vivo, ou dotado de ação interna, representativo do universo, segundo o seu ponto de vista e tão regulado quanto o universo.[229]

A concepção da perfeita harmonia universal – *parfaite harmonie, vollkommener Harmonie* – é crucial para o entendimento da filosofia de LEIBNIZ. Esta, ademais, encontra considerável eco na obra de Christian WOLFF. O que não é surpreendente, dado WOLFF declarar-se e reconhecer-se discípulo de LEIBNIZ.[230]

---

227. LEIBNIZ, *Princípios* (1714, eds. cit., 1982 e 2004, § 2).
228. LEIBNIZ, *Princípios* (1714, eds. cit., 1982 e 2004, § 3); ver tb. B. RUSSELL, **A filosofia de Leibniz** (ed. cit., 1968, cap. V, '*a identidade dos indiscerníveis e o princípio de continuidade. Possibilidade e co-possibilidade*', p. 55-70) onde este considerava "A identidade dos indiscerníveis e o princípio de continuidade estão intimamente ligados, ainda que não possam ser deduzidos um do outro. Ambos se incluem na afirmação de que toda substância criada forma uma série, na qual cada posição intermediária possível entre o primeiro e o último termo é preenchida uma vez e só uma vez."
229. LEIBNIZ, *Princípios* (1714, eds. cit., 1982 e 2004, § 3).
230. Como apontado no **Tratado** (tomo 8 – **Direito internacional além do paradigma vestfaliano**, item – *além do paradigma vestfaliano*) e no início do presente capítulo, como foi reconhecido e afirmado pelo próprio Christian WOLFF.

Afirma, igualmente, LEIBNIZ: "cada mônada, cada centro substancial, deve ter suas percepções e seus apetites regulados, do modo mais compatível possível com todo o resto."[231] As coisas estão interligadas e sempre interagem umas sobre as outras.

A percepção da interação entre os agentes e da sua interdependência como característica de qualquer sistema ordenado, também se aplica ao direito internacional. E isso tanto em LEIBNIZ como em WOLFF.

O texto de LEIBNIZ também suscita aproximação com a filosofia indiana[232] a respeito do *dharma*. O *dharma*, como norma de conduta, como padrão de comportamento adequado ao estado de cada um, em relação à sua condição profissional (e de casta), é também relevante elemento para a manutenção do equilíbrio, no conjunto do mundo.[233]

231. LEIBNIZ, *Princípios da natureza e da graça, fundados na razão* (1714, eds. cit., 1982 e 2004, § 12).

232. Como se fez, também, no início do presente capítulo, em relação à concepção internacionalista de WOLFF. E cabe indagar se haveria alguma interrelação entre as obras de ambos, o que não se encontra provado, em relação à filosofia indiana, mas verossimilmente teria acontecido em relação à filosofia chinesa. Para situar algumas premissas, ver **Tratado** (tomo 3 B – **Gregos, romanos, chineses, indianos**, item 7.1 – *a Índia e direito internacional na Índia antiga e medieval*); Chaturvedi BADRINATH, sua edição do **Mahabharata** – an inquiry in the human condition (Hyderabad, India: Orient Longman P.L., 2007); **The Upanishads** (translated with a general introduction by Eknath EASWARAN, with chapter introductions & concluding essay by Michael N. NAGLER, New Delhi: Penguin Books India, 1st. publ., 1987, new edition, 1996); **The Rig Veda** – an anthology (one hundred and eight hymns, selected, translated and annotated by W. Doniger O'FLAHERTY, New Delhi: Penguin Books India, © 1981, ed. 2000). Infindáveis são os possíveis comentários, como, por ex.: Ananda K. COOMARASWAMY and Sister NIVEDITA, **Myths of the Hindus and Buddhists** (originalmente publicado em 1913, New York: Norton, 1967); Sue HAMILTON, **Indian philosophy** – a very short introduction (Oxford: Univ. Press, 2000, reprint, 2001); Heinrich Robert ZIMMER (1890-1943), **Die indische Weltmutter** – Aufsätze (Hg. und eingeleitet von Friedrich WILHELM, Frankfurt: Insel, 1980); H. ZIMMER, **As filosofias da** Índia (do original **Philosophies of India** © 1951, compilado por Joseph CAMPBELL, trad. Nilton A. SILVA, Cláudia G. BOZZA e outros, São Paulo: Palas Atena, 1986).

233. Conforme referido no início do presente capítulo. A aproximação entre o direito internacional 'clássico', a política ocidental e os ensinamentos de KAUTILYA, no **Arthashastra**, é feita no **Tratado** (tomo 12 – **Direito internacional no tempo**

Ouçamos LEIBNIZ:

Nas coisas, tudo está regulado, de uma vez para sempre, com tanta ordem e correspondência quanto possível, dado que a suprema sabedoria e bondade não podem atuar senão com perfeita harmonia: o presente está prenhe do futuro; o futuro poderia ser lido no passado, o longínquo está expresso no próximo. Poderíamos reconhecer a beleza do universo, em cada alma, se pudéssemos desdobrar todas as suas dobras escondidas, que somente se desenvolvem com o passar do tempo.

Cada percepção distinta da alma compreende uma infinidade de percepções confusas, que abrangem todo o universo. E a própria alma somente conhece as coisas das quais tem percepção; na medida em que tenha percepções, distintas e acuradas, de tais coisas. E alcança a perfeição na medida de suas percepções distintas.[234]

Cada alma conhece o infinito, conhece tudo, mas confusamente. Como, ao passear na beira do mar, ouço o barulho particular de cada vaga, do qual é composto o barulho total do mar, mas sem discernir cada uma delas.

Percepções confusas são o resultado das impressões que todo o universo faz sobre nós. O mesmo ocorre com cada mônada.[235]

---

de Vattel e von Martens, item – *mutações do direito internacional no século XVIII, ilustradas pelo tema da guerra*). Ver KAUTILYA, **The Arthashastra** (edited, rearranged and translated by L. N. RANGAJARAN, New Delhi: Penguin Books India, 1992).

234. LEIBNIZ, *Princípios* (1714, eds. cit., 1982 e 2004, § 13). Seguindo o conteúdo e o sentido do texto original, afastei-me da redação da tradução brasileira, que permanece fiel ao original, mas pareceu-me pouco clara.

235. LEIBNIZ, *Princípios* (1714, eds. cit., 1982 e 2004, § 13); ver tb. B. RUSSELL, **A filosofia de Leibniz** (ed. cit., 1968, cap. X – *a teoria do espaço e do tempo e a sua relação com o monadismo'*, p. 118-130, cit. p. 128): "A teoria relacional do tempo é mais paradoxal do que a do espaço, e torna-se tal pelo fato de que o passado e o futuro não existem no mesmo sentido que o presente. [...] Há, além disso, em todos os monadismos, uma assimetria no que diz respeito à relação das coisas com o espaço e o tempo; assimetria na qual nada existe."

Tinha LEIBNIZ a sua concepção a respeito do modo de conceber o direito como sistema, e como poderia ser organizado o conhecimento do direito e a formação do jurista. Ele expõe as suas ideias no ensaio *Novo método para aprender e ensinar a jurisprudência*, de 1667:[236]

> A jurisprudência é a ciência do direito, qualquer que seja o caso ou fato proposto. Quando estabelecemos o método para o tratamento da jurisprudência, é necessário que cumpramos duas tarefas: a primeira é que delimitemos, em teoria, a concepção do jurista perfeito, e tudo o que diz respeito à sua perfeita realização; a segunda é que definamos as vias que nos levarão, rapidamente, a tal perfeição.[237]

LEIBNIZ faz paralelo com a formação em teologia e aponta o que considerava serem grandes semelhanças entre as duas disciplinas – direito e teologia:[238] "uma e outra são duplas, do ponto de vista dos princípios, em parte provenientes da razão (daí a teologia e a jurisprudência naturais – tal como exposta por GRÓCIO, HOBBES e outros); e em parte decorre das **Escrituras** ou dos livros autênticos, contendo as normas positivas, na primeira divinas, e na segunda humanas."[239]

---

236. LEIBNIZ, *Nouvelle méthode pour apprendre et enseigner la jurisprudence* (1667) (in **Le droit de la raison**, textes réunis et présentés par René SÈVE, Paris: Vrin, 1994, p. 189-200).
237. LEIBNIZ, *Nouvelle méthode pour apprendre et enseigner la jurisprudence* (1667) (ed. René SÈVE, 1994, cit. p. 189-190).
238. LEIBNIZ, *Nouvelle méthode pour apprendre et enseigner la jurisprudence* (1667) (ed. René SÈVE, 1994, cit. § 4, p. 190): "transferimos, a justo título, o modelo da divisão da teologia para a jurisprudência, por ser notável a semelhança entre as duas faculdades."
239. LEIBNIZ, *Nouvelle méthode pour apprendre et enseigner la jurisprudence* (1667) (ed. René SÈVE, 1994, cit. § 4, p. 190) considerava ser engano cometido por muitos autores, quando estes tinham pretendido tratar da mesma forma outras ciências, como a medicina, a filosofia e as matemáticas.

Mantendo-se essa correlação, a formação do jurista, segundo LEIBNIZ, deveria contar com estes quatro campos:[240]

- *didática*, ou o direito positivo, contendo o exame das coisas que existem expressamente nos livros autênticos e exprimem direito líquido e certo;[241]
- *histórica*, onde se descrevem a origem, os autores, as mudanças e as ab-rogações das leis – situar o direito como fenômeno temporal;
- *exegética*, interpretando os livros autênticos por seus próprios termos; e, finalmente,
- como coroamento da formação, a *polêmica* ou *controvérsia*, definindo, a partir da razão e da semelhança, os casos não decididos nas leis.[242]

Na comparação entre os campos de aplicação, da teologia e da jurisprudência – esta entendida como a ciência para a formação do profissional do direito – LEIBNIZ prosseguia:

> Não surpreende que a mesma coisa esteja em uso na jurisprudência e na teologia, porquanto a teologia é uma certa espécie de jurisprudência, tomada universalmente, e trata, com efeito, do direito e das leis

240. LEIBNIZ, *Nouvelle méthode pour apprendre et enseigner la jurisprudence* (1667) (in **Le droit de la raison**, ed. R. SÈVE, Paris: Vrin, 1994, p. 189-200).
241. LEIBNIZ, *Nouvelle méthode pour apprendre et enseigner la jurisprudence* (1667) (ed. René SÈVE, 1994, § 2, p. 190), com diferença relevante entre o texto acima referido, da primeira edição, e o texto a seguir, da segunda edição, do mesmo ensaio, na qual LEIBNIZ atenua afirmações de caráter voluntarista da primeira edição: "ou as coisas que são estabelecidas pela razão natural, e estão bastante expressas nos livros autênticos e são de direito certo."
242. LEIBNIZ, *Nouvelle méthode pour apprendre et enseigner la jurisprudence* (1667) (ed. René SÈVE, 1994, cit. § 2, p. 190, e a seguir § 3) completava LEIBNIZ: "as partes próprias da jurisprudência são a didática e a polêmica; enquanto, por sua vez, a histórica e a exegética são somente desejáveis."

admitidas na república, ou antes, no reino de Deus, sobre os homens: a teologia moral, do ponto de vista do direito privado; os demais campos desta, do ponto de vista do direito público.[243] [...]

A jurisprudência didática não é absurdo designar pelo nome de 'elementos', à imitação dos elementos de EUCLIDES – *i.e.*, da geometria – como fez no título de vários de seus livros, Thomas HOBBES, com os seus **Elementos do cidadão e do corpo**, ou como fizeram J. SELDEN e Samuel PUFENDORF, com seus **Elementos de jurisprudência** – os elementos se resolvem em duas partes: na explicação dos termos, ou as definições, à qual corresponde o título de significado dos termos – *verborum significatione* –, e nas proposições ou preceitos, aos quais corresponde o título de normas legais – *regulis juris*.[244]

"Ao fazermos julgamentos sobre os outros, nós lhes conferimos o mesmo poder em relação a nós, pela publicação de nossas meditações" – e, por isso, ponderava LEIBNIZ:

faremos, assim, de tal modo que possamos deduzir método sólido da própria definição das coisas. A jurisprudência é a ciência das ações, no que estas são ditas justas ou injustas. O justo e o injusto são o que é publicamente útil ou nocivo. Publicamente, primeiro ao mundo, ou a seu chefe, Deus, em seguida ao gênero humano, e em seguida, à república [...] daí decorre, que a jurisprudência possa ser divina, humana ou civil.

243. LEIBNIZ, *Nouvelle méthode pour apprendre et enseigner la jurisprudence* (1667) (ed. René SÈVE, 1994, cit. § 5, p. 190) aduzia hipóteses concretas de comparação entre a teologia e a jurisprudência: "a excomunhão seria como o banimento"; "a remissão dos pecados como o direito de graça" – o perdão de crime; "a danação eterna como a pena capital – ou como a prisão perpétua."

244. LEIBNIZ, *Nouvelle méthode pour apprendre et enseigner la jurisprudence* (1667) (ed. René SÈVE, 1994, cit. § 6, p. 192) e a tanto corresponde o **Digesto**: L, 16-17.

Entretanto, falar em utilidade própria não decorre da jurisprudência, mas da política.[245]

Até muito pouco tempo antes de morrer, LEIBNIZ estava a par de alguns dos desenvolvimentos mais recentes em curso na sua época, tais como: a concepção do projeto de paz perpétua de Charles CHASTEL, o Abade de St. PIERRE, referido como *Irineu* – o amigo da paz. Temática essa de longa trajetória,[246] sobre a qual o próprio LEIBNIZ, na sua juventude, também escrevera, já em 1670, as suas "reflexões sobre a segurança pública interna e externa" da Europa, ou **Bedenken.**[247]

Estava LEIBNIZ, também, consciente da grande mudança que representava o advento da Rússia como potência, para o conjunto da Europa e para o equilíbrio de todo o conjunto do continente, o que permanece verdadeiro até hoje.

Sobretudo a partir do reinado de PEDRO, o grande, ocorre, na Rússia, notável movimento, no sentido de abertura – forçada – do vasto império dos czares ao diálogo com a Europa. No entendimento de LEIBNIZ, isso convergia para o sentido de construir canais de interação entre mundos até então separados.

LEIBNIZ compreendeu a magnitude da mutação que ocorria, não somente na própria Rússia, mas a partir desta, para o conjunto da Europa – e do mundo. E chamou a atenção do czar para isso.

---

245. LEIBNIZ, *Nouvelle méthode pour apprendre et enseigner la jurisprudence* (1667) (ed. René SÈVE, 1994, cit. § 14, p. 192).

246. Cf. ensaios reunidos no volume, coordenado por Jean FERRARI e Simone GOYARD-FABRE, **L'année 1796 – sur la paix perpétuelle** – de LEIBNIZ aux héritiers de KANT (Paris: Vrin, 1998).

247. G. W. LEIBNIZ, **Bedenken, welchergestalt Securitas publica interna et externa et Status praesens im Reich jetzigen Umständen nach auf festen Fuss zu stellen** (1670, in **Die Idee Europa 1300-1946** – Quellen zur Geschichte der politischen Einigung, hrsg. Rolf Hellmut FOERSTER, Munique, DTV, 1963, p. 73-78).

Em memoriais dirigidos ao czar PEDRO, descrevia LEIBNIZ, em 1708, a vantagem de "uma cidade nova, construída de única vez, segundo plano especial, contrariamente às velhas cidades, que crescem pouco a pouco, quase sempre sem ordem nenhuma".[248] A imagem, ao mesmo tempo, se aplica à nova capital do Império russo, São Petersburgo, que PEDRO fundara em 1703, mas também remete à possibilidade de desenvolvimento planejado e coordenado do ensino das artes, das ciências e das línguas, no jovem império. A Rússia era grande espaço, onde as coisas estavam por fazer, e isso permitiria fossem feitas em grande escala e de maneira planejada.

LEIBNIZ prosseguiria em outro memorial ao czar, em 1711, no qual insistia[249] no 'diálogo intercultural' que a Rússia, por sua posição geográfica e enorme extensão, poderia ensejar: "fazer uma seleção dos conhecimentos, reunidos da China e da Europa, e importá-los para os estados do czar"; o que se faria por atos de

> fundar bibliotecas e gabinetes de artes, colecionar todos os conhecimentos, quer sejam da China, como da Europa, atrair pessoas experimentadas e artistas, em suma, ter sempre em vista a prosperidade, o esplendor e a vida dos estados do czar, pelos progressos das artes e das ciências.[250]

248. LEIBNIZ, *Projet d'un mémoire pour le Tzar* (1708) (in **Le droit de la raison**, ed. R. SÈVE, Paris: Vrin, 1994, p. 241-246): a partir do momento em que lá tudo está por fazer – *tabula rasa* –, e que em matéria de estudos é como se fosse uma ânfora virgem, que ainda não ficou embebida do odor de um líquido estranho, eu penso que muitos erros que se produziram entre nós poderão ser evitados e corrigidos, sobretudo com a sábia direção de um mestre experimentado que, graças a uma visão de conjunto em perfeita harmonia, saberá tudo regular, para o fim a ser alcançado."
249. LEIBNIZ, *Entretien avec le Tzar à Torgau* (1711) (in **Le droit de la raison**, ed. R. SÈVE, Paris: Vrin, 1994, p. 247-251).
250. LEIBNIZ, *Entretien avec le Tzar à Torgau* (1711) (ed. R. SÈVE, cit., 1994, p. 247-251).

O mundo constitui todo interligado, e existe constante interação entre as partes deste. E a cultura, sobretudo, para LEIBNIZ, poderia ser caminho para desenvolver não somente o conhecimento, mas também a compreensão entre os homens.[251]

LEIBNIZ considerava, também, a transferência de conhecimento do Oriente para o Ocidente: este não poderia fluir somente em uma direção, e afirmava serem os chineses aqueles que deveriam enviar ao Ocidente 'missões civilizadoras'. A atitude de humildade e de receptividade, exposta por LEIBNIZ, são exatamente o oposto da opinião majoritária corrente em seu tempo – e que, disfarçadamente, se perpetua na arrogância habitual dos europeus em relação aos demais continentes, que se manifestou – de maneira especialmente odiosa – na suposta "missão civilizadora do homem branco", durante a expansão colonial europeia.[252]

Durante décadas, LEIBNIZ enfatizou para seus contemporâneos europeus a necessidade de se conhecer e compreender a China: foi pioneiro, como filósofo – na esteira dos missionários católicos, desde Matteo RICCI e seus sucessores –,[253] em insistir na necessidade

251. Cfr. **Tratado** (tomo 20 – **Direito internacional, história e cultura**); P. B. CASELLA, **International law, history and culture** (Leiden/Boston: Brill/Nijhoff – Académie de droit international de la Haye / The Hague Academy of International Law, 2024).

252. Como se examina no **Tratado** (tomo 13 – **Direito internacional no tempo do concerto europeu** e tomos 14 a 17 – **Direito internacional no tempo do colonialismo**). V. tb. Daniel BOORSTIN, **The discoverers** (orig. publ. 1983, New York: Vintage Books – Random House, 1985, esp. Part VI – *Doubling the world*, p. 145-201 e Part VII – *The American surprise*, p. 203-254); Frédéric MAURO, **L'expansion européenne** 1600-1870 (orig. publ. 1964, Paris: PUF, 4e éd. mise à jour, 1996); Jean MEYER, **L'Europe et la conquête du monde** (orig. publ. 1975, Paris: Armand Colin, 2009) etc.

253. A respeito, ver **Tratado** (tomo 3B – **Gregos, romanos, chineses, indianos**, item 7.2 – *China e a controvérsia sobre os ritos chineses*); algumas fontes portuguesas a respeito do tema, já mencionadas: Horácio Peixoto de ARAÚJO, **Os Jesuítas no império da China: o primeiro século (1582-1680)** (Macau: Instituto português do Oriente, 2000, esp. cap. III – *a questão dos ritos chineses*', p. 203-284, cit. p. 284): "torna-se inevitável perguntar, ou simplesmente imaginar, qual teria sido o futuro do cristianismo no mais vasto império asiático, se o esforço e a larga visão desse enorme rol de missionários não tivessem sido esterilizados em lutas e quezílias, com objetivos

de diálogo entre a Europa e a China, o que poderia ensejar a construção de compreensão mais ampla do conhecimento entre esses mundos – a Europa de um lado e a China do outro, com a Rússia entre ambas. Tivesse isso sido levado a sério, o mundo poderia ter tomado outros rumos.

Não se tratava, para LEIBNIZ, de mera curiosidade ou de busca do exotismo: mas decorria de convicção humanista, profundamente arraigada, de amplitude de visão e de compreensão da unidade do fenômeno humano, apesar da variedade das 'cores locais', que podem impregnar esta ou aquela manifestação específica da civilização. Seus contemporâneos pareciam pouco propensos a enxergar a grandeza dessa concepção de mundo, que abrangia, além do conjunto da Europa do seu tempo, também os vastos impérios da Rússia e da China.

Evidência da seriedade, do comprometimento de LEIBNIZ com esse propósito, e da duração de seu interesse pela China e pelo diálogo intercultural da Europa com esta, é dada pela correspondência com os padres jesuítas, na China, que se estende por vinte e cinco anos (de 1689 até 1714). Considerando as enormes dificuldades operacionais e a demora de alguns anos, que acarretava o envio e o recebimento de cada uma dessas mensagens como decorrência dos meios então disponíveis, esse legado é tanto mais admirável

---

não raras vezes duvidosos." Na mesma linha, Antonio Vasconcelos de SALDANHA, **De KANGXI para o papa, pela via de Portugal** – memória e documentos relativos à intervenção de Portugal e da Companhia de Jesus na questão dos Ritos Chineses e nas relações entre o imperador KANGXI e a santa Sé (traduções chinesas por JIN Guo Ping, Macau: Instituto Português do Oriente, 2002, em 3 vols.); e, do mesmo A. V. SALDANHA e JIN Guo Ping, **Para a vista do imperador – memoriais da dinastia Qing sobre o estabelecimento dos portugueses em Macau (1808-1887)** (Macau: Instituto português do Oriente, 2000); e, ainda, A. V. SALDANHA, **A 'memória' sobre o estabelecimento dos portugueses em Macau do Visconde de Santarém (1845): os primórdios da discussão da legitimidade da presença dos portugueses em Macau** (Macau: Instituto português do Oriente, 1995).

por se prolongar com vários sacerdotes, instalados no Império do meio ou adjacências. E, ainda, a correspondência de LEIBNIZ com outros sacerdotes, em Paris, sediados na missão francesa do Oriente.

Na correspondência de LEIBNIZ com o Padre BOUVET, que lhe escreve de Pequim, em 1699, este não somente conhecia o trabalho dos missionários jesuítas[254] na construção de pontes para esse tão necessário diálogo, como tinha consciência da necessidade de agir rápido, pois a abertura da China ao Ocidente dependia da personalidade e da tolerância do imperador KANG XI. E isso se mostrou correto, pois seu sucessor, se não chega a pôr fim imediato a toda a presença europeia e missionária no Império do meio, passa a limitar consideravelmente os canais de diálogo.[255] Até serem estes canais de diálogo, a seguir, definitivamente fechados.

254. Carta do Pe. Joachim BOUVET S.J. a LEIBNIZ, datada de Pequim, 19 de setembro de 1699 (no volume LEIBNIZ, **Der Briefwechsel mit den Jesuiten in China (1689-1714)** (französisch-lateinisch-deutsch, hrsg. und eingeleitet von Rita WIDMAIER, Textherstellung und Übersetzung von Malte-Ludolf BABIN, Hamburg: Felix Meiner, 2006, Nr. 32, p. 226-239); tb. a anterior carta de LEIBNIZ ao Pe. Cláudio Filippo GRIMALDI, S.J., de Roma, em 19 de julho de 1689 (ed. cit., 2006, Nr. 3, p. 10-15), na qual inseria trinta perguntas sobre a China, para serem respondidas por seu correspondente; indagava sobre as virtudes terapêuticas do *ginseng* – *an radix ginseng magnarum virtutum, ut vulgo praedicatur* –, sobre a matéria-prima para a fabricação da porcelana – *cujusnam naturae terra ex qua fit porcelana, an transparens per se et an non spes sit similem in Europa posset reperiri* –, sobre a geometria na China – *an nulla in Chinensium antiquis monumentis vestigia Geometriae demonstrativae, et rerum Metaphysicarum* –, sobre os 'moinhos horizontais' e com quais ventos estes se moviam – *de molendinis ventaneis horizontalibus chinensium, quae quovis vento moventur* –, como os chineses faziam álcool com arroz – *quomodo spiritum ardentem distillent sinenses ex oriza* –, como se coletavam os fios de seda – *quomodo sericum bis in anno colligant* –, sobre o que conheciam os chineses a respeito do mar entre a Ásia e a América do Norte – *nihilne constet de freto inter Asiam et Americam septentrionalis, et de extremitate terrae Jezzo trans Japoniam, et de correctione chartarum geographicum illarum regionum* – e muitas outras questões.

255. Como considerado no **Tratado** (tomo 3B – **Gregos, romanos, chineses, indianos**, item 7.2 – *China e a controvérsia sobre os ritos chineses*), ou seja, até que ponto poderiam ser conciliadas a fé cristã e a tradição confucianista na China. Infelizmente prevaleceram a intolerância e a falta de visão, fechando as portas para esse diálogo, que poderia ter mudado a história do mundo.

A proibição do cristianismo viria a seguir – não somente na China, como se deu também, de maneira violenta e sangrenta, no Japão. E assim se fecharam as portas do Império do meio para o mundo ocidental, em considerável medida pela forma desastrosa como o Ocidente cristão conduziu essa missão.[256]

Comentava LEIBNIZ a respeito da liberdade de exegese e de interpretação dos textos:

> Como entre os cristãos, que não são sempre obrigados a seguir o sentido que os escolásticos, os comentadores ou outros posteriores deram à santa Escritura, aos antigos padres da Igreja e às leis antigas. E isso é, tanto mais assim, na China, quanto o monarca, que é o chefe dos sábios, e a vida da lei, parece autorizar as explicações racionais da doutrina dos antigos.[257]

A 'Eurásia' aparecia a LEIBNIZ como único grande continente, com dois centros de excelência e de difusão do conhecimento,

---

256. Como comentado, no **Tratado** (tomo 8 – **Direito internacional além do paradigma vestfaliano**, item – *o que é, e como é o clássico?*), isso se deu, ao menos em parte, em razão da rivalidade entre o padroado português do Oriente e as missões francesas ao Oriente; foi, a seguir, alimentado por intrigas, junto à corte pontifícia em Roma, e culminou, com o golpe final da intolerância, em não aceitar a observância da tradição confuciana e do culto dos ancestrais, pelos chineses, que, sob o reinado tolerante do imperador KANG XI, se mostravam dispostos a ouvir – e quiçá, acolher – a mensagem cristã. Oportunidade perdida, que muito lamentava VOLTAIRE, no seu **Le siècle de Louis XIV** (orig. publ. 1751, édition établie, présentée et annotée par Jacqueline HELLEGOUARCH et Sylvain MENANT, avec Philippe BONNICHON et Anne-Sophie BARROVECCHIO, Paris: Libr. Génerale Française, © 2005, 2ª ed., 2008); ou tb. na edição VOLTAIRE, **Le siècle de Louis XIV** (in Œuvres **historiques**, édition présentée, établie et annotée par René POMEAU, Paris: Gallimard-Pléiade, © 1957, impr. 2010, p. 603-1274), concluía o cap. XXXV (op. cit., 1751, ed. 2010, p. 1041), com a seguinte observação: "L'esprit vraiment philosophique, qui n'a pris racine que vers le milieu de ce siècle, n'éteignit point les anciennes et les nouvelles querelles théologiques, qui n'étaient pas de son ressort. On va parler de ces dissensions qui font la honte de la raison humaine."

257. Cf. referência completa na nota seguinte, ver LEIBNIZ, **Discurso sobre a teologia natural dos chineses** (1716, ed. 1991, seção primeira, n. I, p. 37-38).

situados nas suas respectivas extremidades: a Europa, de um lado, e a China, de outro, tendo a Rússia entre ambas. Em vários momentos, como mencionado, insistiu LEIBNIZ, junto ao czar PEDRO, que a Rússia poderia ter papel relevante nessa comunicação entre os mundos chinês e europeu, e o conhecimento das respectivas culturas poderia ser não somente uma estratégia imperial e política pública russa, como também causa de grande avanço para a Rússia. Beneficiar-se-ia a Rússia, na visão de LEIBNIZ, tanto do conhecimento da experiência passada, proveniente dos dois polos extremos, como ainda poderia esta atuar como condutora e retransmissora desse diálogo intercivilizacional, no presente e no futuro.

Essa grande massa continental, com destaque para as diferentes civilizações nas suas extremidades, é imagem que perpassa, em LEIBNIZ, o seu **Discurso sobre a teologia natural dos chineses**, mais precisamente intitulado *Carta do sr. G. G. de LEIBNIZ sobre a filosofia chinesa ao sr. de RÉMOND*,[258] onde expunha: "a China é um grande império, que não fica nada atrás em extensão à Europa cultivada, e a ultrapassa pelo número de habitantes e em boa política."[259]

Algum tempo antes, LEIBNIZ publicara a sua novíssima história ilustrada da China em nossos tempos, **Novissima sinica historiam nostri temporis illustrata** – originalmente publicada em 1697;

258. G. W. LEIBNIZ, **Discurso sobre a teologia natural dos chineses** (orig. publ. *Lettre de Mr. G. G. LEIBNIZ sur la philosophie chinoise à Mr. de RÉMOND*, de 1716, introdução, tradução e notas de Adelino CARDOSO, Lisboa: Colibri-Universalia-Fundação Oriente, 1991).
259. LEIBNIZ, **Discurso sobre a teologia natural dos chineses** (1716, ed. 1991, seção primeira, n. III, p. 40).

segunda edição ampliada, em 1699 –[260] com grandes elogios à ética chinesa e ao desenvolvimento da ciência do estado:[261]

> Por decisão única do destino, como acredito, chegamos à situação na qual a mais alta cultura e a mais alta civilização técnica da Humanidade, hoje, estão reunidas nos dois extremos do continente, na Europa e na Tschina (assim exatamente se pronuncia), e que se põe, como a Europa do Oriente, no extremo oposto da Terra.[262]

Ao desencadear o movimento para a coleta e sistematização de tratados, também foi pioneira a obra de LEIBNIZ. Como compilação, não foi a sua obra a mais completa. Outros levaram a tarefa mais longe. Mas a coletânea de LEIBNIZ, intitulada "Código do direito das gentes diplomático", ou **Codex iuris gentium diplomatico** – originalmente publicado em 1693 –[263] além da codificação de trata-

260. LEIBNIZ, **Novíssima Sinica - Historiam nostri temporis illustratura** – in quibus de Christianismo publica nunc primum autoritate propagato missa in Europam relatio exhiberur, deque favorem scientiarum Europearum ac moribus gentis & ipsius praesertim Monarchae, tum & de bello Sinensium cum Mofcis ac pace constitura, multa hactenus ignota explicantur, edente G. G. L. [Gottf. Guil. LEIBNITZIUS] Indicem dabit pagina versa. Secunda editio. Accessione partis posterioris aucta. anno MDCXCIX. – com gravura retratando o imperador KANGXI, ao lado da página de rosto.

261. Ver as considerações de Rita WIDMAIER, *Leibniz als Historiker der Alten Geschichte und des chinesischen Altertums* (in *Einführung* ao volume LEIBNIZ, **Der Briefwechsel mit den Jesuiten in China (1689-1714)**, Hamburg: Felix Meiner, 2006, p. XIII-CXXXIII, item VI, p. CVI-CXXXIII); tb. Heinz Dieter KITTSTEINER (1942-2008), **Die Stabilisierungsmoderne** – Deutschland und Europa 1618-1715 (Munique: Carl Hanser, 2010, esp. *Gott in der besten aller Welten*, p. 259-278), faz menção à relevância da **História da China** de LEIBNIZ (1697).

262. LEIBNIZ, **Novíssima Sinica** (1699, Prólogo); quase a mesma redação ocorre tb. LEIBNIZ, **Discurso sobre a teologia natural dos chineses** (1716, ed. 1991).

263. LEIBNIZ, **Codex juris gentium diplomaticus** – in quo tabulae authenticae actorum publicorum, tractatum aliarumque rerum maiores momenti per Europa gestarum, pleraque inedita vel selecta, ipso verborum tenore expressae ac temporum serie digestae continentur; a fine seculi undecimi ad nostra usque tempora aliquot tomis comprehensus; quem ex manuscriptis praesertim Bibliothecae Augustae Guelfebytanae Codicibus, ex monumentis regiorum aliorumque archivorum, ac

dos, continha, ademais, na introdução, estudo aprofundado sobre as relações entre direito natural e direito voluntário. O primeiro, de caráter absoluto, enquanto o direito internacional voluntário era, por ele, considerado de cunho relativo, pois dependente de implementação.

Em seu exame do conjunto da "literatura do direito internacional", Dietrich Heinrich Ludwig von OMPTEDA, em 1785, considerava necessário reportar a opinião do "grande Gottfried Wilhelm LEIBNIZ (1646-1716), a respeito da natureza do direito das gentes",[264] tal como este a tinha manifestado no *prefácio* de sua importante codificação de tratados **Codex iuris gentium diplomatico**, quase um século antes, em 1693.

Neste seu 'prefácio' à coletânea de "tratados e outras coisas mais momentosas", LEIBNIZ afirmava quão plenamente estava de acordo em reconhecer a existência de direito internacional, composto de conjunto, em parte natural e em parte positivo, de costumes e tratados vinculantes, aceitos ou celebrados pelos povos. Como resultado dessas diversas fontes, constitui-se o direito internacional. Algumas passagens podem comprovar esse entendimento:

> Além da eterna razão divina inspiradora do direito natural – *praeter aeterna naturae rationalis iura ex divino fonte* –, constituiu-se direito voluntário – *ius etiam voluntarium* –, como se exprime nos costumes – *receptum moribus*. E, [assim como no plano interno da] república, o direito civil aceita a força deste – *quidem ius civile ab eo vim accepit* –, por parte de quem detém o poder soberano – *qui summam potestatem*

propriis denique Collectaneis edidit G. G. L. (Hannoverae: literis & impensis Samuelis Ammonii, MDCXCIII et sq.).

264. Von OMPTEDA (op. cit., 1785, reed., 1963, § 74, p. 283-289, cit. p. 288-289, sem referências adicionais).

habet –; no plano externo – *extra rempublicam* –, entre aqueles que são partícipes no poder soberano – *qui summae potestatis participes sunt* –, tem lugar o direito internacional voluntário – *iuri gentium voluntario* –, aceito pelo consenso tácito dos povos.

Não é, assim, necessário que seja sempre o mesmo, em todos os povos e em todos os tempos, pois em muitas coisas diversamente agrada aos indianos e aos europeus, e mesmo entre nós, constatam-se mudanças, no curso dos séculos, como esta própria obra pode mostrar – *hoc ipsum opus indicare potest*. Na sua base, o direito internacional – *iuris fecialis inter gentes* – tem a mesma natureza que o direito natural – *ipsum naturae ius est*. O que aprouve aos povos construir, variou segundo o tempo e o lugar – *huic gentium placita inaedificata sunt variabilia temporibus locisque*.[265]

É, no mínimo, curiosa a terminologia adotada por LEIBNIZ, ao chamar o direito internacional de 'direito fecial entre os povos' – *iuris fecialis inter gentes* – remetendo, assim, à matriz romana, do antigo direito sacerdotal,[266] mas aplicado entre povos – *inter gentes*. Porém, a seguir deixa claro que entende ter este a mesma natureza que o direito natural – *ipsum naturae ius est*. O nome é diverso,

265. G. W. LEIBNIZ, no *Prefácio* de seu **Codex iuris gentium diplomatico** (1693, ed. cit.): "Praeter aeterna naturae rationalis iura ex divino fonte fluentia *ius* etiam *voluntarium* habetur receptum moribus vel a superiore constitutum. Et in republica quidem ius civile ab eo vim accepit, qui summam potestatem habet; extra rempublicam vel inter eos qui summae potestatis participes sunt, locus est *iuri gentium voluntario*, tacito populorum consensu recepto. Neque vero necesse est, ut sit omnium gentium vel omnium temporum, cum in multis arbitrer aliud Indis aliud Europaeis placere, et apud nos ipsos saeculorum decursu mutari, quod vel hoc ipsum opus indicare potest. – Basis igitur *iuris fecialis inter gentes* ipsum naturae ius est. Huic gentium placita inaedificata sunt variabilia temporibus locisque." A respeito, ver tb. Von OMPTEDA (op. cit., 1785, reed., 1963, § 74, p. 283-289, esp. p. 289).

266. Ver **Tratado** (tomo 3B – **Gregos, romanos, chineses, indianos**, cap. 6 – *na formação e no desenvolvimento de Roma*, esp. 6.3 – *duradoura contribuição do 'jus gentium' para o direito internacional*).

mas a coisa é a mesma. E a denominação corresponderia, assim, à natureza da coisa.

A compreensão de filósofo e gênio universal como LEIBNIZ permite colocar os elementos do direito internacional como parte de bagagem cultural e da evolução intelectual da humanidade. O direito internacional é, assim, elemento civilizacional, mesmo quando condicionado, como este se mostra, tanto pelo tempo quanto pelo espaço.[267]

Enquanto nos adverte quanto a não se dever esperar que seja sempre o mesmo, afirmava LEIBNIZ ter este direito internacional, por base, o direito 'natural', à qual se agrega o que os povos construíram, com variação segundo o tempo e o lugar – no que constitui o 'direito das gentes voluntário'. Estão aí colocadas as premissas básicas da disciplina – uma base de direito natural (cuja exata natureza e extensão tem de ser determinada), sobre a qual se dá a construção do direito internacional, por meio de tratados e de costume. E, ademais, vem a advertência quanto ao caráter contingente deste, pois o que "aprouve aos povos construir, variou segundo o tempo e o lugar".

LEIBNIZ criticou PUFENDORF, por ter este sido, alegadamente, pouco claro quanto ao papel e à extensão do direito natural em relação ao conjunto do direito internacional.[268] Mas LEIBNIZ, tampouco, nos diz qual seja a medida exata do primeiro na construção do segundo. Mesmo em se tratando de grande filósofo, é sempre mais fácil criticar outros do que fazer.

267. Nesse sentido, o exame da matéria no **Tratado** (tomo 20 – **Direito internacional, história e cultura**); P. B. CASELLA, **International law, history and culture** (Leiden/Boston: Brill/Nijhoff – Académie de droit international de la Haye / The Hague Academy of International Law, 2024).

268. Como se examinou no **Tratado** (tomo 9 – **Direito internacional no tempo de Samuel Pufendorf**, cap. 20 – *Samuel PUFENDORF (1632-1694)*), também reportando a defesa do tradutor BARBEYRAC à obra de PUFENDORF, contra as críticas de LEIBNIZ.

O mesmo se dará, algumas décadas mais tarde – com dose adicional de virulência e de deslealdade no ataque –, quando VOLTAIRE extensa e deslealmente critica LEIBNIZ.[269] Ele o põe em baixa avaliação, ao lado do conjunto da produção, até então existente, em matéria de direito das gentes.[270] Mas VOLTAIRE não fez mais nem melhor do que os antecessores que criticou, no sentido de contribuir para a compreensão e o desenvolvimento do direito internacional.

No grande debate do tempo sobre o direito natural, alguns indícios da opinião de LEIBNIZ podem ser coletados. Por exemplo, quando este, nos seus **Novos ensaios sobre o entendimento humano**, de 1704, afirma a sua visão: "as leis da natureza têm a sua origem nos princípios superiores à matéria."[271] Mas, também, admitia: "não existem ideias inatas, como não há princípios inatos."[272]

Eu diria que, exatamente como se discute a respeito da natureza e do alcance do 'costume' no direito internacional,[273] LEIBNIZ ponde-

269. VOLTAIRE, **Candide, ou l'optimisme** ('avec une biographie chronologique de l'auteur, une présentation de l'homme et du conteur, une introduction à l'étude de **Candide**, le texte intégral de ce conte, annoté et analysé méthodiquement, des questions, des jugements' par André MAGNAN, © 1969, Paris: Bordas, 1979), obviamente visava o sistema de LEIBNIZ, até mesmo pela retomada literal da expressão característica deste a respeito do que apresenta como a caricatura da filosofia de LEIBNIZ, a respeito do "melhor dos mundos possíveis".

270. VOLTAIRE, **Dictionnaire philosophique** (1770, 'Droit', section II – 'Droit public'): "Rien ne contribuera plus à rendre un esprit faux, obscur et incertain, que la lecture de GROTIUS, PUFENDORF, et de presque tous les commentateurs sur le droit public". Ed. bras., VOLTAIRE, **Dicionário filosófico** (trad. Bruno da PONTE e João Lopes ALVES, São Paulo: Abril – os Pensadores, vol. XXIII, 1973, p. 91-301 verbete *'Direito'* – *'Direito das gentes, direito natural, direito público'*, p. 159-161, seção segunda, p. 160-161).

271. LEIBNIZ, **Nouveaux essais sur l'entendement humain – Neue Abhandlungen** über **den menschlichen Verstand – Novos ensaios sobre o entendimento humano** (escritos em 1704, publicados em 1765, edições de 1971 e 1974, Livro I – *As noções inatas*, p. 131-164, cap. I – *'existem princípios inatos no espírito humano?'*, cit. p. 135).

272. LEIBNIZ, **Novos ensaios sobre o entendimento humano** (op. cit. 1704, edições de 1971 e 1974, Livro I, p. 137).

273. Cfr. P. B. CASELLA, **Fundamentos do direito internacional pós-moderno** (2008, cap. X – *opinio juris* e corte epistemológico – entre conceitos universais e expedientes específicos: princípios, valores e regras, p. 777-829).

rava a respeito do 'consentimento', considerando-o "bastante geral entre os homens, constitui um indício e não uma demonstração de um princípio inato; a prova exata e decisiva desses princípios consiste em mostrar que a sua certeza só provém do que está em nós".[274]

Ambos seriam, assim, indício e não a demonstração de princípio inato. O que faz substancial diferença.

Afirmava LEIBNIZ: "o consentimento que o espírito humano dá, sem esforço, a certas verdades, depende da faculdade do espírito humano"[275] e aduzia: "Não se trata, aqui, das palavras, que de certo modo, são arbitrárias, ao passo que as ideias e as verdades são naturais."[276]

LEIBNIZ fazia advertência que merece ser repetida: "Na medida em que somos capazes de conhecimento, pecamos ao negligenciar adquiri-lo, e se pecará, com tanto mais facilidade, quando se é menos instruído."[277] Sábia e oportuna advertência, que continua muito atual: sobretudo quando os ignorantes se arrogam julgar e afirmar a inutilidade do conhecimento.

No debate que construiu entre ideias inatas e adquiridas, LEIBNIZ advertia:

> Se os homens podem ignorar, ou pôr em dúvida, o que é inato na natureza humana, é inútil falar-nos de princípios inatos e da sua necessidade; longe de poderem instruir-nos sobre a verdade e a certeza

274. LEIBNIZ, **Novos ensaios sobre o entendimento humano** (op. cit. 1704, edições de 1971 e 1974, Livro I, cap. I – *existem princípios inatos no espírito humano?*, p. 139).
275. LEIBNIZ, **Novos ensaios sobre o entendimento humano** (op. cit. 1704, edições de 1971 e 1974, Livro I, cap. I, p. 142).
276. LEIBNIZ, **Novos ensaios sobre o entendimento humano** (op. cit. 1704, edições de 1971 e 1974, Livro I, cap. I, p. 146).
277. LEIBNIZ, **Novos ensaios sobre o entendimento humano** (op. cit. 1704, edições de 1971 e 1974, Livro I, cap. I, p. 148).

das coisas, como se pretende, encontrar-nos-íamos no mesmo estado de incerteza com tais princípios, que se eles não estivessem em nós.[278]

Expunha LEIBNIZ, em seguida: "Não se pode pôr em dúvida todos os princípios inatos."[279] Também advertia contra os *preconceitos*: "que muitas vezes fazem passar por natural o que provém dos maus ensinamentos, aos quais as crianças foram expostas, e dos maus hábitos que lhes advieram da educação e do contato com os outros."[280]

À obra de LEIBNIZ, com o título **Codex iuris gentium diplomaticus**, de 1693-95,[281] alguns anos mais tarde, foi aduzido o complemento, intitulado **Mantissa codicis iuris gentium diplomatici**, em 1700. Obra esta que seria continuada por outros autores.

A respeito da coletânea de tratados de LEIBNIZ, cabe observar que esta não somente foi a primeira tentativa no gênero a ser levada a bom termo, de modo que até hoje merece ser apreciada, mas também consultada, por conter muitos importantes textos de acordos internacionais, dos séculos XI ao XVI.[282]

---

278. LEIBNIZ, **Novos ensaios sobre o entendimento humano** (op. cit. 1704, edições de 1971 e 1974, Livro I, cap. II – *não existem princípios de ordem prática que sejam inatos*, p. 139).
279. LEIBNIZ, **Novos ensaios sobre o entendimento humano** (op. cit. 1704, edições de 1971 e 1974, Livro I, cap. II, p. 139).
280. LEIBNIZ, **Novos ensaios sobre o entendimento humano** (op. cit. 1704, edições de 1971 e 1974, Livro I, cap. II, p. 158).
281. LEIBNIZ, **Codex juris gentium diplomaticus** – in quo tabulae authenticae actorum publicorum, tractatum aliarumque rerum maiores momenti per Europa gestarum, pleraque inedita vel selecta, ipso verborum tenore expressae ac temporum serie digestae continentur; a fine seculi undecimi ad nostra usque tempora aliquot tomis comprehensus; quem ex manuscriptis praesertim Bibliothecae Augustae Guelfebytanae Codicibus, ex monumentis regiorum aliorumque archivorum, ac propriis denique Collectaneis edidit G. G. L. (Hannoverae: literis & impensis Samuelis Ammonii, MDCXCIII et sq.).
282. Dietrich Von OMPTEDA (op. cit., 1785, reed., 1963, § 86, p. 313-314).

Observe-se, contudo, que a obra permaneceu incompleta e, mesmo com a atualização, publicada em 1700, na verdade somente chega até o ano 1500. Além de conter instrumentos que vão além dos estritos limites do direito internacional, tais como ordenações eclesiásticas, pactos nupciais e testamentos de grandes senhores, e estatutos de ordens.

Pode, assim, ser criticada a obra de codificação do direito internacional, tal como feita por LEIBNIZ, não somente no tocante aos critérios de sistematização adotados, contendo muitos outros textos 'internacionais', além de tratados propriamente ditos. Incluem-se – o que não deixava de ser parte do direito internacional 'clássico' – até mesmo contratos de casamento e testamentos reais, além de bulas e documentos eclesiásticos. Como indício dos costumes do tempo – os soberanos ainda tinham tendência a tratar os estados como se fossem parte de seu patrimônio, que poderia ser legado ou onerado mediante 'contratos de casamento' e disposições de última vontade, sob a forma de 'testamentos'.

Também mereceu – acertadamente – não poucas críticas o trabalho, pela abrangência temporal da coletânea. Esta, conforme mencionado, mesmo com o complemento, publicado em 1700, aborda apenas até o ano 1500.

Mais do que os textos coletados, interessam-nos, até hoje, sobretudo, as considerações que, na parte introdutória desta obra – em 1693-95 e 1700 –, nos deixou o erudito filósofo. Embora menos conhecida essa faceta de sua obra, LEIBNIZ, também jurista, foi conselheiro da corte de Hannover, para assuntos da justiça:

> A parte mais segura e mais certa da história é constituída pelo texto dos atos públicos, pelos quais são transmitidos à posteridade a fiabilidade dos eventos, como também pelas peças e inscrições lapidárias.

E a imprensa ter sido inventada nos faz crer, com mais segurança, no papel do que nas pedras e nos metais.[283]

Não se negligencia, aqui, a menção à obra de codificação do direito internacional, muito embora possa o **Codex iuris gentium** ser considerado "obra menor, no conjunto da bibliografia, de cunho predominantemente filosófico e matemático" de LEIBNIZ, como apontado: merece, contudo, o respeito e admiração da posteridade pelo imenso esforço que representa. Como "o produto mais completo da historiografia erudita, em matéria de pesquisa das fontes a respeito das relações interestatais".[284]

Esta obra de codificação é também relevante como parte de processo histórico e tendência da época, no direito internacional do tempo clássico. E se inscreve em tendência que se acentua no curso do século XVIII.[285]

283. LEIBNIZ, **Codex juris gentium diplomaticus - Dissertatio** (1693, in **Die Werke von Leibniz**, Reihe: Historisch-politisch und staatswissenschaftliche Schriften, em 11 vols., hrsgb. von O. KLOPP, Hannover, 1864-1884); tb. LEIBNIZ, **Le droit de la raison** (ed. R. SÈVE, 1994, p. 156-169, § III).

284. A. TRUYOL Y SERRA, **Histoire du droit international public** (Paris: Economica, 1995, *les grands recueils de traités internationaux*, p. 91-92): "mérite le respect admiratif de la postérité pour l'immense effort qu'il représente, qui en fait, en des termes que nous souscrivons, 'le produit le plus complet de l'historiographie savante dans le domaine de la recherche des sources concernant les relations interétatiques" [M. TOSCANO, **Storia dei trattati e política internazionale** (Turim: Giappichelli, 2ª ed., 1963, tomo I, p. 1)], et dont on a pu dire que, d'envergure européenne, 'il occupera toujours une première place parmi les monuments juridiques de la terre' [S. VEROSTA, *Jean DUMONT und seine Bedeutung für das Völkerrecht* (Zeitschrift für öffentliches Recht, vol. XIV, 1934, p. 518)]. E conclui, a respeito das coletâneas clássicas de tratados : "Il est significatif de noter que tous ces recueils incluent non seulement les traités conclus par les états européens entre eux, mais aussi ceux des autres parties du monde, voire des chefs de tribus et de clans, ce qui implique une conception universaliste que le titre de celui de DUMONT reflète bien."

285. Ver **Tratado** (tomo 12 – **Direito internacional no tempo de Vattel e von Martens**, item – *ensaio de balanço do direito internacional no século XVIII*). Esse esforço de catalogação e de sistematização de atos internacionais foi seguido por diversos outros autores, tais como: Jacques BERNARD (1658-1718), **Recueil des traités de paix, de trêve, de neutralité, de suspension d'armes, de confédération, d'alliance, de commerce, de garantie etc., depuis 536 jusqu'à 1700** (em quatro volumes, Haia, 1700), Jean

Nessa mesma época, entre o final do século XVII e o início do XVIII, se desenvolvia a ciência 'diplomática' – *re diplomatica* – como a ciência dos documentos – ou dos 'diplomas'. Assim se examina a matéria, na obra de Jean MABILLON, sobre 'as coisas diplomáticas', em seis livros,[286] **De re diplomatica**, de 1681.

De certo modo, a codificação de tratados e documentos com o estudo introdutório de LEIBNIZ integram o mesmo movimento, quando este afirma que os documentos públicos são a fonte mais segura para o conhecimento da história, o que se costuma designar como 'fontes primárias'.

Além de tantas outras coisas que o interessavam, como mencionado, esteve LEIBNIZ ocupado com planos de institucionalização da paz perpétua, desde a juventude, como exprimiu nas suas "reflexões" – **Bedenken**, de 1670.[287] Como mencionado, manteve

---

DUMONT (também grafado DU MONT) (1666-1727), **Corps universel diplomatique du droit des gens** (Amsterdã/Haia, 1726-1731, em oito volumes), seguido de suplemento, publicado por Jean BARBEYRAC (1674-1744) e Jean Rousset DE MISSY (1686-1762), **Supplément au Corps diplomatique du droit des gens** (Amsterdã / Haia, 1739, em cinco volumes), bem como Georg Friedrich von MARTENS (1756-1821), com seu **Recueil des principaux traités d'alliance, de paix, de trêve, de neutralité, de commerce, de limites, d'échanges conclus par les puissances de l'Europe tant entre elles qu'avec les puissances et états dans d'autres parties du monde – depuis 1761 jusqu'à présent** (Göttingen: Jean-Chrétien Dieterich, 1791-1801, sete volumes – online https://books.google.com > about), continuado por outros, em seu nome.

286. Jean MABILLON (1632-1707), **De re diplomatica libri VI, in quibus quidquid ad veterum instrumentorum antiquitatem, materiam, scripturam et stilum; quidquid ad sigilla, monogrammata, subscriptiones ac notas chronologicas; quidquid inde ad antiquariam, historicam, forensemque disciplinam pertinet, explicatur et illustratur. Accedunt commentarius de antiquis regum Francorum palatiis, veterum scripturarum varia specimina, tabulis LX comprehensa, nova ducentorum et amplius monumentorum collectio. Opera et studio domni Johannis Mabillon, presbyteri et monachi ordinis S. Benedictii e congretatione S. Mauri** (escrita em 1679, orig. publ. em Paris, 1681, foi reeditada em Paris, 1709, e terceira edição, **De re diplomatica ... tertio editio a Marchione Bumbae Iohanne Adinari** (2 vols., Nápoles, 1789).

287. G. W. LEIBNIZ, **Bedenken, welchergestalt Securitas publica interna et externa et Status praesens im Reich jetzigen Umständen nach auf festen Fuss zu stellen** (1670, in **Die Idee Europa 1300-1946** – Quellen zur Geschichte der politischen Einigung, hrsg. Rolf Hellmut FOERSTER, Munique, DTV, 1963, p. 73-78).

LEIBNIZ, no seu tempo, contato epistolar com Charles François CHASTEL, Abade de SAINT-PIERRE, dito *Irineu*, ou 'o amigo da paz', autor do **Projeto para tornar perpétua a paz na Europa**, de 1713, várias vezes retomado por seu autor.[288]

A respeito da obra de SAINT-PIERRE, registrou LEIBNIZ suas *Observações*,[289] nas quais declarava estar "persuadido que tal projeto, em suas grandes linhas, é factível, e que sua execução seria uma das coisas mais úteis ao mundo".[290]

Ao mesmo tempo em que se declarava legítimo o objetivo, reiterava-se a crítica quanto à viabilidade de alcançar a paz perpétua.[291] Esse entendimento, compartilhado por LEIBNIZ, por VOLTAIRE e, mais tarde, por KANT, já se encontrava claramente referido em LEIBNIZ, nas suas considerações introdutórias ao **Codex juris**

288. No ano de 1712, o Abbé de SAINT-PIERRE lança em Colônia, sem indicação de local nem data, o **Mémoire pour rendre la paix perpétuelle à l'Europe**. No ano seguinte, são publicados, corrigidos e consideravelmente aumentados, os dois primeiros volumes do **Projet pour rendre la paix perpétuelle en Europe** (Utrecht: chez Antoine Schouten marchand libraire, 1713), seguidos de terceiro volume, em 1717, contendo esclarecimentos e respostas às objeções apresentadas, e se publica, ainda, em 1729, um **Abrégé du projet**. Em 1738, ainda o publica, em nova edição. Edição brasileira, ver: **Projeto para tornar perpétua a paz na Europa** (trad. Sérgio DUARTE, pref. Ricardo SEITENFUS, Brasília: Ed. UnB / IPRI, São Paulo: IOE, 1ª ed. bras., 2003).

289. G. W. LEIBNIZ, *Observations sur le projet de paix perpétuelle del'abbé de SAINT-PIERRE* (Œuvres **de LEIBNIZ**, publiées pour la première fois d'après les manuscrits originaux avec notes et introductions par A. FOUCHER DE CAREIL, volume quatrième **Histoire et politique**, Paris: Librairie de Firmin Didot Frères, Fils et Cie., 1862, p. 325-327, a *Lettre de LEIBNIZ à l'abbé de SAINT-PIERRE*, de Hannover, 7 de fevereiro de 1715, p. 328-336, as *Observations sur le projet de paix perpétuelle de Mr. l'abbé de SAINT-PIERRE* (avant-propos Simone GOYARD-FABRE, Caen: Univ. de Caen / Centre de Philosophie politique et juridique, 1993).

290. G. W. LEIBNIZ, *Observations sur le projet de paix perpétuelle de l'abbé de SAINT-PIERRE* (ed. cit., 1993), observava: "je suis persuadé qu'un tel projet en gros est faisable, et que son exécution seroit une des choses les plus utiles au monde."

291. Ver **Tratado** (tomo 11 – **Direito internacional no tempo do iluminismo**, item – *mutação de fase histórica e reformulação das bases do sistema internacional*); tb. Jean FERRARI e Simone GOYARD-FABRE (dir. de), **L'année 1796 – sur la paix perpétuelle** – de LEIBNIZ aux héritiers de KANT (Paris: Vrin, 1998).

gentium, em 1693 –[292] e registre-se que LEIBNIZ o fez, muitas décadas antes de VOLTAIRE, e mais de um século antes do "ensaio sobre a paz perpétua", de KANT, de 1795.

Comentava LEIBNIZ a respeito de "um elegante engraçadinho na Holanda", que "suspendeu, segundo o costume, uma placa, diante de seu domicílio, com a inscrição '*paz perpétua*', e colocado, abaixo desse belo título, a representação de um cemitério".[293] Exclamava LEIBNIZ: "com certeza, nesse lugar, a morte trouxe a tranquilidade."[294] Existe paz, e esta é perpétua – mas, num cemitério, não existe vida.

O *Projeto da paz perpétua* teria, depois, múltiplos desdobramentos:[295] discutido por FREDERICO II da Prússia,[296] continuado

292. LEIBNIZ, **Codex juris gentium diplomaticus** – in quo tabulae authenticae actorum publicorum, tractatum aliarumque rerum maiores momenti per Europa gestarum, pleraque inedita vel selecta, ipso verborum tenore expressae ac temporum serie digestae continentur; a fine seculi undecimi ad nostra usque tempora aliquot tomis comprehensus; quem ex manuscriptis praesertim Bibliothecae Augustae Guelfebytanae Codicibus, ex monumentis regiorum aliorumque archivorum, ac propriis denique Collectaneis edidit G. G. L. [Gottf. Guil. LEIBNITZIUS] (Hannoverae: literis & impensis Samuelis Ammonii, MDCXCIII).

293. LEIBNIZ, *Code diplomatique du droit des gens* (1693, in **Le droit de la raison**, ed. R. SÈVE, Paris: Vrin, 1994, p. 156-169).

294. LEIBNIZ, **Codex** (1693, ed. 1994, § I, p. 157-158) citava também o epitáfio de AITZEMA: "Tu que buscas a paz e a liberdade, nunca as encontrarás ou somente sob esta lápide."

295. Para situar o conjunto da evolução história do tratamento do tema da paz perpétua, ver J. FERRARI e S. GOYARD-FABRE (dir. de), **L'année 1796 – sur la paix perpétuelle** – de LEIBNIZ aux héritiers de KANT (Paris: Vrin, 1998); P. B. CASELLA, *'Pax perpetua' – a review of the concept from the perspective of economic integration* (in **Dimensão internacional do direito** – estudos em homenagem a G. E. do Nascimento e Silva, coord. P. B. CASELLA, São Paulo: LTr, 2000, p. 69-88).

296. Como homem e como rei, FREDERICO II da Prússia (1712-1786) foi capítulo à parte. Apesar da relação de amor e de ódio entre VOLTAIRE e FREDERICO II, escrevia VOLTAIRE, **Précis du siècle de Louis XV** (ed. cit., 2010, cap. XVII, p. 1393-1397, cit. p. 1396): "Ce prince, heureux dans ses guerres et dans ses traités, ne s'appliqua plus qu'à faire fleurir les lois et les arts dans ses états; et il passa tout d'un coup du tumulte de la guerre à une vie rétirée et philosophique; il s'adonna à la poésie, à l'éloquence, à l'histoire: tout cela était également dans son caractère." VOLTAIRE completava a passagem: "On n'est entré ici dans aucun détail des victoires du roi de Prusse; il les a écrites lui-même. C'était à CESAR à faire ses **Commentaires**." Ainda a respeito de FREDERICO II da Prússia, VOLTAIRE repete a mesma passagem, na sua **Histoire de la guerre de 1741** (ed. cit., 2010, p. 1637), mas a termina com frase distinta: "en réformant les lois il donna ce grand exemple à tous les princes, et alors il n'eut

por J. J. ROUSSEAU,[297] embora fosse este bastante cético em relação ao direito internacional,[298] como também pelo enciclopedista Jean

---

plus de gloire à acquerir." V. tb. os ensaios de Jacob BURCKHARDT (1818-1897), **Das Zeitalter Friedrichs des Grossen** (hrsg. von Ernst ZIEGLER, mit einem Essay von Hans PLESCHINSKI, Munique: Beck, 2012); b/c os várias vezes referidos: Johannes KUNISCH, **Friedrich der Grosse** – Der König unz seine Zeit (Munique: Beck, © 2011, 2ª ed. 2012) e Theodor SCHIEDER (1908-1984), **Friedrich der Grosse** – Ein Königtum der Widersprüche (1983, Berlim – Munique: Propyläen, 2002). Sobre a visão de FREDERICO II a respeito de seus predecessores e da formação da Prússia como estado, ver **Tratado** (tomo 11 – **Direito internacional no tempo do iluminismo**, item – *império, estado moderno e ascensão do absolutismo*). Além do legado militar e cultural que deixou para a Prússia, FREDERICO II deixou obras históricas e filosóficas, nas quais discute ideias e doutrinas de seu tempo. Ver as edições: FRIEDRICH DES GROSSEN **Ausgewählte Werke** (hrsg. von Gustav Berthold BOLZ, Erster Band: Historische und militärische Schriften; Zweiter Band: Politische und philosophische Scriften, Gedichte, Berlim: Reimar Hobbing, 'Neue Ausgabe', s/d [1948?], 2 tomos); b/c, FRÉDÉRIC II, Œuvres **philosophiques** (1740-1780, contendo: **L'antimachiavel** – ou examen du Prince de Machiavel, 1740, orig. publ. Haia: Van Duren, 1741, ed. crítica de Ch. FLEISCHAUER, Genebra, 1958, seguido de **Réfutation du prince de Machiavel**, 1748; edição revista por Jean-Robert ARMOGATHE e Dominique BOUREL, Paris: Fayard – Corpus des œuvres de philosophie en langue française, 1985, p. 7-133 e 136-298).

297. Jean-Jacques ROUSSEAU foi encarregado de preparar edição das obras do Abbé de SAINT-PIERRE. Depois de reunir material considerável, limitou-se a publicar um *Extrait du Projet de Paix*, um *Jugement* sobre a mesma obra e o *Jugement sur la Polysynodie*. Charles-Irénée CHASTEL, abbé de SAINT-PIERRE, **Discours sur la polysynodie, où l'on démontre que la polysynodie ou pluralité des conseils est la forme de ministère la plus avantageuse pour un Roi et pour son Royaume** (Amsterdam: chez Du Villard et Changuion, 1719). Jean-Jacques ROUSSEAU, Écrits sur l'Abbé de SAINT-PIERRE (in Œuvres **complètes**, éd. publ sous la direction de Bernard GAGNEBIN et Marcel RAYMOND, volume III, com a colaboração de François BOUCHARDY, Jean-Daniel CANDAUX, Robert DERATHÉ, Jean FABRE, Jean STAROBINSKY et Sven STELLING-MICHAUD, Paris: Gallimard-Pléiade, © 1964, impr. 1991, contendo *Extrait du projet de paix perpétuelle* (fragments), *Jugement sur le projet de paix perpétuelle*, *Que l'état de guerre naît de l'état social* e *Fragments sur la guerre*, *Polysynodie de l'Abbé de Saint-Pierre*, *Jugement sur la Polysynodie*, fragments sur la polysynodie en forme de dialogue, fragments divers, projet d'introduction à un ouvrage sur l'Abbé de Saint-Pierre, Liste des manuscrits contenus dans les cartons de Mr. le Comte de Saint-Pierre, p. 561-682); Ver tb. Kurt von RAUMER, **Ewiger Friede**: Friedensrüfe und Friedenspläne seit der Renaissance (Freiburg-Munique, 1953, esp. *Jean-Jacques ROUSSEAU: Urteil* über *SAINT-PIERRE*, p. 371).

298. Jean-Jacques ROUSSEAU sempre foi reticente em relação ao direito internacional, mas não chega à negação taxativa deste, como costuma ser imputado a Thomas HOBBES. V. **Tratado** (tomo 11 – **Direito internacional no tempo do iluminismo**); tb. *i.a.*, Simone GOYARD-FABRE, *Les silences de HOBBES et de ROUSSEAU devant le droit international* (in **Le droit international**, Paris: Sirey – Archives de philosophie du droit, vol 32, 1987, p. 59-69, observa no último parágrafo): "Toujours étrange et ambivalent, ROUSSEAU, dans ses réticences á l'égard du droit international, pose un point d'interrogation chargé de mystère existentiel, là où le rationalisme de HOBBES, dans son implacable logique, exprimait la certitude d'une négation."

D'ALEMBERT, em 1775,[299] que chegou a fazer elogio público à obra e à memória de SAINT-PIERRE. Tudo isso, antes de ser o tema retomado por I. KANT, em 1795,[300] e, por este, levado à sua formulação mais conhecida.[301]

Ao retomar o projeto da paz perpétua, KANT observa as críticas que contra este tinha formulado ROUSSEAU, e aconselha prudência em relação à adoção do projeto de institucionalização da convivência internacional visando à consolidação da paz: como aceitar que os

---

299. D'ALEMBERT, Éloge de l'abbé de SAINT-PIERRE (1775) "lu à la réception de Mr. de MALESHERBES" (avant-propos Simone GOYARD-FABRE, Caen: Univ. de Caen / Centre de Philosophie politique et juridique, 1993).

300. Isaiah BERLIN, *KANT as an unfamiliar source of nationalism* (in **The sense of reality**: Studies in ideas and their history, London: Chatto & Windus, 1st. publ. 1996, p. 232-248); Jean-Michel BESNIER, *Le droit international chez KANT et HEGEL* (in **Le droit international** Archives de philosophie du droit, vol 32, Paris: Sirey, 1987, p. 85-99); James BOHMAN and Matthias LUTZ-BACHMANN (eds.), **Perpetual peace**: essay on KANT's cosmopolitan ideal (Cambridge, Ma.: MIT Press, © 1997); P. B. CASELLA, *Pax perpetua – a review of the concept from the perspective of economic integration* (in **Dimensão internacional do direito: estudos em homenagem a G.E. do NASCIMENTO E SILVA**, São Paulo: LTr, 2000, p. 69-88); A. DELORENZO Neto, *Duas concepções do pacifismo: os projetos de KANT e Max SCHELER* (in **Estudos jurídicos em homenagem ao professor Haroldo VALLADÃO**, Rio de Janeiro: Freitas Bastos, 1983, p. 24-33); Michel VILLEY, *La doctrine du droit dans l'histoire de la science juridique: préface à Emmanuel KANT* (in E. KANT, **Métaphysique des moeurs**, première partie, **Doctrine du droit**, trad. A. PHILONENKO, Paris: Vrin, 1979); Jürgen HABERMAS, **La paix perpétuelle**: le bicentenaire d'une idée kantienne (trad. de l'allemand Rainer HOCHLITZ, Paris: Cerf, 1996); Soraya NOUR, À paz perpétua de KANT: filosofia do direito internacional e das relações internacionais (prefácio Carlos Henrique CARDIM, São Paulo: Martins Fontes, 2004); Evelyn BARRETO, **Projetos de paz perpétua no direito internacional contemporâneo** (pref. P. B. CASELLA, apresentação C. P. MOISÉS, São Paulo: Martins Fontes, 2021).

301. Immanuel KANT, em 1795, com o ensaio **Zum ewigen Frieden**: 'ein philosophischer Entwurf', foi sucesso editorial da época, esgota rapidamente a primeira edição, publicada pelo editor Nicolovius, e se torna o primeiro escrito de KANT a ser traduzido e publicado em francês. V. Immanuel KANT, Über den Gemeinspruch: Das mag in der Theorie richtig sein, taugt aber nicht für die Praxis. Zum ewigen Frieden: ein philosophischer Entwurf (mit Einleitung und Anmerkungen, Bibliographie und Registern kritisch herausgegeben von Heiner F. KLEMME, Hamburgo: Felix Meiner – Philosophische Bibliothek Band Nr. 443, 1992); ou tb. na edição KANT, **Projet de paix perpétuelle** (texte intégral, présentation et commentaires de J.-J. BARRÈRE et C. ROCHE, Paris: Nathan, 1991).

soberanos pudessem ficar sujeitos a uma jurisdição internacional? Esse dilema parece persistir até hoje.

KANT, em 1795, contrapõe às críticas de ROUSSEAU, em 1761, a relevante mudança ocorrida entre os dois momentos históricos: doravante, a França não mais era um reino, mas uma república. E o filósofo de Königsberg acreditava, firmemente, que uma república tenderia a se voltar para a paz.[302] Em nossos tempos pós-modernos vê-se, infelizmente, que as repúblicas, não mais do que os reinos, se mostram pouco aptos a institucionalizar a paz e a convivência pacífica.

O anseio pela paz perpétua e seus projetos de institucionalização percorrem longo e tortuoso caminho. A partir das formulações, desde LEIBNIZ a SAINT-PIERRE, e desde então tantos outros, passa inclusive por Max SCHELER, em 1931 – momento crucial, pouco antes da vitória do nacional-socialismo na Alemanha –,[303] até o bicentenário, em 1995, do que é considerado uma "ideia kantiana",[304] por Jürgen HABERMAS.[305]

---

302. Heiner F. KLEMME, *Einleitung* (à edição de I. KANT, **Zum ewigen Frieden: ein philosophischer Entwurf**, ed. cit., 1992, p. XXIV): "Die Kantische Rechtsphilosophie schliesst weiter ein Modell aus, wonach dem Volk auf dem Wege von Mehrheitsentscheidungen die Befugnis zusteht, auf die Gesetzgebungspraxis des Regenten Einfluss zu nehmen." Ver tb. as considerações de Franco VENTURI a respeito da atitude de monarquias e repúblicas em relação à paz, no contexto histórico do iluminismo, in **Utopía y reforma en la Ilustración** (orig. publ. **Utopia and reform in the Enlightenment**, 1971, trad. Hugo SALAS, ed. al cuidado de Fernando J. DEVOTO, Buenos Aires: Siglo veintiuno ed., 2014, cap. 1 – *Reyes y repúblicas en los siglos XVII y XVIII*, p. 77-105).

303. Max SCHELER, **Die Wissensformen und die Gesellschaft** (Bonn: Bouvier, 4a. ed., 2008); Max SCHELLER, **Die Idee des Friedens und der Pazifismus** (Berlim: Der neue Geist, 1931); Max SCHELER, **Le sens de la souffrance**: suivi de deux autres essais **Repentir et renaissance**, **Amour et connaissance** (trad. de l'allemand par Pierre KLOSSOWSKI, Paris: Fernand Aubier / Ed. Montaigne, 1936); A. DELORENZO Neto, *Duas concepções do pacifismo: os projetos de KANT e Max SCHELER* (in **Estudos Haroldo VALLADÃO**, op. cit., 1983, p. 24-33, item 2 – a teoria de Max SCHELER, p. 28-31).

304. Jürgen HABERMAS, no seu já ref., **La paix perpétuelle**: le bicentenaire d'une idée kantienne (orig. publ. 1995, trad. de l'allemand Rainer HOCHLITZ, Paris: Cerf, 1996).

305. Sérgio VIEIRA DE MELLO, *História filosófica e história real: atualidade do pensamento político de KANT* ("aula inaugural no Geneve International Peace Research Institute, em

Sintomático me parece HABERMAS atribuir tal filiação ao projeto, cujas formulações iniciais precedem, em mais de um século – desde LEIBNIZ – ou várias décadas – desde SAINT-PIERRE e ROUSSEAU –, o ensaio kantiano. Embora este lhe tenha dado a redação de mais repercussão, confessadamente, não foi o autor da ideia.[306]

Pode-se ver o *projeto de paz perpétua* como sinal e marco do fim da era de hegemonia francesa, levada aos seus extremos por LUÍS XIV, e em menor grau por seu sucessor, LUÍS XV. Não foi preciso chegar ao Congresso de Viena, em 1814-15,[307] para assistir à derrocada da preponderância francesa na Europa.[308] Coarctar as pretensões hegemônicas francesas – depois de LUÍS XIV e de NAPOLEÃO – foi visto como necessidade, para assegurar a paz e a estabilidade do conjunto da Europa ocidental.

1999", in **Pensamento e memória**: textos escolhidos, org. Jacques MARCOVITCH, São Paulo: Edusp/Saraiva/Fundação BUNGE, 2004, p. 35-60, cit. p. 37): "O **Projeto da paz perpétua** sai em 1795. KANT está com 71 anos. Um ou dois anos depois – a data exata ainda é discutida –, KANT publica **Doutrina do direito**, primeira parte de **Metafísica dos costumes**. Junto com **Conflito das faculdades**, essa foi a sua última grande obra, antes de o declínio físico e intelectual consumir-lhe progressivamente o corpo e o espírito até sua morte, em 1804. [...] O cidadão prussiano, amante de sua pátria, como o era KANT, não podia deixar de se alegrar ao ver terminar desta forma uma guerra que colocava em perigo os avanços conseguidos pela Revolução francesa, pela qual o filósofo, como todos sabem, tinha grande admiração. KANT estava consciente de viver, como nós hoje, um momento importante da história filosófica e da própria História. Sabia, com tanta clareza, que ele mesmo havia revolucionado o universo das ideias, que não iria autorizar a si mesmo uma fuga racional para o universo da política e do direito."

306. Ver *Projetos e experiências de união europeia: antecedentes históricos* (in P. B. CASELLA, **União europeia** – instituições e ordenamento jurídico, São Paulo: LTr, 2002, item 1.2, p. 54-71); tb. o conjunto dos estudos reunidos no volume, **L'année 1796 – sur la paix perpétuelle** – de LEIBNIZ aux héritiers de KANT (dir. de Jean FERRARI e Simone GOYARD-FABRE, Paris: Vrin, 1998), onde assinala J. FERRARI (*Avant-propos*, p. 9-10): "L'idée de paix perpétuelle n'appartient pas à KANT" e essa temática abrange diversos autores que se debruçaram sobre o tema, antes e depois dele, nos séculos XVII e XVIII.

307. Cfr. Wilhelm GREWE, no seu **Epochen der Völkerrechtsgeschichte** (Baden-Baden: Nomos, 1984, parte III – *Droit public de l'Europe – Die Völkerrechtsordnung des französischen Zeitalters (1648-1815)*, esp. cap. II – *Die Grundlagen der Völkerrechtsgemeinschaft: Europäisches Gleichgewicht, dynastische Solidarität, koloniale Expansion*, p. 332-368).

308. Como ulteriormente se examina no **Tratado** (tomo 11 – **Direito internacional no tempo do iluminismo** e tomo 13 – **Direito internacional no tempo do concerto europeu**).

Como já intuíra e expressava LEIBNIZ, nas considerações preliminares ao **Codex juris gentium**, em 1693: "a França dispõe, com certeza, hoje, dentre as artes de reinar, daquela que consiste em, logo depois de desferir um golpe, falar imediatamente de paz; e assim, ao mesmo tempo, busca as vantagens da guerra e aspira aos louvores de um espírito pacífico."[309]

A respeito da formulação do projeto da *paz perpétua*, quando visto com fria objetividade, pode-se situar o projeto do Abade de SAINT-PIERRE como manifestação paralela à decadência do poder francês.[310] Ante o fracasso no uso da força, surge como tentativa de estabilizar, ao menos, as fronteiras e a divisão das zonas de influência, resultantes dos acordos de paz de Utrecht, de 1713-1715. De modo que "a preponderância da França no continente, que prevaleceu, entre 1661 e 1685, se tinha quebrado".[311]

Como toda periodização histórica,[312] também pode ficar sujeita a algumas flutuações a caracterização do momento exato de retração da hegemonia francesa na Europa. Mas aqui interessa, sobretudo, registrar a *concomitância* – e mais do que mera *coincidência*: justamente

309. LEIBNIZ, *Code diplomatique du droit des gens* (1693, in **Le droit de la raison**, ed. R. SÈVE, Paris: Vrin, 1994, p. 156-169, § I, p. 156-158).

310. Heinz Dieter KITTSTEINER (1942-2008), **Die Stabilisierungsmoderne** – Deutschland und Europa 1618-1715 (Munique: Carl Hanser, 2010).

311. H. D. KITTSTEINER (op. cit., 2010, *Ausklang: Ludwig XIV. und das Ende einer Epoche*, p. 335-355, cit. p. 335). V. tb. **Tratado** (tomo 8 – **Direito internacional além do paradigma vestfaliano**, item *da construção de sistemas coesos: de Vestfália (1648) até a guerra dos sete anos (1756-1763)* e tomo 9 – **Direito internacional no tempo de Samuel Pufendorf**, item – *o teatro europeu segundo RICHELIEU*).

312. Como observam Jürgen OSTERHAMMEL e Niels P. PETERSON, **Breve historia de la globalización** – del 1500 a nuestros días (orig. publ. **Geschichte der Globalisierung – Dimensionen, Prozesse, Epochen**, 2012, trad. Martina FERNÁNDEZ Polcuch, Buenos Aires: Siglo Veintiuno, 2019, cap. 2 – *las dimensiones de la globalización*, p. 19-31, item – *períodos*, p. 28-31, cit. p. 29) a respeito da periodização: "es decir, de la segmentación de los procesos en etapas específicas. Es algo inevitable cuando se trata de relatar historias. Los procesos históricos rara vez transcurren con uniformidad mecánica. Están estructurados en el tiempo por aceleramiento y desaceleración, por cesuras y impulsos, cimas y valles, por proximidad temporal concentrada de innovaciones."

quando começava a falhar a força das armas, a França, no final do longo reinado de LUÍS XIV, se expande a análise sobre projetos de paz na Europa. Como se exprime no projeto de SAINT-PIERRE, justamente no ano de 1713 – exatamente na mesma altura da paz de Utrecht. As tentativas de LUÍS XV, de manter as lutas hegemônicas na Europa, terão ainda menores resultados que as de seu predecessor.

Décadas antes, quando escrevera as suas **Reflexões** sobre o tema, o então jovem LEIBNIZ, em 1670, foi, em seguida, até Paris, tentar entregar, ao então ainda jovem LUÍS XIV, o seu projeto de institucionalização da paz. É melancólico ver, como foi, a boa intenção do grande filósofo, atropelada pelos ímpetos bélicos do monarca francês.

Privado da possibilidade de ver acolhido o seu projeto de institucionalização da paz, LEIBNIZ aproveita sua estadia, de cerca de quatro anos, em Paris, para conviver com sábios de diferentes áreas e se informar a respeito de desenvolvimentos recentes, em vários campos do conhecimento.

Mas, não esqueçamos, as **Reflexões** de LEIBNIZ, de 1670, sobre o estado atual e a segurança pública interna e externa da Europa, precedem o projeto de SAINT-PIERRE, de 1713, em mais de quarenta anos. E, em bem mais de um século, o ensaio de KANT, de 1795.

Ante a importância da sua obra como filósofo, a contribuição de LEIBNIZ ao direito em geral e, especificamente, ao direito internacional, tem sido escassamente considerada. Este define: "o direito é o poder de fazer o que é justo" – o que vem de pura matriz romana.[313] E coube, também, aqui considerar especificamente a sua contribuição ao direito internacional, que costuma ser pouco reconhecida.

313. LEIBNIZ, *Elementa juris naturalis* (1670-71, ed. cit., 1994, p. 105).

Justamente, não somente o grande filósofo também trabalhou com temas de direito internacional, como também, através de seu discípulo Christian WOLFF, exprimiram-se algumas das ideias norteadoras de LEIBNIZ. O que se pode apontar, em relação ao direito e ao papel deste, na regência da vida, em sociedade, e da vida das sociedades: "onde se conceda o direito de causar danos, será injusto aquele que não o faça o mais artificiosamente possível."[314]

Para avaliar a importância relativa das influências de LEIBNIZ e de DESCARTES sobre WOLFF, pode ser oportuno situar alguns dados ainda neste item.

A partir da matriz filosófica, à qual se filiava e que estabeleceu LEIBNIZ, também cabe suscitar a indagação a respeito de como situar WOLFF? Contrariamente a opiniões que, com excessiva facilidade, procuram estabelecer ligação intelectual entre WOLFF e DESCARTES, e que praticamente põem este último como a matriz predominante, eu enfatizaria a relevância da influência e da contribuição de LEIBNIZ sobre o então jovem WOLFF.[315] Sem esquecer a influência de ESPINOZA,[316] com sua **Ética geometricamente**

314. LEIBNIZ, *Elementa juris naturalis* (1670-71, ed. cit., 1994, p. 100): "*Ubi semel laedendi jus est injustum esse qui non quam artificiosissime laedat.*"

315. Extenso e complexo debate, fenômeno paradoxal, mas recorrente, que não deixa de estar pautado por visões nacionalistas da história das ideias e da filosofia, contaminada pela recorrente rivalidade dos franceses em relação aos alemães, parece refletir-se no debate a respeito de quanto WOLFF deveria ao 'mestre' DESCARTES, para a definição da linha mestra de sua obra, geometricamente demonstrada – *more geometrico demonstrata*. Quem o pretenda fazer não deveria tampouco esquecer que DESCARTES viveu bem mais da metade de sua vida – e, justamente, as melhores e mais produtivas décadas de sua vida adulta – nos Países Baixos, pois não teria podido gozar de igual liberdade de pensamento e de expressão na França autoritária de seu tempo. Dentre outros, ver Y. BELAVAL, **Leibniz, critique de Descartes** (Paris: Gallimard, 1960); Y. BELAVAL, Études leibniziennes (Paris: Gallimard, 1976).

316. Lucy PRENANT, *Préface* (in G. W. LEIBNIZ, **Œuvres choisies**, avec préface, notes, table par questions et table des noms propres par L. PRENANT, Paris: Garnier – classiques Garnier, 1940, p. I-LI, cit. p. IV): "Les rapports avec SPINOZA, qui devaient avoir le goût du fruit défendu, laissèrent des marques profondes et positives. Il s'agissait avant tout de les nuancer afin de sauver les variétés de la vérité rationnelle, l'individualité de la

demonstrada – *more geometrico* –[317] em linha semelhante ao que faria WOLFF, com seu direito internacional.

Em seus ensaios, Jean-Henri Samuel FORMEY, em 1758,[318] como, na mesma linha, também Louis OLIVE, em 1904,[319] apontavam ter, muito cedo, WOLFF travado conhecimento com o sistema de DESCARTES. Essa circunstância, o próprio WOLFF reconheceu e afirmou.[320] Mas as conclusões que ambos extraem de tal dado, me parecem bastante forçadas, no sentido de atribuir importância excessiva à suposta influência cartesiana sobre WOLFF.

Segundo OLIVE, "fortemente impressionado, pelo método do grande filósofo, teria concebido a ideia de levá-lo mais adiante do que o tinha feito DESCARTES, para o domínio das ciências jurídicas, o uso da demonstração matemática".[321] Mesmo acusando-o de ser pensador pouco original, OLIVE reconhecia ser, incontestavelmente,

---

substance et surtout l'orthodoxie. Dieu restera la Providence, le meilleur des ingénieurs et des monarques dont la perfection ne fait que porter à l'infini les qualités humaines. C'est assurément la matière passive de DESCARTES qui conduit au spinozisme: quelle arme admirable pour attaquer les cartésiens!"

317. B. ESPINOZA, Éthique démontrée selon la méthode géométrique (notice, trad., prés. et annotée par R. CAILLOIS, in Œuvres complètes, Paris: Gallimard-Pléiade, © 1954, impr. 1992, p. 301/596).

318. Jean-Henri Samuel FORMEY, *Mémoire abregé sur la vie et les ouvrages de Mr. le Baron De WOLFF* (in
Christian WOLFF, **Principes du droit de la nature et des gens** – "extrait du grand ouvrage latin de Mr. de WOLFF par Mr. FORMEY", Amsterdam: chez Marc Michel Rey, 1758, 3 vols., edição fac-similar Caen: Centre de philosophie politique et juridique, 1990, tomo I, p. 27-56).

319. L. OLIVE, *Wolff* (in **Les fondateurs du droit international**, op. cit., 1904, p. 447-479).

320. Como se examinou no início do presente capítulo.

321. L. OLIVE (op. cit., 1904, p. 447, e 448-449): "En philosophie, il fut l'élève et le fidèle disciple de LEIBNIZ, malgré l'admiration qui lui avait tout d'abord inspirée le système de DESCARTES. Mais ce fut un leibnitzien en quelque sorte timide, qui s'efforça surtout de populariser la doctrine du maître, en la dépouillant de ce qu'elle contenait de trop personnel, de trop original, de trop propre à froisser les idées communes. L'influence des conceptions métaphysiques de LEIBNIZ est très sensible dans le système de WOLFF; mais elle se laisse un peu trop deviner: ces conceptions sont parfois un peu trop voilées, et peut-être l'œuvre y perd-elle quelque peu de sa solidité, de sa force, même de sa clarté."

"WOLFF um espírito dos mais vigorosos, ao mesmo tempo que um trabalhador infatigável, e que seu sistema representa uma poderosa construção de ideias".[322]

Mais que a alegada influência de René DESCARTES, contudo, Christian WOLFF se insere e se declara discípulo de Gottfried Wilhelm LEIBNIZ.[323] Apesar do que pretendia argumentar L. OLIVE, em defesa de seu famoso conterrâneo: a utilização do 'modo geométrico' para exposição do pensamento de WOLFF, não me parece poder ser automaticamente atribuída à influência exclusiva de René DESCARTES.

O uso da matriz geométrica de demonstração foi aplicado por ESPINOZA para a sua Ética. E a partir deste, poderia ter repercutido, primeiro sobre LEIBNIZ e, depois, por influência de LEIBNIZ, sobre WOLFF.

Houve contato e influência direta de ESPINOZA sobre LEIBNIZ, e deste, por sua vez, sobre WOLFF, como já apontado.[324] A matriz intelectual de WOLFF, para a demonstração do direito das gentes, segundo o modo geométrico – *more geometrico* – pode, perfeitamente, remontar a ESPINOZA e a LEIBNIZ. E, assim, a influência de ESPINOZA, via LEIBNIZ, teria chegado a WOLFF.

A demonstração da Ética "ao modo geométrico", foi a escolha feita por ESPINOZA[325] para a construção da exposição de seu pensamento,

322. L. OLIVE (op. cit., 1904, p. 449): "Malheureusement, son grand ouvrage, le **Lus naturae methodo scientifica pertractatum**, est d'une lecture laborieuse, et l'abus de la démonstration mathématique, dans un domaine qui ne comporte guère l'emploi de ce procédé, a surtout pour effet d'alourdir l'exposition de la doctrine. WOLFF sentit lui-même le besoin de simplifier cette exposition et de la présenter sous une forme plus claire. L'unité de son système se laisse beaucoup mieux apercevoir dans ses **Institutiones juris naturae et gentium** que dans son grand ouvrage."

323. Ver o início do presente capítulo, bem como o seguinte item 22.2 – *reputação e legado de WOLFF*.

324. No início do presente tópico.

325. Baruch de SPINOZA, também referido como DESPINOZA ou Benedictus de SPINOZA, filósofo holandês, considerado um dos mais expressivos representantes do panteísmo e do racionalismo da era moderna. Nascido em família judaica, estudou além das escrituras também obras filosóficas, dentre as quais as de René DESCARTES (1596-1650) exerceram

em sua obra maior – e que, assim, se poderia considerar como influência marcante, que permeia essa época,[326] sem, necessariamente, se lhe ter de atribuir fundamento cartesiano. WOLFF também pode ter sido influenciado pela vontade de sistematizar o conhecimento que pauta o seu tempo,[327] na mesma linha de várias outras obras, da rica produção de WOLFF, nas quais igualmente utilizou o modo geométrico – *more geometrico* – para a exposição de seu pensamento.[328]

Até mesmo em reação ao caráter fragmentário e esparso da obra de LEIBNIZ, a tônica da obra de WOLFF seria no sentido de sistematizar, de construir conjuntos ordenados, de se apresentar como grande e ordenado sistema. Sempre tendo a influência de

---

sobre ele grande influência e o levaram a ser expulso da comunidade judaica em 1656. A seguir, trabalhou como polidor de lentes e recebeu ajuda de alguns amigos para se manter. Recusou SPINOZA uma cátedra de filosofia na Universidade de Heidelberg, para poder manter a sua liberdade de pensamento. Morreu aos 45 anos, de doença pulmonar. Durante a vida do autor, somente duas obras deste foram publicadas: **Princípios filosóficos** (1663) e **Tratado teológico político** (1670), que veio a ser proibido e impediu a publicação de sua obra principal, Ética **demonstrada geometricamente** (1674). SPINOZA relacionava a felicidade e a virtude com o desenvolvimento da razão, e seu pensamento teve enorme repercussão sobre o mundo moderno. A respeito de SPINOZA e das críticas deste ao direito internacional, ver **Tratado** (tomos 6 – **Direito internacional no tempo de Suarez, Gentili e Zouch** e tomo 7 – **Direito internacional no tempo de Hugo Grócio**); tb. Y. YOVEL, **Spinoza et autres hérétiques** (orig. publ. **Spinoza and other heretics**, 1989, trad. Éric BEAUMATIN et Jacqueline LAGRÉE, Paris: Seuil, 1991). B. de SPINOZA, Éthique démontrée selon la méthode **géométrique** (notice, trad., prés. et annotée par R. CAILLOIS, in Œuvres **complètes**, Paris: Gallimard-Pléiade, © 1954, impr. 1992, p. 301/596); B. de SPINOZA, **Traité des autorités théologique et politique** (do original latino **Tractatus theologico-politicus** publ. 1670, notice par Madeleine FRANCÈS e Raymond MISRAHI, in Œuvres **complètes**, Paris: Gallimard-Pléiade, © 1954, impr. 1992, p. 597/908); B. de SPINOZA, **Traité de l'autorité politique** (notices par Madeleine FRANCÈS, in Œuvres **complètes**, Paris: Gallimard-Pléiade, © 1954, impr. 1992, p. 909/1044).

326. B. RUSSELL, **A filosofia de Leibniz** (ed. cit., 1968, cap. XVI – *a ética de LEIBNIZ*, p. 189-199) considerava necessário examinar três matérias, "as duas primeiras de natureza psicológica, e só a última é propriamente ética": (i) a doutrina da liberdade e da determinação; (ii) a psicologia da vontade; e (iii) a natureza do bem.
327. No que chamei de '*construção de sistemas coesos*', conforme se examina no **Tratado** (tomo 8 – **Direito internacional além do paradigma vestfaliano**, item – *da construção de sistemas internacionais coesos: de Vestfália (1648) até a guerra dos sete anos (1756-1763)* e tomo 9 – **Direito internacional no tempo de Samuel Pufendorf**, item – *sistemas internacionais coesos*).
328. Cf. mencionado no início do presente capítulo.

LEIBNIZ, afirmada e reconhecida por WOLFF – mesmo quando isso funcione como reação contrária.

A preocupação com a sistematização do conhecimento era marcante em LEIBNIZ. Que reportava a respeito de si mesmo: "ele pode passar horas na sua mesa de trabalho, desde que o estudo valha a pena e que o esforço seja recompensado por uma 'nova abertura', ou simplesmente por ordenar o saber". Ele sabia quanto era difícil ser sistemático:

> O que é verdadeiro quanto aos livros também se aplica aos vários estados do mundo, pois a situação seguinte é de certo modo copiada da precedente (ainda que com leis certas da mudança). Logo, por mais que se retorne aos estados anteriores, nunca neles se achará a razão cabal, ou seja o motivo da existência de um mundo simplesmente e de um tal mundo.[329]

É sintomático o que escrevia LEIBNIZ, a respeito de si mesmo, no seu 'autorretrato clínico com a idade de quarenta anos'. E aduzia: "pois ele, frequentemente, se lamenta do estado de dispersão dos conhecimentos humanos, uma espécie de armazém, muito rico em mercadorias diversas, mas desprovido de ordem e de inventário do estoque."[330] Ele gostaria de poder classificar tudo, arquivar tudo, e que cada um pudesse

---

329. LEIBNIZ, *Da origem primeira das coisas – O que é a ideia* (trad. Carlos Lopes de MATTOS, São Paulo: Abril – os Pensadores, vol. XIX – NEWTON e LEIBNIZ, 1974, p. 391-402, cit. p. 393).

330. O texto do autorretrato clínico, redigido por LEIBNIZ com a idade de quarenta anos, é reproduzido por Kurt MÜLLER e Gisela KRÖNERT, **Leben und Werk von G. W. Leibniz** (Frankfurt: Klostermann, 1969, p. 1-2), parafraseado por Y. BELAVAL, **Leibniz** – initiation à sa philosophie (Paris: Vrin, 1962), e também se encontra mencionado em Jean-Baptiste RAUZY, *Leibniz* (in **Gradus philosophique**, dir. Laurent JAFFRO et Monique LABRUNE, Paris: GF-Flammarion, © 1994, 4ª ed., 1996, p. 398-412). A respeito da obsessão de LEIBNIZ com a sistematização e com a dispersão do conhecimento, pondera J.-B. RAUZY: "Não surpreende que LEIBNIZ tenha tido a obsessão da dispersão. A sua obra está inteira dispersa. Ele deixou em Hannover, onde passou o essencial de sua existência, um enorme legado, *Nachlass*, cuja publicação mal se completou." Ver Jean-Baptiste RAUZY, *Leibniz* (in **Gradus philosophique**, dir. Laurent JAFFRO et Monique LABRUNE, Paris: GF-Flammarion, © 1994, 4ª ed., 1996, p. 398-412, cit. p. 400).

chegar, o mais rapidamente, aos resultados dos outros, evitando, assim, o trabalho de ter de retomar tudo uma vez na vida, desde o começo. Imaginem se LEIBNIZ tivesse podido contar com o apoio sistematizador de dados, como nos é hoje facultado por computadores, outras ferramentas de tratamento da informação e de inteligência artificial!

Dessa mesma preocupação com a sistematização do conhecimento, se pode explicar o projeto de LEIBNIZ de uma *Enciclopédia*, bem como as suas múltiplas notas, em forma de quadros ou de listas, bem como as coleções de definições, encontradas em diversos autores, às quais se juntam as suas próprias reflexões: em meio a tudo isso, uma boa parte da obra de LEIBNIZ foi deixada em estado de fragmentos.

Nesse movimento 'enciclopedista', antes da Enciclopédia de DIDEROT e D'ALEMBERT – **Dictionnaire raisonné des sciences, des arts et des métiers**, esta publicada a partir de 1751 a 1768 –, cabe lembrar a publicação, por Johann HEINRICH ZEDLER, do Grande e completo léxico universal de todas as ciências e as artes – **Grosse vollständige Universal-Lexikon Aller Wissenschaften und Künste**, de 1732 a 1754.[331] Bem como, logo depois destas, a assim chamada **Encyclopédie d'Yverdon** ou **Dictionnaire universel**

331. Steffen MARTUS, **Aufklärung** – das deutsche 18. Jahrhundert – ein Epochenbild (Berlin: Rowohlt, 2015, cit. p. 70 ss., 198, 271, 340 ss., esp. *Ein Universallexikon aller Wissenschaften und Künste*, p. 437-444, tb. p. 463 e 479, cit. p. 437): "Ein Werk verdichtete diese Situation des Buchmarkts: das **Grosse vollständige Universal-Lexikon**, das Johann Heinrich ZEDLER von 1732 bis 1751 herausbrachte und das nach seinem Tod am 21. März 1751 noch bis 1754 um vier Ergänzungsbände erwitert wurde. Diese Enzyklopädie präsentiert Pluralität, indem sie alphabetisch die Wissensbestände nebeneinander anordnete; sie war Ausdruck einer Tatsachenkultur, weil sie sachliche Information unabhängig von fachlichen oder disziplinären Voraussetzungen anbot; sie war Teil eines bibliothekarischen Weltverhältnisses, weil sie aus den Leipziger Bibliotheken entstand und mit ihreen bibliographischen Hinweise wieder dorthin zurück verwies; sie informierte über die Gelehrtenkultur in all ihren moderaten oder radikalen Varianten, hatte aber auch für diverse Alltagskulturen Platz, die zumal and der Universität keine Rolle spielten. Und weil das **Universal-lexikon** nicht nur inhaltlich, sondern auch strukturell auf die Geschichte des Wissens reagierte, kondersierten sich in ihm Mechanismen des Verlafgsfeschäfts und des Buchhandels."

raisonné des connaissances humaines – originalmente publicada em Yverdon-les-Bains, Suíça, de 1770 a 1780, em 58 volumes, sob a direção de Fortunato Bartolomeo DE FELICE.[332]

Dessa vontade de sistematização e de estímulo ao desenvolvimento do conhecimento também viria o seu gosto pelas Academias, como esforços coletivos e ordenados de impulsionar a busca e a difusão de conhecimento, e situar o empenho, por ele feito, para ser eleito para as Academias de Paris e de Londres – ele endereça às duas Academias o seu primeiro grande texto sobre física, **Hypothesis physica nova.** [333] LEIBNIZ depois seria não somente o redator dos estatutos, como também um dos fundadores da Academia de Berlim.

De maneira distinta, da hipótese de refundação de todo o conhecimento, como tinha pretendido DESCARTES, a busca da sistematização, em meio à diversidade desses mesmos conhecimentos humanos,[334] foi trilhada por LEIBNIZ de modo mais lúcido e mais preciso:[335]

> A maior parte dos que trataram das ciências não fazem mais do que se copiarem ou se distraírem; é quase uma vergonha, para o gênero humano, ver o pequeno número dos que trabalharam, verdadeiramente,

332. Fortunato Bartolomeo [Fortuné-Barthélemy] De FELICE, (dir. de), **Dictionnaire universel raisonné des connaissances humaines – Encyclopédie d'Yverdon** (orig. publ. Yverdon-les-Bains, Suisse: 1770-1780, 58 vols., online https://hls-dhs-dss.ch/fr/articles/044577/2006-03-13, consulté le 21.01.2024).
333. LEIBNIZ, *Da origem primeira das coisas – O que é a ideia* (trad. Carlos Lopes de MATTOS, São Paulo: Abril – os Pensadores, vol. XIX – NEWTON e LEIBNIZ, 1974, p. 391-402, cit. p. 393).
334. B. RUSSELL, **A filosofia de Leibniz** (ed. cit., 1968, cap. XIII – *percepção confusa e inconsciente*, p. 155-159, e cap. XIV – *a teoria do conhecimento de LEIBNIZ*, p. 160-170).
335. J.-B. RAUZY, *Leibniz* (in **Gradus philosophique**, dir. L. JAFFRO et M. LABRUNE, Paris: GF-Flammarion, © 1994, 4ª ed., 1996, p. 398-412, cit. p. 399-400): "Il ne croit pas, à la manière d'un DESCARTES, qu'il y ait lieu de tout reconstruire à partir d'une expérience singulière et fondatrice. La certitude y gagnerait peu et l'entreprise, nécessairement dépassée par l'ampleur de la tâche, ne saurait couvrir 'tout l'horizon de la doctrine humaine'. Il préfère compter sur une organisation collective du travail scientifique, pour laquelle il milite auprès des princes et tente parfois obtenir de l'argent."

em fazer descobertas; nós devemos quase tudo o que sabemos – excetuando as descobertas resultantes do acaso – a uma dezena de pessoas, os demais não se tendo sequer colocado no caminho para avançar.[336]

De maneira semelhante, considerava LEIBNIZ a matéria, no **Discurso de metafísica**, de 1686,[337] ao apontar a necessidade de nos assegurarmos de critérios adequados para a busca da verdade, e adaptá-los ao nível de probabilidade que exige a coisa estudada. Com esta obra, se inicia a filosofia da maturidade de LEIBNIZ.[338]

A maior esperança no progresso residiria na comunicação entre os sábios. Segundo LEIBNIZ, estes deveriam, por si mesmos, gerenciar a ordem do saber, como Deus fez, para seu mundo e sua criação. LEIBNIZ expunha o seu entendimento sobre o papel a ser desempenhado pelos sábios – hoje diríamos, pelos intelectuais, ou pela *intelligentsia* – onde cada um deveria fazer, de tal maneira, que "o que é particular para um, seja público para todos":[339]

---

336. LEIBNIZ, *Nouveau plan d'une science certaine* (LEIBNIZ, **Textes inédits** – d'après les manuscrits de la Bibliothèque provinciale de Hanovre, publiés et annotés par Gaston GRUA, Paris: PUF, 1ere éd., 1948; 2e éd., 1998, 2 tomos); e tb. LEIBNIZ, **Opuscules et fragments inédits** (éd. L. COUTURAT, Paris: Felix Alcan, 1903, p. 334).

337. LEIBNIZ, **Discours de métaphysique / Metaphysische Abhandlung** (1686, edição bilíngue, übersetzt und mit Vorwort und Anmerkungen hrsg. von Herbert HERRING, edição bilíngue, Hamburgo: Felix Meiner, © 1958, unveränderter Nachdruck, 1975); LEIBNIZ, **Discurso de metafísica** (trad. Marilena de Souza Chauí BERLINCK, São Paulo: Abril – os Pensadores, vol. XIX – NEWTON e LEIBNIZ, 1974, p. 73-110).

338. B. RUSSELL, **A filosofia de Leibniz** (ed. cit., 1968, p. 9): "Cerca do início de 1686, tinha ele estruturado sua noção de uma substância individual, e aperfeiçoado a sua filosofia o suficiente para enviar a ARNAULD o que foi talvez a melhor exposição que dela jamais [se] escreveu, ou seja, o **Discours de métaphysique**. Com este trabalho e com as cartas a ARNAULD, começa sua filosofia da maturidade; e não é apenas o começo no tempo, mas também o começo lógico, que deve, em minha opinião, ser procurado aqui."

339. LEIBNIZ, **Discours de métaphysique / Metaphysische Abhandlung** (ed. 1975, § 14, p. 32-37): "comme la veue de Dieu est toujours véritable, nos perceptions le sont aussi, mais ce sont nos jugements qui sont de nous et qui nous trompent."

Nós podemos, frequentemente, julgar o futuro segundo o passado, sem nos enganar, bastaria para dizer que esses fenômenos são verdadeiros, sem que tivéssemos de nos preocupar com isso, se eles estiverem fora de nós e se outros destes também se dão conta. Nesse sentido, é muito verdadeiro que as percepções, ou expressões, de todas as substâncias correspondem umas às outras, e de tal forma que cada uma que segue conhecidas razões ou leis, como foram observadas, se encontra com outra que faz o mesmo, como se dá quando muitos estão de acordo em procurar juntos, em certo lugar, e em dia predeterminado, o podem fazer, efetivamente, se o quiserem.[340]

Com efeito, nada nos pode chegar que não sejam pensamentos e percepções, e todos os nossos pensamentos e percepções futuros – mesmo os casuais – não passam de desdobramentos, ainda que contingentes, de nossos pensamentos e percepções precedentes, de tal maneira que, se eu fosse capaz de considerar, distintamente, tudo o que me acontece ou parece acontecer a esta hora, eu poderia antever tudo o que me acontecerá, ou que assim me pareça; o que não deixaria de ser, e o que aconteceria de qualquer modo, mesmo quando tudo o que está fora de mim fosse destruído, e nada restasse além de Deus e eu mesmo. Como atribuímos a outras coisas a condição de causas agentes sobre nós, e das quais nos damos consciência de determinada maneira, é preciso considerar o fundamento desse julgamento, e o que ele tem de verdadeiro.[341]

Em meio à enorme, variada e complexa obra de LEIBNIZ, suscitar estes dados serve para situar o grande filósofo, na sua relação com o então

340. LEIBNIZ, **Discours de métaphysique / Metaphysische Abhandlung** (ed. 1975, § 14, p. 32-37): "Or, quoy tous expriment les mêmes phénomènes, ce n'est pas pour cela que leurs expressions soyent parfaitement semblables, mais il suffit qu'elles soyent proportionnelles; comme plusieurs spectateurs croyent voir la même chose, et s'entrentendent en effet, quoyque chacun voye et parle selon la mesure de sa veue."
341. LEIBNIZ, **Discours de métaphysique / Metaphysische Abhandlung** (ed. 1975, § 14, p. 32-37).

jovem WOLFF. A busca da verdade e a tentativa de organizar o conhecimento, de o expor em conjunto, ordenado e sistemático, são premissas centrais para a compreensão da obra e da atuação de um e de outro, na medida em que são compartilhadas por ambos. Isso os aproxima.

Quanto às diferenças, LEIBNIZ e WOLFF combinaram, em diferentes graus, as suas preocupações com o direito internacional, em relação ao conjunto do conhecimento humano: isso teve muito maior importância para o matemático e filósofo WOLFF, que passa à história sobretudo como jurista e internacionalista, e se reflete, em extensão consideravelmente maior, em sua obra, do que ocorreu na obra de seu mestre. Para LEIBNIZ, o direito em geral – e, especificamente, o direito internacional – se coloca como interesse menor, embora presente, em relação ao vasto e variado conjunto da obra.

A busca de critérios de ordenação e de sistematização que pautam a obra de WOLFF e o seu modo de expor o direito internacional – ao modo geométrico – pode e deve ter sido influenciada pelos critérios epistemológicos de LEIBNIZ. Combinada com a influência de ESPINOZA, que também teve impacto sobre LEIBNIZ.

Em LEIBNIZ estaria, talvez, a matriz de formatação da obra e direcionamento da trajetória intelectual de WOLFF. E esta poderia, ao menos em parte, ser filiada a LEIBNIZ. Tanto pelo que este realizou como pelo que deixou em estado fragmentário, pelo caminho – e WOLFF teria levado ao extremo o seu esforço de sistematização e de aprofundamento, pautado na premissa da *Gründlichkeit* –, na sua obra e na expressão de pensamento: o que vem, depois, a lhe ser imputado como crítica e teria supostamente tornado árida a leitura de seus textos.[342]

342. Como, justa ou injustamente, critica-o VATTEL. A respeito de VATTEL e sua crítica a WOLFF, ver o início do presente capítulo, bem como no **Tratado** (tomo 12 – **Direito internacional no tempo de Vattel e von Martens**, cap. 24).

A busca da sistematização como preocupação da vida e da atividade intelectual de LEIBNIZ se manifestou na sua obra e se refletiria também em sua atuação, como autor de grande coletânea de tratados.[343] Nesse mesmo sentido, de sistematização e de ordenamento de dados, para permitir o avanço do conhecimento, se poria a ação de coletar e ordenar os instrumentos, por meio dos quais se exprimia o direito das gentes, com a preocupação em relação à base documental para a construção da disciplina.

Para tentar 'codificar' o direito internacional, tal como era praticado em seu tempo, observava LEIBNIZ:

> Haverá, com certeza, quem se espante que um editor de textos e de pactos os prefacie, tratando da fraqueza dos vínculos de papel; e julgará que a estima, por esses atos públicos, fique assim diminuída, quando se reconhece que outras ações são meditadas em segredo pelos mestres das coisas. Mas a minha resolução é dizer, ingenuamente, o que é a verdade e determinar o seu verdadeiro preço: pois existem duas questões diferentes, cada uma tendo a sua respectiva importância, a de se saber qual ato é cumprido e com qual espírito ele é cumprido. Em seguida, as coisas secretas são adivinhadas, a partir dos elementos declarados, e os fenômenos devem ser observados para que as razões das aparências sejam buscadas. E, assim, eu confesso, espontaneamente, que existem duas espécies de história, uma pública, a outra escondida, ou, segundo o

343. LEIBNIZ, **Codex juris gentium diplomaticus** – in quo tabulae authenticae actorum publicorum, tractatum aliarumque rerum maiores momenti per Europa gestarum, pleraque inedita vel selecta, ipso verborum tenore expressae ac temporum serie digestae continentur; a fine seculi undecimi ad nostra usque tempora aliquot tomis comprehensus; quem ex manuscriptis praesertim Bibliothecae Augustae Guelfebytanae Codicibus, ex monumentis regiorum aliorumque archivorum, ac propriis denique Collectaneis edidit G. G. L. [Gottf. Guil. LEIBNITZIUS] (Hannoverae: literis & impensis Samuelis Ammonii, MDCXCIII).

termo de PROCÓPIO, a anedótica; da mesma forma, reconheceu GRÓCIO duas causas das guerras, as que ele chama de 'justificativas' e as que denomina 'persuasivas'. Embora, na minha opinião, as razões 'persuasivas' sejam novamente duas, ou seja, aquelas que decorrem da utilidade e as que vem das disposições afetivas: pois os verdadeiros conselhos nem sempre prevalecem, e o mais das vezes, um rei age como homem, mais do que como rei, e os grandes eventos se produzem por causas levianas.[344]

Daí decorria existirem, segundo LEIBNIZ, "duas leis da história, mas que não podem ser, uma e outra, igualmente observadas, se não quando se escreve uma ou outra forma de história":

pois, no que diz respeito à história pública, não se deve dizer nada de falso – *nihil falsi dicere*; e no que diz respeito à história secreta, nada de verdadeiro deve ser omitido – *nihil veri non dicere*; de tal modo, parece que esta fique manca de um dos pés. Mas assim o determina a razão das coisas: e da mesma forma que nas controvérsias do tribunal, muitos argumentos sejam apresentados ao juiz, pelas partes e pelos seus advogados, que nunca aparecem nos documentos escritos, e não são consignadas nos autos.[345]

A maior parte das coisas são escondidas nos atos dos poderosos e nas causas dos negócios; sobretudo quando os elementos muitas vezes levados em conta, mas inobservados, têm força maior do que a opinião que se tem.[346]

344. LEIBNIZ, *Code diplomatique du droit des gens* (1693, in **Le droit de la raison**, ed. R. SÈVE, Paris: Vrin, 1994, p. 156-169, cit. § II, p. 158-159).
345. LEIBNIZ, *Code diplomatique du droit des gens* (1693, in **Le droit de la raison**, ed. R. SÈVE, Paris: Vrin, 1994, p. 156-169, cit. § II, p. 159): "os atrativos das mulheres e o esplendor do ouro valem muitas vezes mais do que as leis e os testemunhos."
346. LEIBNIZ, **Codex** (1693, ed. 1994, § II, p. 160).

> É preciso confessar que, assim como no teatro, não é bom que apareçam as máquinas; da mesma forma, a história perderia muito de sua beleza se as verdadeiras causas fossem discernidas, e se aparecesse que os heróis agiram sob o império de cuidado pueril, ou do desejo de uma mulher, ou por cupidez servil. Na verdade, lemos as ações dos homens, não dos deuses. E basta, para a honra destes, e para a informação da posteridade, que muitas ações tenham sido tomadas com gravidade, com coragem e com sabedoria.[347]

Como entendia LEIBNIZ o papel a ser desempenhado por sua coletânea de direito internacional? Ele nunca deixa de tentar situar o direito, a moral e a justiça, em termos mais amplos:

> É útil falar, um pouco mais amplamente, a respeito do uso deste trabalho para o direito das gentes, e do próprio direito natural e direito das gentes, e o título de *codex juris gentium diplomaticus* foi adotado pensando que o trabalho seria totalmente orientado nesse sentido. A doutrina do direito está incluída, por natureza, dentro de estreitos limites, e pelo espírito humano, está difusa na imensidão. Eu não sei se as noções de direito e de justiça, mesmo depois de tantos ilustres autores, são suficientemente claras – *liquidae*. Ora, o direito é alguma potência moral, e a obrigação, alguma necessidade moral. Ora, eu chamo moral o que em homem bom equivale ao natural.[348]

---

347. LEIBNIZ, **Codex** (1693, ed. 1994, § II, p. 160): "É a justo título que se ignoram os exemplos vergonhosos. E assim, não se deve facilmente dar fé àqueles que contam coisas indignas a respeito dos príncipes, mas mais escondidas do que as que podem ser conhecidas somente por poucas pessoas, e que não são facilmente confiadas à lembrança, por aqueles que as sabem."

348. LEIBNIZ, **Codex** (1693, ed. 1994, § XI, p. 161-162) reporta-se à lição de PAPINIANO, no **Digesto** (XXVIII, 7, 15): "pois como escreveu ilustre jurisconsulto romano, as coisas contrárias aos bons costumes – *contra bonos mores* –, não acreditamos que possam ser feitas. Ora, o homem bom é aquele que ama todos os outros, tanto quanto a razão

Necessariamente amplo o espectro de seus interesses, LEIBNIZ procura delimitar a questão da relação entre a *sabedoria* e a *justiça*:

> Como a sabedoria deve dirigir a caridade, a sabedoria também terá necessidade de uma definição. Ora, o juiz satisfaz, da melhor forma, a noção que os homens têm desta, se eu digo que a sabedoria não é mais que a ciência da felicidade em si mesma. Assim, de novo, tornamos à noção de felicidade, que não é aqui o lugar para explicar.[349]

LEIBNIZ retoma a complexa questão das fontes e das expressões possíveis do *direito natural*:

> Dessa fonte, da qual corre o direito natural, existem três graus: o direito estrito na justiça comutativa, a equidade (ou caridade, no sentido estrito do termo) na justiça distributiva, e finalmente a piedade (ou a probidade), na justiça universal: daí nascem os preceitos gerais e muito comumente aceitos do direito, tais como não lesar ninguém, atribuir a cada um o que é seu, viver honestamente (ou antes piedosamente).[350]
>
> O preceito do direito, simples ou estrito, é de que não se deve lesar ninguém, a fim de não dar causa, na cidade, a que se tenha matéria para uma ação [judiciária] e, fora da cidade, de direito de guerra. Daí, nasce a justiça que os filósofos chamam comutativa, e que GRÓCIO chama de faculdade. Eu chamo o grau superior de equidade ou, se preferem, caridade (mas em sentido estrito), que eu entendo acima do rigor do direito

---

o permite. A justiça, assim, é a virtude que guia esse afeto, que os gregos chamam *filantropia*, e que nós definiremos, se eu não me engano, mais comodamente como a caridade do sábio, ou seja, como a caridade segundo os decretos – *dictata* – da sabedoria."

349. LEIBNIZ, **Codex** (1693, ed. 1994, § XI, p. 162-163).

350. LEIBNIZ, **Codex** (1693, ed. 1994, § XII, p. 163-165): "Como eu sugeri, quando jovem, no meu livro sobre o método do direito [**Nova methodus**, II.3]".

simples, também para as obrigações para as quais uma ação [judiciária] nos forçaria [a fazer cumprir] em relação aos seus beneficiários; por exemplo, a gratidão, a caridade – *Elemosynam*; as coisas, que são ditas por GRÓCIO, decorrer de uma aptidão, e não de uma faculdade. E, da mesma forma que o preceito, em seu mais baixo grau, era de não lesar ninguém, em seu grau médio seria de ajudar a todos, mas tanto quanto convém a cada um, ou que cada um o mereça, porque não é permitido favorecer, igualmente, a todos. E é, assim, nesse lugar, que se inscrevem a justiça distributiva e o preceito do direito, que ordena atribuir a cada um o que é seu. E, a essa questão, se relacionam, na república, as leis políticas, que procuram a felicidade dos súditos e fazem, habitualmente, de tal modo que aqueles que têm somente uma aptidão, adquiram uma faculdade, ou seja, possam exigir que os outros lhe forneçam o que é equitativo.[351]

A própria equidade nos orienta, nos negócios, a seguir o direito estrito, ou seja, a igualdade entre os homens, salvo quando importante razão, em favor de bem maior, nos ordene, a deste nos afastarmos. Ora, o que se chama acepção de pessoas tem lugar não no intercâmbio de bens com outrem, mas na distribuição de nossos próprios bens, ou dos bens públicos.[352]

Depois de fundamentar os graus de expressão e de aplicação do direito, LEIBNIZ afirmava:

O direito, simples ou estrito, nasce do princípio que é preciso preservar a paz; a equidade e a caridade visam mais alto, ao que, quando cada um ajuda ao outro no que pode, aumente a sua felicidade, através

351. LEIBNIZ, **Codex** (1693, ed. 1994, § XII, p. 164): "E como, no grau mais baixo do direito, as diferenças entre os homens não são consideradas, se não aquelas que nascem da matéria em questão, mas que todos os homens são julgados iguais, agora, contudo, no grau superior, os méritos são pesados, e daí decorrem os privilégios, as recompensas e as penas."
352. LEIBNIZ, **Codex** (1693, ed. 1994, § XII, p. 165).

daquela de outrem; e para o dizer em uma palavra, o direito estrito evita a miséria, o direito superior tende à felicidade, mas felicidade tal como se encontra em nossa condição mortal.[353]

Instigante a reflexão de LEIBNIZ sobre a abrangência do escopo da *justiça* como virtude – inclusive com atenção ao que hoje chamaríamos de 'função social da propriedade':

> A justiça é chamada universal porque ela compreende todas as demais virtudes, mesmo as coisas que parecem não interessar a mais ninguém, tais como não abusar do próprio corpo, ou de nossa propriedade, e que são proibidas, mesmo além das leis humanas, pelo direito natural, ou seja, pelas leis eternas do divino monarca, pois devemos a nós e aos nossos bens a Deus. Assim como importa em uma república, importa ainda mais em todo o universo que ninguém use mal de seus bens.[354]

Não resisto a fazer paralelo dessa reflexão de LEIBNIZ, no final do século XVII, com a lógica do direito internacional do meio ambiente, quanto à responsabilidade comum, porém diferenciada, de todos os estados – e cada um dos seres humanos – em relação ao uso dos recursos naturais do planeta. O que pode parecer tão inovador, e ainda em construção, como premissa norteadora de ramo novo do direito internacional pós-moderno, já estava, conceitualmente, exposto por LEIBNIZ, nas suas considerações introdutórias ao **Codex juris gentium**, em 1693!

Prossegue LEIBNIZ:

353. LEIBNIZ, **Codex** (1693, ed. 1994, § XII, p. 165).
354. LEIBNIZ, **Codex** (1693, ed. 1994, § XIII, p. 166-167).

E é daí que toma forma esse princípio supremo do direito, que ordena viver honestamente (ou seja, piedosamente). Nesse sentido, os sábios – *viris doctis* –, justamente, colocaram dentre as coisas desejáveis o fato de que o direito natural e das gentes seja exposto segundo disciplina cristã, ou seja (segundo os ensinamentos do Cristo), segundo os princípios elevados – **τα αναιτερα** –, sublimes e divinos dos sábios.[355]

A esse direito 'natural', agregava LEIBNIZ o assim chamado direito das gentes voluntário. A lição de mais de três séculos, permanece de tal modo atual, que merece ser repetida a citação:

Além dos direitos eternos, de natureza racional, que decorrem de fonte divina, devemos também observar direito voluntário, quer derivado dos costumes ou feito por um superior. E, como na república, o direito civil recebe a sua força daquele que detém o poder supremo; fora da república, ou entre aqueles que compartilham o poder supremo (dos quais pode haver vários, dentro da mesma cidade), temos o campo de aplicação, do direito voluntário das nações, aceito pelo tácito consentimento dos povos. E não é necessário que este o seja por todos os povos e em todos os tempos; pois, em muitos domínios, julgamos que alguma coisa convém, diferentemente, entre os indianos ou entre os europeus, e mesmo entre nós, mudou com o desenvolvimento dos séculos.[356]

Entre os cristãos haveria, ademais, outro vínculo comum, ou seja, o conjunto da tradição histórica e jurídica compreendido pelo

355. LEIBNIZ, **Codex** (1693, ed. 1994, § XIII, p. 167) concluía a passagem: "E assim nos parece ter explicado, de maneira bastante cômoda, os três preceitos do direito ou os três graus da justiça, e ter designado as fontes da lei natural."
356. LEIBNIZ, **Codex** (1693, ed. 1994, § XIV, p. 167) completava a frase: "o que esta obra precisamente pode indicar."

direito comum – que também se pode descrever como a interação entre *jus gentium, jus commune* e *jus europaeum*:[357]

> O direito divino positivo, tal como contido nos livros sagrados, ao qual é preciso acrescentar os cânones sagrados, recebidos da igreja inteira, e a seguir, no Ocidente, a lei pontifícia, à qual os reis e os povos se submetem por si mesmos. Em geral (e não contra a razão), antes do cisma do século passado – *i.e.*, a 'reforma protestante', do século XVI –, eu vejo que, durante muito tempo, pareceu conveniente considerar que exista uma certa 'república geral' das nações cristãs, na cabeça da qual estaria, para as coisas sagradas, o papa, e para as coisas temporais, o imperador dos romanos, que pareceu conservar o direito da antiga monarquia romana tanto quanto era necessário para o bem comum da cristandade, sem prejuízo para o direito dos reis e a liberdade dos príncipes.[358]

LEIBNIZ situa o fenômeno da personalidade jurídica de direito internacional:

> Possui personalidade, segundo o direito das gentes, aquele do qual releva a liberdade pública, de tal modo que tenha, por si mesmo, o direito [de uso] das armas e dos tratados, e que esse direito não esteja nas mãos e no poder de outro; contudo, pode ser restrito, por vínculos de obrigação, em relação a um superior, ao qual se reconhece a

357. Para situar os elementos do fenômeno da transmissão medieval do *jus gentium, jus commune, jus europaeum*, ver **Tratado** (tomo 5 – **Direito internacional no tempo de Francisco de Vitória**, cap. 12).
358. LEIBNIZ, **Codex** (1693, ed. 1994, § XV, p. 167-168) completava a passagem com a seguinte observação: "Por isso, o papa GREGÓRIO VII, escrevendo a HENRIQUE VI, rei dos romanos, sobre a concordância entre a igreja e o império, advertia ser preciso prestar atenção, para não frustrar o povo cristão, quanto a utilidade esperada, pela vontade contrária, daqueles cuja missão principal é governar."

homenagem, a fidelidade, e a obediência. Mas, se sua autoridade for suficientemente grande, vem ao nome de potentado ser chamado de *soberano e potentado – souverain et potentat*;[359] de onde provém o direito, que na França é chamado de *soberania – la souveraineté* –,[360] ou em latim *suprematus*. [...] São contados entre os potentados, e são considerados, como tendo soberania, aqueles que têm suficiente liberdade e poder para poder intervir, com autoridade, nas questões dos povos, por meio das armas e dos tratados.[361]

Algumas, dentre as clássicas questões do direito internacional, tratadas por LEIBNIZ nas considerações introdutórias à sua coletânea de tratados, o **Codex juris gentium diplomatico**, permanecem, em considerável extensão, atuais, mesmo quando tenha, decorridos mais de três séculos, ocorrido alguma evolução no uso da terminologia especializada.

Sobremodo interessante constatar como LEIBNIZ antecipa questão atualíssima: ao referir questão de matriz medieval – a possibilidade de ter o poder soberano limites – quando nos fala a respeito do que chamou "a homenagem, a fidelidade e a obediência" – estes que, em graus diversos, compunham a 'suserania' como predecessora da expressão moderna de 'soberania' –[362] LEIBNIZ nos traz perto e permite paralelo com questões de hoje, consistentes na

359. Consta *souverain et potentat*, em francês, no texto original.
360. Da mesma forma, *la souveraineté*, em francês no original. A respeito, ver **Tratado** (tomo 5 – **Direito internacional no tempo de Francisco de Vitória**, cap. 13 – *estado como sujeito de direito internacional*, esp. item 13.2 – *Jean BODIN (1530-1596)*).
361. LEIBNIZ, **Codex** (1693, ed. 1994, § XX, p. 168-169).
362. Para situar os elementos do fenômeno da construção medieval da *soberania*, que se exprimia como *suserania*, ver **Tratado** (tomo 4 – **Direito internacional no tempo medieval** e tomo 5 – **Direito internacional no tempo de Francisco de Vitória**, esp. cap. 13 – *estado como sujeito de direito internacional: a contribuição de MAQUIAVEL e BODIN*).

determinação de divisibilidade da soberania, bem como os graus e as modalidades desta divisão, como inexoravelmente ocorre em nossos tempos pós-modernos.[363]

A divisão da soberania está presente: isso, concretamente, se põe como divisibilidade no contexto específico da União Europeia, com a transferência de numerosas prerrogativas da soberania, antes estatal, para os órgãos comuns, e estas prerrogativas, já transferidas, se estendem desde a emissão e o controle da moeda, o 'euro', até as políticas comuns, em relação às quais não mais têm competência os governos nacionais. Ou a soberania é divisível ou os estados integrantes da União Europeia, há muito, deixaram de ser soberanos.[364]

Em extensão menor, porém em grau igualmente ou ainda mais significativo, o mesmo fenômeno de limitação das soberanias nacionais ocorre e tem de se fazer observar em relação a matérias nas quais passa a haver padrão normativo internacional vinculante, como se assiste em vários campos do direito internacional pós-moderno, desde a codificação de matérias, como o direito diplomático e consular, por meio das Convenções de Viena, de 1961 e 1963, até em áreas inteiras do direito internacional, em relação a princípios como o *patrimônio comum da humanidade* ou o *interesse comum da humanidade*, que se estendem do direito internacional do mar ao direito internacional do meio ambiente,[365] ou ainda ao controle do

363. Ver especificamente a formulação da soberania em BODIN, no **Tratado** (tomo 5 – **Direito internacional no tempo de Francisco de Vitória**, esp. item 13.2).

364. Para alguns aspectos dessa temática, ver P. B. CASELLA, *Imperativo categórico da cooperação e as lições do Brexit* (in **A evolução do direito no século XXI** – homenagem ao prof. A. WALD, coord. F. U. COELHO, G. TEPEDINO, S. F. LEMES, São Paulo: Ed. IASP, 2022, vol. 3 – Direito público, p. 963-1001); ___, *Perspectivas da integração europeia – entre mito e operacionalidade?* (Revista FDUSP, 2014, vol. 109, p. 25-74); Nazaré da Costa CABRAL, José Renato GONÇALVES, Nuno Cunha RODRIGUES (ed. by), **After Brexit** – Consequences for the European Union (Cham: Palgrave-Macmillan / Springer, 2017).

365. Como se examina no **Tratado** (tomo 2 – **Direito internacional dos espaços**, esp. cap. 20 – *espaços internacionais: de res nullius a patrimônio comum da humanidade*).

uso de armas nucleares. E várias outras, como a proteção internacional dos direitos fundamentais.[366] Embora estes campos ainda se encontrem em construção, como conceitos e como mecanismos de implementação, representam limites à soberania dos estados, reconhecidos como indispensáveis para a vida da comunidade internacional como um todo.

Em suma, mesmo que se diga ser o **Codex iuris gentium diplomatico** – cuja publicação, encetada em 1693, teve suplemento em 1700 –[367] considerado "obra menor no conjunto da bibliografia, de cunho predominantemente filosófico e matemático"[368] de LEIBNIZ, teve este o propósito de situar algumas das vertentes da obra do filósofo, e especificamente em relação ao direito, e neste, com particular interesse, no tocante ao direito internacional. Somente isso bastaria para justificar o exame de tal obra, neste item. Mas a reflexão de LEIBNIZ também se estendeu ao direito natural, ao ensino do direito e à formação do profissional da área jurídica, e à institucionalização da paz.

---

366. Cf. **Tratado** (tomo 20 – **Direito internacional, história e cultura**, cap. 4 – *papel da proteção internacional dos direitos fundamentais como fator de renovação e de transformação do direito internacional*); P. B. CASELLA, **International law, history and culture** (Leiden/Boston: Brill/Nijhoff – Académie de droit international de la Haye / The Hague Academy of International Law, 2024).

367. De LEIBNIZ, o tantas vezes mencionado **Codex juris gentium diplomaticus** – in quo tabulae authenticae actorum publicorum, tractatum aliarumque rerum maiores momenti per Europa gestarum, pleraque inedita vel selecta, ipso verborum tenore expressae ac temporum serie digestae continentur; a fine seculi undecimi ad nostra usque tempora aliquot tomis comprehensus; quem ex manuscriptis praesertim Bibliothecae Augustae Guelfebytanae Codicibus, ex monumentis regiorum aliorumque archivorum, ac propriis denique Collectaneis edidit G. G. L. (Hannoverae: literis & impensis Samuelis Ammonii, MDCXCIII).

368. A respeito, V. Marotta RANGEL (*Prefácio*, in VATTEL, **O direito das gentes**, Brasília: Ed. UnB / IPRI, 2004, p. LIV), tb. A. TRUYOL Y SERRA, **Histoire du droit international public** (Paris: Economica, 1995, *les grands recueils de traités internationaux*, p. 91-92, já mencionado supra).

Além de tais aspectos, LEIBNIZ também se fez e se faz presente no direito das gentes – desse modo, não somente por sua condição de autor –, mas também, ou sobretudo, por sua influência na formação de sucessivas gerações de autores: isso porque LEIBNIZ foi o mestre de Christian WOLFF, e este, por sua vez, seria o 'mestre' para Emer de VATTEL.

A relação de respeito em relação ao mestre, claramente afirmada por WOLFF em relação a LEIBNIZ, se faz menos clara na geração seguinte. Mesmo se VATTEL faz extensos e relevantes 'empréstimos' e aceita o legado de WOLFF, o faz com críticas severas, e estas – decididamente – não foram formuladas de maneira leal,[369] pelo discípulo, contra o seu mestre.

Desse modo LEIBNIZ figura no direito internacional: pelo que este filósofo teve a preocupação de fazer, em nosso campo específico do conhecimento humano, com sua coletânea de tratados e as considerações introdutórias a esta, como também, antes, por suas reflexões sobre a paz perpétua, sobre o estudo e o ensino do direito, como ainda pelos seus discípulos, sobretudo WOLFF – mas, indiretamente, por meio deste, indo até VATTEL.[370]

A partir de LEIBNIZ, como de WOLFF e, ainda, de VATTEL, constitui-se continuidade relevante para a linha central do desenvolvimento ulterior da disciplina do direito internacional na Europa 'clássica' e do tempo do iluminismo.[371] Está é mais uma faceta do imenso legado de LEIBNIZ como pensador de enorme envergadura intelectual,

369. Como se examina no **Tratado** (tomo 12 – **Direito internacional no tempo do iluminismo**, cap. 24 – *Emer de VATTEL (1714-1767)*).

370. A respeito de VATTEL, como mencionado, ver **Tratado** (tomo 12 – **Direito internacional no tempo de Vattel e von Martens**, cap. 24).

371. Ver **Tratado** (tomo 13 – **Direito internacional no tempo do iluminismo**).

de grande abrangência e profundidade. Ademais, muito atual, por diversos aspectos de sua obra, tal como foram acima mencionados.

Como LEIBNIZ bem percebia e advertia: "nada é mais precioso do que o tempo, dada a pouca duração da vida humana e a necessidade de nada adiar, que se deva mais tarde lamentar, por se ter deixado para depois".[372] A lição a respeito da transitoriedade e da fragilidade humanas e, consequentemente, do valor do tempo merecem – sempre – ser meditadas.

Estas breves considerações, sobre obra tão vasta e tão complexa, tiveram tão somente propósito específico e permitem encaminhar para a conclusão este item – sobre *'direito segundo LEIBNIZ'*. Inserto, justamente, em meio ao capítulo sobre a vida e a obra de Christian WOLFF.

A seguir se pode voltar a considerar a reputação e o legado de WOLFF (22.2). Que, apesar da extensão e da consistência do conjunto, pode ser objeto de controvérsias e de algumas severas críticas.[373]

22.2. REPUTAÇÃO E LEGADO DE WOLFF

> *Baste que WOLFF tenha sempre um dos lugares de maior destaque entre os mestres do direito internacional natural, e seja considerado como o segundo GRÓCIO; este foi o primeiro a elevar o direito internacional à*

372. LEIBNIZ, *Entretien avec le Tzar à Torgau* (1711) (in **Le droit de la raison**, textes réunis et présentés par René SÈVE, Paris: Vrin, 1994, p. 247-251).
373. Convém completar o quadro do exame da obra e da contribuição de WOLFF com o exame da recepção da obra deste em VATTEL, como se examina no **Tratado** (tomo 12 – **Direito internacional no tempo de Vattel e von Martens**, cap. 24).

condição de ciência autônoma; enquanto WOLFF foi o primeiro a estabelecer ordem completa e inscrever o direito internacional em um sistema.

D. H. L. von OMPTEDA (1785, ed. 1963)[374]

A herança intelectual da síntese grociana, entre o direito das gentes natural e o direito das gentes positivo (voluntário), foi assumida, em primeiro lugar, pelos alemães Samuel RACHEL, Christian WOLFF e Georg Friedrich von MARTENS, assim como pelo suíço Emer de VATTEL.

A. TRUYOL Y SERRA (1995)[375]

Com WOLFF se avança uma etapa suplementar: primeiro, por ter ele admitido a existência de um autêntico direito das gentes positivo – ***jus gentium positivum*** *– enquanto conservou, de HOBBES e de PUFENDORF, a identificação do direito internacional com o direito natural, denominando-o direito das gentes natural ou necessário –* ***jus gentium naturale*** *ou* ***necessarium*** *– sabendo-se que ele o dividiu, diversamente de GRÓCIO, em três categorias: voluntário, costumeiro e convencional.*

D. GAURIER (2014)[376]

---

374. Dietrich Heinrich Ludwig von OMPTEDA, **Literatur des gesamten natürlichen und positiven Völkerrechts** (Regensburg: bey Johann Leopold Montag sel. Erben, 1785, em dois tomos, "Neudruck der Ausgabe Regensburg 1785", Aalen: Scientia Verlag, 1963, § 95, p. 327-328, cit. p. 328) utilizava a grafia do nome de WOLFF com somente um "F": "genug dass WOLF immer einer der vorzüglichsten Stellen unter den Lehrern des natürlichen Völkerrechts einnimmt, und gleichsam als der zweite GROTIUS anzusehen ist. GROTIUS erhob dasselbe zuerst zu der Würde einer Wissenschaft; WOLF gab dieser zuerst eine vollständige Ordnung, und brachte sie in ein System."

375. Antonio TRUYOL Y SERRA, **Histoire du droit international public** (Paris: Economica, 1995, p. 87).

376. Dominique GAURIER, **Histoire du droit international** (Rennes: P. U. Rennes, 2e éd., 2014, Ière partie, chap. V – *les grands thèmes du droit international dans la doctrine des auteurs classiques*, esp. 1.5.2.3.6, cit. p. 251).

> *Não existia qualificação de ingresso na universidade oficialmente certificada. Iluministas famosos começaram suas carreiras universitárias ainda jovens: LEIBNIZ estudou aos quinze anos, Johann Christoph GOTTSCHED, aos quatorze; Christian WOLFF começou muito tarde – **war ein regelrechter Spätzünder** –, ao frequentar com vinte anos a universidade de Jena, mas já três anos depois se formou, e em sete anos tinha se tornado professor em Halle.*
>
> S. MARTUS (2015)[377]

A reputação de WOLFF – apesar de sua enorme relevância – não deixa de ser objeto de controvérsias. A extensão das matérias e a profundidade de sua obra são inquestionáveis.

A principal crítica pode ser a dificuldade da leitura de sua grande obra, pela extensão considerável e pela exposição desta, segundo o modelo geométrico – *more geometrico* –, primeiro sobre o direito natural demonstrado cientificamente, ou **Jus naturae methodo scientifica pertractatum**, originalmente publicada de 1740 a 1748, em oito volumes, constitui imponente conjunto, que se completa com o direito das gentes, demonstrado cientificamente, ou **Jus gentium methodo scientifica pertractatum**, em 1749, Escritas, ademais, em latim, no momento em que decrescia o uso desta língua culta,

377. Steffen MARTUS, **Aufklärung** – das deutsche 18. Jahrhundert – ein Epochenbild (Berlin: Rowohlt, 2015, Teil I – 1680-1726: Die Anfänge der Aufklärung, cap. 2 – *In der Gelehrtenrepublik: die Universität als Staatsprogramm*, p. 92-154, cit. p. 95) aduzia: "Dieses Phänomen sehr junger Gelehrter fiel den Zeitgenossen bereits selbst auf, und ein pseudonymer Autor nahm es 1737 zum Anlass, mahnend den Zeigefinger zu heben. Der Titel seines Buchs war Programm: ***Der Frühseitige Student, Oder Wohlgemeine Vorstellung Von dem Schaden Des Frühzeitigen Universität-Ziehens, Und den wichtigen Ursachen, die dasselbe widerrathen***."

há séculos a língua comum de circulação das ideias e dos debates, entre os sábios da Europa. Entre católicos, como entre protestantes, o latim se manteve durante mais de mil e duzentos anos, depois da queda do Império romano do Ocidente. E seu uso decresce, no curso do século XVIII, na mesma exata proporção em que aumenta a utilização das línguas vernáculas. Momento no qual se perde essa unidade, até então existente de língua veicular compartilhada, da Península Ibérica à Escandinávia.

A essas circunstâncias, da língua utilizada, da considerável extensão e da complexidade de sua obra maior, o próprio WOLFF se empenhou em remediar, publicando um "resumo da obra", sob a forma das **Institutas** ou **Instituições do direito natural e das gentes**, no mesmo ano de 1749, igualmente em latim, logo também traduzidas para o francês e o alemão.[378]

Inegavelmente, a contribuição de WOLFF ao direito internacional tem dados específicos, de grande relevância. Pode-se considerar esse reconhecimento, se como reportavam, já no século XVIII,

378. Christiano L. B. de WOLFF, **Institutiones juris naturae et gentium** – in quibus ex ipsa hominis natura continuo nexo omnes obligationes et jura omnia deducuntur (Hallae Magdeburgicae: prostat in officina Rengeriana, MDCCLXIII, encerrava o prefácio com a data de 4 de setembro de 1749) – como resumo da grande obra, anteriormente publicada por WOLFF, em oito volumes, tendo o direito internacional como objeto do último tomo: WOLFF, **Ius gentium, methodo scientifica pertractatum, in quo ius gentium naturale ab eo, quod voluntarii, pactitii et consuetudinarii est, accurate distinguitur** (Halle, 1749). As **Institutas** foram traduzidas para o francês, **Principes du droit de la nature et des gens** ("extrait du grand ouvrage latin de Mr. de WOLFF, [traduit en français] par Mr. [Jean-Henri Samuel] FORMEY", Amsterdam: chez Marc Michel Rey, 1758, 3 vols. edição fac-similar Caen: Centre de philosophie politique et juridique, 1990); também traduzidas para o alemão, logo a seguir publicada em ao menos duas edições: Christian WOLFF, **Grundsätze des Natur- und Völkerrechts** (Halle, 1754 e depois 1769); e ainda no século XVIII teriam contado com outra tradução francesa, Christian WOLFF, **Institutions du droit de la nature et des gens** – "traduites du latin de Mr. de WOLFF, avec des notes par Elie LUZAC, tomes VI" (Leide, 1772).

tanto FORMEY, em 1758,[379] quanto o já mencionado von OMPTEDA, em 1785.[380] Justificam ser WOLFF apontado como "um dos principais expoentes do direito internacional natural" e mesmo como o "segundo GRÓCIO". Com o mérito adicional, de ter sido WOLFF o primeiro a conferir, ao direito internacional, a ordem completa que o permite inscrever em um sistema.[381] Essa sistematização muito representa, ao lado de contribuição do século precedente, como a do inglês Richard ZOUCH.[382]

Herdeiro de GRÓCIO, ou – como querem alguns – a segunda encarnação deste, WOLFF estaria na linha central de desenvolvimento do direito internacional 'clássico', rumo ao iluminismo. Seu relevante papel, no século XVIII, já era assinalado.[383]

E de grande relevância, para a linha mestra da evolução do direito internacional 'clássico', a herança deste, no iluminismo.

---

379. O texto de WOLFF é precedido pelo estudo de Jean-Henri Samuel FORMEY, *Mémoire abregé sur la vie et les ouvrages de Mr. le Baron De WOLFF* (op. cit., 1758, ed. 1990, tomo I, p. 27-56, cit. p. XXVIII-XXIX, in Christian WOLFF, **Principes du droit de la nature et des gens**, "extrait du grand ouvrage latin de Mr. de WOLFF par Mr. FORMEY", Amsterdam: chez Marc Michel Rey, 1758, 3 vols. edição fac-similar Caen: Centre de philosophie politique et juridique, 1990).

380. Von OMPTEDA (op. cit., 1785, reed. 1963, § 95, p. 327-328, cit. p. 328).

381. Ver **Tratado** (tomo 9 – **Direito internacional no tempo de Samuel Pufendorf**, item – *sistemas internacionais coesos*).

382. Sobre a contribuição de Richard ZOUCH (1590-1660) para o direito internacional, ver **Tratado** (tomo 6 – **Direito internacional no tempo de Suarez, Gentili e Zouch**, cap. 17).

383. Como observava von OMPTEDA (op. cit., 1785, reed. 1963, § 118, p. 386), para mostrar a grande aceitação encontrada pela obra de WOLFF, **Institutiones iuris naturae et gentium** (Halle 1750) "Dieses Compendium ist ein Auszug des grossen Wolfischen Werks sowohl von Naturrechte, als vom Völkerrechte", mencionava ter sido esta também traduzida para o alemão e publicada em duas edições, e também em francês. Ver Christian WOLFF, **Grundsätze des Natur- und Völkerrechts** (Halle, 1754 e depois 1769); Christian WOLFF, **Institutions du droit de la nature et des gens** – traduites du latin de Mr. de WOLFF, avec des notes par Elie LUZAC, tomes VI (Leide, 1772), bem como a acima mencionada edição francesa da mesma obra de Christian WOLFF, **Principes du droit de la nature et des gens** ("extrait du grand ouvrage latin de Mr. de WOLFF par Mr. [Jean-Henri Samuel] FORMEY", Amsterdam: chez Marc Michel Rey, 1758, edição fac-similar, publicada em Caen: Centre de philosophie politique et juridique, 1990, em 3 vols.).

Linha que também se destaca pelo encadeamento: de WOLFF a seu discípulo VATTEL, com necessidade de se enfatizar a relevância da contribuição de WOLFF.[384]

> WOLFF se ocupou do direito das gentes, não somente no contexto da filosofia do direito, mas do conjunto da filosofia, que ele se empenhou em expor, sistematicamente, em imponente série de tratados, redigidos em duas séries compactas, em latim e em alemão. [...] Sua filosofia se inspira na de LEIBNIZ, mas faltam-lhe o sopro criador e as intuições geniais, do pensador de Leipzig, que ele transpõe em esquemas de abstrato racionalismo.[385]

Justamente aqui, se pode apontar a vertente de convergência entre o mestre LEIBNIZ e o seu autointitulado discípulo WOLFF: na esteira do pensamento leibniziano, teria sido, justamente, o grande mérito do esforço de WOLFF a tarefa de pensar e expor o direito internacional como sistema. O que certamente não foi feito por LEIBNIZ e tampouco dentre os internacionalistas, até então. Esse

---

384. Não somente por ter sido o mestre de seu mais célebre discípulo, E. de VATTEL. Em relação a este, também LAUTERPACHT repõe em seu lugar a verdade, com relação à expressão a respeito dos "gigantes e anões", atribuindo a WOLFF a autoria da expressão normalmente creditada a VATTEL. Ver H. LAUTERPACHT, **International Law and Human Rights** (New York: Praeger, 1950, p. 119).

385. A. TRUYOL Y SERRA (op. cit., 1995, p. 88, e a seguir, p. 89): WOLFF vê a finalidade da lei natural na promoção da segurança e do aperfeiçoamento dos indivíduos e das nações, e na ajuda mútua, de uns e outros, para tal fim. Teórico dos direitos naturais 'inatos' – *jura connata* – do homem, ele estende a validade destes aos povos e às nações, preparando assim a teoria dita dos 'direitos fundamentais dos estados'. E, ainda na mesma passagem, comparando WOLFF e VITÓRIA, completava TRUYOL Y SERRA (op. cit., 1995, p. 89): "os elementos costumeiros – *coutumier* – e convencional – *stipulatif* – do direito das gentes surgem em WOLFF menos do que no teólogo-jurista espanhol, por causa do caráter mais abstrato da construção wolfiana. De fato, WOLFF extrai as normas do direito das gentes de estrita dedução lógica, a partir de princípios gerais, mais que de uma elaboração dos dados da prática internacional."

esforço de sistematização somente se poderia, ao menos em parte, atribuir a ZOUCH – como referido.

A obra de WOLFF, no direito internacional 'clássico', representou feito enorme e realização intelectual de grande amplitude – e esse mérito não lhe pode ser tirado: de ver e de tratar o direito internacional como sistema. Justamente para a configuração dessa dimensão conceitual e filosófica, teria sido útil a contribuição de LEIBNIZ, como grande pensador e filósofo.

Hoje, em nossos tempos pós-modernos, ver o direito internacional como conjunto sistemático de princípios e normas, não somente nos parece natural, como podemos mesmo entender necessário pensar o direito internacional em seus aspectos problemáticos e em formação, além e ao lado de sua configuração já existente como sistema institucional e normativo – este existe, como tal, e, assim, podemos mesmo nos dar ao luxo de ir até o ponto de pensar o direito internacional fora do sistema.[386] Mas, se e quando isso se faça, que seja sem esquecer ter sido, primeiro, necessário construir e ordenar esse sistema, sem o qual o direito internacional, 'moderno' e 'clássico', não se teria configurado, e a partir do qual as atuais extrapolações, "além-sistema" ou "contrassistema", possam ser esboçadas. Hoje podemos ver até mesmo "além-sistema"; mas primeiro foi preciso inscrever a disciplina em quadro conceitual e intelectual adequado. E, para tanto, a contribuição de nomes como ZOUCH, no século XVII, e WOLFF, no século seguinte, não pode ser negligenciada.

386. A respeito, ver P. B. CASELLA, *Evolução institucional do direito internacional*: à luz do cinquentenário do conceito de direito de HART (1961) (in **Homenagem aos 70 anos do prof. C. LAFER**, org. T. Sampaio FERRAZ Jr. e L. O. BAPTISTA, São Paulo: IBF- Instituto Brasileiro de Filosofia/Rev. dos tribunais, 'edição comemorativa', ano 60, vol. 236, jan.-jun. 2011, p. 313-329).

Dentre os méritos de WOLFF, na sua exposição do **Direito das gentes**, em 1749,[387] está o de ter ressaltado a dimensão humana universal deste ramo jurídico. Esse antigo e complexo debate, a respeito da abrangência do direito internacional, e se este poderia vincular outras civilizações, além da cristandade, remontava à Idade média, e tinha sido objeto de acesas controvérsias, por exemplo, durante o Concílio de Constança, em 1414-1418, a respeito de ser o direito internacional aplicável às relações entre comunidades cristãs e não cristãs.[388] Aqui também, por sua vertente cosmopolita, se poderia conceber a influência de LEIBNIZ sobre WOLFF?

A validade das transações internacionais – hoje diríamos 'relações internacionais' – entre nações filiadas a diferentes credos, se sustentava pela comum natureza humana, de modo a "ser permitido celebrar tratado com nação devotada a qualquer outra religião", e não se poderiam alegar tais diferenças de confissão religiosa, como base para descumprimento de obrigação internacional: "por conta de diferença de religião, nenhuma nação pode negar a outra os deveres da humanidade que as nações devem umas às outras", afirmou WOLFF.[389]

A busca da universalidade no direito internacional deve ser o mais relevante critério para a condução da evolução deste ramo do direito, em vista da regulação da convivência organizada entre

387. WOLFF, **Ius gentium, methodo scientifica pertractatum, in quo ius gentium naturale ab eo, quod voluntarii, pactitii et consuetudinarii est, accurate distinguitur** (Halle, 1749).

388. Ver **Tratado** (tomo 5 – **Direito internacional no tempo de Francisco de VITÓRIA**, esp. item – *relação entre comunidades cristãs e não cristãs no contexto medieval*).

389. Christian WOLFF, **Institutionis jurae naturae et gentium** (orig. publ. Halle, 1750; diversas edições citadas); ver tb. C. WOLFF, **Jus gentium** (tradução DRAKE, 429): "it is allowable to enter into a treaty with a nation devoted to any other religion [...] On account of a difference in religion no nation can deny to another the duties of humanity which nations owe to each other."

sociedades. E, também nesse sentido, WOLFF tem o seu papel assegurado na evolução do direito internacional.

WOLFF, como todo homem e todo autor, se inscreve no seu meio e no seu tempo. A sua filiação intelectual e a sua trajetória pessoal podem ser úteis para a compreensão da sua contribuição para o desenvolvimento do direito das gentes.

Para ser 'clássico' e ser universal, é preciso que ele possa ser compreendido também fora do seu tempo e do seu meio, o que constitui constante debate na história das ideias.[390]

Em linha que mostra alguma semelhança intelectual com o direito de 'comunicação' – o *jus communicationis* – de VITÓRIA,[391] declarava WOLFF, nas suas "Institutas", ou **Institutionis jurae naturae et gentium**, em 1750, parágrafos 1110-1112, que o direito de comércio é imperfeito, e que este somente se realiza mediante

390. Daí a importância da contextualização do direito internacional no tempo histórico e no contexto cultural, como se examina no **Tratado** (tomo 20 – **Direito internacional, história e cultura**, esp. *introdução* e cap. 1 – *direito internacional no tempo e seu papel na história*); P. B. CASELLA, **International law, history and culture** (Leiden/Boston: Brill/Nijhoff – Académie de droit international de la Haye / The Hague Academy of International Law, 2024). Considerável espaço é dedicado ao exame da obra e da conturbada trajetória de Christian WOLFF, por Steffen MARTUS, em seu alentado **Aufklärung** – das deutsche 18. Jahrhundert – ein Epochenbild (Berlim: Rowohlt, 2015, p. 70, 95, 115-118, 257-261, 263-285, 290-293, 297-299, 304, 308, 311, 315, 328, 336, 340f., 346-348, 350f., 361, 368, 375, 377, 380, 407-410, 413-417, 420, 432, 444-450, 453f., 460, 462, 469, 479, 484-489, 492-494, 500-502, 506, 514, 517, 519, 545, 561, 567, 583, 608, 804, 806, 849, 885) e tb. breve menção a Johann Heinrich WOLFF (S. MARTUS, op. cit., 2015, cit. p. 442)! V. tb. Richard TUCK, *História do pensamento político* (no volume **A escrita da história** – novas perspectivas, org. Peter BURKE, do original **New perspectives on historical writing** © 1991, trad. Magda LOPES, São Paulo: Ed. Unesp, 2011, p. 279-296, cit. p. 292) enfatiza a "similaridade metodológica entre a história das ideias e a história de outras atividades humanas". A tradução brasileira merece reparos.

391. Sobre Francisco de VITÓRIA (1480-1546) e a sua contribuição para o direito internacional, ver **Tratado** (tomo 5 – **Direito internacional no tempo de Francisco de Vitória**, cap. 14).

convenções.[392] Na falta destas, o direito de comércio ficaria restrito a simples tolerância, e esta é sempre passível de revogação.[393]

É difícil pretender argumentar o caráter 'fundamental' do direito de comércio entre as nações, em WOLFF. Antes deste ramo, segundo ele, devem ser considerados os dados institucionais do sistema internacional – como hoje temos, por meio de grandes tratados multilaterais e da atuação das principais organizações internacionais – como também em relação a matérias, tais como a proteção internacional dos direitos fundamentais, a proteção internacional do meio ambiente e o regime jurídico internacional dos espaços comuns, como o mar, o espaço aéreo e o espaço exterior, da aviação civil internacional e do regime jurídico internacional das telecomunicações.

Ainda que, a seu tempo, concepção teórica, a visão de WOLFF a respeito de comunidade mundial seria relevante formulação da ideia de institucionalização das relações internacionais. Séculos mais tarde, esta encontra sua formatação institucional, nas tentativas feitas no século XX, primeiro no contexto da Liga das Nações e, mais recentemente, no modelo da Organização das Nações Unidas e do conjunto de instituições internacionais que a esta se agrega, na assim chamada "família da ONU".

Logicamente, não se trata de buscar, em WOLFF, nem o precedente direto de sociedade internacional organizada – que remontaria ao Sacro império, no passado europeu – ou a regulação específica das organizações internacionais, no direito internacional

392. Christian WOLFF, **Institutionis jurae naturae et gentium** (orig. publ. Halle, 1750; diversas edições citadas, parágrafos 1110-1112).

393. Argumentava em defesa da maior amplitude, conferida ao direito de comércio, pela formulação precursora de Francisco de VITÓRIA, em curso na Haia, Camilo BARCIA TRELLES, **Francisco de Vitória et l'école moderne du droit international** (RCADI, 1927, t. 17., p. 109-342, Seconde partie, chap. II – *Le droit de commerce*, p. 206-218, cit. p. 207).

pós-moderno: este não escreveu 'manual' sobre o modelo, que viria a ser especificamente adotado, no século XX, mas, claramente, ilustra a dimensão utópica do direito internacional, que almejava a instauração de regime jurídico internacional. Como veio a se consolidar, na experiência histórica.

Em WOLFF, se exprime algo que ainda não existe ao ser (inicialmente) formulado, mas pode, depois, chegar a ter patamares mais ou menos elevados e precisos de implementação. Como a ideia da *civitas maxima*, de resolver e prevenir litígios internacionais, mediante a ação de liga mundial para, enquanto colegiado, proceder ao exame e decisão a respeito desses conflitos, o que tem relevância tanto histórica quanto conceitual.

Não pode, nem deve, ser tirada de WOLFF a concepção de neutralizar conflitos entre estados, mediante institucionalização internacional, com a atuação de terceiros não diretamente envolvidos na controvérsia. A mesma racionalidade orienta o sistema vigente, da concepção, inicialmente adotada na Liga das Nações, com a Corte permanente de justiça internacional, ulteriormente desenvolvida na Organização das Nações Unidas pela Corte Internacional de Justiça, no sentido de encaminhamento de controvérsias entre estados, quer ao Conselho de Segurança, quer à Assembleia Geral, como ainda à Corte Internacional de Justiça. Ou mesmo à arbitragem ou à mediação.

A natureza intrínseca do sistema internacional, onde as relações entre sujeitos de direito internacional se inscrevem entre iguais e, como diz o adágio, entre iguais não há jurisdição – *par in parem non habet jurisdictio* –, instaura-se a necessidade de terceiro ao qual se atribua tal papel institucional. Essa neutralização do conflito mediante ação de terceiro poderia, em geral, ser caracterizada como intermediação: seja tecnicamente expressa como 'bons ofícios', ou 'mediação', ou qualquer outro dentre os mecanismos pacíficos de solução de controvérsias, bem como mediante submissão a julgamento de terceiro, ao qual incumba julgar a controvérsia, quer se trate de tribunal arbitral ou de tribunal internacional permanente.

A mesma racionalidade institucional orienta o sistema vigente. Dada a natureza intrínseca do sistema internacional, se instaura a necessidade de atribuir a jurisdição a um terceiro, ao qual se confie, em geral, a intermediação – seja mediação ou outro mecanismo pacífico de solução de controvérsias –, ou submetendo a julgamento de terceiro – quer, como dito, se trate de tribunal arbitral ou de tribunal internacional permanente.

Contrariamente aos que argumentam ser o sistema internacional menos desenvolvido do que os sistemas jurídicos internos,[394] para Angelo SERENI, enquanto a 'revolução', por definição, é fenômeno não regulado pelos ordenamentos jurídicos internos, nos quais se produza e, por conseguinte, se encontra juridicamente fora de tais ordenamentos, as 'relações de força', no âmbito internacional, a que pode dar lugar a ocorrência de crise internacional, entre as quais a guerra, não se encontrariam fora do sistema internacional.[395] Logicamente, caberia aduzir, à ponderação de SERENI, a necessidade de observar as restrições, contidas no direito internacional pós-moderno vigente, quanto ao uso da força, no contexto internacional.[396]

394. Na linha de HART, **The concept of law** (orig. publ. 1961, Oxford: Clarendon Press, 2nd. ed., 1994). Como examino em P. B. CASELLA, *Evolução institucional do direito internacional: à luz do cinquentenário do conceito de direito de HART (1961)* (in **Homenagem aos 70 anos do prof. C. LAFER**, ed. cit., Instituto Brasileiro de Filosofia/Rev. dos tribunais, 'edição comemorativa', ano 60, vol. 236, jan.-jun. 2011, p. 313-329).

395. Angelo Piero SERENI, **La jurisdicción internacional** (Valladolid: Cuadernos de la cátedra J. B. Scott, Univ. de Valladolid, 1969, p. 24).

396. Cf. **Tratado** (tomo 20 – **Direito internacional, história e cultura**, cap. 5 – desafios e desenvolvimento do direito internacional no contexto pós-moderno, esp. item 5.2 – *os limites à guerra e ao uso da força*); P. B. CASELLA, **International law, history and culture** (Leiden/Boston: Brill/Nijhoff – Académie de droit international de la Haye / The Hague Academy of International Law, 2024).

É sempre útil contextualizar o direito internacional, para o compreender – em sua dimensão atual: para se ver como questões presentes no direito internacional 'clássico' continuam presentes e prementes no direito internacional pós-moderno. E, por isso, continuam úteis e relevantes, independentemente do momento histórico.

Outra contribuição relevante de WOLFF é a "hipótese primeira", ou seja, o pressuposto sobre o qual o direito internacional pode ser fundamentado: coube a ele a primeira tentativa científica de colocar o fundamento legal da *civitas maxima*, quando se referiu ao direito das gentes voluntário – *jus gentium voluntarium* – como sendo deduzido não dos fatos da convivência entre os povos – *ex factis gentium* –, mas a partir dos fins dessa *civitatis maxima*, enquanto colegiado universal, que entre todos os homens se institui, em decorrência da própria natureza destes, e que nesse direito consentem os povos.[397]

Essa "hipótese primeira", tal como formulada por WOLFF, seria, intrinsecamente, decorrência da comunidade internacional, enquanto tal,[398] e não da vontade individual de cada estado.[399] Precedente ilustre, de certo modo, pode-se dizer, partiria da realidade da história, com a presença ideal de entidade imperial, à qual, ao menos em princípio, caberia papel de árbitro e mediador entre os reinos, ducados, bispados, cidades-livres, em suma, todas as modalidades de estados que compunham o Sacro império romano da nação

397. C. WOLFF, **Jus gentium methodo scientifica pertractatum** (1749, *Praefatio*): "*ex fine civitatis maximae quam perinde ac societatem inter omnes homines instituit ipsa natura, ut in jus istud consentire debeant gentes*".

398. Hersch LAUTERPACHT, **The function of law in the international community** (orig. publ. 1933, Oxford: University Press, 2011, chap. XX – *The specific character of international law and the rule of law in international society*, p. 407-446).

399. Hersch LAUTERPACHT (op. cit., 1933, ed. 2011, § 19 – *The initial hypothesis and the rule of law*, p. 428-431, cit. p. 431): "If it is true that the initial hypothesis ought not to be a maxim with a purely formal content, but an approximation to a social value, then, indeed, the first postulated legal cause can fittingly be formulated by reference to the international community as such, and not to the will of individual states."

alemã; e, de outro modo, antecipa o futuro, como viria a comprovar a história, quando surgem, no século XX, instituições internacionais tais como, primeiro, a Sociedade das Nações e, depois, a ONU.

A ideia motriz se contém no conceito de *civitas maxima*, em WOLFF, enquanto sistema de convivência organizada entre nações, formulada em 'quase-pacto' que se propõe enquanto base de obrigações legais, para a participação dos diferentes estados nesse colegiado. Descrevia WOLFF, desse modo, a associação mundial como organização de fato, e esta já estaria em funcionamento e constituiria a fonte para as daí decorrentes obrigações dos estados.[400]

Apesar da crítica de autores que alegavam ser esse o ponto fraco,[401] a ênfase no papel dessa hipotética *civitas gentium máxima* é a ideia central para a construção do sistema de WOLFF. Estes mesmos críticos, contudo, reconheciam os grandes méritos de WOLFF, e o consideravam como tendo o papel de um "segundo GRÓCIO",[402] ou seja, de contribuição relevante para o futuro do direito internacional europeu moderno e clássico.

Poder-se-ia apontar forte base utilitária no pensamento de WOLFF, base essa que marcaria os desenvolvimentos ulteriores, sobretudo da assim chamada escola inglesa do utilitarismo, no

400. Paralelo possível poderia ser apontado com o "princípio de fato" – *de facto* principle – de James LORRIMER, ou, ainda, em relação à assim chamada "teoria pura do direito" de Hans KELSEN, embora ulteriormente tenham ido, cada uma destas, mais adiante.
401. Como considerado na parte inicial do presente capítulo.
402. No trecho referido em epígrafe do presente item 22.2. Von OMPTEDA (op. cit., 1785, reed. 1963, § 95, p. 327-328, cit. p. 328): "genug dass WOLF immer einer der vorzüglichsten Stellen unter den Lehrern des natürlichen Völkerrechts einnimmt, und gleichsam als der zweite GROTIUS anzusehen ist. GROTIUS erhob dasselbe zuerst zu der Würde einer Wissenschaft; WOLF gab dieser zuerst eine vollständige Ordnung, und brachte sie in ein System."

século seguinte.[403] Para WOLFF, caberia aplicar o conceito de direito internacional tanto em relação aos indivíduos como para os estados.

Mesmo em perspectiva utilitarista – portanto, independentemente de 'valores' e 'princípios' –, fazem sentido esforços para a preservação da paz e a solução pacífica de controvérsias, como mostra manuscrito, datado de 1827, conservado no British Museum, no qual Jeremy BENTHAM propunha que as nações, em base de perfeita igualdade, deveriam adotar código – *a summary code* – visando preservar não somente a paz – entendida como ausência de guerra – mas também a boa vontade e os bons ofícios – *mutual good will and good offices* – entre os integrantes da Confederação.[404]

Esta seria, assim, recorrência da ideia de *civitas maxima* de WOLFF, em século e em contexto bastante diversos da formulação original deste.

A segurança coletiva se constrói no direito internacional como sistema,[405] cujo propósito é a manutenção da paz e a proteção, dos sujeitos de direito internacional, da guerra e do uso da força nas relações internacionais, em geral; seus elementos constitutivos são a renúncia ao uso unilateral da força, mediante tratados, organizações internacionais, sanções por violações do direito internacional

403. Ver **Tratado** (tomo 11 – **Direito internacional no tempo do iluminismo**); tb. Gunnhild HOOGENSEN, **International Relations, Security and Jeremy Bentham** (Londres e Nova York: Routledge, 2005).

404. LIANG Yuen-Li, **Le développement et la codification du droit international** (RCADI, 1948, vol. 73, p. 407-532, chap. II – *Aperçu historique du développement du droit international par voie de conférences et des efforts en vue de la codification*, p. 421-458, cit. p. 452): "Bentham n'a fait que peu d'efforts pour asseoir ses plans de code international sur le droit des gens existant; il a cherché, au contraire, à créer un code qui ne serait qu'une application de son principe d'utilité générale: autrement dit, il a cherché à remplacer l'ancien droit naturel des philosophes, qu'il rejetait, par un droit naturel nouveau."

405. Cfr. P. B. CASELLA, *Conceito de sistema, contexto internacional e pós-modernidade* (in **Filosofia e teoria geral do direito** – homenagem a Tércio Sampaio Ferraz Jr., org. J. M. ADEODATO e E. C. B. BITTAR, São Paulo: Quartier Latin, 2011, p. 999-1024).

e desarmamento. Na esteira da destruição deixada pela Primeira guerra mundial, esse conceito foi desenvolvido como reação à falha da ideia do equilíbrio de poder.[406]

Em relação aos indivíduos, como aos estados, segundo WOLFF, o instinto básico será o de prover à própria subsistência. Empenhar-se-ão, uns e outros, na autopreservação e no autoaperfeiçoamento.[407] Nesse impulso básico pode ser situada, segundo WOLFF, a fonte do direito das gentes: "as sociedades, os povos, as nações, são pessoas jurídicas, que entram em estado de independência natural, mas, mesmo assim, obrigadas a cumprir, umas em relação às outras, com os deveres da humanidade e da caridade."[408]

---

406. Ver **Tratado** (tomo 8 – **Direito internacional além do paradigma vestfaliano**, item – *literatura sobre o sistema de equilíbrio na Europa* e tomo 13 – **Direito internacional no tempo do concerto europeu**); C. D. A. MELLO, **Curso de direito internacional público** (Rio de Janeiro: Renovar, 2004, 15ª ed., vol. II, chap. LIX – *Segurança coletiva*, p. 1475-1493); a questão do desarmamento, notadamente em relação às armas nucleares, permanece desejável, mas menos provável - especialmente em vista de eventos recentes, como mencionado no meu *Prefácio* ao livro de Wolf EJZENBERG, **Desarmamento nuclear** (Belo Horizonte, Arraes Editores, 2017, p. X-XIII): "O tema do desarmamento nuclear não somente permanece perigosamente atual como ganha em relevância e urgência, diante das declarações recentes de dois dirigentes – o presidente da Federação da Rússia, V. Putin, e o presidente dos Estados Unidos, D. Trump – no sentido de ambos pretenderem fortalecer os respectivos arsenais nacionais de armas nucleares." Desde então, somente se agravou o contexto, com a invasão da Ucrânia pela Rússia, desde fevereiro de 2022, dentre outras graves violações do direito internacional em curso no mundo.

407. FORMEY apresenta as premissas de WOLFF para a caracterização do fenômeno (op. cit., 1758, ed. cit., 1990, *'prefácio'*, p. XIX-XX): "A perfeição de um ser, tomada em sua generalidade, é produzida pelo acordo de suas diferentes faculdades ou partes, enquanto estas atuam de modo concertado, e se reportam invariavelmente ao mesmo fim", enquanto, por sua vez, a "imperfeição resulta das discordâncias entre as diferentes partes do mesmo todo".

408. Christiano L. B. de WOLFF, **Institutiones juris naturae et gentium** – in quibus ex ipsa hominis natura continuo nexo omnes obligationes et jura omnia deducuntur (Hallae Magdeburgicae: prostat in officina Rengeriana, MDCCLXIII, encerrava o prefácio com a data de 4 de setembro de 1749) – como resumo da grande obra, anteriormente publicada por WOLFF, em oito volumes, tendo o direito internacional como objeto do último tomo: WOLFF, **Ius gentium, methodo scientifica pertractatum, in quo ius gentium naturale ab eo, quod voluntarii, pactitii et consuetudinarii est, accurate distinguitur** (Halle, 1749). As **Institutas** foram traduzidas para o francês, **Principes du droit de la nature et des gens** ("extrait du grand ouvrage

Essa relevante formulação de WOLFF, antes referida em epígrafe, contém o conceito de *comitas gentium*,[409] que se desdobrará em suas aplicações concretas: mesmo quando não exista dever *jurídico*, em sentido estrito, pode existir dever de *humanidade* norteando a condução dos negócios entre estados soberanos. E frequentes são as aplicações desse dever de cordialidade e de boa convivência, mesmo quando inexista norma de direito internacional positivo.

Entendia WOLFF que os homens podem ter direitos, uns sobre os outros, mesmo no estado de natureza. Qualquer um que interponha obstáculos ao cumprimento de nossa obrigação natural, acarreta lesão de nosso direito: e nos vemos autorizados a empregar, em caso de necessidade, a força, para nos preservar de tal lesão.

Da mesma forma, além da noção de obrigação, pode, também, ser deduzida a noção de lei, e esta no sentido de que, quando se disser que somos obrigados, admitimos, igualmente, a existência de normas segundo as quais temos de determinar nossos atos. Isso vale, também, no estado de natureza e, existiria, portanto, uma lei natural: esta é imutável e necessária, como a própria natureza humana. É verdade que a lei natural pode, também, em certo sentido, ser considerada como emanada da vontade divina, pois a natureza humana tem Deus como autor, como enfatiza WOLFF.

---

latin de Mr. de WOLFF, [traduit en français] par Mr. [Jean-Henri Samuel] FORMEY", Amsterdam: chez Marc Michel Rey, 1758, 3 vols. edição fac-similar Caen: Centre de philosophie politique et juridique, 1990); também traduzidas para o alemão, logo a seguir publicada em ao menos duas edições: Christian WOLFF, **Grundsätze des Natur- und Völkerrechts** (Halle, 1754 e depois 1769); e ainda no século XVIII, em outra tradução francesa, Christian WOLFF, **Institutions du droit de la nature et des gens** – "traduites du latin de Mr. de WOLFF, avec des notes par Elie LUZAC, tomes VI" (Leide, 1772).

409. FORMEY, avaliando a concepção de Christian WOLFF, ponderava (op. cit., 1758, ed. cit., 1990, *Prefácio*, p. XV): "As sociedades, os povos, as nações, são pessoas jurídicas, que entram em estado de independência natural, mas, mesmo assim, obrigadas a cumprir umas em relação às outras com os deveres da humanidade e da caridade."

Em linha com a filosofia de LEIBNIZ, justamente dita como imbuída do ideal de harmonia – e como frequentemente utilizado por seus detratores, a começar por VOLTAIRE, que a expõe em termos reducionistas – como a filosofia do otimismo, a característica essencial desse sistema filosófico resumir-se-ia essencialmente no dever, para cada homem, de colocar suas ações livres em harmonia com as sugestões da natureza e obedecer à tendência natural que leva todo ser a buscar modos de se conservar e de se desenvolver.

O mesmo raciocínio, e o mesmo movimento, tendente ao reconhecimento da necessidade de integração pode ser aplicado em relação aos estados e à criação de vínculos entre estes, como meio e modo de superar o estado dito de 'natureza'. Isso se faz visando ao progresso comum e ao bem de todos os integrantes da comunidade internacional.

No entendimento de WOLFF, assim como existe base de direito natural, e esta vige independentemente de qualquer sociedade constituída, agrega-se, a tal base, a existência de poder social e do direito civil ao qual esta dá nascimento, que se concilia com o direito natural. O direito das gentes repousa sobre os mesmos princípios de conjugação de direito natural e direito positivo.

No tocante à fundamentação do direito das gentes voluntário, VATTEL, em 1758, por sua vez, insistirá na diversidade essencial da fundamentação do sistema internacional,[410] em relação ao caminho antes trilhado por WOLFF:[411]

---

410. Emer de VATTEL, **O direito das gentes** (orig. publ. **Le droit des gens**: principes de la loi naturelle appliqués à la conduite et aux affaires des nations et des souverains, 1758, prefácio e tradução de Vicente Marotta RANGEL, Brasília: Ed. UnB/IPRI, 2004).

411. Ver **Tratado** (tomo 12 – **Direito internacional no tempo de Vattel e von Martens**, cap. 24).

Divirjo completamente de WOLFF, na maneira de estabelecer os fundamentos dessa espécie de direito das gentes que denominamos voluntário. WOLFF o deduz da ideia de uma grande república – *civitatis maximae* –, instituída pela própria natureza, e da qual são membros todas as nações do mundo. Segundo ele, o direito das gentes voluntário será como o direito civil dessa grande república. Essa ideia não me satisfaz, e não creio ser a ficção de semelhante república nem muito justa, nem bastante sólida para dela deduzir as regras de um direito das gentes universal e necessariamente admitido entre os estados soberanos.

Não reconheço outra sociedade natural, entre as nações, senão aquela mesma que a natureza estabeleceu entre todos os homens. É da essência de toda sociedade civil – *civitatis* – que cada membro tenha cedido uma parte de seus direitos ao corpo da sociedade, e que haja uma autoridade capaz de comandar todos os membros, de dar-lhes leis, de coagir os que se recusarem a obedecer. Não se pode nada conceber, nem nada supor de semelhante entre as nações. Cada estado soberano pretende ser, e o é efetivamente, independente dos demais. Todos eles, segundo o próprio WOLFF, devem ser considerados como indivíduos livres que vivem juntos, no estado de natureza, e não reconhecem outras leis senão as da própria natureza, ou de seu autor. Ora, a natureza bem estabeleceu uma sociedade geral, entre todos os homens, quando ela os fez tais que têm necessidade, de forma absoluta, do socorro de seus semelhantes para viverem, como convém aos homens; mas ela não lhes impôs, precisamente, a obrigação de se unirem em sociedade civil propriamente dita.[412]

No estabelecimento do direito das gentes, aplicar-se-ão às relações entre as nações os mesmos fundamentos e mecanismos que os

412. E. de VATTEL (op. cit., 1758, ed. bras., 2004, *Prefácio do autor*, p. LXXIX).

das relações interpessoais. As nações devem ser consideradas, em suas relações recíprocas, como pessoas livres, cada uma das quais vive em estado de natureza.

Daí resultaria existir, também para as nações, como para os indivíduos, a lei natural, da qual derivam as mesmas obrigações e os mesmos direitos fundamentais. Esse sistema de direitos e obrigações entre as nações, constituirá o direito das gentes natural, ou necessário.

Assim, a importância de WOLFF, para a história do direito internacional, se faz marcante por suas teses, e esta concepção geral de sistema internacional que ainda pauta o seu sistema. A ideia central de WOLFF se punha no sentido de que a institucionalização da sociedade internacional pode ser canal e caminho para a redução da ocorrência e a solução pacífica dos conflitos entre estados soberanos e independentes. O que não discrepa da evolução subsequente do direito internacional, nos últimos duzentos e setenta anos, desde a publicação de sua obra.

Filosoficamente, as teses de WOLFF guardam relação direta com as teorias de LEIBNIZ, apesar da alegada – outros diriam, confessada – influência de DESCARTES. O que, me parece, tem de ser exposto e provado; e o vejo de modo menos claro e direto. Enquanto, por sua vez, a filiação intelectual de WOLFF em relação a LEIBNIZ é reconhecida e afirmada, bem como a influência de ESPINOZA sobre LEIBNIZ, e destes, por sua vez, sobre WOLFF.

Por sua vez, WOLFF, como mestre de VATTEL, faz passar a evolução do direito internacional para o século seguinte. Apesar de menos de uma década separar as respectivas obras, entre a síntese da obra internacionalista de WOLFF, em 1749, e a obra principal de VATTEL, em 1758, enormes são as diferenças entre ambas – não somente pelo uso do latim dar lugar ao do francês, mas sobretudo pelo abandono da tese central wolfiana da *civitas maxima*, e pelo maior peso conferido à prática dos estados na construção da argumentação de VATTEL.

Como filósofo, WOLFF se manteve bastante tímido, mas a sua obra conserva relevância para o conjunto do direito internacional moderno, em boa medida 'clássico', como se poderia dizer, enquanto se passa, com VATTEL, a estágio ulterior da evolução do direito internacional, dito 'iluminista'.[413]

Essa mutação crucial entre duas épocas, como entre dois modelos, de se conceber o sistema internacional, se exprime por dado muito simples: onde se põe o eixo do sistema? Com as daí decorrentes reformulações necessárias, para ajustar a lógica do sistema, quer a uma ideia de 'centro' – ainda que idealmente concebido, na *civitas maxima* – ou a sistema, intrínseca e essencialmente descentralizado, este pautado pela soberania dos estados, individualmente considerados, muito ciosos de sua soberania e de sua independência, em sistema internacional que, consequentemente, não passa de grupamento desses estados.

Quando VATTEL abandona a concepção da *civitas maxima* de WOLFF, para passar o foco de sua construção intelectual para a consideração da soberania e das relações entre os estados, ocorre mudança radical no eixo central de ordenação do sistema internacional.[414] E, também, se produz enfraquecimento do fundamento objetivo do direito

413. Cujo exame prossegue no **Tratado** (tomo 11 – **Direito internacional no tempo do iluminismo**).

414. Ver **Tratado** (tomo 12 – **Direito internacional no tempo de Vattel e von Martens**, cap. 24 – *Emer de VATTEL (1714-1767)*); tb. P. B. CASELLA, *Soberania por dentro e por fora – entre a teoria geral do estado e o direito internacional* (in **Teoria do estado contemporânea** – homenagem da academia ao prof. Ricardo Lewandowski, org. E. A. de J. PRUDENTE, M. P. D. BUCCI, N. B. S. RANIERI e S. B. B. TOJAL, São Paulo: Quartier Latin, 2023, p. 249-278).

internacional como um todo, na medida em que os estados se fazem os únicos juízes de seus atos, de seus direitos e deveres. E daí deriva, segundo tal concepção estatocêntrica, o direito internacional como mera decorrência de tais comportamentos e escolhas dos estados.

Em menos de uma década que separa as obras de ambos, existe enorme diferença conceitual entre as duas concepções de mundo. E estas se perpetuam na continuidade da evolução do direito internacional no tempo.

De um lado, VATTEL confessa os 'empréstimos', mas procura justificar as diferenças entre ele e seu mestre:

> O método que WOLFF seguiu, expandiu a sequidão, em seu livro, e o tornou incompleto, sob muitos aspectos. As matérias nele estão dispersas, de maneira cansativa para a atenção e, como o autor tinha tratado do direito público universal, em seu direito da natureza, ele se contenta, frequentemente, em a ele referir-se, quando, no direito das gentes, cuida dos deveres de uma nação para consigo mesma.
>
> Limitei-me, pois, a tomar, da obra de WOLFF, o que nela encontrei de melhor, sobretudo as definições e os princípios gerais; mas recorri com escolha a essa fonte e ajustei ao meu plano os materiais ali encontrados.[415]

Procurava VATTEL antecipar-se às críticas, que poderiam e vieram a ser feitas, contra o seu trabalho, pela extensão considerável, na qual se aproveita da obra de WOLFF:[416]

---

415. E. de VATTEL (op. cit., 1758, ed. bras., 2004, *Prefácio do autor*, p. LXXVIII).
416. Ver **Tratado** (tomo 12 – **Direito internacional no tempo de Vattel e von Martens**, cap. 24 – sobre Emer de VATTEL). Mesmo quanto à ordem de exposição das matérias, VATTEL segue muito de perto a sistematização de WOLFF. Pode-se mesmo apresentar quadro no qual se cotejem, lado a lado, os índices das obras – para mostrar o paralelismo no desenvolvimento das matérias.

> Os que tiverem os tratados do direito natural e do direito das gentes de WOLFF verão quanto deles me aproveitei. Se tivesse assinalado, em todas as partes, o que deles tomei emprestado, minhas páginas estariam cobertas de citações igualmente inúteis e desagradáveis ao leitor. É preferível, aqui, reconhecer de uma vez por todas, o débito que tenho para esse grande mestre. Embora a minha obra seja muito diferente da dele, como verão os que se incumbirem dessa comparação, confesso que não teria tido, jamais, a segurança de entrar em tão vasto empreendimento se o célebre filósofo de Halle não me tivesse precedido e me esclarecido.[417]

Longe de ser mero dado técnico, essas mudanças ocorridas entre WOLFF e VATTEL, tais como o desaparecimento da ideia central ordenadora do sistema internacional – a *civitas maxima* –, refletem relevante diversidade na concepção global da disciplina.[418] VATTEL pode ser mais 'realista' do que WOLFF, mas, nesse breve tempo histórico, algo se perdeu do espírito norteador do direito internacional, de vocação universal, proveniente da era anterior.[419]

WOLFF, assim, pode ser ponto de convergência entre os ideais da tradição antiga e medieval[420] e os processos de institucionalização

---

417. E. de VATTEL (op. cit., 1758, ed. bras., 2004, *Prefácio do autor*, p. LXXVIII).
418. Como considerado no **Tratado** (tomo 5 – **Direito internacional no tempo de Francisco de Vitória**, título I – *multipolarização da Europa na era moderna a advento do direito internacional como sistema*).
419. Philip ALLOTT, **The Health of Nations** – Society and Law beyond the State (Cambridge: Univ. Press, 2002, chap. 3 – *Globalisation from above – actualising the ideal through law*, p. 70-96, cit. nota 3, p. 72-73): "Since the Reformation of the sixteenth century no single reified unifying conception of the social aspect of human existence has established itself, leaving the speculative field open to competing ideas: a universal society of human beings or of states or nations, an international society of states, the international community, an anarchical society of states, the international system, world order."
420. Para situar tais pressupostos, ver **Tratado** (tomos 3A – **Direito internacional no tempo antigo**, 3B – **Gregos, romanos, chineses, indianos** e 4 – **Direito**

da era 'clássica' do direito internacional.[421] O pensamento universalista, do período helenístico, no século IV a.C., ou romano, este sobretudo dentre os juristas do século II d.C., bem como aparece no legado universalista do cristianismo medieval – que viria a configurar a *respublica christiana* – apontam vários desses conceitos.[422]

De maneira consentânea com a minha interpretação, foi chamado[423] o esforço de Christian von WOLFF "uma última recorrência, sem esperança, dessa ideia", em sua exposição, imbuída de 'direito natural', sobre um direito das gentes baseado em uma *civitas maxima*, ou sociedade universal. WOLFF trouxe as melhores ideias dos mundos intelectuais da Idade média e da Renascença, para o novo contexto intelectual do que viria a se configurar como o 'iluminismo', na segunda metade do século XVIII.[424]

---

internacional no tempo medieval).

421. Como examinado no **Tratado** (tomos 5 – **Direito internacional no tempo de Francisco de Vitória**, 6 – **Direito internacional no tempo de Suarez, Gentili e Zouch**, 7 – **Direito internacional no tempo de Hugo Grócio**, 8 – **Direito internacional além do paradigma vestfaliano** e 9 – **Direito internacional no tempo de Samuel Pufendorf**).

422. Tais como: *eunomia, homonoia, kosmopolis, humanitas, humana civilitas, humana universitas, universitas humani generis, civitas maxima, concórdia, o reino terrestre, a cidade do homem, cristandade*. A respeito, algumas ideias e concepções são consideradas no **Tratado** (tomos 3A – **Direito internacional no tempo antigo**, 3B – **Gregos, romanos, chineses, indianos** e 4 – **Direito internacional no tempo medieval**) e tb. nos **Fundamentos do direito internacional pós-moderno** (São Paulo: Quartier Latin, 2008, esp. caps. III – *direito internacional pós-moderno: entre técnica, espírito e utopia* e VII – *eunomia internacional*).

423. P. ALLOTT (op. cit., 2002, cap. 3, nota 3, p. 72-73, e tb. cap. 14): "one last hopeless revival of the idea." Nesse sentido, ALLOTT (op. cit., 2002, p. 89) aduz: "The universal and perennial dialectic of the duality of the One and the Many has shaped the constituting of human societies throughout human history. The development of the modern (European) idea of the 'state' is a world-transforming product of that dialectic. The post-medieval (Renaissance and Reformation) individualising of the human being was accompanied by an equal and opposite individualising of society, so that the historical development of particular societies would be an endless succession of particular resolutions of the forces of individualism and collectivism, and the historical development of international society came as a mere side-effect of that process."

424. Esse debate prossegue no **Tratado** (tomo 11 – **Direito internacional no tempo do iluminismo**).

Trata-se, em suma, de outro momento e de enfoques distintos a respeito da disciplina. Inclusive quanto à mudança dos meios utilizados, a partir de WOLFF, porquanto, como outros autores, no espírito do seu tempo, do qual, por exemplo, é indício eloquente – mas não mero detalhe – o fato de ter VATTEL publicado a sua obra em francês, e não mais em latim, como os seus predecessores. Não menos expressivo o exemplo diretamente inspirado em WOLFF, que VATTEL em boa medida resumiu e procurou apresentar de maneira mais 'palatável'. Mesmo se o faz, muitas vezes, ao custo de sacrificar a precisão e solapar a profundidade do pensamento e a cuidadosa fundamentação de conceitos relevantes, que o mestre respaldava por extensa e precisa argumentação filosófica.

O elemento mais marcante, como mencionado supra, seria o fato de ter VATTEL suprimido, de sua obra, a menção à concepção da *civitas maxima* – o colegiado ou agremiação institucional de poderes, que seria espécie de eixo e de ponto de equilíbrio do sistema internacional – como pautara a obra de WOLFF. A alteração não é de pequena monta: porquanto ocorre mutação conceitual, do eixo do sistema internacional, entre o que era proposto por WOLFF e o que passa a ser examinado por VATTEL. De sistema norteado em torno de um eixo central – ainda que ideal – para sistema de coexistência entre iguais. E, curiosamente, nos dois desenvolvimentos institucionais do século XX volta-se à ideia de eixo institucional, como se deu, sucessivamente, com a Sociedade das Nações e com a Organização das Nações Unidas.

Ao fazer a supressão do eixo central, VATTEL decide se ater a sistema não hierarquizado entre estados, soberanos e independentes, ilustrando outro momento, cultural e político que passava a marcar a vida internacional, não somente na Europa ocidental, como também, com múltiplos desdobramentos, no conjunto do mundo, a partir da segunda metade do século XVIII,[425] como mostram os efeitos da guerra dos Sete anos, de 1756 a 1763, sobre vários continentes.

Este modelo, proposto por VATTEL, terá longo curso como o paradigma do direito internacional 'clássico', pautado pelo caráter estrita e predominantemente interestatal. E norteado pela 'coexistência' entre estados iguais e soberanos.

Depois de Christian WOLFF, se pode passar ao rápido exame da contribuição de J. J. BURLAMAQUI (1694-1748).[426] Este autor, muitas vezes negligenciado em obras que pretendem fazer exame da evolução histórica do direito internacional, merece ser lembrado por sua contribuição própria, e também por ter sido, ao lado de WOLFF, outro dos mestres de VATTEL.

O capítulo sobre BURLAMAQUI foi, assim, a seguir inserido justamente antes de se considerar a obra e a contribuição de Emer de VATTEL (1714-1767) para o direito internacional,[427] lembrando que este mesmo se declara discípulo de WOLFF e teve BURLAMAQUI como seu professor, em Genebra.[428] Assim se constroem os encadeamentos entre homens e obras, do direito internacional 'clássico', rumo ao direito internacional no tempo do iluminismo.[429]

---

425. O que, como mencionado, se segue no **Tratado** (tomo 11 – **Direito internacional no tempo do iluminismo**).

426. Em alemão, 'Johann Jacob', ou em francês, 'Jean-Jacques' BURLAMAQUI, no seguinte cap. 23.

427. Como se examina no **Tratado** (tomo 12 – **Direito internacional no tempo de Vattel e von Martens**, cap. 24).

428. Benedict von TSCHARNER, **Inter gentes** – Statesmen, diplomats, political thinkers (translation Natasha PROIETTO, Pregny-Genebra: Éd. des Penthes, 2012, capítulo sobre *Emer de VATTEL*, p. 68-76) citava, dentre as influências sobre VATTEL, obras e autores, tais como: Jean BODIN (1529-1596), Hugo GRÓCIO (1583-1645), Samuel von PUFENDORF (1632-1694), Gottfried Wilhelm LEIBNIZ (1646-1716), Christian WOLFF (1679-1754), e mais diretamente, Jean BARBEYRAC (1674-1744), que lecionou em Lausanne, e, finalmente, Jean-Jacques BURLAMAQUI (1694-1748), que lecionou, durante duas décadas, em Genebra. Ver, a respeito de VATTEL, **Tratado** (tomo 12 – **Direito internacional no tempo de Vattel e von Martens**, cap. 24).

429. Cf. **Tratado** (tomo 11 – **Direito internacional no tempo do iluminismo**).

CAPÍTULO 23.
JEAN-JACQUES BURLAMAQUI (1694-1748)

A maneira pela qual estabelecemos os fundamentos do direito natural não difere, em nada, quanto ao fundo, dos princípios de GRÓCIO: talvez este grande homem tivesse podido desenvolver um pouco melhor as suas ideias, mas deve-se confessar que seus comentadores, dos quais não se pode excetuar PUFENDORF, não compreenderam bem seu pensamento e o retomaram, fora de contexto, pretendendo que a maneira pela qual ele colocava os fundamentos do direito natural se reduzia a um círculo vicioso.

BURLAMAQUI, **Princípios do direito natural** (1747)[1]

1. J. J. BURLAMAQUI, **Principes du droit naturel** (orig. publ. 1747, edição fac-similar, segue a de Paris: Janet et Cotelle, 1821, Caen: Centre de Philosophie politique et juridique, 1989, Seconde partie – *des lois naturelles*, chap. V – *que les lois naturelles ont été suffisamment notifiées, des caractères qui leur sont propres, de l'obligation qu'elles produisent'*, p. 174-185, § 6, cit. p. 174-175).

Podem-se distinguir duas espécies de direito das gentes, um necessário, que é obrigatório, por si mesmo, e que em nada difere do direito natural; e o outro, que é arbitrário e de liberdade, e que somente é fundado sobre uma espécie de convenção tácita: convenção, cuja força decorre da lei natural, que ordena ser fiel a seus compromissos.

BURLAMAQUI, **Princípios do direito político** (1751)[2]

Embora muitos suíços, como Albert von HALLER, tenham deixado a pátria por tempos mais ou menos longos, ou para sempre, como Jean-Jacques ROUSSEAU, construíram-se, contudo, centros próprios, no período iluminista, como a escola de Zurique, na teoria literária (Johann Jakob BODMER e Johann Jakob BREITINGER), e a escola de direito natural da Suíça ocidental, cujos representantes – Jean BARBEYRAC (1674-1744), Jean-Jacques BURLAMAQUI (1694-1784) e Emmerich von VATTEL (1714-1767) – foram, dentre outros, influenciados por PUFENDORF e THOMASIUS.

W. SCHNEIDERS (2008)[3]

2. J. J. BURLAMAQUI, **Principes du droit politique** (edição fac-similar, segue a de Amsterdã: chez Zacharie Chatelain, 1751, 2 vols., Caen: Centre de Philosophie politique et juridique, 1984, tome Ier., première partie, chapitre premier – *contenant quelques réflexions générales & préliminaires, qui servent d'introduction à cette première partie et aux suivantes*, § XIII).
3. Werner SCHNEIDERS, **Das Zeitalter der Aufklärung** (orig. publ. 1997, Munique: Beck, 4a. ed., 2008, p. 119), lembra que no mesmo sentido prático e patriótico-republicano do iluminismo, na prussiana Neuchâtel, surgiu equivalente à enciclopédia francesa, na assim chamada **Encyclopédie d'Yverdon** (1770-1780). Ver Fortunato Bartolomeo De FELICE, [Fortuné-Barthélemy] (dir. de), **Dictionnaire universel raisonné des connaissances humaines – Encyclopédie d'Yverdon** (orig. publ. Yverdon-les-Bains, Suisse: 1770-1780, 58 vols., online https://hls-dhs-dss.ch/fr/articles/044577/2006-03-13, consulté le 21.01.2024).

Johann Jacob, ou Jean-Jacques BURLAMAQUI,[4] merece o seu lugar dentre os autores que, depois da consolidação do direito internacional 'moderno', preparam a dimensão institucional do assim chamado direito internacional 'clássico', que também pode ser 'iluminista'.

Jean-Jacques BURLAMAQUI nasceu em Genebra, em 1694, de família originária da cidade de Lucca, Itália. Tornou-se professor de direito, também em Genebra, em 1719, cargo que exerceu até 1739, quando o teria abandonado por razões de saúde frágil. Foi, contudo, ainda eleito para integrar o Conselho da República, em 1743. Faleceu em 1748.

Autor poucas vezes lembrado, ao menos nos habituais sumários, a respeito da 'evolução histórica do direito internacional', que liquidam a complexa matéria em poucas páginas, merece e deve BURLAMAQUI, contudo, ser resgatado pela sua contribuição para o desenvolvimento desse direito internacional considerado 'clássico'. E prenuncia desenvolvimentos ulteriores, a partir do contexto iluminista.[5]

Também teve relevância BURLAMAQUI como expressão de outras vozes no direito internacional clássico, na assim chamada "escola de direito natural da Suíça ocidental" – ao lado de Jean

---

4. Em se tratando de autor suíço, que circulava correntemente entre as duas línguas e as duas culturas, ambas as formas são encontradas: tanto em alemão, *Johan Jacob* (por vezes *Johann Jakob*), como também em francês, *Jean-Jacques*, ou simplesmente assinalado pelas iniciais "J. J." BURLAMAQUI.

5. Franco VENTURI, in **Utopía y reforma en la Ilustración** (orig. publ. **Utopia and reform in the Enlightenment**, 1971, trad. Hugo SALAS, ed. al cuidado de Fernando J. DEVOTO, Buenos Aires: Siglo veintiuno ed., 2014, cap. 5 – *Cronología y geografia de la Ilustración*, p. 187-206, cit. p. 203): "Resulta tentador observar como la Ilustración nació y se organizó en aquellos lugares donde el contato entre un mundo retrasado y un mundo moderno fué cronologicamente abrupto y geograficamente cercano."

BARBEYRAC (1674-1744) e de Emer de VATTEL (1714-1767).[6] Por isso, as grandes linhas de seu ensinamento são a seguir, ainda que sucintamente, referidas.

Se tal categorização pode ter algum sentido, a obra de BURLAMAQUI poderia ser caracterizada como expoente da assim chamada "escola de direito natural da Suíça ocidental" – ao lado de VATTEL e BARBEYRAC.[7] Com a particularidade de serem, ambos, ao lado de BURLAMAQUI, a expressão de uma assim chamada 'teoria protestante' do direito natural e do direito político.

Além da influência de BURLAMAQUI como professor de VATTEL, ao lado de outros autores, "especialmente os protestantes, ou influenciados pelo protestantismo, que explícita ou implicitamente se colocaram em favor da herança do direito natural",[8] cabe lembrar, igualmente, a possível influência de autores como VATTEL e, também, BURLAMAQUI sobre os seus contemporâneos, inclusive do lado americano do Atlântico.

Dentro do espírito do tempo iluminista, os membros da contemporânea elite americana eram cultos e estavam familiarizados com as obras das grandes mentes filosóficas e jurídicas da Europa.[9]

6. A respeito de Emer de VATTEL, ver **Tratado** (tomo 12 – **Direito internacional no tempo de Vattel e von Martens**, cap. 24); por sua vez, Jean BARBEYRAC foi várias vezes citado como tradutor de GRÓCIO para o francês e também na controvérsia com LEIBNIZ, como se examina no **Tratado** (tomo 7 – **Direito internacional no tempo de Hugo Grócio**, cap. 18 e tomo 9 – **Direito internacional no tempo de Samuel Pufendorf**, cap. 20 – *Samuel PUFENDORF (1632-1694)*), reportando a defesa do tradutor BARBEYRAC à obra de PUFENDORF, contra as críticas de LEIBNIZ.
7. Werner SCHNEIDERS, **Das Zeitalter der Aufklärung** (op. cit., 1997, 4a. ed., 2008, p. 119).
8. Benedict von TSCHARNER, **Inter gentes** – Statesmen, diplomats, political thinkers (translation Natasha PROIETTO, Pregny-Genebra: Éd. des Penthes, 2012).
9. Ver **Tratado** (tomo 12 – **Direito internacional no tempo de Vattel e von Martens**, cap. 24); P. B. CASELLA, *Emer de VATTEL (1714-1767) e o direito internacional clássico* (Revista da Fac. de Direito da USP, 2020, vol. 115, p. 209-245) menciona a utilização da obra de VATTEL como manual para ensino do Direito internacional na antiga Faculdade de direito de São Paulo – atual Faculdade de Direito da USP. No mesmo sentido, E.

Fala-se que Benjamin FRANKLIN recomendava VATTEL para os seus amigos, e que o homem de Neuchâtel estava entre os principais autores de direito internacional citado por tribunais americanos quando estes prolatavam as suas sentenças; também se diz que Thomas JEFFERSON se inspirou no pensador de Genebra, Jean-Jacques BURLAMAQUI (1694-1748), um dos professores de VATTEL, quando formulou a sua famosa frase da Declaração de Independência, em 1776: *'a vida, a liberdade e a busca da felicidade'*, fórmula que poderia facilmente ter vindo também da pena de VATTEL, especialmente por ter sido colocada, imediatamente, após a evocação da igualdade fundamental entre os homens.[10]

A obra de BURLAMAQUI sobre os princípios do direito natural, ou **Principes du droit naturel**, de 1747, inova ao utilizar o francês em lugar do latim.[11] Onze anos antes de VATTEL, em 1758, publicar, também em francês, a sua obra principal.[12]

TOURME-JOUANNET, *Emer de Vattel (1714-1767)* (in **The Oxford Handbook of the History of International Law**, ed. by B. FASSBENDER and A. PETERS, Oxford: Univ. Press, 2012, p. 1118-1121) menciona a utilização didática, bem como a citação da obra de VATTEL por tribunais dos Estados Unidos; Peter GAY, **The Enlightenment** – an interpretation – **The rise of modern paganism** (orig. publ. 1966, New York and London: W. W. Norton, 1977, esp. *Overture – The Enlightenment in its world*, p. 3-27); ___, ___ – **The science of freedom** (orig. publ. 1969, New York and London: W. W. Norton, 1977) destaca a familiaridade de contemporâneos norte-americanos como Benjamin FRANKLIN e Thomas JEFFERSON com as ideias e os autores do iluminismo na Europa – notadamente com o núcleo francês dos *philosophes*.

10. B. von TSCHARNER (op. cit., 2012, *Emer de VATTEL*, p. 68-76, cit. p. 69, ver tb. p. 70 e 72) citava, igualmente, como influências sobre VATTEL, as obras de autores como: Jean BODIN (1529-1596), Hugo GRÓCIO (1583-1645), Samuel von PUFENDORF (1632-1694), Gottfried Wilhelm LEIBNIZ (1646-1716), Jean BARBEYRAC (1674-1744), que lecionou em Lausanne, Christian WOLFF (1679-1754) e, finalmente, Jean-Jacques BURLAMAQUI (1694-1748), em Genebra. A respeito de VATTEL, ver **Tratado** (tomo 12 – **Direito internacional no tempo de Vattel e von Martens**, cap. 24).
11. J. J. BURLAMAQUI, **Principes du droit naturel** (II Parties, orig. publ. Genève, 1747).
12. A respeito de VATTEL e a sua obra, ver **Tratado** (tomo 12 – **Direito internacional no tempo de Vattel e von Martens**, cap. 24); b/c CASELLA, *Emer de VATTEL (1714-1767) e o direito internacional clássico* (Revista da Fac. de Direito da USP, 2020, vol. 115, p. 209-245).

Depois da morte de BURLAMAQUI, seu legado foi continuado por outro jurista, Fortunato Bartolomeu DE FELICE, também este de origem italiana, radicado na Suíça.[13] A obra de BURLAMAQUI foi republicada, reunida aos princípios do direito político,[14] sob o título de princípios do direito natural e das gentes, ou **Principes du droit de la nature et des gens**, em 1766.[15]

Por meio desta continuação,[16] décadas depois da morte de BURLAMAQUI, o conjunto da obra chegou a alcançar oito volumes.[17] A obra de BURLAMAQUI, e sua influência, continuada por DE FELICE, como observado, assim se prolongaram.[18]

As trajetórias pessoais e os interesses intelectuais dos internacionalistas clássicos e iluministas têm, em comum, o fato de terem sido estes, mais ou menos, cosmopolitas. Como mostram dados biográficos, compartilhado por diversos dentre os nossos autores:

13. Fortunato Bartolomeo [Fortuné-Barthélemy] De FELICE alcançou notoriedade com a assim chamada **Encyclopédie d'Yverdon** ou **Dictionnaire universel raisonné des connaissances humaines** – originalmente publicada em Yverdon-les-Bains, Suíça, de 1770 a 1780, em 58 volumes, online https://hls-dhs-dss.ch/fr/articles/044577/2006-03-13).
14. J. J. BURLAMAQUI, **Principes du droit politique** (edição fac-similar, segue a de Amsterdã: chez Zacharie Chatelain, 1751, 2 vols., Caen: Centre de Philosophie poltique et juridique, 1984, 2 vols.).
15. J. J. BURLAMAQUI, **Principes du droit de la nature et des gens** par J. J. BURLAMAQUI, avec la suite du droit de la nature augmentée par Mr. de FELICE, tomes VIII (orig. publ. Yverdon, 1766).
16. O conjunto passou a incluir os **Princípios do direito político** (1751). Reunidas, passaram a ser conhecidas também sob o nome de **Princípios do direito natural e político**, o que pode gerar alguma dúvida quanto aos títulos e os respectivos conteúdos.
17. Von OMPTEDA (op. cit., 1785, reed. 1963, II. Theil, § 118, p. 382-389, cit. p. 385) observava a respeito da obra de BURLAMAQUI, continuada por DE FELICE: "Die letzten 3 Bände enthalten neben den **Droit politique** auch insbesondere das Völkerrecht."
18. C. BENOIST, **L'influence des idées de Machiavel** (RCADI, 1925, t. 9, p. 127-306, cit. p. 241): "Jean-Jacques BURLAMAQUI, Genevois de naissance, mais Lucquois d'origine (1694-1748), a laissé: **Principes du droit naturel** (1747) et **Principes du droit politique** (1751), réunis en 1763 sous le titre **Principes du droit naturel et politique**. Son influence se prolongea par les travaux d'un autre savant établi à Genève, mais également d'origine italienne, Fortuné-Barthélemy de FELICE, dont les additions portèrent à huit volumes l'ouvrage de BURLAMAQUI."

"temos dificuldade em imaginar a mobilidade, a instabilidade da vida dos homens desses tempos, trabalhados por tantas dissensões religiosas, tantas querelas políticas e tantas competições nacionais".[19] E enumerava:

> Alberico GENTILI, nascido na Itália, viveu na Inglaterra. GRÓCIO, nascido na Holanda, em Delft, viveu sobretudo na França e na Suécia. PUFENDORF, nascido na Alemanha, viveu também na Dinamarca, nos Países Baixos e na Suécia. BARBEYRAC, nascido na França, e no sul, em Béziers, ensinou em Berlim, em Lausanne e em Groningen. WOLFF, nascido em Breslau, mesmo se não saiu da Alemanha, estudou em Jena, lecionou, sobretudo, em Halle, em Marburgo, depois novamente em Halle, e a unidade alemã não existia naquela época. BURLAMAQUI, nascido em Genebra, pertencia a uma família de origem italiana, como seu glosador, DE FELICE. VATTEL, nascido em Couvet, estudou humanidades na Basileia, depois estudou filosofia e teologia em Genebra, e, súdito prussiano do principado de Neuchâtel, foi a Berlim procurar emprego, no serviço diplomático; o que ele encontrou somente junto ao Eleitor de Saxe, que o enviou de volta como seu ministro, em Berna.
>
> Talvez essas circunstâncias não tenham sido indiferentes no zelo que todos esses pensadores e esses autores demonstraram para fazer avançar o direito das gentes. Note-se, ademais, que alguns deles não eram especificamente juristas: GRÓCIO o foi, mas também era historiador, arqueólogo e poeta; PUFENDORF tinha sido aluno do matemático WEIGEL, por meio de quem ele se vincula a DESCARTES; WOLFF tinha começado pelo estudo da teologia, e prosseguiu com o ensino da filosofia, como da matemática e da metafísica; VATTEL primeiro se

19. C. BENOIST (op. cit., 1925, p. 242-243).

fez notar por dois ensaios: um de história, **Mémoire sur l'indigénat helvétique**, e outro de filosofia, **Défense du système leibnitzien**.[20]

Dos ensinamentos de BURLAMAQUI, nasceram obras, dentre as quais se nota, também, a influência deste sobre outro internacionalista da época, como Jean BARBEYRAC.[21] O mesmo BARBEYRAC que também foi tradutor de obras de PUFENDORF e de GRÓCIO para o francês. Embora a sua tradução nem sempre seja confiável, opinava ONUMA,[22] por introduzir muito das opiniões e interpretações do tradutor. BARBEYRAC foi também sistematizador do direito internacional de seu tempo,[23] e teve atuação engajada no campo protestante, na fundamentação do direito internacional e na defesa de seus institutos.

Cumpre frisar que o pensamento de Jean-Jacques ROUSSEAU imprime as suas marcas, sobre a filosofia do direito de BURLAMAQUI,

---

20. C. BENOIST (op. cit., 1925, loc. cit.).
21. Jean BARBEYRAC nasceu em 1674 em Béziers, no Languedoc. Após a revogação do Édito de Nantes, deixou a França, com seu pai, em 1686. Em 1710, tornou-se professor de direito e de história, em Lausanne; em 1713, tornou-se membro da *Societät der Wissenschaften* de Berlim; em 1717, professor de direito do estado, em Groningen; e lá faleceu em 1729. Von OMPTEDA (op. cit., 1785, reed. 1963, II. Theil, § 120 ss.) sobre traduções da obra de GRÓCIO (§ 125-129, p. 404-407, cit. p. 405) comenta ter BARBEYRAC prestado relevantes serviços, em favor da obra de GRÓCIO: "hat sich ganz vorzügliche Verdienste um den GROTIUS erworben", tendo não somente feito boa tradução da obra para a língua francesa, como inserido excelentes notas de esclarecimento ao texto, que compõem conjunto completo de comentários, e sobretudo o texto preliminar – *Vorrede* – de não menor utilidade. Mas os comentários de BARBEYRAC nem sempre foram fiéis ao original.
22. Ver Yasuaki ONUMA (ed. by), **A normative approach to war**: peace, war and justice in Hugo Grotius (Oxford: Clarendon Press, 1993). Sobre a tradução do **De jure belli ac pacis** (JBP) de GRÓCIO, feita por BARBEYRAC, observa ONUMA (1993, *Preface*, p. VI): "BARBEYRAC's translation is strongly coloured by his own bold interpretations. It is not always reliable as a translation of JBP."
23. Jean de BARBEYRAC foi continuador da coletânea de tratados de Jean DUMONT, **Corps universel diplomatique du droit des gens** (Amsterdã/Haia, 1726-1731, oito volumes), publicando, com Jean Rousset DE MISSY, **Supplément au Corps diplomatique du droit des gens** (Amsterdã/Haia, 1739, cinco volumes).

tal como a expõem suas duas principais obras: os **Princípios do direito natural**, originalmente publicados em Genebra, em 1747,[24] e os **Princípios do direito político**, publicados postumamente, em Amsterdã, com data de 1751.[25]

Sua docência se inscreve na direta linha do direito natural e das gentes, como assinalava BURLAMAQUI, logo no início dos seus **Princípios do direito natural**, de 1747:

> Temos a intenção, nesta obra, de buscar quais são as normas que unicamente a razão – *la seule raison* – prescreve aos homens, para os conduzir, de maneira segura, ao fim que eles devem se propor e se propõem, com efeito, quero dizer, uma verdadeira e sólida felicidade; e é o sistema, ou a reunião dessas normas, consideradas como leis, que Deus impõe aos homens, que chamamos *direito natural*. Esta ciência reúne os princípios mais importantes, da moral, da jurisprudência e da política; ou seja, tudo o que há de mais interessante para o homem e para a sociedade.[26]

Este seria o conteúdo a ser buscado pelo ser humano, como "o mais digno da aplicação, por parte do ser racional, que tem seriamente em vista a sua perfeição e a sua felicidade".[27] Seria, assim,

---

24. J. J. BURLAMAQUI, **Principes du droit naturel** (edição cit., 1821, reed. 1989).
25. J. J. BURLAMAQUI, **Principes du droit politique** (edição fac-similar, segue a de Amsterdã: chez Zacharie Chatelain, 1751, 2 vols., Caen: Centre de Philosophie poltique et juridique, 1984, 2 vols.).
26. J. J. BURLAMAQUI, **Principes du droit naturel** (1747, ed. 1821, impr. 1989, Première partie – *Des principes généraux du droit*, chap. premier – *De la nature de l'homme considéré par rapport au droit; de l'entendement, et de ce qui a rapport à cette faculté*, § 1, p. 1).
27. J. J. BURLAMAQUI, **Principes du droit naturel** (1747, ed. 1821, impr. 1989, Première partie – *Des principes généraux du droit*, chap. premier – *De la nature de l'homme considéré par rapport au droit; de l'entendement, et de ce qui a rapport à cette faculté*, § 1, p. 1): "Une juste connaissance des maximes que l'on doit suivre dans le cours de la vie, est le principal objet de la *sagesse*; et la *vertu* consiste à les pratiquer constamment, sans que rien puisse nous en détourner."

inerente ao homem, enquanto ser dotado do uso da razão, o sentido de perquirir quais sejam os conteúdos que o podem conduzir ao aperfeiçoamento. E, nesse sentido, "a ideia de direito, e mais ainda, a de direito natural, são, manifestamente, ideias relativas à natureza do homem. E é, assim, da própria natureza do homem, de sua constituição e de seu estado, que é preciso deduzir os princípios dessa ciência".

De onde decorre, segundo o encadeamento do raciocínio, exposto por BURLAMAQUI, na obra de 1747, a necessidade de determinar o que é o direito, bem como se, e em que medida, pode a conduta humana ser guiada pelo direito:

> O direito, no sentido próprio, e o mais geral, e ao qual todos os outros devem se reportar, é tudo o que dirige ou que é bem dirigido. Isso posto, a primeira coisa que é preciso examinar é se o homem é suscetível de direção e de regra, em relação às suas ações. Para o fazer com sucesso, é preciso retomar as coisas, desde a sua origem, e remontando à natureza e à constituição do homem, para desenvolver qual é o princípio de suas ações e quais são os estados que lhe são próprios, a fim de ver, a seguir, como e em que ele é suscetível de direção, em sua conduta: é o único meio de se conhecer o que é o direito, e o que não o é.[28]

28. J. J. BURLAMAQUI, **Principes du droit naturel** (1747, ed. 1821, impr. 1989, I.I. § 2, p. 2): "Ainsi le droit, dans le sens propre le plus général et auquel tous les autres doivent se rapporter, est tout ce qui dirige, ou qui est bien dirigé. Cela étant, la première chose qu'il faut examiner, c'est si l'homme est susceptible de direction et de règle par rapport à ses actions. Pour le faire avec succès, il faut reprendre les choses dès leur origine, et, remontant à la nature et à la constitution de l'homme, il faut développer quel est le principe de ses actions, et quels sont les états qui lui sont propres, afin de voir ensuite comment et en quoi il est susceptible de direction dans sa conduite: c'est le seul moyen de connaître ce qui est droit, et ce qui ne l'est pas."

Segundo BURLAMAQUI, nos **Princípios de direito natural**, de 1747, deve-se entender como lei natural a "lei que Deus impõe aos homens e que estes podem conhecer, mediante o exercício de sua razão, considerando, com atenção, sua natureza e seu estado". Nesse sentido, o "direito natural é o sistema, a reunião ou o corpo dessas mesmas leis" e nos fala, ainda, em "jurisprudência natural, que seria a arte de chegar ao conhecimento das leis da natureza, de desenvolvê-las e aplicá-las às ações humanas".[29]

As obrigações de aplicar tais leis são,[30] a partir daí, deduzidas. E, como observara BURLAMAQUI, no trecho referido em epígrafe: "a maneira, pela qual estabelecemos os fundamentos do direito natural, não difere, em nada, quanto ao fundo, dos princípios de GRÓCIO". Mesmo se, logo a seguir, formulava a objeção que "talvez este grande homem tivesse podido desenvolver, um pouco melhor, as suas ideias". Mas, defende GRÓCIO de "seus comentadores, dos quais não se pode excetuar PUFENDORF" – porquanto estes, segundo BURLAMAQUI – "não compreenderam bem seu pensamento, e o retomaram, fora de contexto, pretendendo que a maneira pela

---

29. J. J. BURLAMAQUI, **Principes du droit naturel** (1747, ed. cit., 1821, seconde partie – *des lois naturelles*, chap. premier – *ce que c'est la loi naturellee, et qu'il y en a une*, p. 121 ss.).

30. J. J. BURLAMAQUI, **Principes du droit naturel** (1747, ed. cit., 1821, seconde partie – *des lois naturelles*, chap. V – *que les lois naturelles ont été suffisamment notifiées, des caractères qui leur sont propres, de l'obligation qu'elles produisent, etc.*, p. 174 s., cit. p. 174-175): "Nous voyons clairement que l'on en peut découvrir tous les principes, et déduire de là tous nos devoirs, par cette lumière naturelle qui n'a été refusée à personne. C'est en ce sens qu'il faut entendre ce que l'on dit communément, que cette loi est naturellement connue à tous les hommes; car de penser avec quelques-uns, que la loi naturelle soit, pour ainsi dire, née avec nous, et qu'elle se trouve actuellement imprimée dans notre esprit dès le premier moment de notre existence; c'est une pure supposition, qui n'est nullement nécessaire, et qui se trouve démentie par l'expérience. Tout ce qu'on peut dire là-dessus, c'est que les maximes les plus générales et les plus importantes du droit naturel, sont si claires et si manifestes, et qu'elles ont une telle proportion avec nos idées, une telle convenance avec notre nature, que dès qu'on nous les propose, nous les approuvons aussitôt; et comme nous sommes disposés et accoutumés dès l'enfance à sentir ces vérités, nous les regardons comme étant nées avec nous."

qual ele colocava os fundamentos do direito natural se reduzia a um círculo vicioso".

Como exclama BURLAMAQUI: "será que GRÓCIO efetivamente diz isso?" Ele expõe a sua argumentação, visando resgatar a lição original:

> Segundo GRÓCIO, o 'direito natural consiste em certos princípios, da justa razão – *de la droite raison* –, que nos fazem conhecer que uma ação é moralmente honesta ou desonesta, segundo a necessária conveniência ou inconveniência que ela tem com a natureza racional e sociável e, consequentemente, que Deus, o autor da natureza, ordena ou proíbe tais ações'.[31]
>
> Eu não vejo, aí nenhum círculo vicioso; pois, quanto à pergunta, de onde vem a honestidade ou turpitude natural das ações prescritas ou proibidaso, GRÓCIO não responde, como o fazem responder: ele afirma, ao contrário, que essa honestidade, ou essa turpitude, advém da conveniência ou não conveniência, necessária de nossas ações, com uma natureza racional e sociável.[32]

---

31. H. GRÓCIO, **Direito da guerra e da paz** (liv. I, cap. I, par. 10). Sobre a concepção do direito internacional em GRÓCIO, ver **Tratado** (tomo 7 – **Direito internacional no tempo de Hugo Grócio**, cap. 18).
32. J. J. BURLAMAQUI, **Principes du droit naturel** (ed. cit., 1821, reed. 1989, parte e cap. cit., p. 174 s., cit. p. 179-180): "Mais GROTIUS le dit en effet? Écoutons-le. 'Le droit naturel', dit-il, 'consiste dans certains principes de la droite raison, qui nous font connaître qu'une action est moralement honnête ou déshonnête, selon la convenance ou la disconvenance nécessaire qu'elle a avec une nature raisonnable et sociable; et par conséquent que Dieu, qui est l'auteur de la nature, ordonne ou défend de telles actions' [Voyez GROTIUS, **Droit de la guerre et de la paix**, liv. I, chap. I, par. 10]. Je ne vois là point de cercle; car, sur cette demande, d'où vient l'honnêteté ou la turpitude naturelle des actions prescrites ou défendues, GROTIUS ne répond point comme on le fait répondre; il dira au contraire que cette honnêteté ou cette turpitude vient de la convenance ou de la disconvenance nécessaire de nos actions avec une nature raisonnable et sociable" [Voyez la note 5 de BARBEYRAC sur le **Droit de la nature et des gens**, liv. II, chap. III].

Para BURLAMAQUI, há uma "lei natural do homem", como também uma "lei natural dos estados", e esta se chama "direito das gentes". Mas seria idêntica a natureza de ambas, conforme ele expõe:

> [há] necessidade da existência, entre as nações, de alguma lei que sirva de regra para o comércio que estas têm em conjunto. Ora, essa lei só pode ser a própria lei natural, que então chamamos direito das gentes, ou lei das nações.
>
> A lei natural, como bem diz HOBBES, se divide em lei natural do homem e lei natural dos estados; e esta última é o que se chama direito das gentes. Assim, o direito natural e o direito das gentes não são senão a única e mesma coisa, e somente diferem por denominação exterior.
>
> É preciso, assim, dizer que o direito das gentes propriamente nomeado e considerado como lei que emana de superior, não é outro senão o próprio direito natural, aplicado não aos homens, simplesmente considerados como indivíduos, mas aos povos, às nações, aos estados ou a seus chefes, nas relações que estes têm juntos, e nos interesses que estes têm a cuidar entre si.[33]

Oportuno e relevante observar como, na exposição de BURLAMAQUI, desde sua obra de 1747, se coloca o direito internacional, na qualidade de expressão da norma, para a regência da convivência dos homens *enquanto* povos, nações ou estados, *através* de seus chefes:[34] o direito, assim, seria inerente aos povos, enquanto coletividades humanas, e os estados e seus chefes seriam o mecanismo, ou ferramenta, para cuidar de tais interesses principais – dos *povos*, enquanto coletividades – e não para que os

33. BURLAMAQUI (1747, op. cit., parte II, chap. VI, p. 188).
34. BURLAMAQUI (1747, op. cit., parte II, chap. VI – *du droit des gens*, p. 186-194).

estados e os *soberanos* os viessem a fazer seus, em detrimento dos *povos* e dos interesses destes: como, justamente, "lei que emana de superior", ele enfatiza que o direito das gentes "não é outro senão o próprio direito natural", mas do qual se muda o âmbito de aplicação, porquanto o direito das gentes é "aplicado não aos homens simplesmente considerados como indivíduos, mas aos povos, às nações, aos estados ou a seus chefes", e, como tal, decorrente da necessidade de regular as "relações que estes têm juntos, e nos interesses que estes têm a cuidar entre si".[35]

O direito das gentes, na exposição de BURLAMAQUI, em 1747, seria *naturalmente* necessário para reger a convivência entre os povos. Este decorreria da própria natureza racional do homem, e se impõe pela consciência da necessidade de existirem normas para regerem a convivência entre os povos, as nações, os estados ou a seus chefes:

> O estabelecimento dos estados introduz, entre eles, uma espécie de sociedade, semelhante à que existe, naturalmente, entre os homens. As mesmas razões que levam os homens a conservar a união entre eles, devem também engajar os povos, ou os seus soberanos, a viverem em bom entendimento – *vivre en bonne intelligence* – uns com os outros.[36]

Esse dado da obra de BURLAMAQUI, que enfatiza o direito internacional como a expressão da norma para a regência da convivência dos homens, *enquanto* povos, nações ou estados, *através* de seus chefes, pode e deve ser reconhecido como extremamente inovador; em linha semelhante à de seu contemporâneo Christian

35. BURLAMAQUI (1747, op. cit., parte II, chap. VI, p. 188).
36. BURLAMAQUI (1747, op. cit., parte II, chap. VI – *du droit des gens*, p. 188).

WOLFF.[37] Tampouco BURLAMAQUI via o direito das gentes como mero jogo entre soberanos.

Com a sua visão, BURLAMAQUI resgataria velha dívida histórica quanto à pessoalidade essencial do direito internacional: atribui a condição de sujeito primordial do sistema internacional às coletividades humanas. Mesmo quando estas se manifestem *através* dos soberanos.

Poder-se-ia sanar, a partir dessa 'recentralização humanista', a distorção pela qual passou o direito internacional, a ser excessivamente estatizado? Este poderia ver-se transformado em esfera exclusivamente reservada aos estados, como "assuntos de estado", de chefes de estado e seus corpos de funcionários de estado, em carreiras de estado, e esquecendo-se do homem como fim último e fundamento de todos os direitos e obrigações. Inclusive do direito internacional.[38]

Somente no contexto do direito internacional pós-moderno começa a ser resgatada essa distorção, no sentido de se voltar a inscrever o indivíduo como centro do sistema, e se manifestar o reconhecimento, por exemplo, da autodeterminação dos povos como princípio fundamental do direito internacional pós-moderno – o que, oportunamente, declarou a Corte Internacional de Justiça no parecer sobre a conformidade com o direito internacional da declaração unilateral de independência do Kosovo, em 2010:

37. Como se examina, neste tomo, no precedente capítulo 22.
38. O que se acentua com os ulteriores desenvolvimentos da matéria, como se examina no **Tratado** (tomo 11 **Direito internacional no tempo do iluminismo** e tomo 20 – **Direito internacional, história e cultura**, cap. 4 – *papel da proteção internacional dos direitos fundamentais como fator de renovação e de transformação do direito internacional*); P. B. CASELLA, **International law, history and culture** (Leiden/Boston: Brill/Nijhoff – Académie de droit international de la Haye / The Hague Academy of International Law, 2024).

> Durante os séculos XVIII, XIX e início do XX, ocorreram numerosos casos de declarações de independência, muitas vezes firmemente combatidos pelo estado, em relação ao qual se declarava a independência. Algumas vezes, a declaração resultou na criação de um novo estado, em outras isso não ocorreu. Em nenhum caso, contudo, a prática dos estados como um todo sugere que o ato de promulgação da declaração tenha sido considerado contrário ao direito internacional. [...] Muitos novos estados passaram a existir como resultado do exercício desse direito.[39]

A Corte Internacional de Justiça afirmou, expressamente, que o direito à autodeterminação deve ser considerado como um dos principais desenvolvimentos do direito internacional, durante a segunda metade do século XX.[40] Afirmar o direito à autodeterminação significa reconhecer a condição do *povo* como sujeito de direito – é preciso ser sujeito para ter direitos, segundo determinado ordenamento jurídico.

Curiosamente, o que se quer entender e apresentar como as mais modernas correntes e teorias, no sentido de colocar o ser humano como centro e fim de todos os ramos do direito, inclusive do direito

39. CIJ – INTERNATIONAL COURT OF JUSTICE, **Advisory Opinion on the Accordance with international law of the unilateral declaration of independence in respect of Kosovo** (General List No. 141, 22 July 2010, par. 79): "During the eighteenth, nineteenth and early twentieth centuries, there were numerous instances of declarations of independence, often strenuously opposed by the State from which independence was being declared. Sometimes a declaration resulted in the creation of a new State, at others it did not. In no case, however, does the practice of States as a whole suggest that the act of promulgating the declaration was regarded as contrary to international law. [...] A great many new States have come into existence as a result of the exercise of this right."
40. ICJ, **Advisory opinion on Kosovo**, 22 July 2010, paragraph 82: "one of the major developments of international law during the second half of the twentieth century has been the evolution of the right to self-determination."

internacional, são teorias literalmente 'modernas'[41] e 'clássicas',[42] no sentido de terem surgido há alguns séculos.

O homem como centro e fim último do direito internacional não é uma novidade. Como mostram as passagens referidas da obra de BURLAMAQUI, em meados do século XVIII – e isso tanto mais relevante e oportuno, cumpre assinalar, por ocorrer em plena vigência do direito internacional 'clássico'.

Tiveram seu papel, a seu tempo, os modelos interestatais. Mas tal concepção não pode sobrepujar a proteção internacional dos direitos fundamentais e dos espaços como patrimônio comum da humanidade.

A humanização do direito internacional pós-moderno é mutação qualitativa, cuja importância merece ser ressaltada. E que, de certo modo, reata com as melhores tradições do direito internacional, herdado de outras eras – e essa leitura se põe como resgate das lições da história, na pura perspectiva da pós-modernidade!

Não se pode julgar a questão somente pelos resultados e negligenciar a necessidade de situar o conjunto, em contexto cultural mais

---

41. Habitualmente se situa a Idade moderna entre o final da Idade média, marcado pela queda de Constantinopla (1453), até o início da época contemporânea, com o início da Revolução francesa (1789), não obstante algumas nuances de marcos iniciais e finais. Na presente análise, a divisão se fez no **Tratado** (tomos 4 – **Direito internacional no tempo medieval**, 5 – **Direito internacional no tempo de Francisco de Vitória**, 6 – **Direito internacional no tempo de Suarez, Gentili e Zouch**, 7 – **Direito internacional no tempo de Hugo Grócio**, e 8 – **Direito internacional além do paradigma vestfaliano**). A morte de Francisco de VITÓRIA, em 1546, em termos do conjunto da história do direito internacional, assinalaria o papel precursor deste na configuração do direito internacional moderno, tendo a continuação da evolução, a partir da segunda metade do século XVI, no contexto do direito internacional 'moderno', e prossegue com o exame do direito internacional 'clássico'. Como ocorre em qualquer tentativa de periodização, a história se mostra como continuidade e como fluxo. Os cortes podem ter utilidade, somente, para situar e estudar dados mais marcantes deste ou daquele período.
42. Ver **Tratado** (tomo 8 – **Direito internacional além do paradigma vestfaliano**, item – *o que é e como é o clássico?*, tomo 9 – **Direito internacional no tempo de Samuel Pufendorf** e tomo 11 – **Direito internacional no tempo do iluminismo**).

amplo, como se pode e deve fazer ao abordar o direito internacional pós-moderno, para permitir resgatar essa visão e essa dignidade que os estados solaparam, em seu afã desmesurado de ocupar e dominar espaços ao longo do tempo. E agora, volta a ser percebida e valorizada como útil e necessária para a compreensão e a adequada aplicação do direito internacional pós-moderno.

De certa forma, BURLAMAQUI parece antecipar essa evolução. O que poderia parecer puramente pós-moderno, como modo de tratar a matéria 'direito internacional', já era assim exposto pelo mestre de Genebra:

> Quando dizemos que o homem pode, fazendo uso de sua razão, adquirir o conhecimento das leis naturais, isso em nada exclui o auxílio que ele pode ter de outras fontes – *le secours qu'il peut tirer d'ailleurs*. Existem pessoas que, tendo tomado cuidado particular em cultivar o seu espírito, estão em condição de esclarecer os outros, e de suprir, com as suas instruções, à grosseria e à ignorância do comum dos homens.[43]

Caberia, ainda, apontar-se o processo de crescente 'profissionalização' do direito internacional entre o final do século XVII e a primeira metade do século seguinte, na qual este ganha, também, conscientização crescente a respeito do contexto histórico no qual se inscrevem, tanto as normas de direito internacional como o estudo destas, e isso tanto por parte da doutrina como na prática

43. BURLAMAQUI (1747, op. cit., parte II, chap. V, § 2, p. 175): "Cela est dans le plan de la Providence. Dieu ayant destiné l'homme à la société, et lui ayant donné une constitution relative à cette fin, les divers secours que les hommes tirent les uns des autres, ne doivent pas moins être comptés au rang des moyens naturels, que ceux que chacun trouve en soi-même et qu'il tire de son propre fonds."

dos estados. O século XVIII mostra o processo de conscientização histórica do direito internacional.

BURLAMAQUI enfatizava o papel do estudioso para o estudo das leis e das consequências destas sobre a vida dos homens, no seio de cada comunidade politicamente organizada, considerando-se que, "com efeito, nem todos os homens são capazes, por si mesmos, de desenvolver, metodicamente, os princípios das leis naturais, e as consequências que daí resultam".[44]

> Seja como for, e bem pesadas as coisas, a lei natural está suficientemente notificada, para que possamos dizer que nenhum homem, na idade da razão, e dotado de seus sentidos, não poderia alegar como escusa válida uma ignorância invencível em relação a essa matéria.[45]

Tudo isso, segundo expunha BURLAMAQUI, servia para demonstrar que:

> Ao se prestar atenção à maneira pela qual estabelecemos os princípios das leis naturais, se poderá reconhecer que o método que seguimos é uma nova prova da certeza e da realidade dessas leis. Deixamos de lado qualquer especulação abstrata e metafísica, para consultar somente o fato, a natureza e o estado das coisas. É na constituição essencial do homem e nas suas relações com os outros seres que buscamos os nossos princípios. E o sistema, que daí resulta, tem ligação, tão íntima

44. BURLAMAQUI (1747, op. cit., parte II, chap. V, § 2, p. 175): "Il suffit que les génies médiocres puissent du moins comprendre ces principes, quand ils sont expliqués, et sentir la vérité et la nécessité des devoirs qui en découlent, en les comparant avec la constitution de leur propre nature. Que s'il y a des esprits d'un ordre encore inférieur, ils ne peuvent guère se conduire que par les impressions de l'exemple, de la coutume, de l'autorité, ou de quelque utilité présente et sensible."
45. BURLAMAQUI (1747, op. cit., parte II, chap. V, § 2, p. 175-176).

e tão necessária com essa natureza e esse estado do homem, que não se poderia separá-los.[46]

Outro dado relevante é a afirmação da paz como o estado natural da convivência entre os estados. Isso é claramente afirmado por BURLAMAQUI – como antes dele também fez PUFENDORF –,[47] de que

> O estado natural das nações, umas em relação às outras, é um estado de sociedade e de paz. Essa sociedade é, também, uma sociedade de igualdade e de independência, que estabelece entre elas uma igualdade de direito, e que as engaja a ter, umas em relação às outras, as mesmas considerações e os mesmos cuidados. O princípio geral do direito das gentes não é, assim, outra coisa senão a lei da sociabilidade – *la loi générale de la sociabilité* –, que obriga as nações que tenham, entre si, algum comércio, à prática dos mesmos deveres, aos quais os particulares estão naturalmente sujeitos.[48]

Ainda no mesmo capítulo, sobre o direito das gentes, BURLAMAQUI subordinava a 'razão de estado' – *la raison d'état* –[49] ao interesse público, em sua acepção mais ampla:

46. BURLAMAQUI (1747, op. cit., parte II, chap. V, § 3, p. 176).
47. Ver **Tratado** (tomo 9 – **Direito internacional no tempo de Samuel Pufendorf**, cap. 20).
48. BURLAMAQUI (1747, op. cit., parte II, chap. VI, § 7, p. 189).
49. Ver, neste tomo, a crítica de BYNKERSHOEK ao conceito de 'razão de estado' (no cap. 21 – *Cornelius van BYNKERSHOEK (1673-1743)*). É importante compreender que internamente a soberania se exprime como relações de subordinação, enquanto no âmbito externo isso se faz como relações de coordenação entre estados, como se analisa em P. B. CASELLA, *Soberania por dentro e por fora – entre a teoria geral do estado e o direito internacional* (in **Teoria do estado contemporânea** – homenagem da academia ao prof. Ricardo Lewandowski, org. E. A. de J. PRUDENTE, M. P. D. BUCCI, N. B. S. RANIERI e S. B. B. TOJAL, São Paulo: Quartier Latin, 2023, p. 249-278).

> A razão de estado, que tão frequentemente se alega, para justificar os procedimentos ou as iniciativas dos príncipes, não pode verdadeiramente ter esse efeito, exceto na medida em que se concilie com o interesse comum das nações, ou o que dá no mesmo com as normas invariáveis da boa-fé, da justiça e da humanidade.[50]

Da mesma forma que seu contemporâneo BYNKERSHOEK,[51] punha BURLAMAQUI limites estritos, ao que pode ser alegado como "razão de estado". É muito útil e saudável ver como autores da primeira metade do século XVIII – tempos supostamente de predominância dos estados absolutistas – tinham clara consciência da necessidade de pôr limites à discricionariedade dos estados.[52]

Enumerava BURLAMAQUI, em 1747, os princípios por ele considerados como fundamentais, no direito das gentes:

- primeiro, todas as nações estão, umas em relação às outras, em estado de independência e de igualdade naturais;
- segundo, no que diz respeito aos usos, estabelecidos entre as nações, por consentimento expresso ou tácito, tais usos, em nada são obrigatórios por si mesmos, nem universalmente, nem para sempre: "pois o simples fato de que diversos povos tenham agido entre eles, durante longo tempo, de uma certa maneira, em determinada situação, daí não decorre que eles se tenham imposto a necessidade de agir sempre da mesma

50. BURLAMAQUI (1747, op. cit., parte II, chap. VI, § 7, p. 190).
51. Como mencionado, ver tb. supra, neste tomo, cap. 21, a opinião de BYNKERSHOEK sobre a "razão de estado", e tb. sobre a 'razão de estado', no **Tratado** (tomo 9 – **Direito internacional no tempo de Samuel Pufendorf**, item – *o teatro europeu segundo RICHELIEU*).
52. Como também se pode considerar, em relação à atuação do judiciário, cf. P. B. CASELLA e A. S. OLIVEIRA, *Ativismo judicial brasileiro e a proteção internacional dos direitos das minorias por orientação sexual e identidade de gênero* (in **O ativismo judicial e os desafios da jurisdição constitucional** – em homenagem ao professor Elival da Silva Ramos, coord. Hugo Moreira Lima SAUAIA, Belo Horizonte: Conhecimento, 2022, p. 29-50).

maneira no futuro; e, ainda menos, que outros povos estejam obrigados a se conformar com tais usos";

- terceiro, esses usos podem, tanto menos, constituir norma obrigatória, por si mesmos, como poderia ocorrer caso fossem maus ou injustos: "Não podemos deixar de nos reportar, sempre, ao direito natural, e único verdadeiramente universal, para julgar se os usos, estabelecidos entre as nações, podem ter algum efeito obrigatório";
- quarto, "tudo o que se pode dizer a respeito, é que a partir do momento em que um uso, em si inocente, se estabelece entre as nações, cada uma delas deve, razoavelmente, se conformar a tal uso, tanto que esta não tenha declarado sua oposição em relação a tal prática. Esse é todo o efeito que se pode conferir aos usos recebidos, o que é de todo diverso daquele de uma lei propriamente dita".[53]

É marcante ver como BURLAMAQUI, ao referir-se ao direito das gentes *natural*, nos apresenta conceito muito próximo da norma cogente de direito internacional geral – *jus cogens* – do contexto pós-moderno:

> Essas observações nos permitem concluir que se poderia talvez tudo conciliar, distinguindo duas espécies de direito das gentes. Existe, com certeza, um direito das gentes universal, necessário, obrigatório por si mesmo – *universel, de nécessité, obligatoire par lui-même* –, que em nada difere do direito natural, e que é consequentemente imutável, e do qual

53. BURLAMAQUI (1747, op. cit., parte II, chap. VI, § 8, p. 190-191).

os povos e os seus soberanos não podem se eximir, mesmo de comum acordo, sem violar os seus deveres.

Existe, em seguida, outro direito das gentes, que se poderia denominar arbitrário e de liberdade – *arbitraire et de liberté* –, como fundado tão somente em algumas convenções, quer expressas ou tácitas, e cujo efeito não é, por si mesmo, universal, e que somente obriga aqueles que voluntariamente o aceitaram, e apenas pelo tempo em que o desejem, pois depende sempre deles mudá-lo ou revogá-lo. Ao que é preciso acrescentar que toda a força dessa espécie de direito das gentes depende, em última análise, da lei natural, que nos ordena ser fieis a nossos compromissos.

Tudo o que diz, verdadeiramente, respeito ao direito das gentes pode se relacionar, com uma ou outra dessas duas espécies. E, facilmente, se reconhece a utilidade dessa distinção, aplicando-a a todas as questões particulares que dizem respeito, por exemplo, à guerra, ou aos embaixadores, ou aos tratados públicos, e à solução das controvérsias que surgem, por vezes, entre os soberanos, a respeito de tais matérias.[54]

Enfatizava BURLAMAQUI a importância de se atentar para a origem e a natureza do direito das gentes, "tal como acabamos de o apresentar". E isso, aduzia ele, "não somente porque é sempre vantajoso se fazer ideias claras a respeito das coisas", como também porque "isso é ainda mais necessário, em questões práticas e de moral". E como – sabiamente – advertia:

É, talvez, por ter querido distinguir o direito das gentes do direito natural que, insensivelmente, nos acostumamos a julgar, diversamente,

54. BURLAMAQUI (1747, op. cit., parte II, chap. VI, § 9, p. 191-192).

as ações dos soberanos do que as ações dos particulares. Nada é mais ordinário do que ver condenar, em relação a homens comuns, o que se louva, ou ao menos se desculpa, em relação à pessoa dos príncipes.

É, contudo, como mostramos, certo que as máximas do direito das gentes não têm menos autoridade que as do próprio direito natural, e que estas não são nem menos respeitáveis, nem menos sagradas, pois têm igualmente Deus como autor. Em uma palavra, existe uma única e a mesma norma de justiça para todos os homens. Os príncipes que violam o direito das gentes não cometem delito menor que os particulares que violam a lei natural, e se há uma diferença, entre um e outro caso, está sempre a cargo dos príncipes, cujas más ações sempre têm consequências, muito mais funestas que as dos particulares.[55]

Indagava BURLAMAQUI, em 1747, se existe algum "dever moral entre as nações".[56] Retoma a assim chamada "hipótese ímpia", suscitada por GRÓCIO, em 1625 – no sentido de que tudo o que este acabava de dizer valeria da mesma maneira, ainda que não existisse Deus, ou, existindo, este não se interessasse pelas coisas humanas. Como ponderava BURLAMAQUI: "claramente se percebe, pelo modo como [GRÓCIO] se exprime, que seu pensamento não é no sentido de excluir, do sistema de direito natural, a vontade de Deus":[57]

Isso seria mal interpretar o seu pensamento, porque GRÓCIO coloca a vontade do Criador como uma outra fonte do direito. Ele quer, simplesmente, dizer que, independentemente da intervenção de Deus,

55. BURLAMAQUI (1747, op. cit., parte II, chap. VI, § 10, p. 193-194).
56. BURLAMAQUI (1747, op. cit., parte II, chap. VII – *Essai sur cette question: Y a-t-il quelque moralité dans les actions, quelque obligation et quelque devoir, antécédemment aux lois naturelles, et indépendamment de l'idée du législateur*, p. 194-212).
57. BURLAMAQUI (1747, op. cit., parte II, chap. VII, § 15, p. 211).

> considerado como legislador, as máximas do direito natural, tendo o seu fundamento na natureza das coisas e na constituição humana, tão somente a razão já impõe ao homem a necessidade de seguir as suas máximas, e o põe na obrigação de conformar, a estas, a sua conduta.
>
> E, com efeito, não se poderia negar que as ideias de ordem, de conveniência, de honestidade e de conformidade com a justa razão teriam feito, em todos os tempos, [forte] impressão sobre os homens, ao menos, até certo ponto, como também junto às nações, um pouco civilizadas. O espírito humano é feito, de tal maneira, que mesmo aqueles que não desenvolvem o espírito humano, em toda a sua precisão e toda a sua extensão, têm a respeito sentimento confuso que os leva a aquiescer, quando se lhes apresentam tais ditames da razão.[58]

Daí, decorreria a aplicação dos mesmos ditames da razão, que se aplicam aos seres humanos, também às nações. O que não chega a ser plenamente desenvolvido por BURLAMAQUI, em 1747, mas fica implicitamente colocado nesse capítulo.[59]

Apesar de pouco frequentemente citado, o legado de BURLAMAQUI não foi, contudo, totalmente esquecido. Além das lições já mencionadas, como a de Charles BENOIST, em curso na Haia, em 1925,[60] também se podem lembrar alguns internacionalistas, que reportam os ensinamentos de BURLAMAQUI:

- M. BOEGNER, também em 1925, em seu curso na Haia,[61] a respeito da "influência da reforma sobre o desenvolvimento

58. BURLAMAQUI (1747, op. cit., parte II, chap. VII, § 15, p. 211).
59. No já referido capítulo da obra de BURLAMAQUI (1747, op. cit., parte II, chap. VII – *Essai sur cette question: Y a-t-il quelque moralité dans les actions, quelque obligation et quelque devoir, antécédemment aux lois naturelles, et indépendamment de l'idée du législateur*, p. 194-212).
60. C. BENOIST, **L'influence des idées de Machiavel** (RCADI, 1925, t. 9, p. 127-306).
61. M. BOEGNER, **L'influence de la Reforme sur le développement du droit international** (RCADI, 1925, t. 6, p. 241-324).

do direito internacional", mencionava como relevante a concepção de direito natural na obra de BURLAMAQUI;[62]

- Joseph MÜLLER-AZUA, em 1930, em seu curso na Haia,[63] a respeito da "obra de todas as confissões cristãs (igrejas) para a paz internacional", enfatizava o que chamou de "batalha em torno da definição do direito natural", entre os sucessores de GRÓCIO, e mencionava ZOUCH, PUFENDORF, BURLAMAQUI, WOLFF e VATTEL;[64]
- Edwin D. DICKINSON, em 1932, em seu curso na Haia,[65] sobre "a interpretação e a aplicação do direito internacional nos países anglo-americanos", lembrava, dentre os autores, que contribuíram para o desenvolvimento, no direito moderno das nações anglo-americanas, na esteira da doutrina de BLACKSTONE,[66] já lançada, aproximativamente, no começo do século XVIII:

> "durante várias gerações, essa evolução foi dominada pelas teorias do direito natural. Essas teorias foram transpostas para o direito nacional, primeiro de maneira direta, sob a influência dos principais defensores da teoria do direito natural: PUFENDORF, BARBEYRAC e BURLAMAQUI, e também,

62. M. BOEGNER (op. cit., 1925, p. 302) reporta a concepção de BURLAMAQUI a respeito do direito natural.
63. J. MÜLLER-AZUA, **L'œuvre de toutes les confessions chrétiennes (églises) pour la paix internationale** (RCADI, 1930, t. 31, p. 293-392).
64. J. MÜLLER-AZUA (op. cit., 1930, § 63, p. 366).
65. Edwin D. DICKINSON, **L'interprétation et l'application du droit international dans les pays anglo-américains** (RCADI, 1932, t. 40, p. 305-396).
66. William BLACKSTONE, **Commentary on the Laws of England** (Oxford: Clarendon Press, 1765-1769, online https://oll.libertyfund.org> title >, Book I – *Introduction*): "This law of nature, being coeval with mankind and dictated by God himself, is of course superior in obligation to any other. It is binding all over the globe in all countries, and at all times; no human laws are of any validity, if contrary to this."

indiretamente, pelas teorias ecléticas, dentre as quais a de maior influência foi a de VATTEL";[67]

- John B. WHITTON, em 1934, em seu curso na Haia,[68] sobre a "regra *pacta sunt servanda*", citava a lição de WHEATON[69] na interpretação de que esse princípio, de que os acordos tem de ser cumpridos – *pacta sunt servanda* –, não se deve somente ao equivalente, existente nos direitos internos, mas "derivaria de fonte mais alta" – *it springs from a higher source* –, dos grandes princípios do direito universal – *from those great principles of universal law, which are binding on societies of men as well as on individuals* –, onde se apontava a influência de BURLAMAQUI, ao lado de GRÓCIO, VATTEL e POTHIER;[70]
- Roberto AGO, em 1939, em seu curso na Haia,[71] sobre o "delito internacional", lembrava a teoria que se torna tradicional, no tocante à responsabilidade internacional, na esteira de GRÓCIO e de ZOUCH, e dentre os autores que se inscrevem, nessa mesma linha, tais como PUFENDORF, WOLFF, COCCEIUS, BURLAMAQUI e, sobretudo, VATTEL. Teoria essa que negava fosse o estado, de alguma forma, identificado com os seus órgãos supremos, e pudesse ser responsabilizado por ações ilícitas de seus funcionários, ou de particulares em geral, exceto nos casos em que o próprio estado se tornasse cúmplice, quando acabava por fazer suas tais ações,

67. E. D. DICKINSON (op. cit., 1932, p. 336).
68. John B. WHITTON, **La règle *'pacta sunt servanda'*** (RCADI, 1934, t. 49, p. 147-276).
69. Henry WHEATON, **Elements de droit international** (orig. publ. 1836; Leipzig: Brockhaus, 1858, 2 vols.).
70. J. B. WHITTON (op. cit., 1934, p. 186).
71. Roberto AGO, **Le délit international** (RCADI, 1939, t. 68, p. 415-554).

aprovando-as ou ratificando-as, ou, ainda, recusando-se a punir o culpado;[72]

- novamente Roberto AGO, desta vez em 1956, em outro curso na Haia,[73] sobre "ciência jurídica e direito internacional", voltava a mencioná-lo: "ainda no século XVIII, escritores como Jean-Jacques BURLAMAQUI, e também os autores dos grandes tratados dessa época, que permaneceram clássicos nessa matéria, tais como Christian WOLFF, Emer de VATTEL e Georg Friedrich von MARTENS, são, ainda, todos dualistas, no sentido aristotélico e tomista, retomado por SUAREZ, GRÓCIO e seus sucessores". E assim, "uma parte, embora limitada, dos princípios fundamentais, da ordem jurídica internacional, em vigor, é sempre reservada, por eles, ao direito natural; e é nesse direito natural, que encontra seu lugar à norma, que confere ao consentimento expresso, tácito, ou mesmo presumido das nações, o poder de criar normas do direito das gentes positivo, que, desse modo, fica sempre subordinado ao direito das gentes necessário".[74] E não se deve esquecer, advertia ainda AGO, em 1956, que essa posição doutrinária não se extingue, no século XVIII, mas prossegue, no século XIX, sobretudo entre autores, de língua alemã, com KLÜBBER, de língua inglesa, com MANNING, PHILLIMORE, TRAVERS-TWISS, FERGUSON, ou italiana,

72. R. AGO (op. cit., 1939, p. 477).
73. Roberto AGO, **Science juridique et droit international** (RCADI, 1956, t. 90, p. 851-958).
74. R. AGO (op. cit., 1956, p. 864). Compare-se BURLAMAQUI, **Principes du droit politique** (1751, tome Ier., § XIII).

como FIORE, ou ainda, de língua francesa, como BONFILS e FAUCHILLE, mas também HAUTEFEUILLE e outros;[75]

- Wilhelm ROEPKE, em 1954, em seu curso na Haia,[76] sobre "ordem econômica e direito internacional", mencionava BURLAMAQUI, ao lado de GRÓCIO, como autor de estruturas imponentes – *imposing structures* – no desenvolvimento do direito internacional moderno – *who laid the foundation of modern international law* –, a partir da contribuição da Escolástica tardia – e autores como VITÓRIA, SUAREZ e MOLINA;[77]
- Paul GUGGENHEIM, 1958, em seu curso na Haia,[78] sobre "contribuição à história das fontes do direito internacional", considerava, até certo ponto, pouco clara a teoria de BURLAMAQUI a respeito do direito natural, e afirmava que este: "seria antes um compilador, influenciado por GRÓCIO e por PUFENDORF, sem teoria bem definida";[79]
- Wilhelm GREWE, em 1984, em seu livro[80] sobre as "fases da história do direito internacional", refere brevemente BURLAMAQUI, em duas passagens: uma vez, ao lado de VATTEL, a respeito da opinião compartilhada por ambos

---

75. R. AGO (op. cit., 1956, p. 865).
76. Wilhelm ROEPKE, **Economic order and international law** (RCADI, 1954, t. 86, p. 203-274).
77. W. ROEPKE (op. cit, 1954, p. 221): "on which, later on, men like Hugo GROTIUS and BURLAMAQUI built their imposing structure." Ver **Tratado** (tomo 5 – **Direito internacional no tempo de Francisco de Vitória**, esp. cap. 14 – *Francisco de VITÓRIA (1480-1546)*, tomo 6 – **Direito internacional no tempo de Suarez, Gentili e Zouch**, item – *outras vozes no direito internacional: Domingo de SOTO e VAZQUEZ DE MENCHACA* e cap. 15 – *Francisco SUAREZ (1548-1617)*).
78. Paul GUGGENHEIM, **Contribution à l'histoire des sources du droit international** (RCADI, 1958, t. 94, p. 1-84).
79. P. GUGGENHEIM (op. cit., 1958, p. 46); tb. Bernard GAGNEBIN, **Burlamaqui et le droit naturel** (Genève: éd. de la Frégate 1944).
80. Wilhelm G. GREWE, **Epochen der Völkerrechtsgeschichte** (Baden-Baden: Nomos, 1984, terceira parte – *Droit public de l'Europe: die Völkerrechtsordnung des französischen Zeitalters 1648-1815*, p. 323-498).

sobre as causas e os efeitos das guerras coloniais;[81] e a outra, a propósito da discussão, corrente na época, a respeito da formação jurídica entre "direito natural e razão de estado";[82]

- J. PUENTE EGIDO, em 1991, em seu curso na Haia,[83] sobre a "extradição no direito internacional", a respeito do princípio basilar, nessa matéria, consistente na obrigação de entregar ou julgar – *aut dedere aut judicare* –, na linha de GRÓCIO, tal como retomado e examinado por outros autores, dentre os internacionalistas clássicos, como BURLAMAQUI, VATTEL, EINNECIUS, como ainda por filósofo como KANT e outros;[84]
- Y. BEN ACHOUR, em 1994, em seu curso na Haia,[85] sobre "soberania estatal e proteção internacional das minorias", a respeito da soberania, depois de citar autor como CARDIN LE BRET, em cujo livro, **De la souveraineté du roy**, de 1632, se afirmava que a soberania somente depende de Deus, e a definia como "o poder supremo que confere o direito de comandar, de maneira absoluta" – *une suprême puissance qui donne le droit de commander absolumment* –; apontava[86] que, "bem mais tarde, no século XVIII", BURLAMAQUI escreveu, sobre o mesmo tema, "o que mostra a perenidade da ideia", e cita, desse autor, os seus **Principes de droit politique**, e ainda reporta a lição de BURLAMAQUI sobre o tema: "a

81. W. GREWE (op. cit., 1984, p. 347): "Dieser auf einer einer offenkundigen Verwechselung von Aniass und Ursache der grossen Kolonialkriege beruhende Meinung wurde auch von VATTEL und dem Genfer Völkerrechtslehrer BURLAMAQUI geteilt."
82. W. GREWE (op. cit., 1984, terceira parte, cap. V – *Die Rechtsbildung: Naturrecht und Staatsräson*, p. 408-422).
83. J. PUENTE EGIDO, **L'extradition en droit international: problèmes choisis** (RCADI, 1991, t. 231, p. 9-260).
84. J. PUENTE EGIDO (op. cit., 1991, p. 36).
85. Y. BEN ACHOUR, **Souveraineté étatique et protection internationale des minorités** (RCADI, 1994, t. 245, p. 321-464).
86. Y. BEN ACHOUR (op. cit., 1994, p. 359-360).

soberania é o direito de comandar, em última instância, na sociedade" – aduzindo que "se essa autoridade não fosse superior a qualquer outra sobre a terra, ela não poderia assegurar à sociedade a ordem e a segurança, que são os fins para os quais ela foi estabelecida";[87]

- Jacques-Yvon MORIN, em 1995, em seu curso na Haia,[88] sobre "a emergência do estado de direito, como princípio de direito internacional", lembra a lição de BURLAMAQUI, ao lado de outros expoentes da escola de direito natural, como doutrina da qual o direito internacional, durante longo tempo, manteve as marcas – com S. PUFENDORF, C. WOLFF e J. de BARBEYRAC –, e que essas ideias e esse método repercutem em toda a Europa: "nós as encontramos, na Inglaterra, em versões opostas, em HOBBES e em LOCKE; nós as encontramos, na França (*sic*), em J. J. BURLAMAQUI e J. J. ROUSSEAU, e depois, na Prússia, em I. KANT. Nós estamos, aqui, na fonte dos direitos do homem, tal como a Europa os concebeu, desde então, e como eles foram, depois, 'exportados' para todo o mundo, nos séculos XIX e XX, com todos os debates, não concluídos, a respeito da natureza do homem e a extensão exata dos seus direitos fundamentais";[89]
- Jacob DOLINGER, em 2000, em seu curso na Haia,[90] sobre a "evolução dos princípios para a solução de conflitos,

87. BURLAMAQUI, **Principes du droit politique** (1751, ed. cit., 1984, première partie, chap. V – *du souverain, de la souveraineté et des sujets*, p. 42-50, § III). Ver **Tratado** (tomo 5 – **Direito internacional no tempo de Francisco de Vitória**, cap. 13 – *estado como sujeito de direito internacional* esp. item 13.2 – *Jean BODIN (1530-1596)*).
88. Jacques-Yvon MORIN, **L'état de droit: émergence d'un principe de droit international** (RCADI, 1995, t. 254, p. 9-462).
89. J.-Y. MORIN (op. cit., 1995, p. 75).
90. Jacob DOLINGER, **Evolution of principles for resolving conflicts in the field of contracts and torts** (RCADI, 2000, t. 283, p. 187-512).

em matéria de contratos e de responsabilidade", lembra BURLAMAQUI, a respeito[91] de quais sejam "os princípios da lei natural, o que significa perguntar quais sejam essas verdades e essas proposições primitivas, por meio das quais nós podemos, efetivamente, conhecer qual é a vontade de Deus em relação a nós; e chegar, assim, por justas consequências, ao conhecimento das leis particulares e dos deveres que Deus nos impõe pela justa razão";[92] e volta a mencionar BURLAMAQUI, logo adiante, ao referir o "direito natural como o importante condutor, que levou o conceito de 'princípio' da filosofia para o direito";[93]

91. J. DOLINGER (op. cit., 2000, p. 204, nota 4).

92. BURLAMAQUI, **Principes du droit naturel** (1747, mas DOLINGER cita a obra de BURLAMAQUI, **Principes du droit naturel**, como datada de 1748, vol. II, p. 47), referido: *apud* P. MORWAN (*sic*), **Le principe de droit privé**, Paris: LGDJ Diffuseur, 1999, p. 17). Na verdade, o nome do autor é Patrick MORVAN, e a sua tese (1999) foi publicada, em Paris, pelas "Editions Panthéon-Assas", com *distribuição* pela LGDJ.

93. J. DOLINGER (op. cit., 2000, p. 206): "In his remarkable doctoral thesis, Patrick MORWAN points to the titles of some of the most important authors of the seventeenth and eighteenth centuries as an indication of how principles began to be studied in law", e cita S. PUFENDORF, **Le droit de la nature et des gens** (1672), – mas PUFENDORF foi originalmente publicado não em *francês*, mas em *latim* – **De jure naturae et gentium libri octo** (orig. publ. Lund, 1672); bem como E. de VATTEL, **Le droit naturel des gens et les devoirs des citoyens ou principes de la loi naturelle** (1773 – *sic*), na verdade, 1758, com o título **Le droit des gens ou principes de la loi naturelle** – appliqués à la conduite et aux affaires des nations et des souverains ('à Londres', 1758, online https://www.gallica.bnf.fr); J.J. BURLAMAQUI, **Principes du droit naturel** (1748) e **Principes du droit de la nature et des gens** (1768) – mas essas datas não correspondem às primeiras edições das respectivas obras, e também J. G. FICHTE, **Fondement du droit naturel selon les principes de la doctrine de la science** (1796) – mas esta foi publicada originalmente em alemão e não em *francês*! J.-G. FICHTE, **Grundlage des Naturrechts nach Prinzipien der Wissenschaftslehre** (orig. publ. Jena und Leipzig: bei Christian Ernst Gabler, 1796-1797, online https://www.digitale-sammlungen.de >). DOLINGER completa (op. cit., 2000, nota 15, da mesma página 206): "I am indebted to this author for some of the references and citations included in this chapter."

- Elizabeth ZOLLER, em 2002, em seu curso na Haia,[94] sobre "aspectos internacionais do direito constitucional", refere os nomes de BURLAMAQUI, MONTESQUIEU e ROUSSEAU, ao considerar a "noção de direito político" – *la notion de droit politique*;[95] e, na mesma passagem, reporta que "BURLAMAQUI via, no direito político, a parte do direito internacional que trata do direito da guerra e de tudo o que tem relação com esta, dos tratados públicos, e dos direitos dos embaixadores".[96]

Essas são somente algumas referências que ilustram quanto é útil situar a lição de BURLAMAQUI para a compreensão da evolução histórica do direito internacional. E quanto este se integra à configuração do direito internacional 'clássico', como brevemente se examinou neste capítulo.

Depois de Jean-Jacques BURLAMAQUI, caberá prosseguir com o exame das contribuições de Emer de VATTEL (1714-1767) e de Georg Friedrich von MARTENS (1756-1821) para o direito internacional. Prossegue o encadeamento, entre autores e obras.[97]

Como se pode ver, existe encadeamento entre ambos, não somente pelo vínculo direto, da atuação de BURLAMAQUI como

94. Elizabeth ZOLLER, **Aspects internationaux du droit constitutionnel**: contribution à la théorie de la fédération d'états (RCADI, 2002, t. 294, p. 39-166).
95. E. ZOLLER (op. cit., 2002, p. 103, § 100).
96. BURLAMAQUI, **Principes du droit politique** (1751, ed. cit., 1984, tome II, quatrième partie, chap. I – *de la guerre en général, & premièrement du droit du souverain sur les sujets à cet égard*, p. 1-14, § VI, *verbis*), a citação de E. ZOLLER (op. cit., 2002, p. 103) é algo imprecisa, em relação ao original de BURLAMAQUI: *le droit de la guerre, celui des traités et des alliances, & celui des ambassadeurs*.
97. Como prossegue no **Tratado** (tomos 11 – **Direito internacional no tempo do iluminismo**, 12 – **Direito internacional no tempo de Vattel e von Martens** e 13 – **Direito internacional no tempo do concerto europeu**).

professor de VATTEL, em Genebra, mas também, em perspectiva histórica, mais ampla, na qual tal encadeamento pode ser apontado, quando, a partir das bases do direito internacional 'moderno', do relevante legado da assim chamada 'escola do direito natural', se põem, progressivamente, os fundamentos da escola 'clássica' de direito internacional, e do direito internacional no contexto do iluminismo e, posteriormente, no contexto do concerto europeu.[98]

Essa escola 'clássica' de direito internacional, como vemos, teve considerável influência sobre os desenvolvimentos ulteriores da matéria. E que, por alguns, ainda parece ser vista como o único modelo possível, para o direito internacional, quando este é visto tão somente como interestatal e aferrado à soberania dos estados. O que acontece em detrimento da visão do conjunto e da coesão do sistema institucional e normativo internacional.

98. Como mencionado, em relação aos seus efeitos nos séculos seguintes, no **Tratado** (tomos 11 – **Direito internacional no tempo do iluminismo**, 12 – **Direito internacional no tempo de Vattel e von Martens** e 13 – **Direito internacional no tempo do concerto europeu**).

TRATADO DE MADRI (1750) E O UTI POSSIDETIS

O estudo do tratado de 1750 deixa a mais viva e grata impressão da boa-fé, lealdade e grandeza de vistas que inspiraram este ajuste amigável de antigas e mesquinhas querelas, consultando-se unicamente os princípios superiores da razão e da justiça e as conveniências da paz e da civilização da América.

J. M. da Silva PARANHOS Jr.,
barão do RIO BRANCO (1894, ed. 2012)[1]

Este foi o lucidíssimo golpe de vista de D. JOÃO V, preparando desde 1722 a missão dos 'padres matemáticos' ao Brasil. Previu com magnífica segurança. Estabeleceu as condições prévias, para que Alexandre de GUSMÃO, certo de que era indispensável fazer tábua rasa do tratado

1. José Maria da Silva PARANHOS Jr., barão RIO BRANCO, **Questão de limites entre o Brasil e a República Argentina** (orig. publ. Nova York, 1894, in **Obras do Barão do Rio Branco**, Brasília: Ministério das relações exteriores – Fundação Alexandre de Gusmão, vol. I, 2012, p. 76).

de Tordesilhas, concebesse a nova estratégia do **uti possidetis** *e dos limites naturais, e várias táticas, como a colonização dirigida dos casais.*

J. CORTESÃO, **O tratado de Madri** (1953, ed. 2001)[2]

O tratado de Madri representou a tardia manifestação, no plano diplomático, da transitória recuperação do prestígio português. Tanto se havia esperado pelas condições propícias à negociação e, em seguida, pela conclusão das complexas tratativas que o convênio só conseguiu ser finalizado e assinado na undécima hora, quando o contexto político-diplomático estava prestes a novamente se alterar para pior. [...] A deterioração do clima ibérico somou-se localmente à dificuldade da demarcação no terreno. Foram escassos os avanços das comissões para delimitar as fronteiras setentrionais e meridionais.

R. RICUPERO (2017)[3]

O tratado de Madri (1750) evidencia mudança substancial de paradigma: da linha meridiana, até então ao menos nominalmente vigente, nos documentos oficiais, passam a limites naturais, "tomando por balizas as passagens mais conhecidas para que, em tempo, nem se confundam nem deem ocasiões a disputas, como são a origem e curso dos rios e os montes mais notáveis". Salvo mútuas concessões, inspiradas por conveniências comuns, para os confins ficarem menos sujeitos

2. Jaime CORTESÃO, **O Tratado de Madri** (orig. publ. 1953, edição fac-similar, Brasília: Senado Federal, 2001, 2 vols., cit. vol. I, p. 312 e vol. I, p. 67): "Com o ouro pagou a colonização de Santa Catarina e do Rio Grande do Sul, por alguns milhares de casais açorianos – sábia e metódica preparação do *uti possidetis*, a invocar durante as negociações do próximo tratado, que havia de regular os limites do Brasil."
3. Rubens RICUPERO, **A diplomacia na construção do Brasil** – 1750-2016 (Rio de Janeiro: Versal, 1ª ed., 2017, esp. – *o tratado de Madri*, p. 57-69, cit. p. 65-66).

> *a controvérsia, ficaria cada parte com o que atualmente possuísse. O mesmo critério, da efetividade da posse, nortearia as soluções das questões de fronteiras, em quase todas as controvérsias, entre o Brasil e os seus vizinhos, exceto no caso do Paraguai.*
>
> P. B. CASELLA (2022)[4]

No LIMITE DESTE DIREITO INTERNACIONAL NO TEMPO CLÁSSICO, justifica-se a menção ao tratado de Madri, de 1750, pela adoção, neste, do princípio do *uti possidetis*,[5] que terá múltiplos desdobramentos.[6]

---

4. Ver **Tratado** (tomo 2 – **Direito internacional dos espaços**, 2ª ed., 2022, cap. 27, item 27.2 – *fronteiras brasileiras com a Argentina*, p. 433-451, cit. p. 441-442).
5. Para o texto e análise de conjunto e de contexto, ver **Tratado** (tomo 1 – **Direito internacional dos espaços**, 2ª ed., 2022, cap. 5 – *demarcação e delimitação do território no direito internacional*, tomo 2 – **Direito internacional dos espaços**, cap. 27 – *território brasileiro e direito internacional* e cap. 28 – *fases da formação do território brasileiro: algumas lições de direito internacional*); Jaime CORTESÃO, **O Tratado de Madri** (edição fac-similar, Brasília: Senado Federal, 2001, 2 vols.); Luiz Alberto MONIZ BANDEIRA, **La formación de los estados en la cuenca del Plata: Argentina, Brasil, Uruguay, Paraguay** (© 2006, trad. de Miguel GRINBERG, Buenos Aires: Grupo Editorial Norma, 2006); AFONSO ARINOS [de Melo Franco] Filho, **Diplomacia independente, um legado de Afonso Arinos** (São Paulo: Paz e Terra, 2001, 'Bicentenário da morte de Alexandre de Gusmão', p. 77-81).
6. Ver tb. G. ABI-SAAB, *L'uti possidetis. Son rôle et ses limites dans le contentieux territorial international*. (in **La promotion de la justice, des droits de l'homme et du règlement des conflits par le droit international** – Liber amicorum Lucius Caflisch, ed. by M. KOHEN, Leiden: M. Nijhoff, 2007, p. 657-671); J. A. BARBERIS, *La concepción brasileña del uti possidetis* (in **Dimensão internacional do direito: estudos em homenagem a G. E. do Nascimento e Silva**, org. P. B. CASELLA, São Paulo: LTr, 2000, p. 33-48); ___, *La conception brésilienne de l'uti possidetis* (in **Liber amicorum Judge M. Bedjaoui**, ed. by E. YAKPO and T. BOUMEDRA, The Hague: Kluwer Law Intl, 1999, p. 49-62); ___, **Les règles spécifiques du droit international en Amérique latine** (RCADI, 1992, vol. 235, p. 81-230); ___, **Los recursos naturales compartidos entre estados y el derecho internacional** (Madri: Tecnos, 1979); D. BARDONNET, **Les frontières terrestres et la relativité de leur tracé – problèmes juridiques choisis** (RCADI, 1976, vol. 153, p. 9-166); L. CAFLISCH, *Des frontières européennes pour l'Afrique?* (in **L'Afrique et le droit international: variations sur l'organisation internationale / Africa and International Law: Reflections on the international organization** – Liber amicorum R. Ranjeva, Paris: Pedone, 2013, p. 59-72); ___, **Cent ans de règlement pacifique des différends interétatiques**

As dificuldades para a aplicação do Tratado de Madri, por meio do qual as fronteiras do Brasil se estipulavam com base no *uti possidetis*, serviram, então, como pretexto para que seus signatários o considerassem nulo, dados os descontentamentos e as desconfianças que suscitou. Pelas dificuldades de sua implementação,[7] foi avaliado criticamente o legado do tratado de Madri, de 1750.

O tratado mal teve tempo de surtir efeitos, se os teve, soçobrando,[8] em meio aos ulteriores conflitos armados entre Portugal e Espanha, que leva à substituição do tratado de Madri, primeiro, pelo tratado de El Pardo, em 1761, e de ambos, a seguir, pelo de Santo Ildefonso, de 1777. Depois de novo conflito, todos os acordos precedentes são suplantados pela assim chamada Paz de Badajoz, em 1801.

(RCADI, 2001, vol. 288, p. 245-467); R. MEHDI, *L'application par le juge du principe de l'uti possidetis* (in **Le juge international et l'aménagement de l'espace: la spécificité du contentieux territorial**, dir. de Ph. WECKEL, Paris: Pedone, 1998, p. 57-89); G. NESI, *Uti possidetis doctrine* (in **The Max Planck Encyclopedia of Public International Law**, ed. by R. WOLFRUM, Oxford: Univ. Press, 2012, vol. X, p. 626-630); R. RICUPERO, **A diplomacia na construção do Brasil** – 1750-2016 (Rio de Janeiro: Versal, 1ª ed., 2017, esp. – *o tratado de Madri*, p. 57-69) ; L. I. SÁNCHEZ RODRIGUEZ, **L'uti possidetis et les effectivités dans les contentieux territoriaux et frontaliers** (RCADI 1997, vol. 263, p. 149-382); F. WOOLBRIDGE, *The uti possidetis doctrine* (in **Encyclopedia of Public International Law**, ed. by R. BERNHARDT, Amsterdam: Elsevier, 2000, vol. IV, p. 1259-1262).

7. L. A. MONIZ BANDEIRA (op. cit., 2006, cap. III – Fundación de la colonia del Sacramento – teoría de las fronteras naturales – Portugal y Inglaterra en el siglo XVIII – Tratado de Madrid y configuración territorial de Brasil, p. 63-76, cit. p. 68-69): "Si la soberanía de España sobre el territorio de las misiones era, como se sabe, nominal, la toma, *ipso facto*, no sería fácil para Portugal. Los indígenas, bajo el comando de los jesuitas, se rebelaron y, negándose a abandonarlo, resistieron con armas en las manos a las fuerzas conjuntas de España y Portugal, que los acometieron para desalojarlos. La guerra duró varios años y las tropas regulares de los dos países, que en ella se involucraron, experimentaron serios reveses frente a la tenacidad y la bravura con que combatían los guaraníes."

8. R. RICUPERO (op. cit., 2017, cit. p. 66): "Seis meses apenas após a assinatura do tratado (13 de janeiro de 1750), morria D. JOÃO V e, em rápida sucessão, desapareceram da cena Alexandre de GUSMÃO, D. José de CARAVJAL, a rainha D. BÁRBARA, o rei FERNANDO VI, todos os que poderiam ter razões pessoais para querer dar cumprimento ao acordado. Na Espanha, subiu ao trono CARLOS III, monarca que abandonou a política de reconciliação com Lisboa. Em Portugal, o novo rei, D. JOSÉ I, concentrou poderes em mãos do marquês de POMBAL, crítico e opositor do tratado."

O conflito posterior – a assim chamada guerra das Laranjas, de 1801 – teria anulado o tratado de Santo Ildefonso e, na paz de Badajoz, "contrariamente ao que teria sido a praxe entre os vizinhos ibéricos, o ajuste de Santo Ildefonso não havia sido expressamente revalidado", tendo como "prova de não tratar-se de mero esquecimento seria a Espanha ter conservado a praça de Olivença, que ocupara na península ibérica, enquanto os portugueses haviam mantido as Missões do Uruguai, reconquistadas na ocasião".[9]

A fronteira[10] entre Portugal e Espanha, no tempo colonial, foi determinada pelo tratado de Madri, de 1750. Seu artigo I tinha redação bastante abrangente:

> O presente tratado será o único fundamento e regra que adiante se deverá seguir para a divisão e limites dos dois domínios em toda a América e na Ásia; e, em virtude disso, ficará qualquer direito e ação que possam alegar as duas Coroas, por motivo da Bula do Papa Alexandre

9. R. RICUPERO (op. cit., 2017, cit. p. 71-72): "A sucessão de tratados traduz um padrão que se repete: a cada configuração momentânea que assume a correlação de forças vai corresponder uma determinada expressão jurídica, consubstanciada num tratado. As mudanças na correlação de forças não demoram em encontrar tradução em nova construção jurídica, a fim de legitimar a situação de fato alcançada no terreno das armas. Assim como o tratado de Madri havia assinalado um instante fugaz de fortalecimento do poder português, que alguns ilusoriamente tomaram por permanente, o ajuste de Santo Ildefonso representou o reflexo jurídico do nível mais indiscutível de superioridade militar que os espanhóis jamais atingiram, antes ou depois, nas plagas meridionais da América do Sul. [...] Para portugueses e brasileiros, Santo Ildefonso não passava de revés provisório, fruto de desequilíbrio militar ocasional, a ser retificado no futuro em circunstâncias mais propícias, primeiramente no terreno dos fatos, depois no do direito. Essa ocasião surgiria um quarto de século depois, em 1801, com a retomada das hostilidades entre os reinos ibéricos, provocada pela fugaz guerra das Laranjas. Tirando proveito da oportunidade, uma expedição luso-brasileira de menos de cinquenta homens conquistou as Missões, corrigindo em parte a fronteira de Santo Ildefonso (não em relação à Colônia, nem ao ponto de partida no Chuí)."
10. Ver **Tratado** (tomo 2 – **Direito internacional dos espaços**, cap. 27 – *território brasileiro e direito internacional*, bem como tomo 1 – **Direito internacional dos espaços**, cap. 5 – *demarcação e delimitação do território*).

VI, de feliz memória, e dos tratados de Tordesilhas, de Lisboa e Utrecht,[11] da Escritura de venda, outorgada em Saragoça, e de outros quaisquer tratados, convenções e promessas; o que tudo, enquanto trata da linha da demarcação, será de nenhum valor e efeito, como se não houvera

11. A paz de Utrecht consistiu em uma série de tratados de paz, assinados pelos beligerantes da guerra de sucessão espanhola, na cidade de Utrecht, nos Países Baixos, e em outras cidades, entre abril de 1713 e fevereiro de 1715. O tratado dito de Utrecht entre Portugal e a Espanha foi assinado em Maliebaan, em 6 de fevereiro de 1715. A respeito, ver **Tratado** (tomo 8 – **Direito internacional além do paradigma vestfaliano**, item – *guerra da sucessão espanhola*). A guerra envolveu grande parte da Europa, durante mais de uma década, em torno de três candidatos ao trono da Espanha. Central foi a atuação da França, colocando-se como defensora da Espanha, enfrentando uma coalizão multinacional. Depois de muita destruição e derramamento de sangue, estagnou o conflito armado. O principal efeito dos tratados foi permitir, ao neto de LUÍS XIV, assumir e conservar o trono da Espanha c omo FELIPE V, em troca da renúncia definitiva deste a qualquer direito de sucessão ao trono da França, acompanhado de garantias, no sentido de que França e Espanha não se uniriam em único estado, preservando o equilíbrio de poder na Europa. Ver: em 14 de março de 1713, a Convenção para a evacuação da Catalunha e armistício na Itália, entre o Sacro Império, Grã-Bretanha, França e Espanha; em 11 de abril de 1713, o Tratado de paz e amizade de Utrecht, entre Grã-Bretanha e França; em 11 de abril de 1713, o Tratado de paz de Utrecht, entre França e Países Baixos; em 11 de abril de 1713, o Tratado de paz de Utrecht, entre França e Portugal; em 11 de abril de 1713, o Tratado de paz de Utrecht, entre França e Prússia; em 11 de abril de 1713, o Tratado de paz de Utrecht, entre França e Savóia; em 13 de julho de 1713, o Tratado de paz e amizade de Utrecht entre Grã-Bretanha e Espanha; em 13 de julho de 1713, o Tratado de paz, aliança e amizade de Utrecht, entre Espanha e Savóia; em 6 de março de 1714, o Tratado de paz de Rastaat, entre a Áustria e a França; em 26 de junho de 1714, o Tratado revisto de paz e amizade de Utrecht entre a Espanha e os Países Baixos; em 7 de setembro de 1714, o Tratado de paz de Baden, entre o Sacro Império e a França; e em 6 de fevereiro de 1715, o Tratado revisto de paz e amizade de Utrecht, entre Portugal e Espanha. Além destes, foram ainda assinados diversos outros tratados de navegação e comércio, em Utrecht e outras praças. Textos, *i.a.*: **Tratado de paz entre las coronas de España y de Inglaterra** em Utrecht – Año 1713 (Madri: Imprenta real, 1713); **Tractatus pacis & amicitiae / Peace and friendship Treaty of Utrecht between Spain and Great Britain / Peace and friendship Treaty of Utrecht between France and Great Britain** (Londres: John Rolett, printer to the Queen, 1714); **Traité de paix entre la France et la Prusse**, conclu à Utrecht le 11 avril 1713 (Paris: chez François Fournier libraire, 1713 – Biblioteca Nacional de Portugal – digitalizado – http://purl.pt/15073 – https://permalinkbnd.bnportugal.gov.pt/idurl/1/83783). Tratados assinados em latim, francês, inglês, alemão, holandês, espanhol e português, entre várias potências europeias, incluindo Espanha, Grã-Bretanha, França, Portugal, Savoia, os Países Baixos, entre os representantes de LUÍS XIV da França, seu neto FELIPE V da Espanha, a rainha ANNE da Grã-Bretanha, o rei VITOR AMADEU II da Sardenha, o rei JOÃO V de Portugal e as Províncias Unidas dos Países Baixos.

> sido determinado, ficando em tudo o mais na sua força e vigor; e para o futuro não se tratará mais da dita linha, nem se poderá usar deste meio para decisão de qualquer dificuldade que ocorra sobre limites, senão unicamente da fronteira, que se prescreve nos presentes artigos como regra invariável e muito menos sujeita a controvérsia.[12]

Diversamente do que ocorreria com o Tratado de Santo Ildefonso, de 1777, do qual sempre o Brasil enfatizou o caráter preliminar,[13] e que deveria ser substituído por três tratados definitivos, o Tratado de Madri, de 1750, continha cláusula expressa, no artigo XXVI, para ressalvar a validade deste, mesmo em caso de conflagração armada entre as partes contratantes:

> Este tratado, com todas as suas cláusulas, determinações, será de perpétuo vigor entre as duas Coroas, de tal sorte que, ainda em caso (que Deus não permita) que se declarem guerra, ficará firme e invariável durante a mesma guerra, e depois dela, sem que nunca se possa reputar interrompido nem necessite de revalidar-se. E presentemente se aprovará, confirmará e ratificará pelos dois Sereníssimos Reis, e se

12. "Tratado de limites na América, entre D. João V, rei de Portugal, e D. Fernando VI, rei de Espanha, assinado em Madri, em 13 de janeiro de 1750" (ed. cit., 1980, vol. III, p. 346-357).
13. R. RICUPERO (op. cit., 2017, cit. p. 70-71): "Prefere-se assinalar que o tratado de Santo Ildefonso cometeu uma injustiça ao abandonar o equilíbrio da permuta, o que é verdade. De fato, ao impor aos vencidos um preço excessivo pela derrota, a Espanha vitoriosa semeava os germes da inconformidade e da desforra futura. / Como é compreensível, os espanhóis e seus herdeiros gostariam que o instrumento e o momento de correlação de forças que lhe deu origem congelassem para sempre o *status quo* militar e diplomático daquela hora. Por isso, mais tarde, nas negociações com o Brasil, os vizinhos hispânicos invariavelmente advogaram em favor da validade de Santo Ildefonso, mesmo depois da independência e do fim da jurisdição das metrópoles coloniais. / Contra tal pretensão, os estadistas e diplomatas brasileiros argumentaram que o tratado de 1777 havia sido denominado de 'preliminar' e assim ficara, pois não se havia completado a demarcação dos limites pactuados."

fará a troca das ratificações no termo de um mês, depois de sua data, ou antes, se for possível.[14]

Assinale-se a amplitude da aceitação do princípio do *uti possidetis*, e sua universalização, no sentido de passar a ser aplicável, além de seu contexto de origem – a América Latina, nas relações entre Espanha e Portugal –, e de seu contexto de ulterior adoção – o continente africano, no contexto pós-colonial –, e teve considerável impacto, sobre o conjunto dos países da América do Sul. Paradoxalmente o tratado de Madri, de 1750, vem a ter considerável impacto, no direito internacional geral, não obstante mal se tenha chegado a implementar como tal. Isso se deve, ao menos, por duas ordens de motivos: representou a fixação do princípio do *uti possidetis*, bem como, em decorrência da incidência deste, agregou à então colônia portuguesa mais da metade, do que representa o território brasileiro atual.

Pelo tratado de Madri, em 1750, Espanha e Portugal reconhecem ter violado os dispositivos, estipulados no tratado de Tordesilhas, de 1494, a Espanha na Ásia, e Portugal na América. Começaram, portanto, abolindo a "demarcação acordada em Tordesilhas, assim porque se não declarou de qual das ilhas do Cabo Verde se havia de começar a conta das trezentas e setenta léguas, como pela dificuldade de assinalar, nas costas da América meridional, os dois pontos, ao sul e ao norte, donde havia de principiar a linha, como também

14. "Tratado de limites na América, entre D. João V, rei de Portugal, e D. Fernando VI, rei de Espanha, assinado em Madri, em 13 de janeiro de 1750, e ratificado por parte de Portugal, em 26 do dito mês, e pela de Espanha em 8 de fevereiro do mesmo ano" (texto reproduzido em Antônio Pereira PINTO, **Apontamentos para o direito internacional**, intr. A. A. CANÇADO TRINDADE, Brasília: Ministério da Justiça – Ed. UnB, 2ª ed., 1980, 3 vols., vol. III, p. 346-357). V. tb. Jaime CORTESÃO, **O Tratado de Madri** (edição facsimilar, apres. A. da Costa FRANCO, Brasília: Senado Federal, 2001, 2 vols.).

pela impossibilidade moral de estabelecer, com certeza, pelo meio da mesma América uma linha meridiana." Abolem, igualmente, quaisquer outros atos referentes a limites.

O tratado de Madri teria o efeito de consolidação normativa, por meio da qual os dois estados contratantes suprimiram entendimentos anteriores e estipularam novo quadro normativo. Como dito, esse tratado de 1750 evidencia 'mudança substancial de paradigma', de porque a linha meridiana, até então ao menos nominalmente vigente, nos documentos oficiais, passaram Portugal e Espanha a limites supostamente naturais, "tomando por balizas as passagens mais conhecidas, para que em tempo nem um se confundam, nem deem ocasiões a disputas, como são a origem e curso dos rios e os montes mais notáveis". O que, apesar de desejável, não deixou de dar lugar a ulteriores conflitos entre os dois estados.

Salvo mútuas concessões inspiradas por conveniências comuns, para os confins estarem menos sujeitos a controvérsia, ficaria cada parte com o que então possuísse. Como apontava CAPISTRANO DE ABREU, "maior importância que às terras prestou-se ao aproveitamento dos rios". Estabeleceu-se que "a navegação seria comum quando cada um dos reinos tivesse estabelecimentos ribeirinhos; se pertencessem à mesma nação ambas as margens, só ela poderia navegar pelo canal". Para ficar com a navegação exclusiva do Prata, a Espanha trocou a colônia do Sacramento pelas missões do Uruguai. Encarregadas de assentar os limites iriam duas tropas de comissários, uma pelo Amazonas, outra pelo Prata.[15]

15. J. CAPISTRANO DE ABREU, **Capítulos de história colonial (1500-1800) – Os caminhos antigos e o povoamento do Brasil** (Brasília: UnB, 5ª ed., rev., anotada e prefaciada por J. Honório RODRIGUES, 1963, cit. p. 196-197 e 198): "Em troca da colônia do Sacramento e navegação exclusiva do Prata, a Espanha cedera a Portugal a navegação exclusiva do Uruguai com os sete povos das missões jesuíticas: São

Desse propósito, de ficar cada parte "com o que até então possuísse",[16] decorreu a transposição do conceito *uti possidetis*, do direito privado romano antigo, para o direito internacional clássico. Isso representou mais que a simples solução do problema pontual.

A partir dessa estipulação, deu-se a instauração de princípio geral de direito internacional, e este teria extensa e variada repercussão, não somente na época, mas, igualmente, como diretriz para solução de questões territoriais recentes, entre países africanos.[17] O princípio do *uti possidetis* foi inicialmente adotado para solucionar

---

Nicolau, São Miguel, São Luís Gonzaga, São Borja, São Lourenço, São João e Santo Ângelo, fundados entre 1687 e 1707, alguns com os restos de reduções que escaparam à sanha dos mamalucos. Ceder terras com habitantes é amputação dolorosa, ainda hoje praticada; entregar as terras, deixando os bens de raiz, levando os moradores apenas os móveis e semoventes reporta à crueza dos Assírios. Entretanto, as duas Cortes julgaram consumar facilmente este ultraje à humanidade se os jesuítas as ajudassem, pesando sobre o espírito dos índios. Os jesuítas acreditaram-se poderosos para tanto e bem caro pagaram este acesso de fraqueza ou de vaidade: quando os índios se levantaram, desmentindo ou antes engrandecendo seu padres, mostrando que a catequese não fora mera domesticação e a vida interior vibrava-lhes na consciência, aos jesuítas foi atribuída a responsabilidade exclusiva em um movimento natural, humano e por isso mesmo irresistível."; v. tb. Manrique ZAGO (dir. edtrl.) y Prof. Arq. Jorge O. GAZANEO (dir. cient.), **Las misiones jesuíticas del Guayrá** (fotografías Carlos MORDO, textos de Salvador CABRAL, Aníbal G. AMAT, Liliana ROJAS, Graciela CAMBAS, Martín M. MORALES S.J., Jorge O. GAZANEO, Alberto De PAULA, Bozidar D. SUSTERSIC, Roberto Di STEFANO, Buenos Aires / Verona: UNESCO / ICOMOS, 2ª ed., 1995; esp. de Jorge O. GAZANEO, cap. III 'Geopolítica de las Misiones', p. 75-90, cit. p. 75): "Los padres jesuitas, desde fines del siglo XVI y hasta la expulsión de la Orden en el siglo XVIII materializaron asentamientos que en poco tiempo fueran centros de irradiación religiosa y cultural en vastas extensiones geográficas de América y Asia españolas. (...) Esto se dio en un contexto histórico en que los acontecimientos que forjaron la realidad geopolítica mundial no fueran ajenos al papel que cupo a la Orden como defensora de las dilatadas fronteras imperiales de la corona de España, que se extendían – en el Nuevo Mundo – desde California y Nuevo México hasta el Río de la Plata."

16. Ainda J. CAPISTRANO DE ABREU (op. cit., loc. cit.): "Depois de tantos anos e de tantas canseiras nem um passo se dera para realizar o ideal afagado pelo Tratado de Madri. Para os interesses de Portugal, a solução não foi desvantajosa: estribado no *uti possidetis*, dando-lhe uma extensão inconciliável com o Tratado de Madri, pôde agora satisfazer a sua avidez de terras."
17. Diversos casos de aplicação do *uti possidetis* para a solução de controvérsias territoriais entre países africanos são mencionados no **Tratado** (tomos 1 e 2 – **Direito internacional dos espaços**).

a composição de interesses dinásticos entre a Espanha e Portugal, e passaria a ser princípio, com extensa e considerável aplicação, não somente entre os países latino-americanos após a independência destes, como também no contexto pós-colonial africano, na solução de controvérsias relativas a questões territoriais entre os estados da região.

O critério da efetividade da posse – *uti possidetis* – nortearia as soluções das questões de fronteiras, em quase todas as controvérsias entre o Brasil e os seus vizinhos,[18] exceto no caso das fronteiras com o Paraguai.[19]

Mencionava A. CASSESE[20] ter sido a prática do *uti possidetis* encetada no início do século XIX, quando da independência das colônias espanholas nas Américas – e parece, aqui, cometer duas imprecisões: a primeira, quanto ao momento histórico em que surge e se passa a utilizar o *uti possidetis*, dado o fato de se ter instaurado o princípio, inicialmente, entre as duas metrópoles, mais de meio século antes – no tratado de Madri, em 1750– e não somente *voltar* a ser aplicado no século seguinte; a segunda imprecisão cometia CASSESE quanto ao conteúdo, dado o fato de ter sido esse princípio extensamente utilizado (também) pelo Brasil, na solução das controvérsias em matérias fronteiriças com os seus muitos vizinhos no continente, mas com sentido distinto daquele por CASSESE apontado

18. J. ANDRASSY, **Les relations internationales de voisinage** (RCADI, 1951, t. 79, p. 73-182).
19. Ver **Tratado** (tomo 2 – **Direito internacional dos espaços**, cap. 27 – território brasileiro e direito internacional, esp. item 27.7 – *fronteiras brasileiras com o Paraguai*).
20. Antonio CASSESE, **International Law** (Oxford: Univ. Press, 2nd ed., 2005, chap. 5 – the spatial dimension of state activities, p. 81-97, item 5.2.2 – delimitation of boundaries: the *uti possidetis* doctrine, cit. p. 83-84): "Towards the beginning of the nineteenth century a practice developed in Spanish America whereby, on the accession of the various former colonies of Spain to independence, their boundaries followed the former colonial frontiers ('you will have sovereignty over those territories you possess as of law': *uti possidetis jure*)."

– não se tratava de 'direito', mas de fato da posse e da caracterização da estabilidade desta, como fonte para conferir título sobre o território:[21] atribuíram-se terras às coroas portuguesa e espanhola não conforme 'direito' destas, porquanto se reconheceu que, na prática, ambos os processos de colonização teriam transgredido as marcas teóricas instituídas pelo tratado de Tordesilhas (Portugal nas Américas e a Espanha na Ásia), e se instaura regime de legitimação legal, a partir da ocorrência de posse efetiva – *uti possidetis* – e não arguição de natureza jurídica.[22] A original e relevante contribuição do brasileiro Alexandre de GUSMÃO, negociador do tratado de Madri, não pode nem deve ser esquecida.[23]

Cumpre trazer a obra de Alexandre de GUSMÃO para a atualidade do direito internacional, ademais como dado norteador para a política externa brasileira, como fez Afonso ARINOS, ao asseverar:[24] "este tratado representa, na história diplomática do mundo, uma das maiores antecipações jurídicas, jamais conseguidas sem guerra".[25] E esta deve ser entendida, em sua justa proporção:

21. Cf. se considera no **Tratado** (tomo 2 – **Direito internacional dos espaços**, cap. 27 – território brasileiro e direito internacional), especificamente em relação a cada um dos vizinhos no continente. Para análise crítica da posição brasileira, v. Julio BARBERIS, *La concepción brasileña del 'uti possidetis'* (in **Dimensão internacional do direito**: estudos em homenagem a G. E. do NASCIMENTO E SILVA, coord. P. B. CASELLA, São Paulo: LTr, 2000, p. 33-48).
22. Compare-se C. H. ALEXANDROWICZ, **Treaty and diplomatic relations between European and South Asian powers in the seventeenth and eighteenth centuries** (RCADI, 1960, t. 100, 203-322).
23. Continua a ser a referência básica a relevante contribuição já ref. de Jaime Zuzarte CORTESÃO, **Tratado de Madri** (orig. publ. **Alexandre de Gusmão e o tratado de Madri** em 1953, apres. Álvaro da Costa FRANCO, ed. fac-similar, Brasília: Senado Federal, 2001, 2 vols.).
24. Afonso ARINOS [de Melo Franco] Filho, **Diplomacia independente, um legado de Afonso Arinos** (São Paulo: Paz e Terra, 2001, 'Bicentenário da morte de Alexandre de Gusmão', p. 77-81).
25. Afonso ARINOS Filho (op. cit., 2001, p. 78).

> Na diplomacia existe uma parte de criação, peculiar e necessária. A diplomacia, é claro, se baseia na história. Eu me refiro à diplomacia de limites, à diplomacia de fronteiras, à fixação de fronteiras dos estados nacionais. Ela se baseia na história, baseia-se na geografia, funda-se na etnografia, mas nunca história, geografia e etnografia resolveram, por si sós, os problemas diplomáticos. Aí é que é necessário o gênio diplomático; aí é que é necessário o homem seja capaz de, servindo-se dos argumentos, colhidos na história, na etnografia e na geografia, criar uma doutrina, criar uma justificativa. Através de quê? Da negociação e da aplicação da regra jurídica. Esse é o diplomata. Esse foi Alexandre de GUSMÃO.[26]

Após o estabelecimento dos critérios para a delimitação dos territórios de Espanha e de Portugal, por meio do tratado de Madri, de 1750, levanta-se, a seguir, a questão fundamental: como executar o que fora negociado? Nem em Portugal, nem tampouco na Espanha, se contavam, à época, 'geógrafos' experimentados, habilitados para o efeito das demarcações fronteiriças. O recurso a estrangeiros se impunha, e as universidades italianas tinham condições de fornecer mão de obra qualificada, e para lá parte o padre João Álvares de GUSMÃO, irmão de Alexandre de GUSMÃO, o grande obreiro do tratado e secretário de D. JOÃO V, com claras

26. Afonso ARINOS Filho (op. cit., 2001, loc. cit.): "Foi o homem que servindo-se de todos os dados da história americana desde o descobrimento, foi o homem que, conhecedor profundo de todos os documentos, nas suas menores nuanças e nas suas diferentes interpretações, foi o homem que tendo estudado a cartografia, a geografia e todas as demais ciências auxiliares, reuniu e fundiu tudo isso na capacidade de negociação, e no descobrimento das regras jurídicas, que fizeram com que o tratado de Madri ficasse desde logo, manifestamente, como uma das peças fundamentais do equilíbrio americano, e também do direito europeu. Aí está [...] a importância do tratado de Madri. Mas os tratados não se resolvem por si mesmos, sobretudo os tratados de limites. Exigem demarcações e estreitas negociações para se completarem."

indicações: "havia que contratar católicos sem suspeita, naturais de países que não pudessem vir a ser concorrentes".

Dentre estes 'geógrafos', Antônio José LANDI, bolonhês, de sólida formação técnica, depois de 'estágio' em Lisboa (1750-1753), irá para o Grão-Pará como "debuxador", e lá iniciará as suas atividades na Amazônia, onde virá a marcar com seus conhecimentos e habilidade artística o norte do Brasil. Sua presença é assinalada em Belém do Pará, em 1754, pelo governador Francisco Xavier de MENDONÇA FURTADO,[27] enquanto Antônio José LANDI permanece na região até falecer, em 1791.[28] A questão da Amazônia permanece foco de acesos debates, internos e internacionais.[29]

---

27. Marcus Carneiro de MENDONÇA, **A Amazônia na era pombalina**: a correspondência do governador e capitão-general do estado do Grão-Pará e Maranhão, Francisco Xavier de MENDONÇA FURTADO 1751-1759 (Brasília: Senado Federal, 2005, 3 vols.).
28. Deixou marcas na urbanização e na arquitetura das povoações feitas ou refeitas na grande Amazônia, Antônio José LANDI, **Amazônia felsínea** – itinerário artístico e científico de um arquiteto bolonhês na Amazônia do século XVIII (Lisboa: Comissão nacional para as comemorações dos descobrimentos portugueses, 1999, "breve explicação" de Joaquim Romero MAGALHÃES).
29. Ver **Tratado** (tomo 2 – **Direito internacional dos espaços**, cap. 27 – fases da formação do território brasileiro: algumas lições de direito internacional); Nelson de Figueiredo RIBEIRO, **A questão geopolítica da Amazônia: da soberania difusa à soberania restrita** (Brasília: Senado Federal, 2005) põe como missão de seu estudo – "minha expectativa é colocar à disposição das lideranças políticas regionais e nacionais uma análise sistemática de um problema preocupante: a fragilidade geopolítica que envolve a Amazônia ; e também proporcionar [...] uma maior conscientização sobre o vasto painel de questionamentos geopolíticos sobre a Amazônia" (cfr. p. XXXVIII), mas a seguir (p. XLII) faz surpreendente reparo, de que "é necessário abrir aqui um parêntese para esclarecer que as discussões geopolíticas incidem, ora sobre o domínio da Amazônia em si, ora sobre a amplitude desse domínio. Quando se questiona a geopolítica amazônica pretende-se caracterizar ou descaracterizar a soberania incidente sobre a Amazônia, com o pacífico reconhecimento de todos os povos. [...] Essa discussão adquire uma conotação mais emocional do que racional porque a geopolítica é um conceito obscuro, embaçado por interesses nos quais nem sempre se pode distinguir, quando o seu conteúdo é reconhecidamente de natureza científica, como ramo da Antropogeografia das nações, ou predominantemente orientado por critérios de conveniência, em geral ditado pelo imperialismo internacional." Afigura-se, no mínimo, curioso se escreva todo um livro sobre (*sic*) 'geopolítica da Amazônia' para apodar esta de conceito obscuro, passível de manipulação conforme determinem interesses políticos! Em sentido diverso, cfr. Edward SAID, **Cultures and Imperialism** (Londres: Chatto & Windus, 1993). Sobre a temática da Amazônia, em

Extensa e variada aplicação do *uti possidetis* volta a ocorrer, a partir da descolonização na África,[30] após a Segunda guerra mundial, até a grande onda de descolonização dos anos 1960. Dentre outros desafios, suscitou o crucial problema das fronteiras dos novos estados independentes. Exceto em alguns casos, nos quais as fronteiras foram acordadas, mediante negociação, no âmbito da ONU, a tendência geral foi no sentido de aceitar as fronteiras – ou, antes, se conformarem com a aceitação destas – tal como herdadas do período colonial e existentes no momento da independência. Essa prática foi sancionada em várias resoluções da ONU, bem como em relevante resolução da então Organização da Unidade Africana,[31] adotada na primeira reunião plenária realizada no Cairo, em 1964.[32] Alguns exemplos ilustram a multiplicação da aplicação do *uti possidetis*.

No caso, referente à **questão de fronteira** (1986) entre Burkina Faso e Mali,[33] a Corte Internacional de Justiça declarou constituir o *uti possidetis* um princípio geral de direito internacional:[34]

---

obras individuais deste internacionalista que se define como "amazônida", Adherbal MEIRA MATTOS, **Pacto amazônico: cooperação e integração** (Belém do Pará: Ed. UFPA, 1982); ___, **Amazônia e outros estudos** (Belém do Pará: Ed. CEJUP, 1991); ___, **Em defesa da Amazônia brasileira** (Belém do Pará: Ed. CEJUP, 1995); deste, também, numerosas as obras em colaboração e intervenções pontuais sobre a mesma temática.

30. Como se examina no **Tratado** (tomos 14 a 17 – **Direito internacional no tempo do colonialismo**); v. tb. C. H. ALEXANDROWICZ, **The Afro-Asian world and the law of nations**: historical aspects (RCADI, 1968, t. 123, p. 117-214).
31. A Unidade Africana foi criada em Lomé em 11 de julho de 2000, por ato firmado entre os países anteriormente vinculados à Organização da Unidade Africana, de 1963, em Adis Abeba. A respeito, v. ACCIOLY – NASCIMENTO E SILVA – CASELLA, **Manual de direito internacional público** (26ª ed., 2023, item 4.2.3 – União Africana).
32. O.U.A., OUA-AHG-Res. 16-1 – Litiges entre états africains au sujet des frontières, adotada na primeira reunião de chefes de estado e de governo / conférence des chefs d'état et de gouvernement, au Caire, 17-21 juillet 1964: "Considérant en outre que les frontières des états africains, au jour de leur indépendance, constituent une réalité tangible [...]. Déclare solennellement que tous les états membres s'engagent à respecter les frontières existant au moment où ils ont accédé à l'indépendance."
33. C.I.J., **Différend frontalier** (Burkina Faso c. Mali, julgamento de 22 de dezembro de 1986).
34. R. MEHDI, *L'application par le juge du principe de l'uti possidetis* (in **Le juge international et l'aménagement de l'espace: la spécificité du contentieux territorial**,

> Logicamente conectado de obtenção da independência, sempre que esta ocorra. Seu propósito é o de evitar riscos à independência e à estabilidade dos novos estados em decorrência de lutas fratricidas, provocadas por contestações de fronteiras, em sequência à retirada de poder administrador.[35]

Consigna a Corte o fato de ambos os estados terem solicitado a esta que, na decisão do caso, fosse levada em consideração o "princípio da intangibilidade das fronteiras, herdadas da colonização", de tal modo que a Corte não poderia afastar a aplicação do princípio do *uti possidetis* no julgamento do caso, cuja aplicação tem como consequência, justamente, o respeito às fronteiras herdadas.

A Corte Internacional de Justiça, de modo semelhante, manifestou-se por ocasião do julgamento do caso das **questões de fronteiras terrestre, insular e marítima** (1992), entre Honduras e El Salvador, com intervenção da Nicarágua.[36] Assim, caracterizar-se-ia o princípio da intangibilidade das fronteiras, como norma costumeira de direito internacional:[37] o direito dos tratados e a jurisprudência internacional teriam reforçado, reciprocamente, a percepção da

---

Paris: Pedone, 1998, p. 57-89, esp. p. 62-75) considera "la contribution du juge à l'universalisation du principe de l'*uti possidetis*".

35. C.I.J., **Différend frontalier** (Burkina Faso c. Mali; CIJ, **Reports** 1986, pars. 20-22).
36. C.I.J., **Différend frontalier terrestre, insulaire et maritime** (Honduras c. El Salvador, com intervenção da Nicarágua, julgamento de 11 de setembro de 1992). V. tb. **Direito internacional dos espaços** (cap. XI 'mar territorial e zona contígua').
37. TRAN Van Minh, *Remarques sur le principe de l'intangibilité des frontières* (in **Peuples et états du tiers monde face à l'ordre international** – études réunies par Alain FENET, Paris: PUF, 1978).

opinio juris –[38] ou seja, da convicção da juridicidade da questão do respeito das fronteiras herdadas do estado predecessor.[39]

Aceito como princípio, foi depois o *uti possidetis*, ao menos indiretamente, acolhido também no direito internacional positivo.[40] Depois de sua adoção entre Espanha e Portugal, em 1750, poderia ser questionada a extensão geográfica de aplicação, passível de ser conferida ao princípio do *uti possidetis*: foi claramente aceito no contexto da descolonização interamericana, desde o século XIX, e, posteriormente, na descolonização africana, na segunda metade do século XX.

Nesse mesmo sentido, entendeu a Corte Internacional de Justiça, no julgamento do caso da **controvérsia de fronteiras entre Burkina Faso e Mali**, de 22 de dezembro de 1986:[41] "este princípio não tem o caráter de norma particular inerente a um sistema determinado de direito internacional. Constitui princípio geral logicamente ligado ao fenômeno da acessão à independência, onde quer que este se manifeste".[42]

---

38. V. P. B. CASELLA, *Contemporary trends on 'opinio juris' and the material evidence of International Customary Law* (Zanzibar: the Zanzibar Yearbook of Law, vol. 3, 2013, p. 27-49, presented as the 'Gilberto Amado Memorial Lecture' to the UNO International Law Commission, Geneva, 17 July 2013, ilc-cdi.un.org).
39. TRAN Van Minh (op. cit., 1978, p. 51). Entendo ser duvidoso o conteúdo da afirmação deste, no sentido de que a fim de conferir ainda maior vigor ao *uti possidetis*, os estados da região teriam, igualmente, negociado com a Espanha o reconhecimento das suas independências, como de seus limites territoriais.
40. Norma equivalente foi codificada pela **Convenção de Viena sobre sucessão de estados em matéria de tratados**, de 1978, em vigor desde 1996, em seu artigo 11: "uma sucessão de estados, enquanto tal, não atinge uma fronteira fixada por meio de tratado."
41. C.I.J., **différend frontalier entre Burkina Faso et Mali** (arrêt du 22 décembre 1986).
42. C.I.J., **différend frontalier entre Burkina Faso et Mali** (arrêt du 22 décembre 1986, **Recueil**, 1986, § 20, p. 565): "principe général logiquement lié au phénomène de l'accession à l'indépendance où qu'il se manifeste."

Por conseguinte, enquanto princípio geral do direito internacional, o *uti possidetis* mostrou-se igualmente aplicável no continente europeu, como se deu, nos casos recentes de dissolução de estados naquele continente.[43] E especificamente se verificou, no caso checo e eslovaco, exemplo de sucessão de estado feita de maneira legal e ordenada, muitas vezes apodado de 'divórcio perfeito'.[44]

A partir destes diferentes contextos regionais, pode-se concluir pela ocorrência da universalização da aplicação do princípio do *uti possidetis*, reconhecendo-o como parte do direito internacional geral. O *uti possidetis* é conceito fixado no tempo do direito internacional clássico, que permanece vigente e aplicável inclusive em nossos tempos pós-modernos.[45]

---

43. A respeito, ver P. B. CASELLA, *Sucessão de estado no direito internacional pós-moderno* (São Paulo: Revista da Faculdade de Direito da USP, 2007, vol. 102, p. 1155-1170).
44. No caso da antiga Tchecoslováquia, logo após a primeira guerra mundial, estabeleceram-se as fronteiras do novo estado por meio do tratado de Versalhes, com a Alemanha e com a Polônia, do tratado de Saint-Germain, com a Áustria, e do tratado de Trianon, com a Hungria. Estes não foram objeto de contestação nem de revisão após a divisão da antiga Tchecoslováquia, em 1992. Assim, segundo o **Tratado geral de delimitação entre a República checa e a Eslováquia, de 22 de outubro de 1992**, determinou-se a fronteira, doravante internacional, entre os dois novos sujeitos de direito internacional, sucessores da antiga Tchecoslováquia, em conformidade com a linha divisória que, antes, separava administrativamente as duas regiões.
45. Ver **Tratado** (tomo 20 – **Direito internacional, história e cultura**); P. B. CASELLA, **International law, history and culture** (Leiden/Boston: Brill/Nijhoff – Académie de droit international de la Haye / The Hague Academy of International Law, 2024).

CONCLUSÕES

Os momentos de nossa vida não são passíveis de expansão. E as possíveis circunstâncias da morte estão além da imaginação.

PADMASANBHAVA (séc. VIII)[1]

Os homens, muitas vezes, seguem mais o sentido de seus pensamentos que as palavras das quais se servem para expressá-los, e que, para abreviar, muitas vezes, suprimam alguma coisa do discurso, ou ainda, tendo em vista a elegância, deixem aí alguma palavra que parece supérflua, ou invertam a ordem natural, daí se originou introduzirem-se quatro modos de falar, denominados figurados, que são como outras

1. PADMASANBHAVA (composed by), **The Tibetan book of the dead** – The great liberation by hearing in the intermediate states (revealed by TERTON KARMA LINGPA, translated by GYURME DORJE, ed. by Graham COLEMAN with THUUTEN JINPA, introductory commentary by his Holiness the DALAI LAMA, Londres: Penguin, 2005, new ed., 2008, *Preliminary practice*, p. 9).

tantas irregularidades na Gramática, ainda que sejam, por vezes, aperfeiçoamentos e belezas nas línguas.

A. ARNAULD e C. LANCELOT, **Gramática de Port-Royal** (ed. bras. 1992)[2]

Nunca a história teve mais necessidade de provas autênticas do que em nossos dias, em que se trafica, de maneira insolente, com a mentira.

VOLTAIRE (1760-1762, ed. 2010)[3]

O futuro está oculto para nós; mas do passado e do presente podemos concluir o que se produzirá: ora, o passado e o presente nos consolam; eles permitem dizer, não somente, que a obra desses espíritos generosos, dos quais reportamos os esforços, não será destruída, mas que se completará e se aperfeiçoará.

Ernest NYS (1894)[4]

2. Antoine ARNAULD (1612-1694) e Claude LANCELOT (1615?-1695), **Gramática de Port-Royal** (trad. Bruno F. BASETTO e Henrique C. MURACHCO, São Paulo: Martins Fontes, 1992, II.XXIV – *das figuras de construção*, p. 140).
3. VOLTAIRE, **Histoire de l'empire de Russie sous Pierre le grand**, divisée en deux parties (orig. publ. 1760-1762, in VOLTAIRE, Œuvres **historiques**, édition présentée, établie et annotée par René POMEAU, Paris: Gallimard-Pléiade, © 1957, impr. 2010, p. 337-602, cit. p. 340): "Jamais l'histoire n'eut plus besoin de preuves authentiques que de nos jours, où l'on trafique si insolemment du mensonge."
4. Ernest NYS, **Les origines du droit international** (Bruxelles: Alfred Chastaigne / Paris: Thorin & Fils, 1894, *Conclusion*, p. 400-5): "L'avenir nous est caché; mais du passé et du présent nous pouvons conclure à ce qui se produira: or, le passé et le présent sont consolants; ils permettent de dire que non seulement l'œuvre de ces esprits généreux dont nous avons retracé les travaux ne sera point détruite, mais qu'elle se complètera et s'achèvera."

Periodização sempre acarreta dificuldades, pois o tempo histórico é fluido e não mostra rupturas abruptas, correspondendo às sucessivas gerações. Figuras históricas não morrem todas simultaneamente, de modo conveniente, ou todos discernem novos problemas e oportunidades, ou respondem a novo contexto diplomático. O equilíbrio entre mudança e continuidade, a respeito do qual todos na época estavam conscientes, é difícil de ser delimitado, de nosso tardio ponto de vista. As mudanças, da década de 1680, certamente poderiam ter sido prefiguradas.

Jeremy BLACK (1990)[5]

A CONSTRUÇÃO DO DIREITO INTERNACIONAL CLÁSSICO SE PÕE como etapa relevante no encadeamento rumo à sociedade institucional e legalmente organizada, tal como hoje a conhecemos. Como ensina a tradição budista tibetana, "os momentos de nossa vida não são passíveis de expansão". Mas cabe nos atermos a esta vida, porquanto "as possíveis circunstâncias da morte estão além

5. Jeremy BLACK, **The rise of the European Powers 1679-1793** (London: Edward Arnold, 1990, I – *1679-1714 – The 1680s: a decade of change*, p. 3-59, cit. p. 3) aponta, dentre as mudanças que poderiam ter sido prefiguradas: "Austrian hopes of Balkan conquests had featured in the thirteen-year Austro-Turkish War of 1593-1606. The armies of the Austrian ruler, LEOPOLD I (1657-1705), and his Turkish counterpart, Sultan MEHMED IV (1649-1687) had already fought a brief war in 1663-4, over their conflicting views concerning Hungary and Transylvania, the buffer region where each had conflicting aspirations and an insecure hold over his own possessions. Similarly, the outbreak of war in 1689 between France and an European coalition including England, soon after the successful combination of a Dutch invasion and a domestic conspiracy had delivered England to WILLIAM III of Orange in the 'Glorious Revolution', had been prefigured in 1678. [...] Other elements of the pattern of the 1680s can be traced to earlier years."

da imaginação". Por isso, cabe a cada um viver a sua trajetória – não adianta querer projetar a nossa sombra além do momento que nos compete.

No direito internacional, diversas periodizações se superpõem; isso torna particularmente difícil imprimir-lhe a marca de uma ordem unívoca do tempo. "Mesmo cortes históricos espetaculares não necessariamente significam rupturas simultâneas em áreas da vida mais estáveis do que os eventos políticos."[6]

É sempre mais fácil destruir do que construir. É sempre mais fácil criticar do que fazer algo novo. E o direito internacional exprime essa luta constante entre a civilização e a barbárie, entre as tentativas de construir parâmetros de convivência ordenada e a tentação – pelo poderoso do momento – de impor a sua visão das coisas pela força.

Na trajetória do direito internacional, embora não somente a partir dos tratados de paz da Vestfália, em 1648, exista sistema internacional organizado – como alguns erroneamente parecem entender –, é o ponto de partida do direito internacional 'clássico' que então se forma e basicamente opera, nos mesmos moldes, até meados do século XVIII. Este reflete as enormes transformações ocorridas no interior dos estados (centralização administrativa, profissionalização dos quadros, absolutismo como regime político) e também nos meios e modos de interação entre os estados (lógica

6. "En áreas de la vida – economía, tecnología, organización estatal, cultura, para nombrar solo las más importantes", apontam Jürgen OSTERHAMMEL e Niels P. PETERSON, **Breve historia de la globalización** – del 1500 a nuestros días (orig. publ. **Geschichte der Globalisierung – Dimensionen, Prozesse, Epochen**, 2012, trad. Martina FERNÁNDEZ Polcuch, Buenos Aires: Siglo Veintiuno, 2019, cap. 2 – *las dimensiones de la globalización*, p. 19-31, item – *períodos*, p. 28-31, cit. p. 29): "De todos modos, cualquier propuesta de periodización medianamente bien fundamentada merecer ser tenida en cuenta; y las discusiones al respecto no pocas veces sirven a nuestra comprensión de la historia."

da mútua abstenção, uso da guerra como estratégia, conjugada com a negociação e alianças diplomáticas) e nos mecanismos de ordenação da convivência (nem sempre) pacífica no específico contexto do mundo europeu ocidental de então. E este contexto específico teve enorme repercussão sobre o conjunto do mundo, com projeções, por vezes desastrosas, sobre outros continentes e outros povos.

Como observava, em outra obra, o mesmo VOLTAIRE:[7]

> É, há dois séculos, um dos efeitos da indústria e da fúria dos homens que as desolações de nossas guerras não se limitam à nossa Europa. Nós nos esgotamos em homens e em dinheiro para ir nos destruir, nos confins da Ásia e da América. Os indianos, que obrigamos, à força, a receber os nossos estabelecimentos e os americanos, dos quais nos ensanguentamos e tomamos o continente, nos olham como inimigos da natureza humana, que acorrem do fim do mundo para os degolar, e para se destruírem, a si mesmos, em seguida.[8]

A caracterização do 'clássico' pode suscitar controvérsias, e o termo se presta a descrever fenômenos bastante distintos, conforme o momento histórico e o contexto cultural do qual se fale,[9]

---

7. VOLTAIRE, **Le siècle de Louis XIV** (orig. publ. Berlim, 1751, in VOLTAIRE, Œuvres **historiques**, édition présentée, établie et annotée par René POMEAU, Paris: Gallimard-Pléiade, © 1957, impr. 2010, p. 603-1274).
8. VOLTAIRE (op. cit., 1751, ed. 2010, cit. p. 784-785).
9. Como se considera no **Tratado** (tomo 20 – **Direito internacional, história e cultura**, cap. 1 – *direito internacional no tempo e seu papel na história*, e tomo 8 – **Direito internacional além do paradigma vestfaliano**, item – *o que é, e como é o 'clássico'?*); P. B. CASELLA, **International law, history and culture** (Leiden/Boston: Brill/Nijhoff – Académie de droit international de la Haye / The Hague Academy of International Law, 2024). Daí falar-se em "mais de um mundo" ao que viria a seguir, quando se referem "as artes do iluminismo", como enfatizam Moritz WULLEM e outros, **Von mehr als einer Welt – die Künste der Aufklärung** (Berlim: Kunstbibliothek – Staatlichen Museen zu Berlin, 2012, *Von mehr als einer Welt: die Künste der Aufklärung – Einführung*, p. 13-31, cit. p. 14): "*Die Künste der Aufklärung* – hat

como ilustram as experiências do que pode ser 'clássico' – como do iluminismo –, da arquitetura à música, da literatura à filosofia, e também no direito internacional. Mas importa, sobretudo, situar a grande mutação ocorrida entre a precedente fase 'moderna', dos grandes 'descobrimentos' às guerras de religião, em relação à fase seguinte, dita do iluminismo,[10] o que, justamente, permite se vejam os elementos característicos desse tempo, aqui descrito como 'clássico', cuja exacerbação formal, por vezes, levará ao 'classicismo'.

Essas referências históricas e culturais visam situar o direito internacional dito 'clássico'. Como ilustram as trajetórias e as obras de C. van BYNKERSHOEK, C. WOLFF e J. J. BURLAMAQUI aqui brevemente examinadas. Se, ao mesmo representou avanço a configuração do 'sistema internacional' em estados nacionais, essa também foi palco de sucessivas confrontações entre estes, até se instaurarem ulteriores mecanismos institucionais internacionais – isso somente em passado muito mais recente e, mesmo assim, diuturnamente objeto de críticas.

---

es sie je gegeben? Die Frage muss man sich stellen, deen die Aufklärung gilt nicht als Zeitalter der Künstler, sondern der Dichter und Denker. Zumindest ist die Bildende Kunst des 18. Jahrhunderts in kollektiven Gedächtnis weit weniger präsent als die Philosophie und Literatur jener Zeit." Ver tb. Peter GAY, **The Enlightenment** – an interpretation – The rise of modern paganism (orig. publ. 1966, New York & London: Norton, 1977); ___, **The Enlightenment** – an interpretation – The science of freedom (orig. publ. 1969, New York & London: Norton, 1977); Klaus HERDING, **Im Zeichen der Aufklärung** – Studien zur Moderne (Frankfurt: Fischer, 1989); Steffen MARTUS, **Aufklärung** – das deutsche 18. Jahrhundert – ein Epochenbild (Berlin: Rowohlt, 2015); Werner SCHNEIDERS, **Die Zeit der Aufklärung** (orig. publ. 1997, Munique: Beck, 4a. ed., 2008); Salvatore SETTIS, **Il futuro del classico** (Torino: Einaudi, 2004, 8ª ristampa, 2008); Daniela TARABRA, **Settecento** (Milano: Mondadori-Electa, 2006); tb. publicado em inglês, ___, **European Art of the eighteenth century** (trad. Rosanna M. Giammanco FRONGIA, Los Angeles: J. Paul Getty Museum, 2008).

10. Como se examina no **Tratado** (tomos 5 – **Direito internacional no tempo de Francisco de Vitória**, 6 – **Direito internacional no tempo de Suarez, Gentili e Zouch**, 7 – **Direito internacional no tempo de Hugo Grócio** e se dá prosseguimento no tomo 11 – **Direito internacional no tempo do iluminismo**).

O tempo e o contexto do direito internacional 'clássico' se pautam pela mais estrita interestatalidade: os estados soberanos e independentes deixam para trás as concepções medievais, de comunidade cristã – *respublica christiana* –, esta antes almejada que vivida em torno de dois eixos centrais e rivais de poder, ainda que nominalmente vigentes, eram critérios ordenadores daquele 'sistema'; a partir daí, põe-se a multipolarização da Europa na era moderna, vendo-se cada estado como centro do 'seu' sistema político e institucional. Onde muitas vezes a centralidade do estado absolutista se põe em detrimento das liberdades e escolhas por parte da sociedade civil interna, como também restringem a premissa e a viabilidade de operação de qualquer sociedade internacionalmente ordenada. E isso marca essa fase da história de maneira contraditória.

O absolutismo se concentra sobre o seu próprio poder, por vezes pequeno, tanto por sua extensão como por seu conteúdo, e minimiza ou relativiza as relações internacionais, expressas como prolongamento extraterritorial do poder e da capacidade de influência do estado: são projeções deste, além-fronteiras, mais do que efetivo engajamento em sistema internacional coordenado. Põe-se, assim, em considerável extensão, o mundo como 'vontade e representação' dos estados.[11]

O problema não existiu somente para os séculos XVII e XVIII, mas agrava-se no período seguinte: na segunda metade do século XVIII e início do século XIX. De certo modo, o estatismo exacerbado

11. Parafraseando Arthur SCHOPENHAUER (1788-1860), **Die Welt als Wille und Vorstellung** (Textkritisch bearbeitet und herausgegeben von Wolfgan Frhr. von LÖHNEYSEN, in **Arthur Schopenhauer Sämtliche Werke**, Frankfurt: Suhrkamp, vol. I, 1986, vol. II, 5a. ed., 1998), mas cabe atentar para a advertência deste, no sentido de que 'a vida é curta, mas a verdade tem longo raio de ação e longa vida' – *das Leben ist kurz und die Wahrheit wirkt fern und lebt lange* – (in ___, ___, ed. cit., 1986, *Vorrede*, datada de Dresden, 1818, cit. p. 12).

ainda se faz sentir, ao menos também no século XX, com inquietantes recrudescimentos em nossos tempos pós-modernos.

O problema maior é que ainda existam estados que ainda de tal maneira pretendam atuar e conceber o mundo, e que tais modelos obsoletos e destrutivos ainda encontrem os seus defensores, o que parece proliferar ultimamente.

Sintoma e exemplo desse contexto 'clássico', a **Gramática de Port-Royal** de ARNAUD (1612-1694) e LANCELOT (1615?-1695),[12] de maneira consentânea com o espírito da época, não pretendia somente ordenar o conhecimento de determinada língua, mas oferecer modelo intelectual para a compreensão das línguas, como *gramática geral*: existe aí a pretensão de ordenação e de construção de sistema para compreender como os homens exprimiam o pensamento por meio de palavras, e de que forma se fazia a ordenação destas.[13] Há esforço consciente de direcionamento, de fixação de padrão 'clássico', que oriente condutas e comportamentos, em conformidade com determinado modelo.

O direito internacional da época reflete tais condicionantes e padece os efeitos de tais imperativos estatais: os estados utilizam o direito internacional quando e como querem, para a consecução dos seus propósitos, internamente adotados e defendidos. Se, na

---

12. Antoine ARNAULD e Claude LANCELOT, **Gramática de Port-Royal** (trad. Bruno F. BASSETTO e Henrique C. MURACHCO, São Paulo: Martins Fontes, 1992).
13. Como observam Bruno Fregni BASSETTO e Henrique Graciano MURACHCO (no *Prefácio à edição brasileira*, **Gramática de Port-Royal**, ed. cit., 1992, p. XXIX-XXX): "Numa perspectiva histórica, o próprio CHOMSKY ressalta a importância do estudo dessa linguística histórica, a partir de René DESCARTES, que restabelece a relação entre a linguística da atualidade com a dos séculos anteriores, bastante negligenciada por muitos estudiosos; através dessa ponte chega a Port-Royal, aos seus solitários, que afinal foram os exploradores desse ramo do conhecimento, ao qual o próprio DESCARTES se havia dedicado muito pouco. Por isso, caso Port-Royal tivesse sobrevivido e obtido êxito, julgamos que também os estudos linguísticos muito teriam lucrado e progredido dentro daquela perspectiva, a que RENAN se referiu."

ordem interna, a simples oposição pode, por vezes, ser taxada de 'sedição' e tratada como crime de 'traição' ao príncipe ou à pátria, na ordem internacional, a estatalidade triunfante faz do direito internacional o apanágio dos príncipes, em detrimento do direito internacional e da convivência organizada entre os agentes estatais.

Exprime-se a potência do estado pelo poder das armas e, depois destas, pela imposição de tratados. Isso, não somente nas relações entre príncipes europeus como nas relações entre a Europa e outros continentes.

A desigualdade jurídica se exprime como feição da desigualdade política – a realidade de poder dita quem manda e quem obedece, quem tem precedência e quem deve se alinhar depois deste. As marcas de classe e de estamentos pautam os indivíduos nas sociedades dos 'antigos regimes', como também pautam as condutas dos estados nas suas relações internacionais. A igualdade jurídica – já mencionava PUFENDORF – virá somente mais tarde, mesmo se permanece antes como anseio do que realidade, na vida internacional dos estados absolutistas, cada um destes muito cioso de seus poderes e de suas prerrogativas.[14]

Apesar das limitações e condicionamentos, impostos pela predominância dos estados e os jogos de interesses destes, ao gosto e no contexto da época, o direito internacional se desenvolve de maneira marcante nessa época, dita 'clássica' ou das luzes – época essa que também teve as suas sombras e contradições, e mesmo rápido exame desse tempo mostra quanto estas foram numerosas. A mesma época de enormes avanços na ciência e nos conhecimentos em geral foi também a temporada de caça às bruxas, de magos e de fascinação

14. Cf. **Tratado** (tomo 9 – **Direito internacional no tempo de Samuel Pufendorf**, cap. 20 – *Samuel PUFENDORF (1632-1694)*).

pelo misterioso e pelo oculto.[15] Razão e superstição andaram juntas, como ainda circulam, simultaneamente: avanços e atrasos parecem ser inexoravelmente concomitantes na história humana.

Desde a morte de ZOUCH, em 1660, é fácil mostrar quanto avançou o direito internacional 'moderno',[16] até se configurar como o direito internacional 'clássico'. Muitos, dentre tais avanços, são notáveis, e continuam a pautar o direito internacional até nossos tempos, como se considerou no presente tomo.

Reconheçam-se os avanços no direito internacional no tempo 'clássico', mesmo se é preciso fazer algumas ressalvas: quanto se pagou por empregar esse modelo. Como ficou marcado o mundo, por esse período de estados absolutistas lutando entre si, tanto política quanto militar e economicamente, dentro e fora do contexto europeu.

Não por acaso, ressalte-se o fato de serem concomitantes o desenvolvimento do direito internacional 'clássico' e o exacerbamento dos estados absolutistas. Esse modelo interestatal marca de modo indelével o direito internacional 'clássico', quando impõem os estados o seu jogo às relações internacionais e ao conjunto da política da época.

Podemos ver a institucionalização da disciplina do direito internacional, na época dita 'clássica', com a simultânea consolidação de várias obras e escolas: quanto este evolui – desde Samuel RACHEL e Samuel PUFENDORF –, passando por Cornelius van BYNKERSHOEK, até Christian WOLFF e J. J. BURLAMAQUI. Mas,

15. Cfr. **Tratado** (tomo 20 – **Direito internacional, história e cultura**, cap. 1 – *direito internacional no tempo e seu papel na história*, esp. item 1.2 – *pensamento científico moderno e a caça às bruxas*); P. B. CASELLA, **International law, history and culture** (Leiden/Boston: Brill/Nijhoff – Académie de droit international de la Haye / The Hague Academy of International Law, 2024).
16. Como se examinou no **Tratado** (tomo 6 – **Direito internacional no tempo de Suarez, Gentili e Zouch**, cap. 17 – *Richard ZOUCH (1590-1660)*).

também nessa mesma fase, se assiste a grande desenvolvimento da guerra, tanto pelos aperfeiçoamentos tecnológicos como pelo aumento dos efetivos militares – a guerra, que sempre existiu na história humana, passa a ser, mais e mais, questão de mobilização de 'nações' inteiras, ainda que o conceito viesse a se tornar corrente apenas posteriormente.[17]

No tempo do direito internacional 'clássico' se assiste igualmente à agressiva expansão dos europeus sobre o mundo, por vezes de maneira violenta e inescrupulosa, avançando sobre outros continentes e civilizações, guiados pela ambição, pelo apetite de lucro e de poder, mas também à divulgação de ideias e princípios, ao mesmo tempo em que também se espalharam doenças contagiosas, como subproduto das navegações transcontinentais.

Essa fase 'clássica' do direito internacional marca profundamente a história da evolução desta disciplina. Isso acontece a tal ponto que muitos ainda parecem pensar e ver somente esse modelo 'clássico' como o único possível, para o direito internacional. Mas, além da experiência temporalmente circunscrita, nessa quadra histórica também se prepara e dá sustentação para a evolução do direito internacional, nas fases seguintes. [18] E se configura o paradoxo deste, quando se vê perder a sua vocação de universalidade, na exata medida e proporção em que ganha em desenvolvimentos conceituais e institucionais. E desse paradoxo ainda parece sofrer o direito internacional, até os nossos tempos pós-modernos.

---

17. Ver **Tratado** (tomo 12 – **Direito internacional no tempo de Vattel e von Martens**, item – *mutações no direito internacional no século XVIII, ilustradas pelo tema da guerra*).
18. Cujo exame prossegue no **Tratado** (tomo 11 – **Direito internacional no tempo do iluminismo**).

REFERÊNCIAS

ABI-SAAB, G., *L'uti possidetis. Son rôle et ses limites dans le contentieux territorial international* (in **La promotion de la justice, des droits de l'homme et du règlement des conflits par le droit international** – Liber amicorum Lucius Caflisch, ed. by M. KOHEN, Leiden: M. Nijhoff, 2007, p. 657-671)

ACCIOLY, H.; NASCIMENTO E SILVA, G. E.; CASELLA, P. B., **Manual de direito internacional público** (São Paulo: Saraiva, 26ª ed., 2023)

AFONSO ARINOS [de Melo Franco] Filho, **Diplomacia independente, um legado de Afonso Arinos** (São Paulo: Paz e Terra, 2001)

AGO, Roberto, **Science juridique et droit international** (RCADI, 1956, t. 90, p. 851-958)

___, **Le délit international** (RCADI, 1939, t. 68, p. 415-554)

AKASHI, Kinji, *Cornelius van Bynkershoek (1673-1743)* (in **The Oxford Handbook of the History of International Law**, ed. by B. FASSBENDER e A. PETERS, Oxford: Univ. Press, 2012, cap. 51, p. 1110-1113)

ALEXANDROWICZ, C. H., **The Law of Nations in global history** (ed. by D. ARMITAGE and J. PITTS, Oxford: Univ. Press, 2017)

___, *The role of treaties in European-African confrontation in the nineteenth century* (orig. publ. 1975, in **The Law of Nations in global history**, Oxford: U.P., 2017, p. 258-302)

___, **The Afro-Asian world and the law of nations**: historical aspects (RCADI, 1968, t. 123, p. 117-214)

___, **Treaty and diplomatic relations between European and South Asian powers in the seventeenth and eighteenth centuries** (RCADI, 1960, t. 100, 203-322)

ALLOTT, Philip, **The Health of Nations** – Society and Law beyond the State (Cambridge: Univ. Press, 2002)

ANDRASSY, J., **Les relations internationales de voisinage** (RCADI, 1951, t. 79, p. 73-182)

ANÔNIMO, **The Upanishads** (translated with a general introduction by Eknath EASWARAN, with chapter introductions & concluding essay by Michael N. NAGLER, New Delhi: Penguin Books India, 1st. publ., 1987, new edition, 1996)

___, **The Rig Veda** – an anthology (one hundred and eight hymns, selected, translated and annotated by W. Doniger O'FLAHERTY, New Delhi: Penguin Books India, © 1981, ed. 2000)

ARAÚJO, Horácio Peixoto de, **Os Jesuítas no império da China: o primeiro século (1582-1680)** (Macau: Instituto português do Oriente, 2000)

ARBLASTER, Paul, **A History of the Low Countries** (New York: Palgrave-Macmillan, 2012)

ARNAULD, Antoine; LANCELOT, Claude, **Gramática de Port-Royal** (trad. Bruno F. BASETTO e Henrique C. MURACHCO, São Paulo: Martins Fontes, 1992)

BADRINATH, Chaturvedi (ed.), **Mahabharata** – an inquiry in the human condition (Hyderabad, India: Orient Longman P.L., 2007)

BARBERIS, J. A., *La concepción brasileña del uti possidetis* (in **Dimensão internacional do direito: estudos em homenagem a G. E. do Nascimento e Silva**, org. P. B. CASELLA, São Paulo: LTr, 2000, p. 33-48)

___, *La conception brésilienne de l'uti possidetis* (in **Liber amicorum Judge M. Bedjaoui**, ed. by E. YAKPO and T. BOUMEDRA, The Hague: Kluwer Law Intl, 1999, p. 49-62)

___, **Les règles spécifiques du droit international en Amérique latine** (RCADI, 1992, vol. 235, p. 81-230)

___, **Los recursos naturales compartidos entre estados y el derecho internacional** (Madri: Tecnos, 1979)

BARBICHE, Bernard; DAINVILLE-BARBICHE, Ségolène de, *La diplomatie pontificale de paix de Vervins aux traités de Westphalie (1598-1648)* (in **L'Europe des traités de Westphalie** – Esprit de la diplomatie et diplomatie de l'esprit, dir. de L. BÉLY avec I. ROCHEFORT, Paris: PUF, 2000, p. 555-566)

BARDONNET, D., **Les frontières terrestres et la relativité de leur tracé – problèmes juridiques choisis** (RCADI, 1976, vol. 153, p. 9-166)

BARRETO, Evelyn, **Projetos de paz perpétua no direito internacional contemporâneo** (pref. P. B. CASELLA, apresentação C. P. MOISÉS, São Paulo: Martins Fontes, 2021)

BAYLE, Pierre, **Dictionnaire historique et critique** (orig. publ. 1697, deuxième édition, revue, corrigée et augmentée par l'auteur, Rotterdam: Reinier Leers, 1702)

BEELEY, Philip, *Unendlichkeit, Fülle und Kontinuität als Prinzipien der Natur* (in G. W. LEIBNIZ, **Monadologie**, hrsg. H. BUSCHE, Berlim: Akademie Verlag, 2009, p. 161-174)

BELAVAL, Y., Études leibniziennes (Paris: Gallimard, 1976)

___, **Leibniz** – initiation à sa philosophie (Paris: Vrin, 1962)

___, **Leibniz, critique de Descartes** (Paris: Gallimard, 1960)

BÉLY, Lucien, **L'art de la paix en Europe** – naissance de la diplomatie moderne XVIe – XVIIIe siècle (Paris: PUF, 2023)

___, **Les relations Internationales en Europe** – XVIIe-XVIIIe siècle (orig. publ. 1992, Paris: PUF – Thémis, 4e ed., 2013)

___ et POUMARÈDE, G. (dir. de), **L'incident diplomatique** XVIe-XVIIIe siècle (Paris: Pedone – Histoire de la diplomatie et des relations internationales, 2010)

___, *Anatomie de l'incident diplomatique* (in **L'incident diplomatique** XVIe-XVIIIe siècle, dir. de L. BÉLY et G. POUMARÈDE, Paris: Pedone, 2010, p. 451-458)

___, *La polémique autour de l'Ambassadeur de Jean HOTMAN – culture et diplomatie au temps de la paix de Lyon* (Cahiers d'histoire, 2001, vol. 46 (2) – online URL http://ch.revues.org/233)

BEN ACHOUR, Y., **Souveraineté étatique et protection internationale des minorités** (RCADI, 1994, t. 245, p. 321-464)

BENOIST, **L'influence des idées de Machiavel** (RCADI, 1925, t. 9, p. 127-306)

BERLIN, Isaiah, *KANT as an unfamiliar source of nationalism* (in **The sense of reality**: Studies in ideas and their history, London: Chatto & Windus, 1st. publ. 1996, p. 232-248)

BERNARD, Jacques, **Recueil des traités de paix, de trêve, de neutralité, de suspension d'armes, de confédération, d'alliance, de commerce, de garantie etc., depuis 536 jusqu'à 1700** (Haia, 1700, quatro volumes)

BESNIER, Jean-Michel, *Le droit international chez KANT et HEGEL* (in **Le droit international** Archives de philosophie du droit, vol 32, Paris: Sirey, 1987, p. 85-99)

BESOLD, Christoph [Christophori Besoldi], **Dissertatio iuridica de legatis** (Tübingen: Philibertus Brunnius, 1631 – Univ. Diss. – digi.ub.uni-heidelberg.de – https://doi.org/10.11588/diglit.29742)

BLACK, Jeremy, **The rise of the European Powers 1679-1793** (London: Edward Arnold, 1990)

BLACKSTONE, William, **Commentary on the Laws of England** (Oxford: Clarendon Press, 1765-1769, online https://oll.libertyfund.org> title >)

BLUNTSCHLI, Johann Kaspar, **Le droit international codifié** (orig. publ. 1869, 2e ed. em 1873; trad. de l'allemand par M. C. LARDY, Paris: Guillaumin, 3e éd., 1881)

BOEGNER, M., **L'influence de la Reforme sur le développement du droit international** (RCADI, 1925, t. 6, p. 241-324)

BOHMAN, James; LUTZ-BACHMANN, Matthias (eds.), **Perpetual peace**: essay on KANT's cosmopolitan ideal (Cambridge, Ma.: MIT Press, 1997)

BOIS, Jean-Pierre, **La paix – histoire politique et militaire** 1435-1878 (Paris: Perrin, 2012)

BOORSTIN, Daniel, **The discoverers** (orig. publ. 1983, New York: Vintage Books – Random House, 1985)

BRAUN, Conrad, **Cinq livres sur les ambassades** à destination de ceux qui sont totalement appliqués à la chose publique, ou très utiles à ceux qui remplissent une quelconque magistrature, et agréables à la lecture (orig. publ. **De Legationibus libri V** Mainz: Fr. Behem, 1548, trad., annotations et notes par Dominique GAURIER, Limoges: Pulim – Presses univ. de Limoges, 2008)

BROTERO, José Maria Avellar, **Questões sobre presas marítimas** ("oferecidas ao cidadão Rafael Tobias de AGUIAR, pelo autor", São Paulo: Typographia de Costa Silveira, 1836)

___, ___ ("segunda edição aumentada", São Paulo: Typographia imparcial de J. R. de Azevedo Marques, 1863)

BUCHHEIM, Thomas, *Vernunft und Freiheit* (in G. W. LEIBNIZ, **Monadologie**, hrsg. H. BUSCHE, Berlim: Akademie Verlag, 2009, p. 223-244)

BURLAMAQUI, J. J., **Principes du droit naturel** (orig. publ. 1747, edição fac-similar, segue a de Paris: Janet et Cotelle, 1821, Caen: Centre de Philosophie politique et juridique, 1989)

___, **Principes du droit politique** (edição fac-similar, segue a de Amsterdã: chez Zacharie Chatelain, 1751, 2 vols., Caen: Centre de Philosophie politique et juridique, 1984)

___, **Principes du droit de la nature et des gens** par J. J. BURLAMAQUI, avec la suite du droit de la nature augmentée par Mr. de FELICE (orig. publ. Yverdon, VIII tomes, 1766)

BURCKHARDT, Jacob, **Das Zeitalter Friedrichs des Grossen** (hrsg. von Ernst ZIEGLER, mit einem Essay von Hans PLESCHINSKI, Munique: Beck, 2012)

BUSCHE, Hubertus, Übernatürlichkeit und Fensterlosigkeit der Monaden (in G. W. LEIBNIZ, **Monadologie**, hrsg. H. BUSCHE, Berlim: Akademie Verlag, 2009, p. 49-80)

BYNKERSHOEK, Cornelius van, **Quaestionum iuris publici libri duo, quorum primus est De rebus bellicis, secundus De rebus varii argumenti** (orig. publ. Leiden, 1737, segunda edição, 1752, volume one: "the photographic reproduction of the edition of 1737", volume two: English translation by Tenney FRANK, and introduction (1922) by Jan de LOUTER, The Classics of International Law, vol. 14, ed. by James B. SCOTT, Oxford: at the Clarendon Press / London: Humphrey Milford, 1930, 2 tomos, XLVI+304 p.; XXXVIII +384+34 p.)

___, **De foro legatorum tam in causa civili quam criminali liber singularis** – a monograph on the jurisdiction over Ambassadors in both civil and criminal cases (orig. publ. Leiden, 1721, "a photographic reproduction of the text of 1744", English translation by Gordon J. LAING, introduction (1922) by Jan de LOUTER, The Classics of International Law, vol. XXI, ed. by James B. SCOTT, Oxford: at the Clarendon Press / London: Geoffrey Cumberlege, 1946)

___, **De dominio maris dissertatio** (orig. publ. 1702, "a photographic reproduction of the second edition (1744)", English translation by Ralph van Deman MAGOFFIN, introduction by James Brown SCOTT, in Classics of International Law, vol. 11, ed. by J. B. SCOTT, New York: Oxford Univ. Press – publications of the Carnegie Endowment for International Peace, 1923 – online books.google.com.br)

CABRAL, Nazaré da Costa; GONÇALVES, José Renato; RODRIGUES, Nuno Cunha (ed. by), **After Brexit** – Consequences for the European Union (Cham: Palgrave-Macmillan / Springer, 2017)

CAFLISCH, L., *Des frontières européennes pour l'Afrique?* (in **L'Afrique et le droit international: variations sur l'organisation internationale / Africa and International Law: Reflections on the international organization** – Liber amicorum R. Ranjeva, Paris: Pedone, 2013, p. 59-72)

___, **Cent ans de règlement pacifique des différends interétatiques** (RCADI, 2001, vol. 288, p. 245-467)

CAPISTRANO DE ABREU, J., **Capítulos de história colonial (1500-1800) – Os caminhos antigos e o povoamento do Brasil** (Brasília: UnB, 5ª ed., rev., anotada e prefaciada por J. Honório RODRIGUES, 1963)

CASELLA, P. B., **International law, history and culture** (Leiden/Boston: Brill/Nijhoff – Académie de droit international de la Haye / The Hague Academy of International Law, 2024)

___, **Tratado de direito internacional** – tomo 1 – **Direito internacional dos espaços** – conceitos basilares, domínio terrestre, fluvial e marítimo (São Paulo: Almedina, 2ª ed., rev., ampliada e atualizada, 2022)

___, ___ – tomo 2 – **Direito internacional dos espaços** – domínio aéreo, navios e aeronaves, espaços internacionais e recorrências da espacialidade (2ª ed., 2022)

___, ___ – tomo 3A – **Direito internacional no tempo antigo** (2ª ed., 2022)

___, ___ – tomo 3B – **Gregos, romanos, chineses, indianos** (2ª ed., 2023)

___, ___ – tomo 4 – **Direito internacional no tempo medieval** (2ª ed., 2023)

___, ___ – tomo 5 – **Direito internacional no tempo de Francisco de Vitória** (2ª ed., 2023)

___, ___ – tomo 6 – **Direito internacional no tempo de Suarez, Gentili e Zouch** (2ª ed., 2023)

___, ___ – tomo 7 – **Direito internacional no tempo de Hugo Grócio** (2ª ed., 2023)

___, ___ – tomo 8 – **Direito internacional além do paradigma vestfaliano** (2ª ed., 2024)

___, ___ – tomo 9 – **Direito internacional no tempo de Samuel Pufendorf** (2ª ed., 2024)

___, ___ – tomo 11 – **Direito internacional no tempo do iluminismo** (2025)

___, ___ – tomo 12 – **Direito internacional no tempo de Vattel e von Martens** (2025)

___, ___ – tomo 13 – **Direito internacional no tempo do concerto europeu** (2025)

___, ___ – tomos 14 a 17 – **Direito internacional no tempo do colonialismo** (2025)

___, ___ – tomo 20 – **Direito internacional, história e cultura** (2026)

___, *Soberania por dentro e por fora – entre a teoria geral do estado e o direito internacional* (in **Teoria do estado contemporânea** – homenagem da academia ao prof. Ricardo Lewandowski, org. E. A. de J. PRUDENTE, M. P. D. BUCCI, N. B. S. RANIERI e S. B. B. TOJAL, São Paulo: Quartier Latin, 2023, p. 249-278)

___ e OLIVEIRA, A. S., *Ativismo judicial brasileiro e a proteção internacional dos direitos das minorias por orientação sexual e identidade de gênero* (in **O ativismo judicial e os desafios da jurisdição constitucional** – em homenagem ao professor Elival da Silva Ramos, coord. H. M. L. SAUAIA, Belo Horizonte: Conhecimento, 2022, p. 29-50)

___, *Imperativo categórico da cooperação e as lições do Brexit* (in **A evolução do direito no século XXI** – homenagem ao prof. A. WALD, coord. F. U. COELHO, G. TEPEDINO, S. F. LEMES, São Paulo: Ed. IASP, 2022, vol. 3 – Direito público, p. 963-1001)

___, *Georg-Friedrich von MARTENS (1756-1821) e a consolidação histórica do direito internacional clássico* (Revista da Fac. de direito da USP, 2021, vol. 116, p. 137-171)

___, *Emer de VATTEL (1714-1767) e o direito internacional clássico* (Revista da Fac. de Direito da USP, 2020, vol. 115, p. 209-245)

___, **Introdução ao estudo do direito** – ensaios didáticos (apresentação J. G. RODAS, São Paulo: Ed. dos editores, 3ª ed., 2019)

___, *Prefácio* (in **Desarmamento nuclear** de Wolf EJZENBERG, Belo Horizonte: Arraes Editores, 2017, p. X-XIII)

___, *Cesare Beccaria e o padrão clássico* (in **Estudos em homenagem a Ivette Senise Ferreira**, org. R. M. J. SILVEIRA e M. M. GOMES, São Paulo: Liber Ars, 2015, p. 393-414)

___, *Perspectivas da integração europeia – entre mito e operacionalidade?* (Revista FDUSP, 2014, vol. 109, p. 25-74)

___, *Contemporary trends on 'opinio juris' and the material evidence of International Customary Law* (Zanzibar: the Zanzibar Yearbook of Law, vol. 3, 2013, p. 27-49, formerly the 'Gilberto Amado Memorial Lecture' to the U.N.O. International Law Commission, Geneva, 17 July 2013, ilc-cdi.un.org)

___, *Conceito de sistema, contexto internacional e pós-modernidade* (in **Filosofia e teoria geral do direito** – homenagem a Tércio Sampaio Ferraz Jr., org. J. M. ADEODATO e E. C. B. BITTAR, São Paulo: Quartier Latin, 2011, p. 999-1024)

___, *Evolução institucional do direito internacional: à luz do cinquentenário do conceito de direito de HART (1961)* (in **Homenagem aos 70 anos do prof. C. LAFER**, org. T. Sampaio FERRAZ Jr. e L. O. BAPTISTA,

São Paulo: IBF- Instituto Brasileiro de Filosofia/Rev. dos tribunais, 'edição comemorativa', ano 60, vol. 236, jan.-jun. 2011, p. 313-329)

___, *Direito internacional nas Arcadas* ("aula inaugural de 16 de fevereiro de 2009", São Paulo: Revista da Faculdade de Direito da USP, 2009, vol. 104, p. 931-966)

___, **Fundamentos do direito internacional pós-moderno** (prólogo Hugo CAMINOS, São Paulo: Quartier Latin, 2008)

___, *Desenvolvimento do direito internacional na concepção de Cornelius van BYNKERSHOEK* (Rev. FDUSP, vol. 103, 2008, p. 563-592)

___, *Sucessão de estado no direito internacional pós-moderno* (São Paulo: Revista da Faculdade de Direito da USP, 2007, vol. 102, p. 1155-1170)

___, **Direito internacional, terrorismo e aviação civil** (São Paulo: Quartier Latin, 2006)

___, *Projetos e experiências de união europeia: antecedentes históricos* (no volume **União europeia** – instituições e ordenamento jurídico, São Paulo: LTr, 2002, item 1.2, p. 54-71)

___ (org.), **Dimensão internacional do direito: estudos em homenagem a G. E. do Nascimento e Silva** (São Paulo: LTr, 2000)

___, *Pax perpetua – a review of the concept from the perspective of economic integration* (in **Dimensão internacional do direito: estudos em homenagem a G.E. do NASCIMENTO E SILVA**, São Paulo: LTr, 2000, p. 69-88)

__, *Liberdade de estabelecimento* (in Boletim da Faculdade de Direito da Universidade de Coimbra, Studia juridica, vol. 68 – colloquia, 10, p. 69-81)

___, *Reconhecimento de estado e governo no direito internacional contemporâneo* (in **O direito internacional no terceiro milênio** – estudos em homenagem ao prof. V. Marotta RANGEL, org. L. O. BAPTISTA e J. R. FRANCO DA FONSECA, São Paulo: LTr, 1998, p. 287-318)

CASSESE, Antonio, **International Law** (Oxford: Univ. Press, 2nd ed., 2005)

CHANET, J. F.; WINDLER, C., **Les ressources des faibles** – Neutralités, sauvegardes et accommodements en temps de guerre XVIe-XVIIIe siècle (Rennes: Presses univ. de Rennes, 2009)

CÍCERO, M. T., **De officiis** (with an English translation by Walter MILLER, Cambridge, Ma. / London: Harvard UP/LCL 30, CICERO XXI, © 1913, reprinted 2005).

CIJ, **Advisory Opinion on the Accordance with international law of the unilateral declaration of independence in respect of Kosovo** (General List No. 141, 22 July 2010)

___, **Licitude da ameaça ou uso de armas nucleares / Legality of the threat or use of nuclear weapons** (advisory opinion of 8 July 1996, ICJ **Reports**, 1996, p. 226)

___, **Différend frontalier terrestre, insulaire et maritime** (Honduras c. El Salvador, com intervenção da Nicarágua, julgamento de 11 de setembro de 1992, ICJ, **Reports** 1992)

___, **Différend frontalier** (Burkina Faso c. Mali, julgamento de 22 de dezembro de 1986, ICJ, **Reports** 1986)

CLAUSEWITZ, K. von, **Da guerra** (orig. publ. **Vom Kriege**, trad. integral de T. B. P. BARROSO, prefácio A. RAPOPORT, São Paulo: Martins, 1979)

CONFORTI, Benedetto, **Il regime giuridico dei mari**: contributo alla ricostruzione dei principi generali (Napoli: Eugenio Jovene, 1957)

COOMARASWAMY, Ananda K.; NIVEDITA, Sister, **Myths of the Hindus and Buddhists** (orig. publ. 1913, New York: Norton, 1967)

CORTESÃO, Jaime, **O Tratado de Madri** (orig. publ. 1953, apres. A. da Costa FRANCO, edição fac-similar, Brasília: Senado Federal, 2001, 2 vols.)

COUTURAT, Louis, **La logique de Leibniz** – d'après des documents inédits, Paris: Félix Alcan, 1904, online philosophyfaculty.ucsd.edu; tb. reimpressão Book on demand, 2015)

___, **Opuscules et fragments inédits de Leibniz** (Paris: Félix Alcan, 1903)

DAFFLON, Alexandre, *Neutralité et appartenance au Corps helvétique: Neuchâtel à l'épreuve de la guerre de dix ans* (in **Les ressources des faibles**, coord. J. F. CHANET e C. WINDLER, Rennes: Presses univ. de Rennes, 2009, p. 63-82)

DAHM, Georg; DELBRÜCK, Jost; WOLFRUM, Rüdiger, **Völkerrecht** (Berlin: De Gruyter, 2e Ausgabe, 1989)

D'ALEMBERT, Jean le Rond, Éloge de l'abbé de SAINT-PIERRE (1775, "lu à la réception de Mr. de MALESHERBES", avant-propos S. GOYARD-FABRE, Caen: Univ. de Caen / Centre de Philosophie politique et juridique, 1993)

DANIEL, Marie-Céline, *A diplomat and a translator – Jean HOTMAN and the good use of translations for a soft diplomacy* (in Caliban – French Journal of English Studies, 2015. HAL-ID: https://hal.science/hal-03840814)

D'ASPREMONT, Jean, **L'état non démocratique en droit international** – étude critique de droit international positif et de la pratique contemporaine (Paris: Pedone, 2008)

DELORENZO Neto, A., *Duas concepções do pacifismo: os projetos de KANT e Max SCHELER* (in **Estudos jurídicos em homenagem ao professor Haroldo VALLADÃO**, Rio de Janeiro: Freitas Bastos, 1983, p. 24-33)

DELPECH, J., *Bynkershoek (1673-1743)* (in **Les fondateurs du droit international public**: leurs œuvres, leurs doctrines, introduction de A. PILLET, Paris: V. Giard & E. Brière, 1904, p. 385-446)

DENYS, Catherine; PARESYS, Isabelle, **Les anciens Pays-Bas à l'époque moderne (1404-1815)** (Paris: Ellipses, 2007)

DICKINSON, Edwin D., **L'interprétation et l'application du droit international dans les pays anglo-américains** (RCADI, 1932, t. 40, p. 305-396)

DOLINGER, Jacob, **Evolution of principles for resolving conflicts in the field of contracts and torts** (RCADI, 2000, t. 283, p. 187-512)

DUMONT, Jean [também grafado DU MONT], **Corps universel diplomatique du droit des gens** (Amsterdã / Haia, 1726-1731, oito volumes)

___; BARBEYRAC, Jean; Rousset DE MISSY, Jean, **Supplément au Corps diplomatique du droit des gens** (Amsterdã / Haia, 1739, cinco volumes)

EJZENBERG, Wolf, **Desarmamento nuclear** (prefácio P. B. CASELLA, Belo Horizonte, Arraes Editores, 2017)

ELSTER, J., **Leibniz et la formation de l'esprit capitaliste** (Paris: Aubier, 1975)

ESPINOZA, Baruch, Éthique démontrée selon la méthode géométrique (notice, trad., prés. et annotée par R. CAILLOIS, in Œuvres complètes, Paris: Gallimard-Pléiade, © 1954, impr. 1992, p. 301/596)

___, **Traité des autorités théologique et politique** (do original latino **Tractatus theologico-politicus** publ. 1670, notice par Madeleine FRANCÈS e Raymond MISRAHI, in Œuvres complètes, Paris: Gallimard-Pléiade, © 1954, impr. 1992, p. 597/908)

___, **Traité de l'autorité politique** (notices par Madeleine FRANCÈS, in Œuvres complètes, Paris: Gallimard-Pléiade, © 1954, impr. 1992, p. 909/1044)

EVERS, Dirk, *Gottes Wahl der besten aller möglichen Welten* (in G. W. LEIBNIZ, **Monadologie**, hrsg. von H. BUSCHE, Berlim: Akademie Verlag, 2009, p. 129-143)

FAIDUTTI, Bernard, **Copernic, Kepler, Galilée, face aux pouvoirs** – Les scientifiques et la politique (Paris: L'Harmattan, 2010)

FELICE, Fortunato Bartolomeo De [Fortuné-Barthélemy] (dir. de), **Dictionnaire universel raisonné des connaissances humaines – Encyclopédie d'Yverdon** (orig. publ. Yverdon-les-Bains, Suisse : 1770-1780, 58 vols., online https://hls-dhs-dss.ch/fr/articles/044577/2006-03-13, consulté le 21.01.2024)

FENET, Alain (études réunies par), **Peuples et états du tiers monde face à l'ordre international** (Paris: PUF, 1978)

FERGUSON, Niall, **Império** (orig. publ. **Empire**, 2003, trad. Marcelo M. CAVALLARI, São Paulo: Planeta, 2010)

FERRARI, Jean; GOYARD-FABRE, Simone, **L'année 1796 – sur la paix perpétuelle** – de LEIBNIZ aux héritiers de KANT (Paris: Vrin, 1998)

FICHTE, J.-G., **Grundlage des Naturrechts nach Prinzipien der Wissenschaftslehre** (orig. publ. Jena und Leipzig: bei Christian Ernst Gabler, 1796-1797, online https://www.digitale-sammlungen.de >)

FINSTER, Reinhard; HEUVEL, Gerd van den, **Gottfried Wilhelm Leibniz** (orig. publ. 1990, Hamburgo: Rowohlt, 6ª ed., 2010)

FORMEY Jean-Henri Samuel, *Mémoire abrégé sur la vie et les ouvrages de Mr. le Baron De WOLFF* (Amsterdam: chez Marc Michel Rey, 1758, 3 vols. edição fac-similar Caen: Centre de philosophie politique et juridique, 1990, vol. I, p. 27-56)

FREDERICO II [FRIEDRICH DES GROSSEN] **Ausgewählte Werke** (hrsg. von Gustav Berthold BOLZ, Erster Band: Historische und militärische Schriften; Zweiter Band: Politische und philosophische Scriften, Gedichte, Berlim: Reimar Hobbing, 'Neue Ausgabe', s/d [1948?], 2 tomos)

___, Œuvres philosophiques (1740-1780, contendo: **L'antimachiavel** – ou examen du Prince de Machiavel, escrito 1740, orig. publ. Haia: Van Duren, 1741, ed. crítica de Ch. FLEISCHAUER, Genebra, 1958, e **Réfutation du prince de Machiavel**, 1748, ed. revista por Jean-Robert ARMOGATHE e Dominique BOUREL, Paris: Fayard – Corpus des œuvres de philosophie en langue française, 1985, p. 7-133 e 136-298)

FREMÉAUX, Jacques, **De quoi fut fait l'empire** – les guerres coloniales au XIXe siècle (Paris: CNRS ed., 2010)

GAGNEBIN, Bernard, **Burlamaqui et le droit naturel** (Genève: éd. de la Frégate, 1944)

GANTELET, Martial, *Réguler la guerre aux frontières des Pays-Bas espagnols: la naissance empirique du droit des gens* (in **Les ressources des faibles**, coord. J. F. CHANET e C. WINDLER, Rennes: Presses univ. de Rennes, 2009, p. 221-240)

GARRE-COPELLO, B., **La zona económica exclusiva** (Montevideo: Univ. de la República / Dir. Gral. de Extensión Univ., 1987)

GAUDEMAR, Martine de, **Leibniz** – de la puissance au sujet (Paris: Vrin, 1994)

___, *Leibniz (1646-1716) une philosophie chrétienne du bien public* (in **Histoire raisonnée de la philosophie morale et politique** – le bonheur et l'utile, dir. de A. CAILLÉ, M. SENELLART, C. LAZZERI, tome I – De l'antiquité aux lumières, orig. publ. 2001, Paris: Flammarion – Champs, 2007, p. 447-464)

GAURIER, Dominique, **Histoire du droit international** (Rennes: P. U. Rennes, 2e éd., 2014)

GAY, Peter, **The Enlightenment** – an interpretation – **The rise of modern paganism** (orig. publ. 1966, New York & London: Norton, 1977)

___, **The Enlightenment** – an interpretation – **The science of freedom** (orig. publ. 1969, New York & London: Norton, 1977)

GENTILI, Alberico, **Direito de guerra** (orig. publ. **De jure belli libri tres**, 1598, trad. Ciro MIORANZA, intr. Diego PANIZZA, Ijuí: Ed. Unijuí, 2004)

GOYARD-FABRE, Simone **La construction de la paix** – ou le travail de Sisyphe (Paris: Vrin, 1994)

___, *Les silences de HOBBES et de ROUSSEAU devant le droit international* (in **Le droit international**, Paris: Sirey – Archives de philosophie du droit, vol 32, 1987, p. 59-69)

GREWE, Wilhelm, **Epochen der Völkerrechtsgeschichte** (Baden-Baden: Nomos, 1984)

GRÓCIO, Hugo, **O direito da guerra e da paz** (orig. publ. **De iure belli ac pacis libri tres, in quibus ius naturale et gentium, item iuris publici praecipua explicantur** 1625, intr. Antonio Manuel HESPANHA, trad. de Ciro MIORANZA, col. clássicos do direito internacional, Ijuí: Ed. Unijuí, 2004, 2 vols.)

___, **De jure belli ac pacis** (translated by Francis W. KELSEY et al., based on the last edition by the author, Amsterdam, 1646, in *The Classics of International Law*, ed. by J. Brown SCOTT, New York: Oxford Univ. Press / Carnegie Endowment for International Peace, 1925)

___, **Le droit de la guerre et de la paix, par Hughes Grotius, nouvelle traduction par I. B., avec les notes de l'auteur même, qui n'avoient point encore paru en françois, et des nouvelles notes du traducteur** (trad. de Jean BARBEYRAC, Amsterdam 1724; segunda edição (falsa) menciona Amsterdam, publicada em Paris, 1729; a (verdadeira) segunda edição, revista pelo próprio BARBEYRAC foi publicada em Amsterdam, 1736; 3ª ed., Basiléia, 1746; 4ª ed., contém a **Vida de Grócio** de BURIGNY, notas de BARBEYRAC e comentário de COCCEJI, Amsterdam, 1754; 5ª ed., Leiden, 1759)

___, **Mare liberum** (original Latin text, 1609, and modern English translation, ed. and annotated by R. FEENSTRA, Introduction J. VERVLIET, Leiden/Boston: Brill, 2009)

___ , **Mare liberum / De la liberté des mers** (1609, ed. fac-similar da tradução de Antoine de COURTIN, 1703, "Dissertation d'Hughes GROTIUS pour la liberté des mers, au soutien du droit qu'ont les Hollandais de participer au commerce de l'Inde", Caen: Publications de l'Univ. de Caen, 1990)

___, **De Mari Libero** (contém esta edição quatro textos: Hvgonis Grotii **Mare Liberum Sive De Ivre Qvod Batavis competit ad Indicana commercia, dissertatio** (1609), p. 1-83; Paulus MERULA (1558-1607), **Dissertatio de Maribus**, p. 84-182; 3- Marcus Zuerius BOXHORN

(1612-1653), **Apologia pro navigationibus Hollandorum, adversus Pontum Heuterum**, p. 183-213; 4- "Tractatus pacis, mutui commercii, sive intercursus navigationum, confirmatus Londini anno [1495], inter Henricum Septimum Angliae regem, & Philippum Archiducem Austriae, Burgundiae, &c.", p. 214-267, Lvgd. Batavorvm: Ex Officina Elzeviriana, 1633)

___, **Mare Liberum** Sive De Ivre Qvod Batavis competit ad Indicana commercia, dissertatio / **The freedom of the seas** or the right which belongs to the Dutch to take part in the East Indian trade – a dissertation (translated with a revision of the Latin text of 1633 by Ralph Van Deman MAGOFFIN, ed. with an introductory note by James Brown SCOTT, New York: Oxford Univ. Press – Carnegie Endownment for International Peace, 1916)

___, **De Jure Praedae Commentarius** (ca. 1604, orig. publ. 'ex Auctoris Codice descripsit et vulgavit' H. G. HAMAKER, Hagae: M. Nijhoff, 1868)

___, ___ (with translation by G. L. WILLIAMS and W. H. ZEYDEL, reprinted in Classics of International Law, Oxford, 1950, 2 vols.)

GRUA, Gaston, **La justice humaine selon Leibniz** (Paris: PUF, 1956)

GUGGENHEIM, Paul, **Contribution à l'histoire des sources du droit international** (RCADI, 1958, t. 94, p. 1-84)

GUICCIARDINI, Francesco, **Ricordi** (1512-1530, ed. a cura di Vincenzo De CAPRIO, Roma: Salerno Editrice, 1990)

HAAKONSEN, Knud, *Christian WOLFF 1679-1754* (in **The Oxford Handbook of the History of International Law**, edited by B. FASSBENDER e A. PETERS, Oxford: Univ. Press, 2012, cap. 50, p. 1106-1109)

HABERMAS, Jürgen, **La paix perpétuelle**: le bicentenaire d'une idée kantienne (orig. publ. 1995, trad. de l'allemand Rainer HOCHLITZ, Paris: Cerf, 1996)

HAGGENMACHER, Peter, *Grotius and Gentili – a Reassessment of Thomas E. HOLLAND's inaugural lecture* (in Hedley BULL, Benedict KINGSBURY and Adam ROBERTS (eds.), **Hugo Grotius and international relations**, Oxford: Clarendon Press, 1990, p. 133-176)

___, *Le droit de la guerre et de la paix de GROTIUS* (in **Le droit international** Paris: Sirey – Archives de philosophie du droit, vol. 32, 1987, p. 47-58)

___, **Grotius et la doctrine de la guerre juste** (Paris: PUF / Genève: Publications de l'Institut de hautes études internationales, 1983)

___, *Hugo Grotius* (in B. FASSBENDER e Anne PETERS (edited by), **The Oxford Handbook of the History of International Law** (Oxford: Univ. Press, 2012, cap. 48, p. 1098-1101

HAMILTON, Sue, **Indian philosophy** (Oxford: Univ. Press – a very short introduction, 2000, reprint, 2001)

HERDING, Klaus, **Im Zeichen der Aufklärung** – Studien zur Moderne (Frankfurt: Fischer, 1989)

HESSBRÜGGEN-WALTER, Stefan; LYSSY, Ansgar, *Maschinen der Kunst, Maschinen der Natur* (in G. W. LEIBNIZ, **Monadologie**, hrsg. H. BUSCHE, Berlim: Akademie Verlag, 2009, p. 175-195)

HOOGENSEN Gunnhild, **International Relations, Security and Jeremy Bentham** (Londres e Nova York: Routledge, 2005)

HOTMAN, Jean, Marquis de Villers-Saint-Paul, **L'Ambassadeur** (s.l.:s.n.e., 1603)

___, **The Ambassador** (London: James Shawe, 1603, STC 13848)

HSU, Francis L. K., **O estudo das civilizações letradas** (orig. publ. **The study of literate civilizations**, trad. Sonia M. Bibe LUYTEN, São Paulo: EPU/Edusp, 1974)

HUBER, Kurt, **Leibniz**: der Philosoph der universalen Harmonie (orig. publ. 1951, Munique: Piper, 1989)

JACKSON, Patrick T., *How to think about civilizations* (in **Civilizations in world politics** – plural and pluralist perspectives, ed. by Peter J. KATZENSTEIN, London & New York: Routledge, 2010, p. 176-200)

JOUANNET, E. ver TOURME-JOUANNET, E.,

KAISER, Michael, *Temps de l'occupation – temps de la liberté: les territoires du duché de Clèves et du comté de La Marck sous l'occupation des Provinces Unies* (in **Les ressources des faibles**, coord. J. F. CHANET e Ch. WINDLER, Rennes: Presses univ. de Rennes, 2009, p. 241-260)

KÄMMERER, Jörn Axel, *Comity* (in **The Max Planck Encyclopedia of Public International Law**, ed. by R. WOLFRUM, Oxford: Univ. Press, 2012, vol. II, p. 375-379)

KANT, Immanuel, Über den Gemeinspruch: Das mag in der Theorie richtig sein, taugt aber nicht für die Praxis. Zum ewigen Frieden: ein philosophischer Entwurf (1795, mit Einleitung und Anmerkungen, Bibliographie und Registern kritisch herausgegeben von Heiner F. KLEMME, Hamburgo: Felix Meiner – Philosophische Bibliothek Band Nr. 443, 1992)

___, **Projet de paix perpétuelle** (texte intégral, présentation et commentaires de J.-J. BARRÈRE et C. ROCHE, Paris: Nathan, 1991)

KATZENSTEIN, Peter J. (ed. by), **Civilizations in world politics** – plural and pluralist perspectives (London & New York: Routledge, 2010)

KAUTILYA, **The Arthashastra** (edited, rearranged and translated by L. N. RANGAJARAN, New Delhi: Penguin Books India, 1992)

KISTEMAKER, Renee; VAN GELDER, Roelof, **Amsterdam** – The Golden Age 1275-1795 (orig. publ. **Amsterdam 1275-1795, Buono governo e cultura in una metropoli di mercanti**, 1982, transl. by Paul FOULKES, New York: Abbeville Press, 1983)

KITTSTEINER, Heinz Dieter, **Die Stabilisierungsmoderne** – Deutschland und Europa 1618-1715 (Munique: Carl Hanser, 2010)

KOUTROULIS, Vaios, **Le début et la fin de l'application du droit de l'occupation** (Paris: Pedone, 2010)

KRÄMER, Sybille, *Tatsachenwharheiten und Vernunftwahrheiten* (in G. W. LEIBNIZ, **Monadologie**, hrsg. Hubertus BUSCHE, Berlim: Akademie Verlag, 2009, p. 95-111)

KUNISCH, Johannes, **Friedrich der Grosse** – Der König und seine Zeit (Munique: Beck, © 2011, 2ª ed. 2012)

LANDI, Antônio José, **Amazônia felsínea** – itinerário artístico e científico de um arquiteto bolonhês na Amazônia do século XVIII (Lisboa: Comissão nacional para as comemorações dos descobrimentos portugueses, 1999)

LE FUR, Louis Érasme, **La théorie du droit naturel depuis le XVIIe siècle et la doctrine moderne** (RCADI, 1927, t. 18, p. 259-442)

LEIBNIZ, Gottfried Wilhelm, **Monadologie** (hrsg. von Hubertus BUSCHE, Berlim: Akademie Verlag, 2009)

___, **Textes inédits** – d'après les manuscrits de la Bibliothèque provinciale de Hanovre (publiés et annotés par Gaston GRUA, Paris: PUF, orig. publ. 1948, 2e éd., 1998, 2 tomos)

___, **Nouveaux essais sur l'entendement humain** (escritos em 1704, orig. publ. em francês, 1765, **Neue Abhandlungen über den menschlichen Verstand**, übersetzt, eingeleitert und erläutert von Ernst CASSIRER, © 1915, Hamburg: Felix Meiner, reimpressão, 1971)

___, **Le droit de la raison** (textes réunis et présentés par René SÈVE, Paris: Vrin, 1994)

___, *Entretien avec le Tzar à Torgau* (1711) (in **Le droit de la raison**, ed. R. SÈVE, Paris: Vrin, 1994, p. 247-251)

___, *Projet d'un mémoire pour le Tzar* (1708) (in **Le droit de la raison**, ed. R. SÈVE, Paris: Vrin, 1994, p. 241-246)

___, **Die Theodizee** (orig. publ. **Essais de Théodicée**, 1710, einführender Essay von Morris STOCKHAMMER, Übersetzung u. Vorwort von Arthur BUCHENAU, Hamburgo: Felix Meiner, 2ª ed. cit., 1968)

___, *Nouveau plan d'une science certaine* (LEIBNIZ, **Textes inédits** – d'après les manuscrits de la Bibliothèque provinciale de Hanovre, publiés et annotés par Gaston GRUA, Paris: PUF, 1ere éd., 1948, 2e éd., 1998, 2 tomos)

___, **Opuscules et fragments inédits** (éd. L. COUTURAT, Paris: Felix Alcan, 1903)

___, **Discours de métaphysique / Metaphysische Abhandlung** (1686, edição bilíngue, übersetzt und mit Vorwort und Anmerkungen hrsg. von Herbert HERRING, Hamburgo: Felix Meiner, © 1958, unveränderter Nachdruck, 1975)

___, **Codex juris gentium diplomaticus** – in quo tabulae authenticae actorum publicorum, tractatum aliarumque rerum maiores momenti per Europa gestarum, pleraque inedita vel selecta, ipso verborum tenore expressae ac temporum serie digestae continentur; a fine seculi undecimi ad nostra usque tempora aliquot tomis comprehensus; quem ex manuscriptis praesertim Bibliothecae Augustae Guelfebytanae Codicibus, ex monumentis regiorum aliorumque archivorum, ac propriis denique Collectaneis edidit G. G. L. [Gottf. Guil. LEIBNITSIUS] (Hannoverae: literis & impensis Samuelis Ammonii, MDCXCIII)

___, **Codex juris gentium diplomaticus – Dissertatio** (1693, in **Die Werke von Leibniz**, Reihe: Historisch-politisch und staatswissenschaftliche Schriften, em 11 vols., hrsgb. von O. KLOPP, Hannover, 1864-1884)

___, **Caesarini Fürstenerii de jure suprematus ac legationis principum Germaniae** sive De Imperatoris Romani Majestate, ejusque prae caeteris Regibus Praerogativa ... (orig. publ. 1677, editio altera correctior et auctior, s.l., s.n.e., 1678) est opus magnum auctore LEIBNIZ, scriptum anno MDCLXXIX [sic, 1677]. In hoc libro, LEIBNIZ tractat de jure suprematus et legationis principum Germaniae, quae sunt res maxime importantes in politica Germanica. LEIBNIZ considerat quomodo principes Germaniae debent agere in rebus domesticis et internationalibus, et quomodo potestas principum Germaniae debet esse regulata. In hoc libro, LEIBNIZ ostendit quomodo principes Germaniae possunt esse principes fortissimi et sapientissimi, et quomodo potestas principum Germaniae debet esse usitata ad bonum populi. De jure supremātus ac legationis principum Germaniae est opus magnum et valde importantissimum in historia politica Germaniae (online books.google.com.br – tb. reprint Kessinger Publishing, 2009 da edição de 1679)

___, *Specimen demonstrationum politicarum pro eligendo rege Polonorum novo scribendi genere ad claram certitudinem exactum* (1669, ed. DUTENS, IV, III, 579; texto reproduzido em Louis COUTURAT, **La logique de Leibniz** – d'après des documents inédits, Paris: Félix Alcan, 1904, p. 564, online philosophyfaculty.ucsd.edu; tb. reimpressão Book on demand, 2015)

___, **Novissima Sinica – Historiam nostri temporis illustratura** – in quibus de Christianismo publica nunc primum autoritate propagato missa in Europam relatio exhiberur, deque favorem scientiarum Europearum ac moribus gentis & ipsius praesertim Monarchae, tum & de bello Sinensium cum Mofcis ac pace constitura, multa hactenus ignota explicantur, edente G. G. L. [Gottf. Guil. LEIBNITZIUS] (Indicem dabit pagina versa. Secunda editio. Accessione partis posterioris aucta. anno MDCXCIX)

___, **Der Briefwechsel mit den Jesuiten in China (1689-1714)** (französisch-lateinisch-deutsch, hrsg. und eingeleitet von Rita WIDMAIER, Textherstellung und Übersetzung von Malte-Ludolf BABIN, Hamburg: Felix Meiner, 2006)

___, **Discurso sobre a teologia natural dos chineses** (do original **Lettre de Mr. G. G. LEIBNIZ sur la philosophie chinoise à Mr. de RÉMOND**, de 1716, introdução, tradução e notas de Adelino CARDOSO, Lisboa: Colibri-Universalia-Fundação Oriente, 1991)

___, *Code diplomatique du droit des gens* (1693, in **Le droit de la raison**, textes réunis et présentés par René SÈVE, Paris: Vrin, 1994, p. 156-169)

___, *Elementa juris naturalis* (in **Le droit de la raison**, ed. R. SÈVE, Paris: Vrin, 1994, p. 90-105)

___, **Bedenken, welchergestalt Securitas publica interna et externa et Status praesens im Reich jetzigen Umständen nach auf festen Fuss zu stellen** (de 1670, in **Die Idee Europa 1300-1946** – Quellen zur Geschichte der politischen Einigung, Hsg. Rolf Hellmut FOERSTER, Munique, DTV, 1963, p. 73-78)

___, **Confessio philosophi** (ed. Y. BELAVAL, Paris: Vrin, 1970)

___, **Principes de la nature et de la grâce fondés en raison / Monadologie / Vernunftprinzipien der Natur und der Gnade / Monadologie** (auf Grunde der kritischen Ausgabe von André ROBINET, 1954, und der Übersetzung von Artur BUCHENAU, mit Einführung und Anmerkungen herausgegeben von Herbert HERRING, edição bilíngue, Hamburgo: Felix Meiner, © 1982, zweite, verbesserte Auflage, 1982)

___, **Protogaea** – uma teoria sobre a evolução da terra e a origem dos fósseis ("pela primeira vez traduzida do latim ao português, com notas e comentários" de Nelson PAPAVERO, Dante Martins TEIXEIRA e Maurício de Carvalho RAMOS, São Paulo: Plêiade / FAPESP, 1997)

___, **Discurso de metafísica e outros textos** (apres. Tessa Moura LACERDA, trad. Marilena CHAUÍ e Alexandre da Cruz BONILHA, São Paulo: Martins Fontes, 2004)

___, **Monadologia – Discurso de metafísica e outras obras** (trads. Luiz João BARAÚNA, Carlos Lopes de MATTOS, Marilena de Souza Chauí BERLINCK et al., São Paulo: Abril – os Pensadores, vol. XIX – NEWTON e LEIBNIZ, 1974, p. 61-471)

___, *Da origem primeira das coisas – O que é a ideia* (trad. Carlos Lopes de MATTOS, São Paulo: Abril – os Pensadores, vol. XIX – NEWTON e LEIBNIZ, 1974, p. 391-402)

___, *Brevis demonstratio erroris memorabilis Cartesii / Brève démonstration d'une erreur mémorable de DESCARTES* (retomado no **Discours de métaphysique / Metaphysische Abhandlung**, edição bilingue, cit., 1975; tb. LEIBNIZ, **Monadologia – Discurso de metafísica e**

outras obras, ed. bras., 1974; e LEIBNIZ, **Textes inédits**, ed. GRUA, 1998, p. 516-518)

___, *Nouvelle méthode pour apprendre et enseigner la jurisprudence* (1667) (in **Le droit de la raison**, ed. R. SÈVE, Paris: Vrin, 1994, p. 189-200)

___, *Observations sur le projet de paix perpétuelle de l'abbé de SAINT-PIERRE* (in Œuvres de LEIBNIZ, publiées pour la première fois d'après les manuscrits originaux avec notes et introductions par A. FOUCHER DE CAREIL, vol. quatrième **Histoire et politique**, Paris: Librairie de Firmin Didot Frères, Fils et Cie., 1862, p. 325-327)

___, *Lettre de LEIBNIZ à l'abbé de SAINT-PIERRE* (Hannover, 7 de fevereiro de 1715, p. 328-336, seguida das *Observations sur le projet de paix perpétuelle de Mr. l'abbé de SAINT-PIERRE*, avant-propos Simone GOYARD-FABRE, Caen: Univ. de Caen / Centre de Philosophie politique et juridique, 1993)

___, **Œuvres choisies** (avec préface, notes, table par questions et table des noms propres par Lucy PRENANT, Paris: Garnier – classiques Garnier, 1940)

___, **Sämtliche Schriften und Briefe** (historisch-kritische Edition, herausgegeben von Berlin-Brandenburgische Akademie der Wissenschaften und Akademie der Wissenschaften zu Göttingen, Projektleiter Jürgen MITTELSTRASS, Reihe IV – Politische Schriften)

___, ___ (série II – correspondência filosófica; série VI – escritos filosóficos)

LEINKAUF, Thomas, *Prästabilierte Harmonie* (in G. W. LEIBNIZ, **Monadologie**, hrsg. H. BUSCHE, Berlim: Akademie Verlag, 2009, p. 197-209)

LIANG Yuen-Li, **Le développement et la codification du droit international** (RCADI, 1948, vol. 73, p. 407-532)

LISKE, Michael Thomas, **Gottfried Wilhelm Leibniz** (Munique: Beck, 2000)

LOCKE, John, **An Essay concerning Human Understanding** (1689, abridged, with an Introduction by Pauline PHEMISTER, Oxford: Univ. Press, 2008)

LYSSY, Ansgar, *Monaden als lebendige Spiegel des Universum* (in G. W. LEIBNIZ, **Monadologie**, hrsg. H. BUSCHE, Berlim: Akademie Verlag, 2009, p. 145-160)

MABILLON, Jean, **Œuvres choisies** (précédées d'une biographie par Henri LECLERQ, éd. établie par Odon HUREL, Paris: Robert Laffont, 2007)

___, **De re diplomatica libri VI, in quibus quidquid ad veterum instrumentorum antiquitatem, materiam, scripturam et stilum; quidquid ad sigilla, monogrammata, subscriptiones ac notas chronologicas; quidquid inde ad antiquariam, historicam, forensemque disciplinam pertinet, explicatur et illustratur. Accedunt commentarius de antiquis regum Francorum palatiis, veterum scripturarum varia specimina, tabulis LX comprehensa, nova ducentorum et amplius monumentorum collectio. Opera et studio domni Johannis Mabillon, presbyteri et monachi ordinis S. Benedictii e congretatione S. Mauri** (escrita em 1679, orig. publ. Paris, 1681, reeditada Paris, 1709, terceira edição, **De re diplomatica ... tertio editio a Marchione Bumbae Iohanne Adinari**, 2 vols., Nápoles, 1789)

MACCIONI, Elena, **Il Consolato del Mare di Barcellona** – Tribunale e corporazione di mercanti (1394-1462) (Roma: Viella ed., 2019)

MARTENS, Georg Friedrich von, **Recueil des principaux traités d'alliance, de paix, de trêve, de neutralité, de commerce, de limites, d'échanges conclus par les puissances de l'Europe tant entre elles qu'avec les puissances et états dans d'autres parties du monde – depuis 1761 jusqu'à présent** (Göttingen: Jean-Chrétien Dieterich, 1791-1801, sete volumes – online https://books.google.com > about)

MARTUS, Steffen, **Aufklärung** – das deutsche 18. Jahrhundert – ein Epochenbild (Berlin: Rowohlt, 2015)

MAURO, Frédéric, **L'expansion européenne** 1600-1870 (orig. publ. 1964, Paris: PUF, 4e éd. mise à jour, 1996)

MEHDI, R., *L'application par le juge du principe de l'uti possidetis* (*in* **Le juge international et l'aménagement de l'espace: la spécificité du contentieux territorial**, dir. de Ph. WECKEL, Paris: Pedone, 1998, p. 57-89)

MEIRA MATTOS, Adherbal, **Em defesa da Amazônia brasileira** (Belém do Pará: Ed. CEJUP, 1995)

___, **Amazônia e outros estudos** (Belém do Pará: Ed. CEJUP, 1991)

___, **Pacto amazônico: cooperação e integração** (Belém do Pará: Ed. UFPA, 1982)

MELLO, Celso D. de A., **Curso de direito internacional público** (Rio de Janeiro: Renovar, 15ª ed., 2004, 2 vols.)

MENDONÇA, Marcus Carneiro de, **A Amazônia na era pombalina**: a correspondência do governador e capitão-general do estado do Grão-Pará e Maranhão, Francisco Xavier de MENDONÇA FURTADO 1751-1759 (Brasília: Senado Federal, 2005, 3 vols.)

MERLE, Marcel, **Pacifisme et internationalisme XVIIe-XXe siècle** (textos coligidos e apresentados, Paris: Armand Colin, 1966)

MEYER, Jean, **L'Europe et la conquête du monde** (orig. publ. 1975, Paris: Armand Colin, 2009)

MONIZ BANDEIRA, Luiz Alberto, **La formación de los estados en la cuenca del Plata: Argentina, Brasil, Uruguay, Paraguay** (orig. publ. 2006, trad. de Miguel GRINBERG, Buenos Aires: Grupo Ed. Norma, 2006)

MONTESQUIEU, Charles de Secondat, Barão de La Brède et de (1689-1755), **De l'esprit des lois** (texte présenté et annoté par Roger CAILLOIS, Paris: Gallimard-Pléiade, © 1951, impr. 1994)

___, **Espírito das leis** (intr. e notas de Gonzague TRUC, trad. Fernando Henrique CARDOSO e Leôncio Martins RODRIGUES, São Paulo: Abril – Os pensadores, vol. XXI, 1973)

MORIN, Jacques-Yvan, **L'état de droit**: émergence d'un principe de droit international (RCADI, 1995, t. 254, p. 9-462)

MORVAN, Patrick, **Le principe de droit privé** (Paris: Editions Panthéon-Assas – LGDJ Diffuseur, 1999)

MOYA Cantero, Eugenio, *LEIBNIZ* (in **Diccionário Espasa Filosofía**, dir. por Jacobo MUÑOZ, Madri: Espasa-Calpe, 2003, p. 518-526)

MUIR-WATT, Horatia, *Droit naturel et souveraineté de l'état dans la doctrine de VATTEL* (in **Le droit international**, Paris: Sirey – Archives de philosophie du droit, vol. 32, 1987, p. 71-83)

MÜLLER, Kurt; KRÖNERT, Gisela, **Leben und Werk von G. W. LEIBNIZ** – eine Kronik (Frankfurt: Klostermann, 1969)

MÜLLER-AZUA, J., **L'œuvre de toutes les confessions chrétiennes (églises) pour la paix internationale** (RCADI, 1930, t. 31, p. 293-392)

NASCIMENTO E SILVA, G. E.; CASELLA, P. B.; BITTENCOURT Neto, O. de O., **Direito internacional diplomático** – a Convenção de Viena sobre relações diplomáticas na teoria e na prática (São Paulo: Saraiva, 4ª ed., revista, atualizada e ampliada, 2012)

NESI, G., *Uti possidetis doctrine* (in **The Max Planck Encyclopedia of Public International Law**, ed. by R. WOLFRUM, Oxford: Univ. Press, 2012, vol. X, p. 626-630)

NICOLSON, Harold, **Peacemaking 1919** (orig. publ. Londres: Houghton Mifflin, 1933, reprinted Safety Harbor, Fl.: Simon Publications, 2001)

NOUR, Soraya, **À paz perpétua de KANT**: filosofia do direito internacional e das relações internacionais (prefácio Carlos Henrique CARDIM, São Paulo: Martins Fontes, 2004)

NOVALIS [Georg Philipp Friedrich von HARDENBERG], **Die Christenheit oder Europa** – ein Fragment (1799, orig. publ. 1802, mit einer Auswahl aus den Fragmenten, hrsg. und eingeleitet von Otto HEUSCHLE, Stuttgart: Ph. Reclam – Univ. Bibliothek Nr. 7629, 1980)

NYS, Ernest, **Les origines du droit international** (Bruxelles: Alfred Chastaigne / Paris: Thorin & Fils, 1894)

OLIVE, Louis, *Wolff* (in **Les fondateurs du droit international**: leurs œuvres, leurs doctrines, introduction A. PILLET, Paris: V. Giard & E. Brière, 1904, p. 447-479)

OMPTEDA, Dietrich Heinrich Ludwig von, **Literatur des gesamten natürlichen und positiven Völkerrechts** ("Neudruck der Ausgabe Regensburg 1785", Aalen: Scientia Verlag, 1963)

ONUMA Yasuaki, **A Transcivilizational Perspective on International Law** (RCADI, 2009, vol. 342; tb. Haia: Pocketbooks of the Hague Academy of International Law, 2010)

___ (ed. by), **A normative approach to war**: peace, war and justice in Hugo Grotius (Oxford: Clarendon Press, 1993)

OPPENHEIM, Lassa, **International Law** – a treatise (orig. publ. New York: Longman, Green and Co., 2 vols., 1905, 9th. ed. by R. JENNINGS and A. WATTS, 1992-1996 – DOI: 10.1093/law/9780582302457.001.0001)

ORREGO-VICUÑA, Francisco, **La zona económica exclusiva**: régimen y naturaleza jurídica en el derecho internacional (Santiago: Edtrl. Jurídica de Chile, 1991)

OSTERHAMMEL, Jürgen; PETERSON, Niels P., **Breve historia de la globalización** – del 1500 a nuestros días (orig. publ. **Geschichte der Globalisierung – Dimensionen, Prozesse, Epochen**, 2012, trad. Martina FERNÁNDEZ Polcuch, Buenos Aires: Siglo Veintiuno, 2019)

O.U.A., Litiges entre états africains au sujet des frontières (adotada na primeira reunião de chefes de estado e de governo / conférence des chefs d'état et de gouvernement, au Caire, 17-21 juillet 1964 – OUA-AHG-Res. 16-1)

PADFIELD, Peter, **Maritime supremacy and the opening of the Western mind**: naval campaigns that shaped the modern world 1588-1782 (orig. publ. 1999, Londres: Random House, 2000)

PADMASANBHAVA (composed by), **The Tibetan book of the dead** – The great liberation by hearing in the intermediate states (revealed by TERTON KARMA LINGPA, translated by GYURME DORJE, ed. by Graham COLEMAN with THUUTEN JINPA, introductory commentary by his Holiness the DALAI LAMA, Londres: Penguin, 2005, new ed., 2008)

PANCRACIO, Jean-Paul; GUIGNARD, Pierre-Henri, **Protocole & cérémonial** – l'ordre de la République (Paris: Pedone, 2012)

PICAUD-MONNERAT, Sandrine, *Accommodements locaux, sauvegardes, contributions: le cas des campagnes de Flandre de la guerre de succession d'Autriche (1744-1748)* (in **Les ressources des faibles**, coord. J. F. CHANET e C. WINDLER, Rennes: Presses univ. de Rennes, 2009, p. 339-360)

PILLET, Antoine (dir. de), **Les fondateurs du droit international**: leurs œuvres, leurs doctrines (Paris: V. Giard & E. Brière, 1904, introduction, p. V-XXXI)

PINTO, Antônio Pereira, **Apontamentos para o direito internacional** (intr. A. A. CANÇADO TRINDADE, Brasília: Ministério da Justiça – Ed. UnB, 2ª ed., 1980, 3 vols.)

PIRO, Francesco, *Die ethische Gemeinschaft der Geister mit Gott* (in G. W. LEIBNIZ, **Monadologie**, hrsg. H. BUSCHE, Berlim: Akademie Verlag, 2009, p. 245-259)

POSER, Hans, **Gottfried Wilhelm Leibniz zur Einführung** (orig. publ. 2005, Hamburgo: Junius Verlag, 2ª ed., 2010)

___, *Innere Prinzipien und Hierarchie der Monaden* (in G. W. LEIBNIZ, **Monadologie**, hrsg. H. BUSCHE, Berlim: Akademie Verlag, 2009, p. 81-94)

PUENTE EGIDO, J., **L'extradition en droit international: problèmes choisis** (RCADI, 1991, t. 231, p. 9-260)

PUFENDORF, Samuel, **De jure naturae et gentium libri octo** (orig. publ. Lund, 1672)

___, ___ (cum integris Commentariis Virorum Classirimorum Jo. Nicolai HERTII atque Joannis BARBEYRACI, recensuit & animadversionibus illustravit Gottfridus MASCOVIUS, Francofurti & Lipsiae: ex officina Knochiana, MDCCXLIV)

___, ___ (in **Gesammelte Werke**, Band 4.1 – liber primus – liber quartus, Band 4.2 – liber quintus – liber octavus, hrsg. Frank BÖHLING, Berlim: Akademie Verlag, 1998)

___, **Of the Law of nature and nations** eight books ("translated into English from the best edition", "with a short introduction", Oxford: Lichfield, MDCCIII)

___, **De jure naturae et gentium libri octo** (Latin text – edição de 1688 – and English translation by C. H. and W. A. OLDFATHER, Oxford: The Classics of International Law, 2 tomos, 1934, e reimpr. Buffalo, N.Y.: W. S. Hein, 1995)

PUGA, Rogério Miguel, **A presença inglesa e as relações anglo-portuguesas em Macau (1635-1793)** (Lisboa: CHAM – Centro de história de além-mar / Faculdade de Ciências Sociais e de História da Universidade Nova de Lisboa / Centro Científico e Cultural de Macau, 2009)

RANGEL, V. Marotta, **Le plateau continental dans la Convention de 1982 sur le droit de la mer** (RCADI, 1985, t. 194, p. 269-428)

___, *A experiência da Conferência da ONU e a Convenção sobre direito do mar* (in **Questões importantes referentes ao mar**, coord. Georgette N. NAZO, São Paulo: Soamar – Sociedade dos Amigos da Marinha, 1996, p. 11-18)

RAUMER, Kurt von, **Ewiger Friede**: Friedensrüfe und Friedenspläne seit der Renaissance (Freiburg-Munique, 1953)

RAUZY, Jean-Baptiste, *Leibniz* (in **Gradus philosophique**, dir. Laurent JAFFRO et Monique LABRUNE, Paris: GF-Flammarion, © 1994, 4ª ed., 1996, p. 398-412)

RIBEIRO, Nelson de Figueiredo, **A questão geopolítica da Amazônia: da soberania difusa à soberania restrita** (Brasília: Senado Federal, 2005)

RICUPERO, Rubens, **A diplomacia na construção do Brasil** – 1750-2016 (Rio de Janeiro: Versal, 2017)

RILEY, P., **Leibniz universal jurisprudence** – Justice as the charity of the wise (Cambridge, Ma./Londres: Harvard Univ. Press, 1996)

RIO BRANCO, José Maria da Silva PARANHOS Jr., barão do, **Questão de limites entre o Brasil e a República Argentina** (orig. publ. Nova York, 1894, in **Obras do Barão do Rio Branco**, Brasília: Ministério das relações exteriores – Fundação Alexandre de Gusmão, vol. I, 2012)

ROBINET, A., **Le meilleur des mondes par la balance de l'Europe** (Paris: PUF, 1994)

ROEPKE, Wilhelm, **Economic order and international law** (RCADI, 1954, t. 86, p. 203-274)

ROUSSEAU, Jean-Jacques, *Écrits sur l'Abbé de SAINT-PIERRE* (in Œuvres complètes, dir. de Bernard GAGNEBIN et Marcel RAYMOND, vol. III, avec François BOUCHARDY, Jean-Daniel CANDAUX, Robert DERATHÉ, Jean FABRE, Jean STAROBINSKY et Sven STELLING-MICHAUD, Paris: Gallimard-Pléiade, © 1964, impr. 1991, contendo *Extrait du projet de paix perpétuelle* (fragments), *Jugement sur le projet de paix perpétuelle, Que l'état de guerre naît de l'état social* e *Fragments sur la guerre, Polysynodie de l'Abbé de Saint-Pierre, Jugement sur la Polysynodie*, fragments sur la polysynodie en forme de dialogue, fragments divers, projet d'introduction à un ouvrage sur l'Abbé de Saint-Pierre, Liste des manuscrits contenus dans les cartons de Mr. le Comte de Saint-Pierre, p. 561-682)

RUSSELL, Bertrand A. W., **A filosofia de Leibniz**: uma exposição crítica (trad. de João Rodrigues VILLALOBOS, Hélio Leite de BARROS e João Paulo MONTEIRO, São Paulo: Nacional/Edusp, 1968)

RUTHERFORD, Donald, *Simple substances and composite bodies* (in G. W. LEIBNIZ, **Monadologie**, hrsg. H. BUSCHE, Berlim: Akademie Verlag, 2009, p. 35-48)

RUTHERFORD, Donald; COVER, J. A. (edited by), **Leibniz – nature and freedom** (Oxforf: Univ. Press, 2005)

SAID, Edward, **Cultures and Imperialism** (Londres: Chatto & Windus, 1993)

SAINT-PIERRE, Charles 'Irénée' CHASTEL, Abbé de, **Projeto para tornar perpétua a paz na Europa** (orig. publ. Utrecht, por Antoine Schouten, em três tomos: os dois primeiros, em 1713, e terceiro, 1717, trad. Sérgio DUARTE, pref. R. SEITENFUS, Brasília: Ed. UnB / IPRI, São Paulo: IOE, 1ª ed. bras., 2003)

SALDANHA, António Vasconcelos de, **De KANGXI para o papa, pela via de Portugal** – memória e documentos relativos à intervenção de Portugal e da Companhia de Jesus na questão dos Ritos Chineses e nas relações entre o imperador Kangxi e a santa Sé (traduções chinesas por JIN Guo Ping, Macau: Instituto Português do Oriente, 2002, 3 vols.)

___, **A 'memória' sobre o estabelecimento dos portugueses em Macau do Visconde de Santarém (1845): os primórdios da discussão da legitimidade da presença dos portugueses em Macau** (Macau: Instituto português do Oriente, 1995).

___ e JIN Guo Ping, **Para a vista do imperador – memoriais da dinastia Qing sobre o estabelecimento dos portugueses em Macau (1808-1887)** (Macau: Instituto português do Oriente, 2000)

SÁNCHEZ RODRIGUEZ, L. I., **L'uti possidetis et les effectivités dans les contentieux territoriaux et frontaliers** (RCADI 1997, vol. 263, p. 149-382)

SCHAMA, Simon, **The embarrassment of riches**: an interpretation of Dutch culture in the Golden Age (Berkeley and Los Angeles: Univ. of California Press, 1988)

SCHELER, Max, **Die Wissensformen und die Gesellschaft** (Bonn: Bouvier, 4a. ed., 2008)

___, **Die Idee des Friedens und der Pazifismus** (Berlim: Der neue Geist, 1931)

___, **Le sens de la souffrance**: suivi de deux autres essais **Repentir et renaissance, Amour et connaissance** (trad. de l'allemand par Pierre KLOSSOWSKI, Paris: Fernand Aubier / Ed. Montaigne, 1936)

SCHIEDER, Theodor, **Friedrich der Grosse** – Ein Königtum der Widersprüche (1983, Berlim – Munique: Propyläen, 2002)

SCHMIDT-BIGELMANN, Wilhelm, *Gott und seine Relation zu den Geschöpfen* (in G. W. LEIBNIZ, **Monadologie**, hrsg. H. BUSCHE, Berlim: Akademie Verlag, 2009, p. 113-127)

SCHNEIDERS, Werner, **Die Zeit der Aufklärung** (orig. publ. 1997, Munique: Beck, 4a. ed., 2008)

SCHOENBORN, W., **La nature juridique du territoire** (RCADI, 1929, t. 30, p. 81-190)

SCHOPENHAUER, Arthur, **Die Welt als Wille und Vorstellung** (Textkritisch bearbeitet und herausgegeben von Wolfgan Frhr. von LÖHNEYSEN, in **Arthur Schopenhauer Sämtliche Werke**, Frankfurt: Suhrkamp, vol. I, 1986, vol. II, 5a. ed., 1998)

SETTIS, Salvatore, **Il futuro del classico** (Torino: Einaudi, 2004, 8ª ristampa, 2008)

SÈVE, René, **Leibniz et l'école moderne du droit naturel** (Paris: PUF, 1989)

SHIFMAN, Barry; WALTON, Guy (ed. by), **Gifts to the Tsars** 1500-1700 – Treasures from the Kremlin (New York: Harry Abrams, in association with the Indianapolis Museum of Art and the State historical cultural museum preserve, Moscow Kremlin, 2001)

SIMMS, Brendan, **Europe – the struggle for supremacy** – 1453 to the present (Londres: Allen Lane-Penguin, 2013)

TARABRA, Daniela, **Settecento** (Milano: Mondadori-Electa, 2006)

___, **European Art of the eighteenth century** (trad. Rosanna M. Giammanco FRONGIA, Los Angeles: J. Paul Getty Museum, 2008)

TODOROV Tzvetan, **Nous et les autres** – La réflexion française sur la diversité humaine (Paris: Seuil, © 1989, impr. 2001)

TOSCANO, Mario, **Storia dei trattati e politica internazionale** (Turim: Giappichelli, 2ª ed., 1963, tomo I)

TOURME-JOUANNET, E., *Emer de Vattel (1714-1767)* (in **The Oxford Handbook of the History of International Law**, ed. by B. FASSBENDER and A. PETERS, Oxford: Univ. Press, 2012, p. 1118-1121)

___, **Emer de Vattel et l'émergence doctrinale du droit international classique** (Paris: Pedone, 1998)

Tractatus pacis & amicitiae / Peace and friendship Treaty of Utrecht between Spain and Great Britain / Peace and friendship Treaty of Utrecht between France and Great Britain (Londres: John Rolett, printer to the Queen, 1714)

Traité de paix entre la France et la Prusse, conclu à Utrecht le 11 avril 1713 (Paris: chez François Fournier libraire, 1713 – Biblioteca Nacional de Portugal – digitalizado – http://purl.pt/15073 – https://permalinkbnd.bnportugal.gov.pt/idurl/1/83783)

TRAN Van Minh, *Remarques sur le principe de l'intangibilité des frontières* (in **Peuples et états du tiers monde face à l'ordre international** – études réunies par Alain FENET, Paris: PUF, 1978, p. 51s.)

Tratado de paz entre las coronas de España y de Inglaterra em Utrecht – Año 1713 (Madri: Imprenta real, 1713)

TRUYOL Y SERRA, Antonio, **Histoire du droit international public** (Paris: Economica, 1995)

TSCHARNER, Benedict von, **Inter gentes** – Statesmen, diplomats, political thinkers (translation Natasha PROIETTO, Pregny-Genebra: Éd. des Penthes, 2012)

VATTEL, Emer de, **O direito das gentes** (orig. publ. **Le droit des gens**: principes de la loi naturelle appliqués à la conduite et aux affaires des nations et des souverains, 1758, prefácio e trad. V. Marotta RANGEL, Brasília: Ed. UnB / IPRI, 2004)

___, **Le droit des gens ou principes de la loi naturelle** – appliqués à la conduite et aux affaires des nations et des souverains ('à Londres', 1758, online https://www.gallica.bnf.fr)

VENTURI, Franco, **Utopía y reforma en la Ilustración** (orig. publ. **Utopia and reform in the Enlightenment**, 1971, trad. Hugo SALAS, ed. al cuidado de Fernando J. DEVOTO, Buenos Aires: Siglo veintiuno ed., 2014)

VEROSTA, S., *Jean DUMONT und seine Bedeutung für das Völkerrecht* (Zeitschrift für öffentliches Recht, vol. XIV, 1934)

VIEIRA DE MELLO, Sérgio, *História filosófica e história real: atualidade do pensamento político de KANT* ("aula inaugural no Geneve International Peace Research Institute, em 1999", in **Pensamento e memória**: textos escolhidos, org. Jacques MARCOVITCH, São Paulo: Edusp/Saraiva/ Fundação BUNGE, 2004, p. 35-60)

VILLEY, Michel, *La doctrine du droit dans l'histoire de la science juridique: préface à Emmanuel KANT* (in E. KANT, **Métaphysique des mœurs**, première partie, **Doctrine du droit**, trad. A. PHILONENKO, Paris: Vrin, 1979)

VOLTAIRE, **Le siècle de Louis XIV** (orig. publ. Berlim, 1751, in VOLTAIRE, Œuvres **historiques**, édition présentée, établie et annotée par René POMEAU, Paris: Gallimard-Pléiade, © 1957, impr. 2010, p. 603-1274)

___, ___ (orig. publ. 1751, édition établie, présentée et annotée par Jacqueline HELLEGOUARCH et Sylvain MENANT, avec Philippe BONNICHON et Anne-Sophie BARROVECCHIO, Paris: Libr. Génerale Française, © 2005, 2ª ed., 2008)

___, **Histoire de l'empire de Russie sous Pierre le grand**, divisée en deux parties (orig. publ. 1760-1762, in Œuvres **historiques**, éd. René POMEAU, Paris: Gallimard-Pléiade, © 1957, impr. 2010, p. 337-602)

___, **Précis du siècle de Louis XV** (in Œuvres **historiques**, éd. René POMEAU, Paris: Gallimard-Pléiade, © 1957, impr. 2010, p. 1297-1571)

___, **Candide, ou l'optimisme** ('avec une biographie chronologique de l'auteur, une présentation de l'homme et du conteur, une introduction à l´étude de **Candide**, le texte intégral de ce conte, annoté et analysé méthodiquement, des questions, des jugements' par André MAGNAN, © 1969, Paris: Bordas, 1979)

___, **Dicionário filosófico** (orig, publ. **Dictionnaire philosophique**, 1770, trad. Bruno da PONTE e João Lopes ALVES, São Paulo: Abril – os Pensadores, vol. XXIII, 1973, p. 91-301)

Vulgatam Clementinam (ed. A. COLUNGA y L. TURRADO, Madri: BAC, 5ª ed., 1977)

WATSON, Peter, **The great divide** – History and human nature in the old world and the new (Londres: Phoenix, 2013)

___, **The German Genius** – Europe's Third Renaissance, the Second Scientific Revolution and the Twentieth Century (orig. publ. 2010, Londres: Simon & Schuster, 2011)

WEIL, Patrick, **Liberte, égalité, discriminations** – l'identité nationale au regard de l'histoire (Paris: Gallimard – Folio histoire, 2008)

WEIL, Prosper, **Perspectives du droit de la délimitation maritime** (Paris: Pedone, 1988)

WESSELING, Henri, **Les empires coloniaux européens 1815-1919** (orig. publ. **Europa's koloniale eeuw**: De koloniale rijken in de negentiende eeuw, 1815-1919, 2003, trad. Patrick GRILLI, Paris: Gallimard – Folio – Histoire – inédit, 2009)

___, *A história de além-mar* (in **A escrita da história**: novas perspectivas, org. Peter BURKE, orig. publ. 1991, trad. bras. Magda LOPES, São Paulo: Ed. UNESP, 2011, p. 99-133)

WHEATON, Henry, **History of the law of nations in Europe and America** - from the earliest times to the treaty of Washington, 1842 (orig. publ. **Elements of international law** with a sketch of the history of the subject, 1836, New York: Gould, Banks & Co., 1845 - online: books.google.com.br)

___, **Elements de droit international** (orig. publ. 1836; Leipzig: Brockhaus, 1858, 2 vols.)

WHITTON, John B., **La règle *'pacta sunt servanda'*** (RCADI, 1934, t. 49, p. 147-276)

WIEACKER, Franz, **Privatrechtsgechichte der Neuzeit unter besonderen Berücksichtigung der deutscher Entwicklung** (Göttingen: Vandenhoeck-Ruprecht, 2a. ed. revista, 1967)

___, **História do direito privado moderno** (com prefácio à edição portuguesa de F. WIEACKER, 1980, trad. A. M. Botelho HESPANHA, Lisboa, Fundação C. Gulbenkian, 4ª ed., 2010)

WILSON, Catherine, *Monads, forces, causes* (in G. W. LEIBNIZ, **Monadologie**, hrsg. H. BUSCHE, Berlim: Akademie Verlag, 2009, p. 211-221)

WINDLER, Christian, *De la neutralité à la relation tributaire: la Franche-Comté, de duché de Bourgogne, et le royaume de France aux XVIe et XVIIe siècles* (in **Les ressources des faibles**, coord. J. F. CHANET e Ch. WINDLER, Rennes: Presses univ. de Rennes, 2009, p. 163-185)

WOLFF, Christian [Christiano L. B. De], **Institutiones juris naturae et gentium** - in quibus ex ipsa hominis natura continuo nexo omnes obligationes et jura omnia deducuntur (Hallae Magdeburgicae: prostat in officina Rengeriana, MDCCLXIII, encerrava o prefácio com a data de 4 de setembro de 1749)

___, **Ius gentium, methodo scientifica pertractatum, in quo ius gentium naturale ab eo, quod voluntarii, pactitii et consuetudinarii est, accurate distinguitur** (Halle, 1749)

___, **Principes du droit de la nature et des gens** ("extrait du grand ouvrage latin de Mr. de WOLFF, [traduit en français] par Mr. [Jean-Henri Samuel] FORMEY", Amsterdam: chez Marc Michel Rey, 1758, 3 vols. edição fac-similar Caen: Centre de philosophie politique et juridique, 1990)

___, **Grundsätze des Natur- und Völkerrechts** (Halle, 1754 e 1769)

___, **Institutions du droit de la nature et des gens** (traduites du latin de Mr. de WOLFF, avec des notes par Elie LUZAC, tomes VI, Leide, 1772)

___, **Oratio de sinarum philosophia practica** – in solemni panegyri recitata in ipso Academiae Hallensis (1721, Francofurti ad Moenum: apud Joh. B. Andreae & Heinr. Hort., MDCCXXVI)

WOOLBRIDGE, F., *The uti possidetis doctrine* (in **Encyclopedia of Public International Law**, ed. by R. BERNHARD, Amsterdam: Elsevier, 2000, vol. IV, p. 1259-1262)

WULLEM, Moritz e outros, **Von mehr als einer Welt – die Künste der Aufklärung** (Berlim: Kunstbibliothek – Staatlichen Museen zu Berlin, 2012)

YOVEL, Y. **Spinoza et autres hérétiques** (orig. publ. **Spinoza and other heretics**, 1989, trad. Éric BEAUMATIN et Jacqueline LAGRÉE, Paris: Seuil, 1991)

ZAGO, Manrique (dir. edtrl.); GAZANEO, Jorge O. (dir. cient.), **Las misiones jesuíticas del Guayrá** (fotografías Carlos MORDO, textos de Salvador CABRAL, Aníbal G. AMAT, Liliana ROJAS, Graciela CAMBAS, Martín M. MORALES S.J., Jorge O. GAZANEO, Alberto De PAULA, Bozidar D. SUSTERSIC, Roberto Di STEFANO, Buenos Aires / Verona: UNESCO / ICOMOS, 2ª ed., 1995)

ZIMMER, Heinrich Robert, **Die indische Weltmutter** - Aufsätze (hrsg. und eingeleitet von Friedrich WILHELM, Frankfurt: Insel, 1980)

___, **As filosofias da Índia** (orig. publ. **Philosophies of India**, 1951, compilado por Joseph CAMPBELL, trad. Nilton A. SILVA, Cláudia G. BOZZA e outros, São Paulo: Palas Atena, 1986)

ZOLLER, Elizabeth, **Aspects internationaux du droit constitutionnel**: contribution à la théorie de la fédération d'états (RCADI, 2002, t. 294, p. 39-166)